闽南人的信仰和生活

天下清水

后浪

谢文哲 著

海峡出版发行集团 THE STRAITS PUBLISHING & DISTRIBUTING GROUP | 海峡书局

图书在版编目(CIP)数据

天下清水：闽南人的信仰和生活 / 谢文哲著 . --
福州：海峡书局，2021.6
ISBN 978-7-5567-0815-4

Ⅰ．①天… Ⅱ．①谢… Ⅲ．①信仰－民间文化－研究
－福建 Ⅳ．① B933

中国版本图书馆 CIP 数据核字（2021）第 089982 号

出 版 人：林　彬
选题策划：后浪出版公司　　出版统筹：吴兴元
编辑统筹：郝明慧　　责任编辑：廖飞琴　杨思敏
特约编辑：孟凡礼　　营销推广：ONEBOOK
装帧制造：墨白空间 · 陈威伸

天下清水：闽南人的信仰和生活

TIANXIA QINGSHUI: MINNANREN DE XINYANG HE SHENGHUO

著　　者：谢文哲
出版发行：海峡书局
地　　址：福州市白马中路 15 号海峡出版发行集团 2 楼
邮　　编：350001
印　　刷：北京汇林印务有限公司
开　　本：889mm × 1194mm　1/32
印　　张：13.5
插　　页：24
字　　数：346 千字
版　　次：2021 年 6 月第 1 版
印　　次：2021 年 6 月第 1 次
书　　号：ISBN 978-7-5567-0815-4
定　　价：68.00 元

读者服务：reader@hinabook.com 188-1142-1266　投稿服务：onebook@hinabook.com 133-6631-2326
直销服务：buy@hinabook.com 133-6657-3072　网上订购：https://hinabook.tmall.com/（天猫官方直营店）

后浪出版咨询(北京)有限责任公司 常年法律顾问：北京大成律师事务所　周天晖 copyright@hinabook.com

清水祖师像　李昆武作

清水岩弘法广场　李昆武作

清水岩：祖殿全景　摄影：刘伯怡

（位于安溪蓬莱山，清水祖师生前驻锡修行处，祖师圆寂后，民众奉为神，岩寺历经多次重建，香火不绝。）

清水岩：祖殿近景　摄影：[法]阎雷

清水岩：觉亭　摄影：[法]阎雷

清水岩：海会院　摄影：刘伯怡

清水岩：清水法门（1） 摄影：[法]阎雷

清水岩：清水法门（2） 摄影：[法]阎雷

清水岩：祖师殿　摄影：李玉祥

清水岩：祖师四次受朝廷敕封的纶音牒文碑　摄影：刘伯怡

清水岩：三忠庙　摄影：刘伯怡

（祀唐宋三忠臣，即张巡、许远和岳飞，后又增祀关羽。）

清水岩：枝枝朝北古樟　摄影：刘伯怡

（相传为清水祖师生前亲手种植。）

清水岩：朝拜（1） 摄影：李玉祥

清水岩：朝拜（2） 摄影：李玉祥

清水岩：朝拜（3） 摄影：刘伯怡

（台湾桃园市大溪福山岩回蓬莱谒祖。）

清水岩：朝拜（4） 摄影：刘伯怡

（台湾桃园市大溪福山岩回蓬莱谒祖。）

清水岩：还愿（1） 摄影：[法]阎雷

清水岩：还愿（2） 摄影：[法]阎雷

清水岩：香火不绝（1） 摄影：李玉祥

清水岩：香火不绝（2） 摄影：李玉祥

清水岩：绕境春巡（1） 摄影：刘伯怡

清水岩：两岸信众叙缘交流会 摄影：刘伯怡

清水岩：绕境春巡（2） 摄影：刘伯怡

仙硿岩，永春县岵山镇　摄影：刘伯怡

（相传为普足禅师童年牧牛处，唐代就有庙宇，后失火损毁，2004 年重建。）

阆苑岩，安溪县城厢镇同美村阆苑山　摄影：刘伯怡

（奉祀达摩祖师和清水祖师。）

候山庙，安溪县湖头镇竹山村　摄影：刘伯怡

（亦称鲎山庙，始建于宋末，现存庙宇为 2002 年重建，配祀清水祖师。）

岱屏岩，安溪县魁斗蓬庭村大岩山　摄影：刘伯怡

（始建于宋，清初重修，供奉清水祖师。）

龙泉岩，南安翔云镇　摄影：刘伯怡

（始建于明代，今址为2013年迁建，奉清水祖师和法主公。）

铜钵岩，厦门市同安区莲花镇云洋村后洋石鼓山　摄影：刘伯怡

（铜钵岩始建于宋，现貌为2015年重建，奉观音菩萨、清水祖师、定光菩萨。）

鼓鸣岩，漳州长泰县岩溪镇湖珠村　摄影：刘伯怡

（始建于唐代，主奉清水祖师。）

定应宫，漳州长泰县岩溪镇高濑村　摄影：刘伯怡

（始建于明代，经历数次修缮，现貌为 1985 年廓新，主奉保生大帝、清水祖师。）

三峡祖师庙，台北新北市　摄影：刘伯怡

（始建于清乾隆年间，亦称长福岩，有“东方艺术殿堂”之誉。）

艋舺清水祖师庙，台北市　摄影：刘伯怡

（始建于清乾隆年间，这里供奉的清水祖师，有“落鼻祖师”之称。）

淡水清水祖师庙，台北新北市　摄影：刘伯怡

（1932 年乡民募资兴建，为“日据时代全台唯一兴建寺庙”。）

燕南书院暨太文岩寺，台湾金门县金城镇燕南山　摄影：刘伯怡

（2008 年重建，这是一座“庙学合一”的建筑，前殿太文岩寺奉清水祖师，后殿祀朱子。）

万兴宫，高雄市前金区　摄影：刘伯怡

（始建于清乾隆年间，俗称前金祖师庙、前金庙，奉清水祖师。）

龙泉岩，台中龙井区龙泉里　摄影：刘伯怡

（1922 年，村民集资兴建，2007 年新庙完竣，成为台中市清水祖师大庙。）

四鲲鯓龙山寺，台南　摄影：刘伯怡

（始建于南明永历年间，所奉清水祖师，系随郑成功来台，是“全台首建开基清水祖师庙”，深得信赖。）

新加坡安溪会馆　摄影：刘伯怡

（成立于1922年，1957年迁址市中心大坡新桥路牛车水区重建，1959年竣工，馆内供奉清水祖师。）

蓬莱寺，新加坡　摄影：刘伯怡

（始创于 1951 年，后因新加坡城建规划征用土地，联合其他庙宇迁址重建，新蓬莱寺 1991 年竣工，主奉清水祖师。）

云顶清水岩，马来西亚　摄影：刘伯怡

（始建于 1976 年，由云顶集团创始人林梧桐亲自设计，亲自监督建造，奉清水祖师。）

福庆堂，印度尼西亚占碑　摄影：刘伯怡
（奉清水祖师。）

福山寺，缅甸仰光　摄影：刘伯怡
（创建于同治年间，奉清水祖师。）

序

我和谢文哲先生做了好些年朋友了。在本书故事的“主人翁”清水祖师的故地安溪，我曾做过田野工作，完成课题任务后，我没有停止去安溪，文哲是我在“后田野”阶段于当地结识的。对他，我的第一印象是个斯文书生。他面容白皙，个头中等，近视眼镜折射出真诚的目光，言谈举止既中乎规矩又充满果敢。那时，他已在地方担任要职。此后，他“官位”变化不大。文哲工作极繁忙，但这些从未改变他的秉性。他本是一位热爱文字的少年，青年时期当过教书先生，“从政”后，笔耕不辍，坚守其“文字阶级”的身份。文哲对乡土的一草一木、乡里祠庙、物产风俗、人情世故如数家珍。而他并不是坐井观天的“地方文痞”。他见识极广，热爱阅读和旅行，向往“诗和远方”。

过去十年来，文哲特别重视乡土文化，过两三年就写出一本新书加以研究，至今，已完成了一个系列，其中有《茶之原乡：铁观音风土考察》《香火：闽南文化札记》《安溪人》等佳作。

在这本名为《天下清水》的新作中，文哲表明了他对故乡人普遍的清水祖师信仰之形成与传播的认识。

与所有佛一样，清水祖师的“神圣性”是“炼成”的。他本名陈荣祖，宋仁宗时出生于福建永春，自幼出家学佛，法名“普足”。悟道后，他先在永春行仁，后莅临安溪。宋神宗元丰六年，他应蓬莱（时称彭莱）士绅乡民请求，去往祈雨禳灾。大师引来普降甘霖，而献给他的精舍，矗立在一座岩山之上，得名“清水岩”……大师于宋徽宗靖国元年圆寂，得“清水祖师”之称。在佛教“大传统”典籍中，他的生平和事迹找不到系统记载，但他却得到极其广泛的奉祀。在闽南及周边，清水祖师与各地不同神明形成不同的“合作关系”，得到众多社区的崇信。随着安溪人口播迁到台岛和海外（尤其是南洋），其“信仰圈”进一步扩展。结果是，围绕清水祖师，形成一个以安溪为中心的“天下”，由一个核心圈（安溪及附近周边）、中间圈（闽台沿海和山区各地）、外圈（南洋）构成，本质为“区域性神明世界体系”。

文哲的这本《天下清水》运用了两类素材。其中一类是地方性的，是文哲从小开始接触、近期在家乡和永春等地进一步搜集到的。另一类则是超地方性的，是他最近几年在踏勘中得来的，关涉到海内外安溪人及其神明的行迹。

文哲用前一类素材为笔墨，勾勒出了清水祖师悟道、行仁、成佛及香火散播的历史线条，揭示出了清水祖师的“水德”之深层含义（有关于此，文哲在其“自序”中说，“世间所有美好仿佛都与‘清水’有关”，他甚至说，“闽南人心目中崇仰无比的这尊黑面的神，其实是一个清澈的人，他以天下苍生为己任，出世入世，自度度人，集真善美于一身——这也是祖师本来的形相，和留给我们最大的文化遗产”）。这类素材有些是第二手的，来自其对既有研究的引据，有些是第一手的，来自他的亲身考察。

至于第二类素材，则特别难得，它们来自文哲循着清水祖师圣迹“周游天下”的亲身经历。

在过去这几年里，文哲总是让人感觉他假期时分外忙碌，经常不易在他的家乡找到。原来，他是频繁到外地和海外“找庙”去了。他所到之处，都有清水祖师的“分香”，其中，位于泉漳地区及福建山区者，不过是一部分。其他还有大量在台岛，及东南亚的槟城、伊江、滇缅公路、泰国、爪哇等地……总之，多少年来，假期里的文哲，利用所有可能得到的机会，用双脚丈量着清水祖师信仰分布的地理范围，到这位神明所到之处，观察各种事实，聆听各种故事，思索人生、社会和世界的关系。

文哲随后对搜集到的第二类素材进行整理分类，将它们有序地呈现出来，用以论证清水祖师信仰的“天下性”。

《天下清水》是一部有文化史和社会学内涵的文史之作。它兼及上述两类素材，触及乡土文化元素之一扎根与播迁的两类社会事实。安溪的乡亲们完全可以借助这本书，找到自己在其“神明地图”中的方位，而其异地同胞也可以通过它来“寻根问祖”。对区域文化感兴趣的学者，则完全能透过这本书来进一步认识闽南文化扑朔迷离的文明复合性。而从我自己从事的专业角度看，我认为，这既是一部出自“凝视”的民族志之作，又是一部出自“环顾”的区域文明体系综合研究之作。在此书中，文哲从“家乡”出发，漫步于世界之中，用脚印绘成的图像向我们表明，许多被一些人类学家归结为“地方性”的“土俗信仰”，其实有其别样的高雅性和超地方的世界性。

我相信，文哲的这项尝试，及他作为一位“土著人”（安溪人）对其乡人世界思想和世界活动的再现，将激发我们纠正地方/世界二分的错误观念。

字里行间，文哲透露出其对人类学的理解之深刻、运用之娴熟、引申之自由。我常常说，文哲是一位“天生的人类学家”。这绝非戏言。而我还必须说，文哲善于用“清水”般行云流水的文字，如实而生动地描绘自己的见闻，讲述自己从中悟出的道理，这使他创作的文本比我们常见的“新八股”更真诚而有力。

王铭铭

2020 年 8 月下旬于东海湾寓所

自　序

从略微懂事起，我就记得，每逢家中有重大事宜需要处置，如建房、升学、择偶、婚娶、生子等，母亲都会精心备办果品、金纸、香烛，亲自登临清水岩，在祖师面前上香、跪拜、祷告，有时还会卜上一签，祈求祖师应身，指点迷津。如今，母亲年纪大了，由妻子接替她主持各种仪式。玄妙的是，她们所求必应，诸事平安顺遂，功成圆满。

1981 年（我即将升入初中）春节放假的一天，恰逢清水祖师庆诞，记得凌晨三四点，母亲拉着我从老家启程，一路抄小道，翻山越岭向蓬莱山进发。我们到达清水岩时，已近晌午，只见觉亭至法门的狭窄石道上，拥满了从各地赶来进香的人群，队伍缓慢向前蠕动。突然，方鉴塘靠山崖一侧的石栏杆，被撕开一个口子，几十个人哗哗往下掉，人们惊呼着、推搡着……

所幸的是，山崖下杂草丛生，草丛上又覆盖着厚厚一层鞭炮纸屑，像一个天然大护垫，摔下来的人群堆叠在垫上，没有酿成重大安全事故。母亲告诉我，这是祖师灵感昭应，一定会化险为夷的。这位祖师何以有如此大的“神力”？人们待之何以如此虔诚？我不免疑惑，但看到母亲脸上虔诚坦然的表情，心中的疑问也就释然大半了。

人生短暂。从我初上清水岩，到动念写作《天下清水》，四十年飞逝而过，而我也从懵懂少年开始步入中老年，原本是作为少年时一个问题来琢磨，没想到最终会形成一本书。有时我想，在我们的生涯中，只要自己真正提出过问题，这些问题就会挥之不去，就会在头脑中萦绕，持续地发酵，乃至终有一天会成熟。

此后上高中，考大学，分配工作，结婚……每届人生重要关节点，母亲都会向祖师“禀报”，而我也带着年少时的问题，一路求索前行，直到1999年安溪首办清水祖师学术研讨会，我应邀作了篇文章，在亲近了解祖师的过程中，少年时提出过的问题，才有了初步答案。

对于这篇文章，起初我是不甚满意的，后来经常看到有人在文章中引用，甚至在台湾一间很小的庙里所编纂的资料册中，都可看到其被引述——我于是进一步想，这其实是一本书的框架结构。祖师信仰由安溪、闽南向闽省内外、台湾及东南亚等地播迁，其轨迹和闽南人移民的路线、区域重合，隐含着闽南人的生活观和幸福观。闽南人足迹所至，祖师信仰也随之而至。借助这种民间信仰的“面相”来观察中国社会，特别是理解中国乡土社会的组织形式，使我在实地调查中获益良多。当中，既有民间知识的增进，也有人生阅历的拓展，更有精神的洗礼和心灵的滋养。

怎样定义、概说祖师信仰文化，有待于进一步研究和探讨，但祖师信仰在域外传播的文化人类学意义却不容置疑。民间信仰是中华文化的内核之一，闽南人信仰和奉祀神祇，首先是满足现实的生命需要、生活需要，其次也是满足心灵需要、终极需要。这是闽南人造神的原则。祖师信仰正是按照这一原则造出来的神祇。从这个角度看，祖师信仰是中华文化在特定的历史时空中结成的文化果实，这种果实生动地丰富了中华文化，其作为中华文化的一个载体传播天下，具有恒久的文化人类学意义。

调查写作期间，每一次远行归来，我都会上一趟清水岩，既是向祖师“报告”阶段成果，又期盼祖师“开示”接续行程。从起点出发再回到起点，这里岩山环立，涧泉汇注，千百年的樟树、罗汉松，奇花异草、摩崖石刻，静静地伫立在清水岩的各个角落。菩提如盖，法雨飘洒。在穿越时空的绿意中，清水祖师将我们短暂的一生包融在它的时间之内，并在一个更广的时间尺度中庇荫着闽南人。面对大殿中静默不语的祖师神像，我常想，以“清水”命名一种神灵和信仰的存在，展开人、神、自然三者之间的“亲善关系”，在中国恐怕是绝无仅有的。

有人曾这样总结水的品德，说：水育养万物而不居功，水善助他物而不显能，水回转谦让而不争锋，水意志坚定而不止行，水去涤污垢而随洁从，水界限分明与火不容，水碧波荡漾而使人愉悦，水可攻坚而无所不通，水有胸怀容万物汹涌。我认为，水最大的品德是，以处下而为上，以不争而争，以不为而为，以辅万物于自然。故老子曰：“上善若水”。人如若水，几成完人，水之美德，几人能获？

而祖师不但以水名之，且冠以“清水”，清水清冽，清水清鲜，清水明镜，清水清扬，清水清心……世间所有美好仿佛都与“清水”有关。闽南人心目中崇仰无比的这尊黑面的神，其实是一个清澈的人，他以天下苍生为己任，出世入世，自度度人，集真善美于一身——这也是祖师本来的形相，和留给我们最大的文化遗产。写到这里，突然想起南宋嘉定四年（1211）十月一日邑人、长泰县令余克济《清水宝塔记》里的一段话，抄录在此，作为本文的结尾：

> 假使师平生戒行，非卓然自得于真空之地，则沉沦生死，安能以形骸为外物？形骸之累未去，则有人我相较，又安能天地万物同其一理，生则慈云法雨，在世利民；死则遗波余润，

沾被无穷哉。因真空之名并论，其所以为不朽者在乎此。

关于形骸与外物，关于生与死，其实是我们一生都绕不过的课题。而清水祖师早已在九百多年前就将答案告诉了我们。

谢文哲

2020 年 8 月 13 日

目　录

序　/ 王铭铭　/1

自　序　/5

第一篇　溪山开宗

第 1 章　创立清水岩寺　/3

第 2 章　从洋中亭到宗教院　/13

第 3 章　岩下社会和蓬莱分香　/26

第 4 章　东甲山“飞炉”和“三岩”共奉　/38

第二篇　闽南蕙风

第 1 章　小姑乡的佛缘　/53

第 2 章　诗溪传奇　/62

第 3 章　梅山十六都“父母佛”　/72

第 4 章　英溪古室传芳　/81

第 5 章　求子结奇缘　/94

第 6 章　围头湾内留圣迹　/104

第 7 章　古佛灵如在　/117

第 8 章　鹭岛馨香舒海天　/132

第 9 章　漳州三岩　/145

第 10 章　清水慈惠武安场　/155
第 11 章　有岩就有“祖师公”　/168

第三篇　台岛慈云

第 1 章　安溪人是台湾的“开山祖师”　/185
第 2 章　过黑水沟的乌面祖师　/192
第 3 章　满街都是“安溪仙”　/198
第 4 章　台北三大清水祖师庙　/204
第 5 章　茶郊妈祖的目光　/222
第 6 章　万庆岩·集应庙　/232
第 7 章　两岸同名村　/239
第 8 章　清水祖师来看我　/251
第 9 章　台中“人民调解员”　/263
第 10 章　清水祖师“回娘家”　/269
第 11 章　高雄“私佛”变“公佛”　/275
第 12 章　东岸“开觉路”　/285
第 13 章　燕南山上的圣贤　/291

第四篇　南洋法雨

第 1 章　安溪人开发新加坡　/303
第 2 章　祖师敲打安溪人的良心　/315
第 3 章　秋水长源映溪山　/324
第 4 章　大马“安溪军团”　/333
第 5 章　槟城蛇庙和云顶清水岩　/346

第 6 章　伊江漫传故园声　/354
第 7 章　滇缅路上的安溪人　/368
第 8 章　泰国华人第一庙　/379
第 9 章　爪哇岛“伊甸园”　/387
第 10 章　海上马车夫　/397

附　录

附录 1：清水祖师本传　/408
附录 2：清水宝塔记　/410
附录 3：清水寺兴造记　/412

致　谢　/414
出版后记　/416

第一篇

溪山开宗

第 1 章

创立清水岩寺

在中国历史上，元丰六年（1083），是一个相对平淡的年份。这一年，“唐宋古文八大家”之一曾巩去世，另一位大家苏东坡在十月十二日写下千古名篇《记承天寺夜游》，宋神宗赵顼主持“元丰改制”陷入僵局。这一年，兴化军（今莆田）建成福建最大的水利工程木兰陂，使莆南平原 16 万亩农田旱涝保收，并有舟楫之利，而泉州府清溪县，却因一次寻常的僧人“祈雨”，而法雨缤纷，气根落地，从此写就一段旷世传奇。

元丰六年，地处闽南内陆山区的清溪大旱，赤地百里。乡民苦旱禾焦之际，听说永春邻县麻章庵有位麻章上人，法名普足，其道行高超，能感天动地，于是商议由里社刘公锐等乡贤出面，前往麻章庵，迎请普足莅乡祈雨救旱。感于真情，眷顾乡民，普足不顾劳辛，顶着烈日，翻山越岭来到清溪。翌日在张岩设坛，不久天风大作，大雨滂沱而至。久旱逢甘霖，邑人莫不欢呼雀跃，奔走相告。

崇善里刘公锐众等，仰慕普足道行精严，便有在张岩山筑室请留之意。普足见此地林深窈密，岩崖高立，石泉清冽，是修持佳处，含笑首肯。刘公锐于是捐出其在张岩的山林土地，并与乡民一起，披荆斩棘，移石开道，成就精舍数间，以供普足留居。

普足驻锡后[①]，喜此处青山带雾，林木笼烟，岩甚奇秀，清泉冷冽，因改张岩为清水岩，从此在岩中潜心修行，精研大、小乘妙谛。大抵这就是清水寺开岩之始。[②]

孤夜清灯，心中长明。参透佛理之余，普足时刻不忘明禅师授以法衣时的嘱托，明禅师所示“尔营以种种方便”，是教诲其要依心而行，以身作则，大行善事，多做好事，弘扬大乘佛教“度世济人”的慈悲精神，如此，才能满足众生之欲求。于是，脱去袈裟，步出寺庙，走下山林，以事传法，修桥筑路，治病施药，在闽南续写一段圣火相传的壮丽流程。

居岩修行十九载

普足，俗姓陈，北宋仁宗景祐四年（1037）正月初六日出生于福建省永春县小姑乡一个中产之家。自幼在大云院出家，不久，独自在高泰山结茅筑庵，“志甘槁薄，外厌繁华”，严格修持戒律。后闻大静山明禅师（一说“明松”禅师）具圆满觉，遂往事之，经明禅师指点妙谛，参读佛典三年，遂成业就。辞拜而还前，明禅师告诫他说：“我佛最大功德，莫如行仁。所以要舍弃万象，务以利物济世为职志，尔营以种种方便，瀹足一切。”还亲授法衣，叮嘱道：“非值精严事，不可以衣此。”普足后移庵于麻章，自立门户，行善乐施，为人祈雨，“如期皆应”，被尊为“麻章上人”——“上人”是佛教中对持戒严格，坚持梵行，精于义学高僧的尊称。

普足至清溪祈雨成功，驻锡清水岩后，在岩中和乡间修行了

① 僧人出行，以锡杖自随，故称僧人住止为驻锡。

② 张岩山故有岩宇，曰张岩，祀张巡为首。其后，又将张岩迁至觉亭仑，易名为“三忠庙”。

19载，泉州、漳州、汀州所属各县的百姓声闻其德，都十分崇信他，时常延请普足禅师前往禳灾驱疫，祈雨救旱。对此，历代方志均有记载，民间则代代传说普足“甚著效验”的事迹。

延请普足来清溪祈雨并献出张岩山的刘公锐，期间与普足来往更多，友谊更深了。一天，刘公锐到山上找普足研习佛法，普足自觉大期将至，遂向刘公锐嘱咐身后事，并把衣钵传给大弟子杨道，嘱立其为清水岩寺住持。普足对弟子众等说，“形骸外物，漆身无益”，说偈讫，端然坐逝圆寂，享年65岁，时宋徽宗建中靖国元年（1101）五月十三日。感念恩德的乡人云集瞻礼，“运石于岩寺后，建真空塔藏舍利，刻木为普足像，供奉于清水岩寺”，并因其在清水岩修德，而尊为“清水祖师”。[①] 12年后，政和三年（1113），清溪（安溪）知县陈浩然根据邑绅“行状”，为其立下不朽之传《清水祖师本传》。

普足逝去后，其生前事迹迅速在安溪一带广为流传。数百年来，闽南、闽中、闽北，台湾和东南亚各地的安溪籍乡亲、侨胞聚居之处，多建有供奉清水祖师的庙宇，其建筑样式也多模仿安溪清水岩。

依山而建的清水岩寺位于安溪县城西北蓬莱山，梵宇僧楼，法界庄严。其山门上书“清水法门”四个大字——清水祖师禅杖芒鞋，驻锡清水岩，在此弘扬佛法，越祖分灯，以心开心，遂开“清水法门”——法门，指通过习修佛法获得佛果的门户，有分宗立派之义。不是任何佛寺庙宇都可以标榜“法门”的。

已故著名作家、国务院研究室社会发展司原司长朱幼棣曾于2008年和2010年两次寻访安溪，并前往闽南永春等地和台湾地

---

① （宋）陈浩然：《清水祖师本传》，载于《清水岩志》，泉州市文物管理委员会出版，1989年。见本书附录1。

区，就清水祖师信仰开展调查。调查中，朱幼棣提出，普足得法大静山明禅师，自明禅师而上，见诸“灯录”，“宗支可考”，又亲授普足法衣，是他的继承者，所以普足所承当为禅宗法脉。[①]普足在清溪创建清水岩寺，其开创了禅宗南传与闽南文化融合发展的“清水宗”。[②]数百年来，“清水宗风”如同闽南城乡寻常可见的古榕，落地生根，独木成林，又如同清新湿润的亚热带暖风，吹拂闽南山山水水，再由民间，飘洋过海传至东南亚，以及世界各地。

民间崇拜的历史逻辑

宋代，随着泉州海洋商贸经济的发展，物产丰饶的安溪迎来一个较大的机遇期。但由于安溪地处闽南内陆，山环水绕，沟壑纵横，交通极为不便。乡民出行主要依靠步行，货物运输除少数牛车助力外，均须肩挑扛运，又要翻山越岭，趟水过河，时常要冒着生命的危险，故谓“坐船走马三分命”。清溪自县城上达桃舟，下通泉州出海，溪流湍急，暗礁林立。普足在永春时，已“劝桥梁数十，以渡往来”，对桥梁建造十分熟悉。目睹清水岩周边里社的乡民往来清溪两岸，苦于舟楫，时常发生坠水事故后，普足禅师募集资金，发动乡民建造通泉桥（址未详）、谷口桥（金谷溪与清溪交汇处称谷口）两座，10年后，又募建汰口（址未详）、登仙（址未详）、双济、龙津等数桥，方便乡人出行。[③]每遇天旱，则设坛祈雨，又广施医药，救死扶伤，其至诚感人，由

① 禅宗在清水岩有迹可寻。清水岩昊天口有石刻楹联：“无非无是花自笑，即空即色棒当头”，字体风格古朴淳厚，可看出是宋人所书。“棒当头”即当头棒喝，这是禅宗的顿悟，特别是禅宗流传闽南最广、影响最大的临济宗特点。

② 朱幼棣：《清水宗风考》，载于《福建民族宗教》，2020年第2、第3期。

③ 陈浩然《清水祖师本传》。

是声名大著。

唐代，净土宗主张且热衷于造桥修路做功德，而禅宗则反对此举。五代以后，禅宗为了宗派的生存发展，有意识地吸收净土宗的信仰与实践，于是出现禅僧广为造桥修路之举。《华严经》说："广度一切犹如桥梁"。度化的"度"，与渡河的"渡"，一个无形，一个有形，但二者并无本质之别。无形之"度"，度人脱离人生苦海，有形之"渡"，渡人过河，普足禅师广造桥梁，既是"以渡往来"，又是实践禅宗义理，度化众生本性的"真我"，以找到人生觉悟之道。

农耕时代，医术水平低下，各地普遍缺医少药，民众饱受伤病困扰。为方便乡人就医，元祐年间（1086—1093），精于医道的普足禅师来到清水岩山下的洋中村（今联中村），筑建"洋中亭"，设"济药司"，定期义诊，为四乡八里的群众施药驱疫。远至建州（辖建安、瓯宁、浦城、建阳、松溪、崇安、政和等县）、汀州（辖长汀、宁化、上杭、武平、清流、连城、归化、永定等县）、漳州（辖尤溪、漳浦、龙岩、长泰、南靖、漳平等县）的古道、乡间，亦时常可见普足风尘仆仆的身影，其虽然衣衫褴褛，脸色疲惫，然而目光清澈，步履坚定。

南方原始农耕以稻作为特色，而稻作又有仰赖丰沛的水源。普足以祈雨扬名，深得闽西南各州邑民众的依赖。祈雨原是唐五代密宗僧人的宗教实践，但到了宋代，禅宗等亦普遍采纳密法，显密双修，出现禅宗僧人祈雨的现象。普足广造桥梁渡人及屡次祈雨的实践表明，佛教禅宗此时已出现与各宗派相互融合渗透的趋势，即禅净融合、禅密融合，而普足所为，正好体现这种融合。显然，在佛教的"修"和"行"方面，普足更重"行"亦即重视修习与践行。

回想一下，佛教流传到宋代时，禅界已流弊丛生，未修未行，驰骛空谈，对普通群众的吸引力不大。在贫困山区，寺小庙孤，影响式微，如果一味专研深奥的佛典，又有什么现实意义？佛教讲普度众生，度人，需要桥和船，筑路对佛教来说也是一种德行，那就摆脱教条，不拘泥形式，“只管修桥铺路”的宗风，难道不是度一切众生吗？

在清水岩驻锡19年间，普足禅师曾收录杨道、周明等为徒，师徒合力在蓬莱山构造清水岩寺，广植禅林，蔚然成荫。刘公锐与普足禅师关系密切，经常到岩“亲聆讲经”，感于禅师高深道行，遂将在张岩垦辟的山林业产，悉数捐献给清水岩，以充作寺业。[①]生前，普足积极入世，参与社会公益事业，已是民众敬仰的“高僧大德”；殁后，民众崇奉其为神佛，赋予其以全知全能，寄托着老百姓对真善美的向往和追求，这是中国民间崇拜的历史逻辑，自有其内在的合理性。

考察普足禅师的一生，不曾有《语录》之类的佛学著作留世，于教理、于哲学的主张，也没有流传保存下来，殊为可惜。其正遵循禅宗“不立文字，教外别传，直指人心，见性成佛”的基本理论，那是一种清澈自然的境界。生而有功于人者，死必崇奉为神。生前有功于民，这是由人入神的现实基础。所谓“功”，可以是忠孝节义，可以是除暴安良，可以是救灾弭祸、施药治病。普足禅师显然属于后者，其善行使受惠者心生感戴，形成口碑，并在流传中加以丰富。在民众的拥戴下，清水祖师信仰像“星星之火”一般，首先从蓬莱清水岩“燎原”全县乡村。

林再复在其《闽南人》一书中说，受到闽台民间崇拜的人格神，“绝大多数都是能刻苦耐劳，披荆斩棘，以至于能建功立业的”，从崇拜的意义上来说，“大多数都是能保民济世，有德行有

---

① 后人立刘公锐为檀越主，祀于清水岩东轩。

恒心，而且或忠勇或孝慈的”。[①] 可见，人们将普足禅师这些具有中华民族优秀品德、为人民做善事或作出突出贡献的人升格为神而加以崇拜，其中包含着对中华传统伦理道德规范的推崇。

众山旋绕朝清水

安溪境内山脉属于福建戴云山山脉向东南延伸的部分，地势自西北向东南倾斜。按地形地貌差异，以湖头盆地西缘五阆山至龙门跌死虎西缘为天然分界线，线以东称外安溪，线以西称内安溪。西北部山峰林立，山势峻峭，河谷狭窄，平均海拔 700 米以上，千米以上高山 2461 座，最高山峰太华尖 1600 米；东南部地势平缓，千米高山 475 座，平均海拔 500 米以下。

清水岩寺坐落在外安溪区域的蓬莱山上，蓬莱山海拔 767 米，清水岩寺则建在海拔500米左右的位置。民国版《清水岩志》[②] 载："清水名山，发源于西北，逶迤而南，至竹塔一耸，跌下蜂腰，曰彭格，突兀峻绝。分为两翼，左翼至凹峰草店，右翼展于东偏祈雨坪。当中为大师绀室。由西南转东北，形如狻猊播弄碧空。殿内有大孔曰'狮喉'，殿下两阶曰'狮唇'。觉路为带，觉亭为毬。……"可见，清水岩寺地形优越，山峰奇秀。而清水岩寺形胜"雄狮舞毬"更是天造地设，活灵活现。

站在清水岩顶俯视前瞻，往西过彭格的竹塔山，远处大寨山环转三笏山、岭美山、岭南石岩山、温厝山、蔡厝山、顶刘山、大墘尖山、龙船肚山、峻古岭山、寮内山、陈厝山、下刘山、王厝山、高雁山、芹山，从西沿北至东，群山连绵，簇拥环翠，状

① 林再复著：《闽南人》，台湾三民书局，1988 年增订四版。

② 民国十五年（1926），陈家珍编修，今存 2 万余字。

如“五凤三狮朝清水”。

岩寺所处山体为岩浆岩，坡度较陡，最高处凸出巨大岩石，将岩寺拢护其下，巨石下另有斜形天然平台近600平方米。清水岩寺背靠狮形山体，面临深壑，依山而建，崇楼曲阁。分三层，第一层为昊天口，古时县宰多在此树匾旌表祖师。第二层为祖师殿，也称中殿，崇奉沉香木清水祖师神像，中为正身；殿左龛奉伽蓝爷，殿右龛奉普庵和达摩祖师。第三层为释迦楼，奉释迦摩尼；左右翼为钟楼、鼓楼，檀越厅、观音厅、芳名厅分立于东西两边，观音阁旧名百尺楼，奉观音佛祖；檀越祠崇檀越主刘公锐。站在远处看，整座清水岩寺外形如“帝”字，气势磅礴，巍峨壮观。“楼成于宝庆丁亥（1227），殿成于绍定癸巳（1233），阁成景定壬戌（1262）。规模皆壮丽宏深，而阁尤伟，金碧晃耀，龙象环绕，邑人瞻仰，骇未尝有。”[①] 从南宋景炎二年（1277）到近代，清水岩寺先后历经二十多次重建、扩建、重修，相传原有99间规模，现存建筑为明、清及近代精品。寺外清水法门、觉亭、三忠庙、护界宫等楼阁亭榭，与岩寺连缀，形成一个众星拱月的古建筑群。

清水岩寺四周还有许多摩崖石刻、奇观异景点缀其间。岩宇后有埋藏清水祖师骨灰的宋代“真空宝塔”，塔上有塔亭。岩宇出“清水法门”有清珠帘、方鉴塘、罗汉松、浮雕岩图碑、纶音坛、护碑亭、“枝枝朝北”树等文物古迹。浮雕岩图碑为南宋淳熙年间文物，碑以二方花岗岩石合并为一，以半浮雕刻载宋代清水岩的岩宇、亭台、山门、舍利塔、道路等图像，并附有各建筑物的规格、尺寸及建筑度数。纶音坛在觉亭对面，倚“六老同游碑”崖刻之上。坛建于元延祐四年（1317），为僧一果、崇远重建岩宇后

① （南宋）徐明叔《清水寺兴造记》，见本书附录3。

的文物。坛正面记载宋时祖师四次受敕封的纶音牒文。枝枝朝北树是一棵高达30多米的千年古樟树，枝繁叶茂，相传为清水祖师当年手植，因地势、气流和朝向的关系，它的枝枝叉叉几乎全向北伸展。传说，南宋抗金英雄岳飞被秦桧所害，感动了这棵樟树，于是，它的枝叶全部向北生长，以表示纪念。又传，祖师家乡永春在清水岩之北，树以枝枝朝北之状，表达祖师的思乡之情。

旧时，通往清水岩寺有两条古道，一条从蓬莱鹤前村登山到清水岩寺，一条蓬莱彭格村进入清水岩殿。如果从鹤前清水岩古道起步登山，沿途还可见半岭亭、护界宫和袈裟石、丹臼、石船等千奇百怪的岩石，林木莽苍，流水淙淙，风景绮丽，美不胜收。

明万历《安溪县志》载："茶名于清水，又名于圣泉。"前者指普足大师在清水岩寺种下的清水禅茶，后者指北宋另一位高僧于官桥驷马山所植的圣泉名茶。唐宋时期，佛教盛行，寺必有茶，禅茶一味。南方寺庙几乎出现了庙庙种茶。彼时，安溪的寺庙道观都拥有自己的田地庙产，植茶相当普遍。明令周宗璧在其《重建清水山门碑记》中载，"半岭前后二室、茶园等地界，皆寺之旧有"，印证了清水岩产茶历史悠久。今岩寺后山还留有清水祖师当年亲手栽种的几株茶树，上千年过去，依然绽放芳香。而为枝枝朝北古樟所荫的觉亭，一开始就是座茶亭，至明万历二十九年（1601），县令廖同春捐出俸禄倡修茶亭，并取"还惺转念，一觉即是"之义，改名为"觉亭"。著有《名山藏》《闽书》的万历进士何乔远登清水岩后为此写下《觉亭记》，感叹"是名茶亭，然则岩中之神与其胜观，清溪一大奇也"。觉亭之外，蓬莱山上，放眼望去，满是青翠茶园；蓬莱山下，是安溪第一侨乡蓬莱镇。千百年来，蓬莱人四处开枝散叶、繁衍生息，清水祖师和安溪乌龙茶、铁观音也随之传播到世界各地。

与闽南古建筑艺术有机结合的清水岩古建筑群景观，与"众山旋绕”、群峰叠翠的山水景观和谐统一，构成安溪侨乡一道美丽的风景线，每天吸引着络绎不绝的海内外游客前来朝圣、观光。1985 年以来，安溪清水岩先后被评为福建省文物保护单位、国家 4A 级名胜风景区、涉台国家级文物保护工程、全国重点文物保护单位。2011 年，“清水祖师信俗”被国务院列入“第三批国家级非物质文化遗产名录”。2020 年，清水岩获准设立国家级“海峡两岸交流基地”。

第 2 章
从洋中亭到宗教院

清水祖师信仰的传播，与其说是一个信俗仪式“复制”，不如说是一种文化的“出走”。但是，“出走”不是“离开”，不是隔断，是更紧密的“联结”，更深情的“依恋”，是刻在闽南人、安溪人骨子里的遗传基因，包含着对未知世界的好奇，为生存艰苦卓绝的努力，对梦想永不磨灭的热忱。清水祖师信仰的每一次“出走”，都是一次精神世界的拓展，从一个远方到另一个远方。

清水祖师信仰的第一次“出走”，首先从安溪内部开始。正是有了这次开始，以及后来呈几何级裂变所产生的文化能量，带来了千百年来清水祖师信仰的兴盛，成为闽台地区最重要的民间信仰之一。

蓬莱洋中亭

普足禅师圆寂后，弟子杨道继任清水岩的住持，他“克体师志，广行信施”，同时建殿修庙，使清水岩寺成为比较完整的寺院。在他的倡导及安溪[①]士绅的推动下，祖师生前行医处“济药司”洋中亭开始塑像供奉清水祖师，这是清水岩在邑内的第一座分香。此后，数百年来，虽然洋中亭历经数度重修，但奉承祖师的香火始终绵延不断。

“洋澜有象征化育，中道不倚壮奇观”。洋中亭由普足禅师于宋元祐年间（1086—1093）亲自募资兴建。元延祐年间（1314—1320）经历重修，清同治年间（1862—1874）再修。1984 年，联中村旅马乡亲林遵笑、林成器、林东茂等捐资重建洋中亭，为今三层四方体钢筋水泥结构，亭阁耸立，牢固稳健。洋中亭主奉清水祖师，兼祀魁星、文昌帝君。

宋代以后，每年春节期间，蓬莱三庵堂（顶、中、尾）的信众都要举行清水祖师迎春绕境活动，洋中亭供奉的祖师，被三庵堂 27 股代表共同议定为第一副身，三日迎春绕境，概以此尊为准。信众恭请清水祖师出殿下山、巡视乡社境地的迎春绕境习俗，相传源于宋代，盛于明朝，定例清代，沿袭至今，名冠闽南。其活动场面盛大，规则严谨，程序严格，礼仪严肃，组织严密，具有浓厚的民俗特色。洋中亭所属中庵堂，每年正月初八日亦以这尊祖师开香。当地群众在这一天择良时恭迎清水祖师，故今洋中亭又是群众商办里社事务的场所。

民间认为，神与人同。因此，与世间人一样，祖师也要年年辞旧迎新，每年“过年日”（除夕）和正月初一日，当年的“佛头股”要登岩为清水祖师做“过年”，即除夕守岁（又称辞年），正月初一日迎新（俗称贺正）。除夕那一天，由中庵堂“佛头股”奏寮鼓吹，恭送洋中亭清水祖师第一副身上清水岩。当晚，岩僧须备办清茶、米酒、五果（五种不同的水果）、灯料、金纸等，为上

① 宋宣和三年（1121），清溪县改称安溪县。

山的清水祖师第一副身、清水祖师正身，及清水法门四大护法、护界宫、三忠庙[①]等清水岩诸神“做过年（辞旧年）”。到了正月初一日子时，又换上清茶、米酒及各色金纸、礼炮等，为清水祖师及诸神祝贺新年。

正月初二，“过完新年”的清水祖师第一副身下岩，由下庵堂“佛头股”备办灯料、时馐等迎接，并由朝真庵和尚做佛事，向清水祖师祈卜“四季水”和五谷丰歉。祈卜“四季水”，即在“雨神”清水祖师尊前上疏“掷筊杯”，预占新一年四季雨水的丰与歉。卜得哪一季雨水充足，众等喜悦无比，信心倍增；占得哪一季雨水欠缺，便是祖师提醒，要注意保水抗旱，保粮夺丰收。预占“四季水”之俗，是乡民对祖师信仰的实用性态度的一种体现，表达民众对气象与农耕关系的感受及对生产条件的关注。祈卜仪式结束后，乡民恭抬清水祖师巡游，入江长庙敬奉。

为祖师做“过年”活动，逐渐演化成为清水岩除夕守岁祈福民俗。是夜，除蓬莱三庵堂信众外，城厢、金谷、魁斗等乡镇的信众亦扶老携幼，登临庙宇，陪伴清水祖师守岁。民间传说，是夜祈祷尤为灵验，故每当此时，寺庙内外，弘法广场，人山人海。至子时，住僧开始率信众颂念清水金经，祭拜清水祖师，许心愿，祷和平。零点，由住僧率信众鸣钟击鼓各108响，万炮齐鸣，共迎新年。

洋中亭边有一口用石头砌成的小池，叫“旗窟”，每年正月里三天清水祖师迎春绕境，三庵堂均要集中从洋中亭出发，结束后又在此“倒大旗竹”（把大旗竹平均锯成三段，分给三庵堂），并将从清水岩“礼请”的炉火熄灭在“旗窟”中。由此可见洋中亭

① 今奉张巡、许远、岳飞、关羽，皆为历史上的忠臣良将。相传，庙原奉张巡、许远和伍子胥，至明朝，朱元璋下诏将伍子胥移出，同时请入岳飞奉祀。至于三忠庙何时增奉关羽，无考。

在整个仪式中的重要地位。

洋中亭所在的联中村，原称大墘，相传是当地林姓为纪念肇安始祖林墘而取名，后雅化为代贤，祈愿子孙后代聪明贤达。又有一说，因该地有大片干旱田地，干旱田地俗称“墘”，故称大墘。宋代连之瑞、连三益为联中村人，先后登进士第，在安溪正式置县后的前10位进士中占有两席，其登临清水岩后，分别作《咏清水岩》《登清水岩记事》两诗，称“蓬莱顶上大僧伽，咫尺云山是我家”。2018年，联中村被列入第五批中国传统村落名录。村中德门祖宇是安溪林氏宗祠，有近600年历史。距离德门祖宇不远处有宝光堂，亦是旅马侨亲林遵笑、刘开吉等人捐资重建，二进六开间，顶落四垂，供奉观音、关圣大帝、魁星父子和清水祖师。另有供奉朱、邢、李三王的大墘中亭庙，供奉顺平圣侯的大墘忠义庙，与德门祖宇、洋中亭共同组成大墘的“神明社区”。

站在洋中亭前眺望，远处山麓，清水岩清晰可见，岩上清水祖师正身与亭中第一副身遥相呼应。过去，每年正月绕境春巡，都是岩上的正身“下山出巡”，现在，则由亭中的第一副身“履行职责”，而无论正身还是副身，这尊“黑面的神”依然如当年一样，护佑着他挚爱的人间。

厚安古地的信仰网络

随着祖师“祈祷雨旸，无不感应”故事的传播，安溪境内陆续有信众到清水岩迎请祖师香火，塑像建庙供奉。宋廷四次敕封后，官方的大力推崇，又极大推动清水祖师信仰的传播，许多寺庙虽已有主祀神明，仍然到清水岩祖殿，迎请祖师香火增奉于庙中，接受信众膜拜。

城厢镇位于安溪县“东大门”，因紧邻县城，故称城厢。厚安河谷平原是城厢镇的核心区，其与安溪老城区隔着一道蓝溪，方圆20多平方公里，区域内有砖文、土楼、员宅、路英等行政村和茗城、建安、茶都等社区居委会，人口以谢姓居多，这是安溪最早开发的地区。[①]汉晋以后，北方汉人多次大规模南下迁入闽南，厚安是北方移民流徙安溪的首站。唐咸通五年（864），南安县析出西界两乡，设置小溪场，并由乾符二年（875）榜眼及第、避乱泉州的廖俨担任小溪场长。廖俨带领从北方迁徙而来的“流民”，疏浚溪流，围垦田地，启蒙教化，振兴百业，拉开安溪早期文明的序幕。

土楼村南山之麓，有一座千年古刹宗教院，始建于五代后晋天福四年（939），是安溪县（955年置县）境内最早传播宗教文化的发祥圣地。寺院中堂联“宗传门院先古邑，教真谛化启溪场”，可以为证。宗教院初名龙霞寺，奉祀释迦牟尼和观音菩萨，宋时清水祖师声名大著后，增奉清水祖师。青年朱熹好佛理，任同安主簿时，曾数度到安溪公干，游览安溪胜景，期间多次居留宗教院，称赞这里为“状元圣地”。

唐五代时期，佛教由南安传入小溪场。禅宗兴起、传入闽南以后，宗教院曾一度是云门宗法传和修禅的门庭，也是僧人培训基地，修成后再派往各地寺庙担当住持。据传，当年有五百僧众曾在此发愿受持，农禅并举，冬参夏学，顿悟法门。宋亡后，曾经禅门之盛的闽南佛教，至明代已经衰落，不仅临济宗、曹洞宗式微，沩仰、云门、法眼三宗更是无人提及，而宗教院依然僧众如云，香客接踵。

---

① 1939年和1955年，福建考古队先后在土楼村顶园山南坡发现5个唐朝贵族墓，出土唐瓷明器124件。墓中出土的古砖，印有“上柱国刺史武吕，乾封三年中”12字。乾封三年系公元668年，这个时间比安溪置县早287年。上柱国为正二品，爵位很高。

宗教院“管辖”着厚安河谷平原上的18座“宫门”，[①] 这些“宫门”分属谢氏宗族不同“房支”，奉祀谢氏宗族各“房支”敬奉的“境主神”，相互之间有从属关系，与宗教院共同构成一个层级清楚、组织严密的社区信仰网络。宋以后，处于社区信仰网络“塔尖”的宗教院增奉清水祖师后，其所属18座宫门，也纷纷参照主庙的做法予以增奉。18座宫门以外的城厢镇其他村落，几乎村村增奉清水祖师。至于增奉的现象，则反映宋以后，清水祖师得到朝廷的承认后，祭祀圈、信仰圈进一步扩大。

灵著庙，位于员宅村。明嘉靖《安溪县志》载：“灵著庙，在县南三里。旧传，唐中和四年（884），有父老姓安名宁，善搏虎，邑人祠之。伪闽时，长官廖俨重建。后人思长官之功，并塑其像于庙，每岁孟春，迎神于市，晨昏荐献，及夏，歌鼓送神以归。嘉定六年（1213），邑令陈宓以虎暴祷于神，杀三虎，请于朝，赐今额。陈宓自为记。”[②] 灵著庙由廖俨重建于五代末，是安溪最早兴建的道观之一，原本只祀搏虎英雄文武圣侯安宁，后增祀翊济相公廖俨。宋以后，参照宗教院的做法，也增祀清水祖师和保生大帝、玄女娘娘等。

砖文村曾是廖俨的部将陈潼驻守的地方。陈潼在今砖文村搭建左都营，用以驻军，又在营房边构筑鼓楼，故称文楼，即今门楼自然村；在今柳亭自然村设置凉亭，四周种柳，村因名柳亭。“既没，民即旧垒祀之”，陈潼去世后，民众感念其德，在其生前行营附近，建庙塑像奉祀。宋庆元年间（1195—1200），邑人、

① 即显应庙、文兴堂、安霞境、灵庆堂、福美宫、汾沂庙、龟山庙、济美堂、灵著庙、公母林、慈济宫、午峰岩、龟蛇庙、照灵宫、南极宫、古山境、增福堂、龙照宫。根据新编《清水岩志》（2011）记载，宗教院统属的宫庙有13座，但宗教院新立的碑记则显示有18座，数量呈现不断增加的趋势。

② 明嘉靖《安溪县志》。

进士余克济以神明救灾有功，奏请朝廷敕封陈潼为感应尊王。宋嘉定六年（1213），朝廷又赐封“显应庙”匾额，沿用至今。[①]

如同灵著庙一样，宋代以后，显应庙也增祀清水祖师及保生大帝、武德舍人、仙姑娘妈等神祇。明代，泉州名士秦钟震到访后，曾题写一幅冠头联：“显其微是道是师通万化，应乎圣为霖为雨沛群生”，至今镌刻在大殿上。从敕封牒文和其他文献记载看，清水祖师祈雨职能较之其他神灵突出，仅南宋时期，有文献记载的民众迎请清水祖师“祈祷雨旸，无不感应”的“灵异”事迹，就有十多次。元天历三年（1330），福建大旱，“泉城属邑，皆设坛祈雨，俱无应验”。后来，泉州府派简较吴等人等到清水岩，迎请祖师神像入郡城祈雨，果然“大雨沛然”，故制“为霖”匾额，送挂清水岩殿。[②]这次祈雨，是距离秦钟震最近的一次“政府行为”，其所撰联文内容，应是在旌扬祖师祈雨的“神功”。

显应庙为砖文村的信仰中心，所辖“宫门”文兴堂、文安馆、安美馆、本源堂、新宅馆、进玉殿等，均分布在当年陈潼营建的左都营附近，即今砖文村东北区域。这些“宫门”分属不同的自然村，但都归属显应庙管理，供奉各自的“境主神”，又都配祀清水祖师。也有庙宇，如始建于南宋年间的灵庆堂，位于后割自然村，庙宇只奉祀清水祖师，至清初才又增祀法主圣君、玄天上帝、境主尊王、判官、哪吒太子等神祇。灵庆堂所在村庄社区，广泛流传着祖师“撒豆成兵避匪患”“弹雨之中救三人”等大显神威的故事，对民众是一种无形的劝导和威慑，显示祖师信仰惩恶扬善的社会教化功能。

---

① 1986年重建显应庙时，出土“郡主墓道”碑刻，推断为唐中后期遗物，说明砖文一带开发历史之悠久。

② 民国《安溪清水岩志》卷上《祈雨略》。原文为“天历五年”，但文宗的“天历”年号只用了三年，所以“天历五年”疑为“天历三年”之误。

宗教院、显应庙“领辖”的“宫门”以外，城厢镇其他村的宫庙，如同美村灵应宫，光德村洪恩宫、狮仔宫，勤内村袭封岩，中标村石碧宫、福岗宫，古山村潮卿堂，霞宝村湖仙宫，上营村观山堂、龙辉庙，墩坂村坂顶宫、广惠宫，南英村增福堂、水声堂，经兜村昭应堂、进法殿等，也都有增奉清水祖师。这不仅与城厢镇紧邻蓬莱清水岩，地缘关系容易发生文化传导有关，更与这些宫门的发展，均是在各自宗族力量组织下进行的，它代表的实际上是区别于政府官方秩序的另一种自治型社会秩序。

坂顶宫，又称会元洞，位于墩坂村坂顶角落，始建于南宋，从清水岩分炉，自宋至清，历次修建，现址为1980年重建。新编《清水岩志》（2011）卷十“民间传说”，收录一个关于“会元洞”由来的励志故事：明嘉靖年间，泉州人傅夏器在墩坂当私塾先生。因家境贫寒，薪金微薄，傅夏器一日三餐仅是稀饭与咸菜。爱面子的他，为了掩饰自己的窘境，以免乡人瞧不起，便自制一支木鸡腿，蘸酱油以假乱真。一天，傅夏器晒书笼，邻居一只鸡飞入笼中啄食蟑螂，没想到鸡爪绊到笼绳，笼盖自闭。傍晚时分，邻居找不到鸡，有人告诉邻居，说他经常看到傅夫子吃鸡腿，说不定是被先生偷去了。邻居登门询问，傅夏器当然否认。四处寻找时，看见书笼一直在抖动，掀开一看，果然发现丢失的鸡。于是邻居便讥笑说：“先生常吃鸡腿，又不见买鸡，原来全是你偷的。”傅夏器倍受讽刺，又有口难辨，只好要求大家随他到坂顶宫请清水祖师“作证”。众目睽睽之下，傅夏器焚香祷告：“祖师显灵作证，假如鸡是我偷的，就连允三信杯，否则，还我清白。”未曾想连掷三次，却连允三杯，围观的人哄堂大笑。“人穷倒霉，连祖师都作弄我这个落魄书生”，傅夏器受不了这不白之冤，遂辞别书院，回家发愤读书，后进京考中会元。功成名就的傅夏器积愤难消，决意扳倒坂顶宫。他坐轿直奔墩坂，巅簸中睡着了，朦胧中听到有声音对他说："会元公，若非我当年激励你苦读应考，何来今日之荣耀？"傅夏器惊醒，知道这是清水祖师托梦，马上将坂顶宫修缮一新，并挥笔题下"会元洞"三字，镌刻于宫中。此后，坂顶宫又称会元洞。

吴瑞真老人介绍，墩坂会元洞分炉各地，台北文山区景美会元洞就是其一。根据记载，清高宗乾隆五十四年（1789），安溪人许标重、许标性堂兄弟渡海赴台，奉请墩坂会元洞的清水祖师、灵著尊王（保仪大夫许远），至台北景美兴福里开垦，建庙奉祀，景美会元洞因此成为景美的信仰中心。

清溪古城内的香火

与蓝溪对岸的厚安片区相比，安溪老城已经蜕变成一座现代感十足的小城市，大厦林立，车水马龙，昼夜不息，繁华程度不亚于大城市。但是，若有闲暇时光，随便走入老城里巷，依然可寻到一座座个性鲜明的宫庙，在高楼之下，在社区之间，透着淋漓尽致的元气。老庙、老街、老字号，以及成天在此逗留的老人，相互成就、相依相伴，荡漾着舒心温暖的人间气息。

清水祖师的香火起于民间，来自草根，带着宽慰人心的绵绵力量，其获得朝廷认可和官方扶植后，在清溪城内的大小庙宇中，是否如厚安古地的信仰网络一样，历代以来亦有不断增奉的现象？

安溪自五代后周显德二年（955）建县以来，县治均设于凤山南麓下，沿袭至今，已历千年。县治偏设于县域东南，既有接近郡治（南安、晋江）、朝发夕至、水陆交通便利的因素，又有封建时代重视风水地理的考量，县治北负凤冠山，南面笔架山，蓝溪带环于前，山川雄壮，地理优越。詹敦仁在《五代初建安溪县记》

中称之为“三山玉峙，一水环回。黄龙内顾以骧腾，朱凤后翔而飞翥”，笔架为重要文具，象征文化发达；飞凤朝天叶祥瑞，象征富庶繁荣。

地形原因，安溪本无城垣，直至明嘉靖四十一年（1562），为防倭寇侵扰，知县陈綵才开始筑城，辟东西南北四个城门和东西两个水门，奠定安溪城垣的格局。嘉靖四十四年（1565），知县蔡常毓砌城外石，在文庙前筑建码头，以防水患。其后，知县廖同春、高金体、任守翰、周之冕、贺详、王用予等先后增砌泊岸。清顺治十二年（1655），知县韩晓重建城垣，邑人李光龙有记；康熙间，知县曾之传再修，李光地有记。雍正二年（1724）知县邱镇，雍正十年（1732）知县蒋廷重，均重修，邑人李清植有记。乾隆五年（1740）知县蓝应袭，乾隆十六年（1751）知县周缉敬，又相继重修。

清末至民初，安溪城垣虽时有修葺，但无扩大之势。台北安溪同乡会故老蔡青云回忆，小时候他经常从南门雉堞剥落处攀上城垣游玩，那时城门内到处可见高大雄伟、雕刻精美的石牌坊，可惜的是，民国十八年（1929），陈国辉占据安溪，派陈佩玉驻守县城，以“拆城建路”为由，下令将城垣及牌坊全部拆除。

安溪城垣始建于明嘉靖四十一年（1562），废除于民国十八年（1929），凡阅367年。如今，这座居凤山之麓而称“凤城”的城垣虽然荡然无存，但城垣内，街巷隐秘处，依然保存着文庙、武庙、城隍庙等古迹，供后人怀古思幽。市东境，也称凤麓境，地处东门外中山街，主奉法主圣君，附奉福德正神及其他神灵；市西境，因为旧城改造，将原关帝庙、凌云堂合二为一，移建于大同路新景小区内，关帝庙主奉协天大帝，凌云堂主奉卞府舍人和金府天君，协天大帝俗称关帝公，卞府舍人俗称舍人公、名卞壶。附奉周仓、关平和潘府大人、孙府大人、泗洲文佛；南市境，又称进安馆，地处今城南路 4 号，主奉玄天上帝和朱邢李孙池五王府，附奉田都元帅、福德正神及其他神灵；北街境，又称福德境，地处今凤山路鸿业嘉辉 2 号楼边，主奉田都元帅、纪府大人及其他神灵。

北门外，有主奉观音佛祖、玄天上佛、朱邢李三大王的凤池庵；北隘境（凤城镇祥都云顶二巷），主奉玄天上帝、大使圣侯（通天圣侯）及其他神灵。

古城垣东西水门方向，今新华路旧车站内有玄坛宫、葛仙境。玄坛宫主奉玄坛真君，玄坛真君本名赵公明，商朝财神；葛仙境主奉卞府舍人和刘府大人，附奉观音、麻府相公和土地公。卞府舍人本名卞壶，东晋著名政治家、军事家、书法家；刘府大人，俗称刘府公，由南安英都分炉而来。

此外，还有附凤殿（凤丽巷二幼边 ），主奉广泽尊王及其他神灵；钱江境（小东社区步行街），又称帝君宫，主奉保生大帝和田都元帅，附奉伽蓝尊王及其他神灵；观音妈宫（第一实验幼儿园大门对面），主奉观音菩萨；葛盘宫（小东社区御史巷），主奉土地公、朱邢李三王府、田都元帅等。磨内庙，主奉城隍五舍爷和田都元帅。

奇怪的是，清溪古城垣内外的这些庙宇，均不见清水祖师增奉现象。这些庙宇围绕在衙署周围，连同城垣内原设有的祠、庙、坛，[①] 通过具有象征意义的空间展现，致力于建构“寺庙围绕政府”的秩序，在民众面前宣扬规范的道德伦理，其背后正是政府正统意识形态的权威。与上述祠、庙、坛相对应，政府每年均要举行一系列祭祀仪式。在这些官方设置的“教化场所”内，孔圣、

① 祠有廖公祠、詹公祠、土地祠等，庙有城隍庙、文庙、武庙等，坛有社稷坛、山川坛、先农坛、邑厉坛等

关帝等，是体现政府理想的正统的历史人物；观音菩萨、伽蓝尊王、玄天上帝等，代表着佛教、道教的正统；保生大帝、法主圣君、广泽尊王等，是曾经为地方社会做出巨大贡献的超自然力量，后来被政府“吸收”（信仰官方化）用来宣扬官方正统的意识形态。[①]除此之外，廖长官、詹敦仁等历代的好官、名儒、义士、英烈、烈女等，也被政府推崇为神，设祠庙致祭。至于朱邢李孙池五王府、金府天君、刘府大人等，是较早迁居安溪的不同宗姓所奉社区“境主”，早于城垣筑建，待城垣建成后，由于“原住民”的关系，也因此被政府“默认”而成为官方符号体系的一部分。

古城垣之外，今凤城镇区域内，供奉清水祖师的庙宇有凤美境（先声居委会毓秀路）、凤泽庙（上山村上场下巷）、凤仙殿（上山村小岭）、昭灵殿（吾都村贡山）、祖师公宫（吾都村中州路）等五座，除凤美境始建年代比较久远外，其余四座都是1980年代后新建的，并且也都不在古城垣内。

凤美境，又称凤美清水祖师宫，始建于明万历十一年（1583），2014年因安溪一中南大门改造，拆除原宫，东移50米兴建新宫，2019年3月建成。凤美境坐北朝南，奉祀五显大帝、清水祖师、广泽尊王、伽蓝尊王诸神祇，其中，清水祖师是原居住在凤城镇先声村（旧称“尾寮”）的林氏乡民之“当境神”。每年正月初四日，凤美境清水祖师均会到蓬莱清水岩祖庙“刈火”。[②]“刈火”后，林氏四个房支通过掷筊杯方式，决定当年七月十六日（凤美境清水祖师塑像安神的日子）为祖师庆诞的首人，每个房支一人。

---

① 宋嘉定十年（1217）及绍定五年（1232），理学家真德秀两度知泉州，多次到泉州花桥宫真人庙（祀吴夲）致祭，并“著为定例，一岁两祠于神”。

② 凤麓境从安溪官桥镇铁峰山碧水岩分炉而来，虽然不供奉清水祖师，但其“请香刈火”的四个目的地中有清水岩，其他三处是阆苑岩、汾洐庙、碧水岩。

先声地处古城垣东门外，旧称“尾寮”，这里的林氏世代都是菜农。凤美境负责人林志勇介绍，南宋初，林氏（东市林）即从同安马巷迁居安溪，但因几代都是单传，势单力薄，不得已又返迁同安。直至南宋灭亡后，在朝廷任职的同安“五机公”才又率全家“隐居”安溪，“五机公”为尾寮林氏一世祖，至今繁衍二十多代、数万人。现有先声社区1800多人，外传本省惠安、浙江温州、广东揭阳、江西及台湾两万多人。

林氏扎根安溪县城后，分居城内各处，北门外凤池庵所奉观音佛祖即是当年“五机妈”从娘家随带而来。为什么老城垣内的庙宇没有增奉清水祖师？熟悉安溪老城掌故的林志勇给出的解释是，城垣尚未建造时，城内没有庙宇供奉清水祖师，城垣建成后，因为城内已有城隍爷“掌管”一切，就没有再增奉清水祖师。林志勇介绍，老城垣有“七街八境”之说，“七街”即大东街、小东街、上西街、下西街、南街、后北街、水门街，“八境”即福德境（北街境）、钱江境、南市境、葛仙境、华美境（磨内巷）、凤美境、凤丽境（附凤殿）、凤麓境。其中，后“三境”均在老城垣外。

除凤美境独由林氏单一宗姓行祭祀之仪外，其余各境神明均由多姓共同奉祀。为什么凤美境能够增奉清水祖师？政府可能是出于该庙地处城垣外，而且该宗族组织在稳定地方社会中有一定作用，而对该宗族组织的内部生活不多加干预的考虑。凤美境增奉清水祖师的现象，与厚安古地由宗族组织主导的信仰网络一样，代表的是一种政府规定之外、相对自由的民间秩序——而民间性，正是清水祖师信仰的特质，像闽南和暖的蕙风，无需语言便能四处传播，不要建构体系便能深入人心。

第 3 章

岩下社会和蓬莱分香

2015 年春节期间，北京大学博士、中国华侨华人研究所研究员罗杨来到安溪，就蓬莱每年正月恭迎清水祖师迎春绕境仪式，进行为期半个月的田野调查。与以往研究不同的是，罗杨主要考察清水祖师所在的清水岩道场与下山所绕境的三个庵堂构成的祭祀区域和仪式整体。调查后，罗杨撰文[①]指出，清水祖师巡境仪式使岩下社会组成特定的地域共同体，形成社会化程度强弱有序的生活节律并实现周期性的更新重生。巡境中，清水祖师不是一尊孤立的神，而是由人、物、神组成的三个“阵”，每个“阵”也不是单独的点，每个“阵”内部各要素之间以及三个“阵”之间的结构关系，可以帮助我们理解清水岩之于岩下三个庵堂的意义，换言之，岩下社会这个“地域共同体”是如何依托这座山岩来建构和运转的。

三庵堂、古道与大旗竹

清水祖师迎春绕境的习俗，相传始于祖师被崇奉为佛不久。

① 罗杨：《山上与山下：从清水祖师巡境仪式看社会的构成》，载于《社会》杂志，2019 年第 4 期。

祖师“道行精深，能感天动地”，为了借助其威力驱邪镇魔，同时祈求里社和美，国泰民安，粮食丰收，蓬莱百姓于每年春节期间叩请清水祖师下山绕境三天，俗称“三天大迎”，年年如是，相习成例。祖师迎春绕境习俗，始于宋代，盛于明朝，订例于清代，沿袭至今。其活动场面盛大，规则严谨，组织严密，程序严格，礼仪严肃，具有浓厚的民俗特色。绕境活动在“三庵堂”进行，“三庵堂”即今蓬莱镇平原地域（彭内）和金谷镇的汤内、涂桥（土桥）[①]，按姓氏居住地的人口状况、自然条件，划分为顶（上）、中、尾（下）三个庵堂，并分别冠以“慈济堂”“宝光堂”“江长庙”之庵堂名。各庵堂各再分出三个保社，[②]每个保社内各姓氏宗族单独或联合组成三个佛头股，总设二十七股。[③]每年清水祖师下岩绕境，三庵堂各出一股，构成当年的三个佛头股，每股九年轮值一次，周而复始。

此处“三庵堂”既是祭拜组织体系，又代指绕境地域，即顶庵堂大体涵盖岭美村、岭南村、岭东村，居民姓氏有张、苏、杨、蔡、温、陈等；中庵堂大体涵盖岭东村、联盟村、联中村、蓬新村、蓬溪村，居民姓氏有刘、林、陈、柯等；尾庵堂大体涵盖鹤前村、美滨村和金谷镇汤内村、金东村的各一部分，居民姓氏有刘、张、李、陈、孙、杨、吴、王、傅、林、赵、周、邹、卢等。每个庵堂都由所在片区内的各家各户合力倡建、维持，也是商议和处理片区内公共事务的场所。

同时，三个庵堂又都有具体所指，即顶庵堂的慈济堂，主祀

---

① 汤内、涂桥今已不属蓬莱镇管辖，但明清时它们和蓬莱里社同属崇善里，民国时属蓬莱乡的美滨保，传承数百年之久的清水祖师绕境沿用古区域。

② 顶庵堂包括可卿保社、便元保社、虞山保社，中庵堂包括湖滨前保社、代贤保社、黄柱保社，尾庵堂包括魁美保社、腾角保社、华美保社。

③ 清水岩志编纂委员会编：《清水岩志》，中国文化出版社，2011 年。

保生大帝，配祀清水祖师、注生娘娘等；中庵堂的宝光堂，主祀观音菩萨，配祀清水祖师、关圣大帝、魁星夫子；尾庵堂的江长庙，主祀保生大帝，配祀清水祖师。此外，顶、中、尾三庵堂的地界上，还有许多祀奉其他神灵的宫庙，由此形成了清水岩—三庵堂—其他宫庙这三层从区域到角落的神灵崇奉体系。

如罗杨在其《山上与山下：从清水祖师巡境仪式看社会的构成》一文中所指出的，岩下三个庵堂、九个保社、二十七个佛头股的划分，是地方行政体制变迁和家族分合的结果，在此过程中，上、中、下三个庵堂形成了既承认和注重彼此间等级的区分，同时又通过各种轮值、交换、分配制度以及等级参照体系的变化，使各庵堂在总体上实现了平等共处。这些制度以及参照体系均是通过它们与这座山岩的关系构建起来的，围绕这座山岩，岩下三庵堂形成了等级与平等共存、封闭与开放共存的社会格局。

前文说过，每年被请下山迎春绕境的清水祖师不是一尊孤立的神，而是由人、物、神组成的三个“阵”。这三个“阵”组织严密，相互勾连，亦庄亦谐，俗雅兼具。来看看这三个“阵”中一些最重要的“节点”：

首先是三庵堂的具体所指。顶庵堂的慈济堂，坐落于岭东村庵内洋，始建于明初。相传是村民将保生大帝从厦门海沧请到蓬莱，以祈求境泰民安。原先安放在岭东村的一座山顶上，后为方便村民祭拜，明末，慈济堂从山顶迁移到现在位置。现存建筑是1988年8月重建，面积约300平方米，石木结构，五圭上斗转四垂。内奉保生大帝，兼祀观音菩萨、清水祖师、玄天上帝、注生娘娘、魁生公、关圣夫子、文昌诸神衹。数百年来，慈济堂翻修过几回无人知晓，但到庙宇抽签看病的传统却延续至今，堂内有两块发黄的药签板就是明证。通用签、眼科签、喉科签、妇科签、男科签、小儿科签，堂内一应俱全，签文内容由症状和中药材名组成。虽然如今医学水平进步了，但到慈济堂抽签看病的人依然不少，并带来了旺盛的香火。

除了慈济堂，令岭东刘氏引以自豪的，还有村中鼎鼎有名的大厝苑城居，苑城居有一间不到十平方米的小房子，曾是“文革”期间清水祖师正身的隐藏之处。1966 年“文革”浩劫开始，清水岩僧人王留心乱如麻，为保护清水祖师正身，他暗中吩咐岭东信徒刘发地到清水岩商议对策。一个约好的夜晚，刘发地只身潜入清水岩，将清水祖师正身偷偷背回家，并在墙上挖出一个方形的洞龛，将清水祖师正身用红布包裹后放进洞龛，再用砖头堵住用石灰抹平。就这样，清水祖师正身安全度过十年浩劫，直到 1979 年才被恭迎回清水岩祖殿。2012 年，清水岩管委会在小屋前树碑勒石“清水祖师正身隐藏之处”，以铭记这段往事。

中庵堂的宝光堂。宝光堂坐落于联中村，联中村地处三个庵堂中心即蓬莱平原中心，又是供奉清水祖师第一副身洋中亭所在地界。村庄中有近六百年历史的安溪林氏大墘宗祠、供奉朱邢李“三王”的中亭庙和供奉顺平圣侯的忠义庙。因联中村旅居东南亚的华侨众多，故中亭庙、忠义庙在新加坡、马来西亚有不少分炉。马来西亚云顶集团的创办者林梧桐即为联中村人，上世纪 50 年代起，他回乡捐资创办代贤小学、代贤中学，后又不断增资扩建并更名为梧桐中学。

宝光堂主奉据说十分灵验、有求必应的观音菩萨，故又称观音庙。庙宇以花岗岩为底座，以镂刻的青石、秀美的红砖为墙体，入口处一对龙柱恢弘大气，美轮美奂的琉璃瓦屋顶，双龙吐珠、凤凰展翅，庙内雕梁画栋、金碧辉煌。村民介绍，明清时期，这尊观音曾多次显圣救护当地大垅格尼院的尼姑，于是信众集资建庙，将观音金身供奉在宝光堂中，此后，又配祀关圣大帝、清水祖师、魁星父子等。

尾庵堂的江长庙在美滨村，主奉保生大帝，兼祀清水祖师、天师大帝、关圣大帝、赵康元帅等神明。清水岩檀越主刘公锐（俗称“契母”）所属的尾庵堂，在清水祖师迎春绕境仪式开始前，拜请祖师神像下岩，正月初二日绕刘公锐故宅地界一圈（意指向“契母”拜年），连同从岩上引下的新年第一股火，一起请入江长庙敬奉。直至初五祖师像被尾庵堂抬上岩过生日，这股火（装在铁鼎中）才经道士做法事后，由尾庵堂佛头股主事倒在江长庙外熄灭。开香日，顶庵堂用从清水岩拓印下的祖师符纸开香，中庵堂用洋中亭中的祖师副身开香，尾庵堂则用“契母”刘公锐像开香。三天巡境结束，散香日，顶庵堂接回契母像供奉，中庵堂接回祖师像奉入洋中亭，尾庵堂接回一尊清水祖师牌放入下一年当值的佛头股祖厝（即各姓的祠堂）。[①]

美滨村地处蓬莱镇的东北角，西毗联中村，南隔蓬莱溪，与鹤前村紧邻，东扼蓬莱溪出水口，背靠大山与金谷镇汤内村相邻。因地处蓬莱溪与晋江西溪汇合处，水面平缓开阔的岸边，又称溪尾，雅化为溪美、魁美。考古人员曾在美滨村发现新石器时代遗址、路尾山釉园（生产陶釉），今存有千年魁美古渡口、滨榕馆（供奉朱邢李“三王”）、魁美商街，依稀可见较为完整的古码头商业形态和当年熙来攘往的繁荣商业景象，是安溪融入宋元时期泉州“海上丝绸之路”文化的重要见证。

距离魁美古渡不到百米，有座承天寺遗址和一个当地乡民口耳相传的“官仓”古地名。每年清水祖师迎春绕境，三庵堂必在承天寺旧址设“大敬”，由头人、都会、春官等，向承天寺敬奉的

① 前一年的农历三月初一，由各庵堂各推举一名“头人”，集中在中庵堂“佛头厝”（即各姓的祖祠），当众掷筊杯决定，若是正月初八开香，则初九、初十、十一，便是“三日大迎”，十二日为“散香日”。为不影响农事，开香日不得超过初十，迎春绕境日不得超过十五日，即元宵日。

伽蓝菩萨朝拜奉香，鸣放铳枪，由此推测，魁美承天寺与清水岩之间有着很深的渊源。同时，魁美承天寺可能是泉州承天寺的分院。[①]康熙版《安溪县志》载："承天寺寄庄崇善里，原额田地山三十三顷五十一亩零。受官民米共一百七十九石二斗。"泉州承天寺鼎盛时期有田产千顷，僧众一千七百多人，这些庙产分布于泉属各地，又都由各地义士捐赠，安溪崇善里魁美保这片山田也是庙产。庄稼收成后，要运到泉州承天寺，在当时条件下，最方便的运输方式就是水运。而"官仓"估计是用来收储承天寺寄庄于魁美保所收割的粮食，或因"公产"，而得名。

美滨村上了年纪的老人介绍，魁美保还有一条古圳叫"承天圳"，据传是当年，为解决魁美保承天寺大片农田的灌溉，便在金谷镇金东村的翰墨山引水开圳，建成一条源起金东村大蔗头，经翰墨、涂桥、东坑、尖石直至美滨彭亭角落的承天圳，全长约6公里。如今，承天圳的石坝和圳道尚存。祖师生前曾修建蓬莱溪连接西溪、通往金谷的谷口桥，汤内、涂桥旧属崇善里魁美保，于是循旧例划入尾庵堂，参与每年三天的祖师迎春绕境活动。

其次是连接岩上与山下的古道。数百年来，"三天大迎"清水祖师下岩上山走的都是鹤前村古道。鹤前西毗蓬新村，北隔蓬莱溪，与联中村、美滨村紧邻，东扼蓬莱的出水口，南倚清水岩山，如岩前的展翅仙鹤，故称鹤前。祖师当年下山为善行医，香客早年上岩朝拜，尚未修建平坦大路，全凭鹤前村后一条青石铺就的古道。古道宽约一米，古朴沧桑，蜿蜒于林荫之中，沿途遍布祖师神迹，如仙迹石、丹臼石、药砧石、袈裟石等形状各异的怪石，蕴藏着许多与祖师有关的传说故事。

---

① 泉州承天寺原为五代时期节度使留从效的南园，后周显德年间（954—960）改建为佛寺，初名"南禅寺"，宋景德四年（1007），赐名"承天寺"。

循古道登清水岩，沿途须经四座小庙。位于清水古道口附近的清华殿，便是古道上的第一座小庙，拾级而上还有泗州佛、护界宫和三忠庙。半岭亭前远眺，生态茶园与油柿果园一派葱茏。护界宫前，种植有一小片茶园，是岩山独有的乌龙茶种杏仁茶，滋味醇厚，香气高长，据说对治疗腹胀、腹痛等，有明显疗效。三忠庙及枝枝朝北古樟四周，有岩图碑、出米石、罗汉松、纶音坛、圣泉、觉亭、祈雨台……

除四座小庙外，清水古道沿途还有义褉堂（俗称契母宫），供奉香山圣母、清水祖师。义褉堂内有“元丰年首植檀越树，施主祠永镇蓬莱山”“义舍香山，檀树千秋茂；褉崇圣母，盛名千古传”等楹联，记述的是当年鹤前乡绅刘公锐捐献山地林田以兴建清水岩之义举。刘公锐恭迎普足禅师到蓬莱祈雨，又捐出自己的张岩山，供普足禅师驻锡，作为寺业，及其殁后，又率众人运石筑塔，并刻沉香木为像奉祀于岩殿。刘乡绅辞世后，当地百姓将他奉为檀越主，在清水岩东轩塑像敬奉。又在刘家故宅建了一座宫庙供其塑像，但为避官家讳，乡民们对外宣称这是清水祖师生前契母，俗称“契母妈”，这座宫庙也被称作“契母妈宫”。此后凡春日迎祖师下山绕境，必以刘公锐像居驾前，以敬其功也。正月初二祖师下山，亦特到刘公锐故宅，庆贺新禧。

“金清水，银朝真”，对鹤前村的人们而言，位于闽南佛具城后的朝真庵，有着与清水岩同样重要的地位。朝真庵始建于宋，供奉里主正顺尊王，兼祀玄天上帝、文昌、清水祖师。正顺尊王不是虚幻的神明，亦是历史上真实的人物，他就是南宋爱国志士、学者、著名诗人谢枋得。在参内乡，正顺尊王亦称罗内境主，与安溪城隍、蓬莱清水（祖师）并称安溪三大神明。清代，崇善里先民曾在庵堂创办崇文书院，庙学合一，故又祀文昌。罗杨在调查中发现，代表蓬莱古地的行政权威正顺尊王，在清水祖师巡境仪式中其像被装在一个提篮里跟在巡境队伍中，三庵堂的人说他在仪式期间跟来讨饭的乞丐一样。

第三是仪式中重要之“物”。“三天大迎”牵涉的“物”数不胜数，只说一根神奇的“大旗竹”。

与祖师下山岩相对应的是一根大竹，正月初二日，头一年农历三月初一日拈到“大旗”的佛头股，要到专门的“旗竹园”掘一根大竹，抬入佛头厝；正月初八日，三庵堂开香仪式中最重要的环节是，用一面写有清水祖师敕封号的旗布为大竹“封旗”；正月初九，这根大旗被抬到清水岩与山下庵堂的交界点“佛国”碑处，迎候祖师像下岩，之后同岩上取来的“祖师火”和“三忠火”组成一个“阵”，开始三日绕境。

绕境三日，由旗头、旗手和大旗股中挑选出的十二位男青年扛着大旗，旁边还有许多护卫。每天绕境仪式的开始和结束是以大旗到特定地点立旗和倒旗为标志，这些地点据说都是“凶煞”的地方，所以需要大旗去“镇煞”；绕境结束，要在洋中亭“旗窟”倒旗，即由道士拆开封旗的红布，将十二样种子、文房四宝等所封之物倒出，将象征牛鬼蛇神的“脏东西”倾倒在“旗窟”中，使其不再危害社区。同时，将大旗的根部和尾端各锯 50 厘米，分别给旗头、旗手，余下部分均分给三庵堂，顶庵堂分得靠近根部的一截，中庵堂分得中间部分，尾庵堂分得靠近旗尾的一截。

炉火取自岩上，旗竹则来自三庵堂境域外的魁斗镇镇西村。民国版《安溪县志》载，“早期挖掘大旗竹，由担当旗头、旗手两人备鸡酒，到高雁山之乌篮尖选取合格之竹”，乌篮尖在魁斗镇佛仔格村。以后，“旗竹园”又转移到魁斗镇的另一个村庄镇西村。罗杨在安溪调查期间，笔者还专门陪同她去看了镇西村的这个“旗竹园”。“旗竹园”上方有座庙，名为“蓬源殿”，供奉看护

“大旗竹”的“旗公”。镇西“旗竹园”为“镇抚八景”之第六景，我在《旅缅安溪会馆四十二周年纪念特刊》（1962）曾读到过黄仁奕、黄玄录编的《镇抚八景题咏》之“旗竹参天”：“潇湘一片画风寒，万斡丛中立足难。愿为春旗迎福至，不留江上作渔竿。”并附小注云：旗竹在镇抚西部，最高者每年出一竿，绿色参天，为清水岩祖师迎春前旗之用。2010年起，由于一些原因，不得已在蓬莱镇岭南村另择一片竹林作为“旗竹园”，三庵堂立“大旗竹”界碑，并建管理竹园的土地庙。

至于“佛国”碑，相传为宋代理学家朱熹所题，后在清水岩南北两侧的地界各立一块。其中，北侧的石碑已毁，只剩南侧的“佛国”石碑依然位于彭格村道旁。

蓬莱山神迹处处

通过“三天大迎”，三个庵堂所代表的岩下社会，便围绕这座山岩及与之的关系运转起来。如罗杨所言，围绕这座山岩，岩下三庵堂亦因此形成了等级与平等共存、封闭与开放共存的格局。三庵堂以外，蓬莱山各坡，乃至蓬莱镇所属各村，依然有不少清水祖师分香，显示其生前及成佛后的神迹之远。

登山村有座御案寨，根据寨内一方重修碑记记载，是明万历年间一位名郁甫的秀才发动全族民众，为抵御匪患费时两年建起的山寨。此后，清光绪年间，登山傅候渠任崇善里长，又于寨内兴建福德堂，崇奉清水祖师、孚佑帝君，成为清水岩在蓬山点的主要分炉。1933年5月30日，安溪南安永春三县第一个区级苏维埃政府——官彭区革命委员会在登山村成立。苏维埃政府机关设在登山村傅氏祠堂，屋后的福德堂就是安溪中心县委书记李实、红二支队政委陈凤伍、支队长李世全、区苏维埃政府主席傅有智等革命先烈的办公室兼住所。今福德堂正厅墙壁上，还保留陈凤伍烈士亲笔题字“瘴气乌烟染世界，热血扫平净光明”，为安溪县文物保护单位。

龙居村大大小小的庙宇有十多座，其中年代最为久远的当属龙显堂。龙显堂原名龙居庵，主奉观音菩萨，兼祀清水祖师、保生大帝等。庵堂始建于明成化二十三年（1487），堂内至今保存有明朝宰相张瑞图的题匾“慈悲显化”、清乾隆十年（1745）安溪知县周辑的题匾“德泽普施”“莲池海会”和光绪年间一口大吊钟等古物。龙显堂天井内，还有一株树龄达五百多岁的罗汉松，傲然向上生长着。这株罗汉松据说是观音赐籽，一年长三寸，但遇雷鸣电闪时又矮三分。“我小时候第一次见到它，它就一直这样，四季常青，枝繁叶茂。”五百年风风雨雨，龙显堂里的罗汉松早已成为当地人心中的圣树，守庙的老人说：“这是全安溪仅有的三棵罗汉松之一，另外两棵，在清水岩上。”

灵应堂位于吾邦村樟树仑脚，内奉清水祖师、保生大帝、三代祖师等。灵应堂原名半山庵，明宣德年间（1426—1435）迁建于今址后，才改称灵应堂。吾邦村，元朝李大在五凤山集众起义时称鲁邦，原先这里的居民有吴、许、王、张、郭等，明永乐时林氏先人从长坑云集移居此地后，至明崇祯年间，其他五姓逐渐消失或移居外地，留下林氏开发整个乡村，因有五个自然村，加上前有五凤山，故改名五邦。清乾隆年间修族谱时，林氏族人在“五”字下加“口”成为“吾邦”。吾邦村的男丁一直保留着习武的传统，不论老者还是孩童，个个身怀武艺，凑在一起便能上演一出“宋江戏”①。吾邦村“宋江队”扬名蓬莱乃至安溪县，一度

① 明末清初，泉州不少义士支持郑成功反清复明，受到清政府打压。这些义士遂转用迎神赛会化妆的表演形式，以保持练武传统，于是节庆中，便出现了一种以装扮水浒英雄好汉参与踩街表演的队伍，即“宋江戏”或“宋江阵”。

是三乡五里佛事时必请的表演队，清水祖师“三天大迎”时，吾邦村的“宋江队”总是“压头阵”。

龙会堂，坐落于上智村田中角落，内奉清水祖师，兼祀三代祖师、玄天上帝、关圣大帝、法主圣君诸神祇，始建于明。现存建筑为 1988 年重建，是每年农历正月初五日当地胡氏信众“割火”进香的起点宫堂。龙会堂内有三块特殊的神主牌，分别是宋赐进士诰赠光禄大夫肇基清溪祖凝初、宋赐进士诰授光禄大夫驸马都尉浩齐及宋理宗安乐赵公主任宣尉使胡妈，其中两块或是宋朝流传至今。

新美村苏春庵，又名龙仙堂，始建于明洪武年间，1940 年重建，2011 年翻建，供奉玄天上帝，兼祀观音菩萨、清水祖师、九天玄女等神祇。每年正月间，新美村的坂顶、官会、新墘、美塘、玉井等角落的信众，都会抬着清水祖师的辇轿，进香，请火，巡境。数百年来，龙仙堂的香火还随着乡人的外迁而传播海内外。

阆苑岩，位于城厢镇同美村阆苑山，虽不属蓬莱地界，但距离清水岩不远，祖师生前曾到此指曰“此乃真佛家乡也，后数十年吾当现身于此”。绍兴四年（1134），阆山突发雷火，烧了一昼夜，大火熄灭后，乡人们在山中人迹不至处“见白菊一丛、姜三丛、香炉一，普足在焉”，[①] 说明宋绍兴时原岩寺曾被雷火焚毁，于是进行重建，为清水别岩。元末，永春岵山陈昆禄迁来安溪同美定居，是为同美陈氏开基始祖。按辈分，普足禅师是陈昆禄的高祖叔，故同美陈氏全族代代尊清水祖师为“老三叔”。每年正月初六日祖师诞辰日，乡人都会抬着阆苑岩清水祖师神像绕境，祈求里社风调雨顺、合境平安。

水湖岩，在清水岩山的另一坡，但不属三庵堂，也不属蓬莱

① 清康熙《安溪县志》，安溪县志工作委员会整理，2003 年。

镇，属城厢镇中标村。清乾隆《安溪县志》有载：“山辟一湖，奇泉怪石，树林深茂。其顶可望清、紫，乃县学之后照山也。宋普足禅师住持清水，时时来住，憩而乐之。嗣后化身清水，飞炉于此。每风清月白，常闻钟鼓之声，里人因为建岩立像，宋敕封金牌。湖内有水，大旱不涸，湖外有曝谷石，广而坦。”亦是祖师神迹。

魁斗蓬庭村大岩山有岱屏岩（古称大平岩），始建于宋，清初重修，供奉清水祖师。清乾隆《安溪县志》载：“顶常带云雾，中有湖，景甚佳，康熙二年（1663），乡人建庵其上。”今尚存明代柱础和岩寺面阔三间，进深三间，坐西向东，旁有护屋。有“岱屏原同蓬莱真祖，显赫犹似清水祖师”等楹联和名僧仁地标题的“佛国仙家”。厅壁上有水墨壁画，题有“鹤寿龟龄，凤毛麟角”八个大字。历代以来，颇有一些高僧在岱屏岩修炼成名，如被泉南百姓称为“和尚状元”的礼锡等。清代湖头人李清芳称：“山之顶，有神甚灵，水涝旱干，每祝祷辄应。民之奔走奉事如一日也。”说明祖师生前影响之广，灵力异常。

第 4 章
东甲山“飞炉”和“三岩”共奉

哈佛大学费正清研究中心主任宋怡明教授在其《被统治的艺术》[①] 一书中，以明代沿海卫所为背景，讲述了数个福建军户在原籍、卫所和军屯发生的故事。宋怡明分析总结军户们在承担兵役责任下，为优化家族处境而制定采取的种种策略，深刻剖析明代世袭军户制度下，军户家庭与朝廷之间的互动。福建军户们这些灵活多样的生存策略，其实质是“逃避统治的艺术”，思考这种展示个人与国家之间的平衡策略，对理解中国传统政治文化与社会形态富有启迪意义。

福建军户在军屯发生的故事，宋怡明教授着重讲述安溪湖头镇李氏、胡氏、林氏三个家族，如何通过渗透并接管包括寺庙在内的本土社区组织，以取得当地社会的认可，成为其中的一分子。其中，湖头镇竹山村侯山庙[②]“一庙奉二神”的历史演变及其巡香仪式，让我们得以一窥明代军事制度如何在数百年间形塑当地的社会生活，以及这些制度的遗产又如何持续影响着当地的社会关系，直至今天。本文的关注点不在军户与军屯，而是候山庙中“二神”共奉的清水祖师。

① 中国华侨出版社，2019 年。

② 宋怡明书中作“侯山庙”，现庙宇各种匾额都作“候山庙”。

候山庙，亦称鲎山庙，[①]始建于宋末，清乾隆年间（1736—1795），奠定中殿（主殿）及左右殿之建筑格局，2002年重建后，增建广场、山门、戏台等。候山庙三殿由30根圆石柱支撑构建而成。中殿（上帝殿）石龙柱雕工精湛，供奉玄天上帝、如来佛祖、观音菩萨等，左殿供奉英武尊王、九天玄女、鉴王公，右殿供奉魁星爷、清水祖师、林八郎公、八王妈等。候山庙声名在外，但大部分安溪人并不知晓其隐藏的军户故事，甚至也不清楚庙宇并奉清水祖师的情况。与高大威严的玄天上帝、英武尊王相比，候山庙配祀的清水祖师等神明显得有些“弱小”，神像比例的不协调，也是清水祖师在湖头民间信仰体系中的“地位”体现。换言之，在历史悠久、经济发达、社会文化多元的湖头，奉祀清水祖师的庙宇并不多见，且大多作为配祀神明，供奉在屈指可数的几座庙宇中，这种现象在安溪显得颇为耐人寻味。

湖头“小泉州”

湖头是安溪县第一重镇，在县城西北，四面环山，中间为一大盆地，其状若湖，故名湖头。方圆几十平方公里的土地内，蓝溪（湖头溪）贯通而过，隔津为界，溪西为感化里，溪东为来苏里，村落星罗棋布，“上达汀、漳，下连兴、泉，商旅所至，舟车所通，诚为辐辏。民之环住其间者，绣错不绝，烟火相接，一带市肆，倍于邑内，土风文物，非别里所得而班也，故《泉志》称‘小泉州’云”。[②]因水陆交通便利，上世纪80年代以前，临县永春内地及本县附近各乡镇出产的竹、木、纸、石灰、铁等，均集

① 鲎山庙因背山天然形似猴子而得名，故亦称猴山，在湖头当地流传有许多关于猴山的传说故事。

② 清乾隆《安溪县志》，厦门大学出版社，1988年。

散于此，藉蓝溪水运，供销沿溪各市场，尤与泉州通商最为密切，船舶运输货物，往来甚多。

湖头之所以有“小泉州”的称誉，因其地自古人文鼎盛，书香济美，从李光地起家翰院，身登宰辅以后，代有贤才。又传说，明代末代皇子曾遁隐此间山寺狮子岩，于是湖头人更沾沾以地灵人杰为荣。当地人尝作豪语，自谓“若非西方缺一角，便成帝王家”。因盆地西南碧翠山双峰耸起，中间低落，不合于“西方金”的条件，与周围风水形貌不能配合。乡人迷信堪舆，此豪语自不可当真。世居湖头的宗姓，以李姓最多，苏、陈、林、许、董五姓次之，此外还有何、裴、吴、沈、余、黄、谢等，共 20 多姓，分居在 29 个行政村和 6 个居委会中，富足笃定地生活着。这些村庄约略分布在五阆山—碧翠山、大尖山—小尖山和鲎山—东甲山下，蓝溪（湖头溪）、福寿溪两岸，大致呈现三个组团。

五阆山—碧翠山下的村社组团，以湖一、湖二、湖三、湖四村李氏家族为主，从明万历八年（1580）至清乾隆二十二年（1757），湖头街曾有 22 人高中进士。清康、雍、乾三代，更是人才济济，清文渊阁大学士李光地家族以“四世十进士七翰林”，誉满海内。鲎山—甲山下的村社组团，有登贤、东埔、产贤、桥头、竹山等村，古为来苏里，也是人才辈出，雍正时邓启元以一甲第二名及第。康熙二十二年（1683），林孺协助施琅收复台湾征战并出谋献策。早在安溪置县之时，竹山林氏先祖由大田梓溪迁至湖头，开基创业并为平寇献出生命，此即宋怡明《被统治的艺术》中所讲述的林八郎的故事。大尖山—小尖山下的村社组团，有溪美、福寿、前山、汤头等村，土地肥沃，物产丰饶，出产米粉特产，诸姓也有进士、举人、贡生、秀才，难怪湖头还有另一夸耀豪语，即“上无天子，下无典史”，就是说，官职最高的有宰相，九品之下的佐吏，则无人做过，其余样样都有。

因着地理、商业和文化之故，湖头人文景观独特，境内有李光地宅和祠（新衙、旧衙、贤良祠和问房大厝）等全国重点文物保护单位4处，李氏家庙等60多处保存完好的明清古民居，泰山岩寺、候山庙、七寨庙、清溪宫、惠泽庙等各级文物点（占安溪近三分之一），以及新旧“湖头十景”等秀美的自然风光。

泰山岩与清水岩、太湖岩并称安溪“三大名岩”，始建于宋宣和年间（1119—1125）。寺奉显应祖师和观音菩萨、七佛等，香火鼎盛，浮云绕殿，被誉为“七佛春云”。候山庙既奉玄天上帝、英武尊王，也奉林氏先祖八郎公、八王妈，故亦称候山祖庙，庙宇主佛原为英武尊王，俗称王公，一说为此地开拓者带来的信仰，一说为纪念殉道于此的明朝末代皇子朱聿键。七寨庙主祀关帝，配祀达摩祖师、魁星等，清康熙八年（1669）始建，后多次重修，祖墙还保留有一段原来的石寨和寨门。清溪宫始建于明英宗天顺年间（1457—1464），清乾隆《安溪县志》载：“清溪宫为明里人巡宰李森建。祀吴真人，甚灵应，求者无虚日。”惠泽庙与李相国颇有渊源，奉康熙皇帝敕封为“三官大帝”的文天祥、陆秀夫、张世杰等。

此外，还有湖头溪西岸的顶村、下村两座关帝庙，据传，下村者先建，香火不盛，顶村者后建，甚为感灵。李光地告老还乡后，每逢朔望，必到二庙行香。下村者每次被拜后，神像油漆即脱落一些，其中犹有趣味传说，香火因之鼎盛。顶村、下村关帝庙，不仅奉关帝，也供着如来、观音、玄天上帝和岳武穆等。

因为寺庙众多，神明诞辰不一，故湖头终年沉浸在民俗喜庆中，民间艺术亦因之繁盛丰富，有南音、高甲戏、提线木偶、掌中班、莲花阁、水车阁、大鼓吹、宋江队、弄狮舞龙等。一到春节，各村、角落的各寺庙纷纷组织进香活动，街尾的舍人公、店头（魁镇庙）的田都元帅、七寨的关帝公、寨兜的上帝公、惠泽庙的三官大帝、候山庙的王公，俗谓“王公锣，七寨枪，三官爷寿面敬”。香客信徒们跟在神明辇轿后，踩街巡境，有的还搭台唱戏，如关帝庙、魁镇庙、候山庙。早期，湖头有九角戏，即高甲戏前身，除梨园戏生、旦、丑、净、末、贴、外七个角色外，再加上两个武生角色。清末民初，清溪宫下坑头有个戏班，班主李昭鸳从南洋回乡，组成“新春兴”九角戏，其戏艺，尤擅武打，穿插高难度杂技表演，闻名于闽南地区。

著名人类学家王铭铭曾运用流行于安溪县的民间地理知识，把整个县境分为三大区域：以长坑为中心的山区，以湖头为中心的平原丘陵地带和以城区蓝溪两岸谷地为中心的地带。他进一步用三句民间俚语，说明这三大区域早期各自的社会经济特点：长坑——虎蛇鹿牯猫；湖头——花锣旗鼓枪；城区——鳝鱼鳖蚕蛴。所谓“虎蛇鹿牯猫”指的是在山区生长的野生动物，用来形容安溪西北部山区的生计经济。所谓“鳝鱼鳖蚕蛴”并非指代水产，而是闽南语“三教九流”“各色人等”之意，用以说明城区经济社会成分复杂。所谓“花锣旗鼓枪”指的是民间宫庙仪式和民间戏曲所用的道具，说明以湖头为中心的安溪中部区域，曾出现许多民间仪式和戏曲，并且注重家族和社区礼仪，创造了具有鲜明特色的地方文化。[①] 湖头民间艺术的创造和展演，符合民间俚语“花锣旗鼓枪”所描绘的湖头现实状况，这种繁复多样的文化生态背后，包含着值得思索的社会经济因素。

游神仪式的社会“展演性”

了解完湖头的历史人文，大致可以得出结论，这里宗姓众多，

① 王铭铭著：《溪村家族——社区史、仪式和地方政治》，贵州人民出版社，2004年。

文化多元，虽有处于传统观念视野下区域层级“塔顶”的“湖李家族”[①]官宦代表，他们以家族共同体的方式推动湖头文教发展，但鲎山—东甲山、大尖山—小尖山下的村社宗姓，同样不甘示弱，他们以神庙信仰为依托，发动结成“村落同盟”，与五阆山—碧翠山下的“湖李家族”相辅相成，通过广泛的商贸活动，使湖头成为郡志所誉“小泉州”。这些宗姓内部之间，为了占有更多的农田、水利、山林、道路等生存资源有过“冲突”，但更多是“联合”去寻找发展途径，以便与“湖李家族”争取更大的生存空间。

宋怡明《被统治的艺术》所讲述的候山庙一年一度的游神仪式，游神队伍组织和游神路线，为我们提供了一个现实的观察角度，令我们得以更好地理解历史中的日常政治。候山庙游神队伍分成“内乡”和“外乡”两组，“内乡”队伍在来苏里所辖村庄穿梭，路线几乎涵盖原来苏里的全部范围；“外乡”队伍则跨过蓝溪（湖头溪），沿着湖头盆地的外围行进，但不进入“湖李家族”的区域，甚至前往感化里更偏远的村庄埔美，金谷镇的大演、田头、渊兜、中都。游神仪式对任何一个生活在闽南农村地区的人来说，一切都习以为常，但事实上，具体的仪式细节背后自有其历史渊源。我们今天所见之仪式，皆是数百年前宗姓族群“关系”之产物，如宋怡明所说，“它们构成了一种不同类型的档案，书写着地方政治的历史面貌”。

七寨庙是另一个经典案例。七寨庙主奉关圣、周仓、关平，兼奉达摩祖师、伽蓝尊王等，始建于清康熙八年（1669），至乾隆年间，由山都裴华旋再次重建，形成规模，现存建筑为1998年

---

① 指李光地家族。来苏里东埔李氏和生活在感化里的李光地家族属于两个独立家族。感化里福寿村李氏与李光地家族的族源也不同。

重修。台北三峡广行宫、新加坡玄夫仙庙均为七寨庙的分炉。在前山村灵应堂（泉山庵）调查时，村主任陈添全告诉我，七寨庙原由七村共同供奉，故名。但现在只有六个村，即前山（陈）、山都（裴、钱、陈）、埔美（陈）、后溪（陈、郑、黄）、前溪（陈、黄）、高山（陈、钱、张、林），每年农历正月初二日，由六个村宗姓轮流祭祀关帝，巡香绕境。至于“分离”出去的村庄，陈添全给出的解释是，汤头、横山另有观音菩萨信仰，但我想，宗姓族群的观念“不合”及“关系”的变化才是主因。游神仪式是地域社会表达空间的一种方式，带有“展演性”，它能够创造、强化或挑战社会关系。随着经济进一步发展，湖头小城镇的扩张和融合，各宗姓族群的观念及其演化的“关系”必然还会继续发生变化。一间庙宇的仪式极像一份可供人阅读和解读的文本，还像一个可供深入发掘的考古遗址。发掘中，我们可以看到的“文化堆积层”都是某个历史时期的产物。

虽然湖头庙宇“杂祀”现象突出，但我们还是可以发现，其中观音、关帝、保生大帝、三官大帝的信众最多，是湖头民间的主信仰。这个“主流”的背后，有鲜明的家族色彩，与湖李乡族势力的经济支持和长期推崇密切关联。清溪宫、关帝庙由湖李一手兴建，李森和李懋桧、李先春也因此成为二庙的檀越而享受祭祀。每年正月初八至初十，清溪宫亦会举行巡境活动，但范围只在湖一村、湖二村、湖三村、溪美村进行。显应祖师信仰诞生于翠屏山（大尖山—小尖山），山下的村庄各庙均有奉祀显应祖师。明洪武元年（1368）李森曾起盖泰山岩中殿，并东西畔藏堂斋堂，康熙二十二年（1683），李光地返乡重兴，康熙五十三年（1714），大学士李培岳又重新修葺。在湖李士绅的倡导下，其他村庄组团逐渐有供奉。

候山庙原主奉林氏先祖林八郎随带的章公香火，即英武尊王，如今主奉玄天上帝，乃是原奉于李光地故居附近的某个庙宇，初步推测为感化里湖二村的大夫第处。后玄天上帝刈火至候山庙时起愿留居于此，不肯再回大夫第，引发了湖二村与竹山村的争斗。最终，玄天上帝被迎入候山庙，而英武尊王为表示对玄天上帝的欢迎与尊重，主动将主殿让出。此后，每年正月初七日巡境时，玄天上帝都要回原宫庙做敬。候山庙是儒林林氏的祖庙，这个故事亦可视作感化里、来苏里两大社区李、林两个家族之间的斗争。李氏和林氏，一个靠学优则仕成为官宦之家，一个以衣食地租发家致富，最后儒林林氏的风头逐渐被湖李家族所超越，甚至在今日竹山村的两支林氏的势力中处于下风。林八郎支系为大田梓溪林氏七房，兄弟排行第八，号为八郎，唐末时肇安，现竹山村村委会书记林天真为林孺之后，林孺支系为梓溪林氏长房，明洪武年间肇安。庙宇的历时性演变折射地方历史的发展变化，其中更有地方家族势力的角力。神明并非高坐庙堂的尊严法相，其背后既有信仰圈的伸缩，还有乡族势力的兴衰，甚至折射出村庄之间的关系变迁。

清水祖师信仰影响主要在安溪蓬莱及县城周边乡镇，并随着晋江西溪水流的方向向外传播，在处于上游的湖头，虽然被一些庙宇附奉，影响则不如湖头本土的信仰，相比而言，力量要“微弱”得多。这也反映出，清水祖师信仰的传播，其背后没有依附任何乡族势力，始终是民间自发的行为，是融入民众社会生活的文化存在。新编《清水岩志》收入的湖头分香有：竹山村候山庙、汤头村三乡东亭寺、东埔村名显堂、前山村灵应堂。[①]其中，始建于明嘉靖年间（1522）的东埔名显堂，为湖头唯一主奉清水祖师的分香。地处湖头东甲山麓的东埔，1982年从都贤村析出，辖

① 调查中还发现，郭坂村虞都庵也奉有吴公祖师、清水祖师。

四个自然村，村民主要为李姓。传说名显堂原建在东甲尖峰上，因庵堂和尚平日吃水不便，香客们烧香拜佛不便，于是清水祖师作法，用风将名显堂的匾额及香炉，刮到六公里外东埔山麓的一棵松树上。东埔李、陈、颜、董、柯、吴、彭等七个宗姓，依祖师神示，合力迁建新庵堂，并将清水祖师奉为东埔境主至今。

狮子岩始建于南宋淳熙年间（1174—1189），坐落在碧翠山北侧四子峰，古属感化里，湖李六世祖李森曾主持重修。“旧名欧岩，宋淳熙间，道人张法慈创居”。[①] 民间传说，南明隆武帝朱聿键，在明朝灭亡之际，先找了位替身，然后逃亡到湖头，在妙峰山落发为僧，创建“悟岩”，自称“南方僧”，读书练武，打算恢复明朝江山，直至汀州兵败替身被杀后，才死心做和尚，最后死葬湖头。清乾隆甲子版《湖头李氏祖族》载：“隆武帝曾赐封文武大臣李光龙、李光尧。”钱海岳所著《南明史》载：“上实潜逊为僧安溪妙峰山，法号参唯，崩葬山中。”清乾隆《安溪县志》[②] 也载：“僧参唯，初业儒，不知何所感愤，弃儒入佛。行脚二十年，几遍区宇，来住静碧翠之妙峰山……尝与里中余隐山人往复。余隐山人者，前癸未进士李光龙也。”隆武帝朱聿键化身“南方僧”的可能性不大，那他又是谁呢？

根据如幻超弘的《瘦松集》，这位“南方僧”法名参唯超炯，是亘信行弘所代表的临济宗法派漳州南山寺派法嗣。亘信行弘，俗姓蔡，同安县人，18 岁在梅山从止安法师剃度出家，一生主要在闽南弘法，1646 年到 1649 年之间，复兴南山寺后，培育了如幻超弘、重眉超况、参唯超炯等至少 14 位法嗣。这些法嗣多数活跃在闽南地区，其中如幻超弘（1605—1678）著作《瘦松集》，

① 明嘉靖《安溪县志》。
② 卷之九《仙释》。

记载大量的福建佛教典故，为明末清初的闽南佛教留下了宝贵资料。重眉超况（1610—1675），俗姓蔡，同安县人，主要活动寺院有漳州南山寺、安溪（龙门）青林岩等。参唯超炯（1606—1675），俗姓郑，同安县人，1642 年在同安轮山从韩阳大德剃度出家，嗣法于安溪妙峰寺，但不知何故，被讹化为南明唐王。

悟岩与欧岩谐音，应该就是狮子岩，岩寺里有副对联“神光普照龙湖殿，圣地钟灵狮子岩”，龙湖殿指德化名刹龙湖寺，是三代祖师创建的道场、临济正宗龙湖法派。据《龙湖寺灯谱》所载，安溪狮子岩是德化龙湖寺的重要分炉，原只奉三代祖师，现将安溪“三大名岩”祖师（蓬莱清水岩清水祖师、湖头泰山岩显应祖师、长坑泰湖岩惠应祖师），① 也一并奉祀其中。通过史料爬梳，我们可以确定三位祖师各有其人，但在安溪民间的口头传说和文本中，三位祖师经常作为“同门师兄弟”的一个整体出现，并衍生出一系列传奇故事。此为别话。

福寿李氏与台湾分支

在阆湖博物馆里参观时，我看到过一份《湖头寺庙岩宇一览表》。依据这个统计表，湖头镇拥有“岩寺”3 座，“院”8 座，“庵”8 座，“堂”4 座，“宫”15 座，“庙”11 座，“洞”2 座，总计 51 座。湖头文化站站长李绍清认为，实际数字远远不止，他的理由一是统计不全，遗落甚多，二是没有把自然村的统计在内。应该指出，湖头这些民俗场所，本质上并无区别，与传统意义上

① 安溪称三岩之奇曰：“普足构清水自出米，惠胜构泰山自出瓦，道源构太湖自出木。”邑人称普足曰昭应祖师，惠胜曰显应祖师，道源曰惠应祖师。明令汪瑀有诗。清康熙《安溪县志》卷之一“山川形势”。

作为佛教、道教场所的岩寺[①]、宫、庙、院、庵、堂、洞等，无法一一区分，都是闽南式民间建筑，所奉神明也都是闽南民间信仰，如同湖头文化一样，同样呈现“多元统一”的样貌。

福寿村的荣东庙、龙骧堂，即不在“一览表”之列。福寿村在湖头镇政府驻地南偏东 2.5 公里处，原名虎岫。福寿李氏一世祖李尔华，号福海，由湖头南庄来此定居，生一子取名寿山，后裔为缅怀祖先肇基之功德，取其父子号名各一字，雅化为福寿。村北有树林山，与溪美村交界有湖山寨，与前山村相接为蔗仔山，主要溪流是福寿溪，辖八个自然村。该村生产的福寿米粉，因取水福寿溪，水质甘甜，工艺精湛，号称湖头米粉“正宗”，为安溪名特产，畅销闽南及东南亚。福寿村有庙曰文王庙，文王庙位于湖山寨，始建于明代，传为福寿村李祥吉率众村民所建，为安溪唯一奉祀周文王的庙宇。正在新建的文王庙改称荣东庙，规模宏大，所祀神明暂时安奉在庙宇停车场的神龛里。除奉周文王公外，荣东庙还奉姜尚公、哪吒元帅、二郎真君神、南大将军等为周武王灭商奠基的功臣等。福寿村前寨自然村龙骧堂供奉的观音菩萨、显应祖师、清水祖师、田都元帅，也因为庙宇管护乏力的原因，而寄奉在有专人看护的荣东庙，一旦有佛事活动，再将神明“迎请”到龙骧堂。

福寿村还有一座闽南“皇宫式”建筑亭垅厝，据《福寿李氏族谱》载，亭垅厝肇基始祖李严，号端轩，清雍正二年（1724）跟随族人冒死渡台营生，后在台北淡水赁土而垦，由此致富，坐拥田地上千亩。李严生有四子，发家后，顿起水源木本之思，于是拨家资遣长子回乡建造大厝，前后耗时两年多。

---

① 清代《彰化县志》载：“闽省漳泉人，谓寺曰岩。”又云：“岩，山寺也，闽人呼山寺曰岩。”这说明“岩”是闽南文化中具有特定涵意的用词，专指寺。

据李严的后裔李荣春介绍，古宅内绝大部分木料、石板、石灰、红砖等建材，都是用船从泉州上溯晋江西溪运到湖头渡口，再用人工肩挑过来，或多人合抬过来的，不知花费多少人工物力。二十年前，台湾李义村来到福寿村探亲时，一眼就认出这是他的祖居。原来在台北淡水也有一处布局、规模、坐向、厝名等与亭嵫厝完全一样的房子。据说，当年建好亭嵫厝后，李严在台北也依其建筑格局再建了一座房子，为的是让在台子孙后代记住，他们的故乡就是安溪感化里虎岫村。台湾“橡胶大王”王永庆的遗孀李宝珠也是亭嵫厝的后裔。仅李严这一分支，在台湾繁衍就有近万人，已成为当地望族。

不仅亭嵫厝李氏家族在台湾有分支，亭嵫厝正对的泰山岩，在台湾，也有着众多供奉显应祖师的分香，如台北县泰山乡应化街的顶泰山岩、台北县泰山乡同荣村的下泰山岩、新庄市西南角的西安岩、桃园县龟山乡邦陂村显安岩，等等，它们都是祖籍湖头的安溪人从泰山岩分炉而来的。每年，这些村镇的台湾人都会组团返回湖头祖宇续宗，到泰山岩祖庙进香。在台湾，有很多地名烙上了湖头泰山岩的痕迹，取名泰山的乡、村、街道，比比皆是。

本篇行文即将结束，忽然想到，李光地一生著述宏富，但在其《榕村全书》中，并没有专章记述湖头的民间风情和诸神信仰，仅在《榕村续集》卷五有《吴真人祠记》，卷三十九有《祭锐峰和尚》，卷十四有《安溪考亭书院记》《重修泉州府学记》《榕村记》，卷四十有《忆阆山赋》，卷五有《戒子孙》《本族公约》《同理公约》等若干篇什，内容与安溪文化、泉州文化有关联。作为清代闽学的代表性人物，理学名家，李光地对待家乡本土民间信仰的态度，值得学界今后研究。

第二篇

闽南蕙风

第 1 章

小姑乡的佛缘

普足禅师当年缘何要剃度出家？永春县现有多少庙宇奉祀清水祖师？分香情况如何？带着这些问题，2013 年以来，我曾数度前往普足禅师的家乡永春进行调查。

陈氏家族的荣光

永春古称“桃源”，地处晋江东溪上游，南与南安、安溪相接，车入永春地界，尚未到达桃源县城，便先来到永春“南大门”岵山镇（旧称小姑乡），这是普足禅师的家乡。岵山镇距离县城五公里，与南安市毗邻，是一个风光旖旎的生态田园小镇、著名侨乡和中国历史文化名镇。这里盛产乌叶荔枝，其种植已有数百年的历史，蔡襄出任泉州太守时，曾到此品尝，并将“岵山荔枝”列为名种，写入他的《荔枝谱》专著。在当地朋友的带领下，我们寻踪来到铺上村南山陈氏大宗祠。

岵山镇下辖 10 个行政村，80% 人口为陈姓。这里的陈氏是后周显德三年（956）从河南光州固始县迁移入闽的陈弘元一派，在宋初，其后裔陈优道择小姑南山之麓定居，后子孙于明代兴建了陈氏宗祠。祠堂坐落于田园之中，为二进歇山式、燕尾脊、穿斗架构的闽南式土木建筑，由小姑南山陈氏开基祖陈弘元（号校尉）的十六世孙陈德修四兄弟始建于明建文二年（1400）。宣德七年（1432）扩建，嘉靖九年（1530）重新修葺后，陈氏族人将陈校尉（一世）及其派下至十四世先祖的神位供祀于祖祠神龛，成为海内外陈弘元裔孙寻根谒祖之所在。

陈校尉乃漳州南院南陈开宗祖陈邕的十二世孙，其经漳州抵永春，择于小姑南山之麓结茅定居，现已丁传40多代，总人口达30余万。仅分布在闽浙赣台等省各地的，就有80多个小姑陈氏支系。小姑陈氏源自漳州南山寺（南院），故亦称南山陈氏，而铺上南山陈氏宗祠，即是永春南山派陈氏大宗祠。每年冬至，陈氏大宗祠都会举办隆重的冬祭（祖）仪式，精心备办祭品，流程谨守“请祖母”“谢土地”“谢魁星”“敬香”“祭酒”“读祭文”“祭拜祈福”等步骤，庄严有序。

陈氏族人介绍，普足禅师属南山陈氏世系，出家前的俗名为荣祖，是陈校尉的九世（代）孙。《永春小姑南山陈氏谱志》（2003）也清楚记载：“陈机，知礼公，即南寿公三子，字介行，号一斋。学问融贯，尤长于诗。信笔立成，出人意表。尝有读《易》诗云：‘从此不除窗外草，要观天地发生心。’又曰：‘须信生生是真易，疏篱依旧竹生孙。’其深于经而语意之到如此。所居之山曰‘烛台’者，盖小室于巅顶，其地今人以‘文章’名之（指文章山）……子二：长曰荣祖，化清水祖师佛；次曰梦得，进士。”[①] 谱志又载：“荣祖公，介行公长子。公儿时持斋诵经，日常与山下里人牧牛。子戏日暮，念经牛自归。后化清水祖师佛。”由谱系可知，陈荣祖的父亲陈机，道德、文章俱佳，弟弟陈梦得，

① 此处有误。据清乾隆《永春州志》卷之二十“选举”载，陈梦得为宝庆元年（1225）特奏名进士，时间上与陈荣祖生卒（1037—1101）相距太远。

进士登科，是一个典型的耕读家庭。

陈荣祖为什么要出家？从南山谱志的记载，我们已可窥得一二：父亲学富五车，志趣高雅，读书研易，作诗寄意。他的诗告诉人们，俗世间是变化不定的，而天地之心永恒，就像山中的竹子被砍下来做篱笆，可是竹子的根部又长出新竹了。父母是孩子的人生第一老师，父亲陈机对世道人心的看法，显然影响了幼小的陈荣祖。在陈机的言传身教之下，陈荣祖自小“持斋诵经”，最后选择出家，皈依佛门，严持戒行，精勤传道。

唐末至五代，是战争频仍、国家分崩离析的时期，为逃避租赋、徭役，大量农人为僧为尼。宋代结束分裂割据的局面，建立了统一的封建中央集权制度。为加强中央集权统治，宋初，朝廷曾下诏全国各州县，要求上报僧尼之数。当泉州知州将各县僧尼之数上奏宋太宗后，太宗云，“泉州奏，未剃僧尼系籍者四千余人，其已剃者数万人，尤可惊骇”。又云，“东南之俗，连村跨邑去为僧者，盖慵稼穑而避徭役耳”。[①]另据乾隆《泉州府志》记载，宋初乾德间（963—968），陈洪进增建延福寺，时延福寺“支院故有五十余区”，则知延福寺规模之大、僧人之多。更说明，宋初泉州，依然不尽安宁，为逃避赋役而遁入佛门的僧尼不在少数。

但是，陈荣祖进入佛门剃度为僧，似乎并不全是为了逃避赋役，他出身中产之家，衣食应该无忧，唯一可以解释的是自己的发心，这是名宦士绅辈出的陈氏家族长期熏陶的结果。岵山陈氏族谱记载，校尉公的六世孙为陈彦圣、陈彦贤、陈彦士，三兄弟分别衍为南山、世科、西埔三个世系。彦贤有三子（七世）：知言、知柔、知方。陈知柔是宋代著名理学家，绍兴十二年（1142）曾与秦桧之子秦熹同榜，列为第四名进士。著有《易本旨》《诗

①（宋）江少虞《宋朝事实类苑》卷二“祖宗圣训·太宗皇帝”。

话》《论语后传》等12部，凡50多卷行世，卒后祀县乡贤祠。据《永春州志》卷之二十四《陈知柔列传》载："桧当轴，前列十余人，俱以攀援致通显。知柔独不阿附，以故龃龉。"屡受秦桧打压的陈知柔，只得在浙江、广东、福建担任地方官，虽郁郁不得志，却清廉刚直，为民解悬，有"陈青天"之誉。

宋初由程颢、程颐和朱熹兴起的程朱理学，在批判佛教的同时，又吸收佛教中有利于封建统治的部分教义，提出儒、道、释合流的主张。陈知柔致仕回永春，讲学于全县各地。淳熙十一年（1184）病卒时，朱熹亲写文章，赞其"不降志于秦桧，其经纶事业文章著作，足以风百代"。具有为官经历的陈知柔、陈知方，同样"好佛老"，向往独善其身、归隐修德的生活。

随着六世陈彦圣，七世陈知柔，八世陈朴（乾道五年）、陈模（庆元二年）兄弟相继登科进士，南山陈氏也被赐建"世科坊"，通族被誉为"世科陈"。其后，九世陈晋接、十世陈需光、十一世陈德高陈德美、十二世陈大育也相继登科进士，南山陈氏又被赐立"七世蝉联"牌匾。

陈荣祖出身书香门第的盛族子弟，本该过登科仕宦的显贵生活，然而他并没有走仕途经济之路，而是毅然出家——这与唐代的陈祎和近代的李叔同何其相似！陈祎少年颖悟，熟读佛经，但却无意仕途，最终出家为僧，历尽千辛万苦，到天竺取回真经，并且翻译、研究、传播，终于成为一代高僧——玄奘大师，其故事千载流传。陈荣祖尽管天资聪颖，但不求仕进，而亲爱百姓，从小就生活在百姓之中，而后毅然出家，在苦修中磨砺自我，"道之所在，虽千万人，吾往矣"，终于坐化成佛。

陈氏宗祠里挂满了"进士""七世蝉联""廷试第一""将军第""五连冠"等匾牌，述说着这个家族绵延数十代的荣光。但其实，这些陈氏后人引以为傲的"荣誉"，早已尘封在历史的"故纸堆”里，成为没有任何生机的文字符号。唯有这位陈氏九世，法号普足，一生以慈善为本，利物济民为志，造桥筑路，施医济药，祈雨消灾，临终前犹言“形骸外物，漆身无益”的陈荣祖的故事，至今流传，温暖人间。①

神迹播迁与血缘关系

普足禅师在清水岩“端然坐逝”后，不久即为远近乡人尊为清水祖师，奉为“真身菩萨”。此后，历一百六十余年，经宋朝廷四次册封后，被视为“古佛现身”，灵向益著。官方的认可与扶持，民间的驱动与创造，民众长期的香火崇奉，使清水祖师逐渐成为安溪县的主神，也成为祖居地永春县的主神，清水祖师信仰像星星之火，在闽南民间燎原开来。

陈荣祖生在铺上村，村里有南山庵，原作寿峰庵，是一座历史悠久的宫庙。南山庵始建于后周显德元年至七年（954—960），初极为简陋，仅为一厅二房。北宋庆历间（1041—1048），增建外屋。南宋咸淳元年至六年（1265—1270），铺上一位名叫陈真祐的乡贤，捐建一座莲花式石香炉，作为清水祖师传烟敬奉于寿

---

① 安溪清水岩现存最早的有关清水祖师生平记载的文献资料是宋政和三年（1113）十二月邑令陈浩然撰写的《清水祖师本传》。《本传》系根据刘公锐口述事实、邑绅薛颛笔录整理后的“行状”而撰写的，由于刘公锐与普足禅师的特殊关系，他可谓最了解普足禅师生平事迹的人，因此，《清水祖师本传》是最可靠可信的历史文献。依照《本传》，普足禅师生于宋仁宗景祐四年（1037）正月初六，圆寂于建中靖国元年（1101）五月十三，享年65岁，应是最准确的生卒享年。但《永春小姑南山陈氏谱志》则载，陈荣祖为小姑陈氏九世，是七世陈知柔的侄孙，显然顺序有误。依据两人生卒享年，应是陈荣祖化佛后，陈知柔才出生。陈知柔（？—1184）与秦桧之子秦熹系同榜进士（绍兴十二年），朱熹任同安主簿时，曾两度前来永春拜访陈知柔，结为忘年之交。陈知柔病卒时，朱熹亲写祭文，极表痛惜。《本传》见本书附录1。

峰庵中。此亦说明，正式定名为寿峰庵之前，这里已供奉清水祖师，应是永春县第一个分炉。石香炉有碑记曰：“山中之石，质坚不朽。琢为传烟，与山音久。福不唐捐，得名得寿。谁其施之？陈君真祐。”《八闽通志》载：“寿峰庵，在（永春）县南十二都（今岵山），宣德元年（1426）建”，[①] 可为佐证。寿峰庵因址居南山脉，故又称南山庵。

嘉靖元年至五年（1522—1526），浙江临海人柴镳（字仲和）知永春县。任内，柴镳大毁“淫祠”，改庙产为官田，用作社学田，全县寺庙仅存十六座。而小姑各寺庙供奉的佛像，因提前集中移往南山庵，得以保存一部分。柴镳对集中迁入寿峰庵的神佛并未“赶尽杀绝”，说明寿峰庵当时已有较大影响。

这个时期迁入寿峰庵的神佛有武安尊王、释迦牟尼、赵大天君、保生大帝、南海大士、乌髻岩观音等，加上原来奉祀，“队伍壮观”。柴镳后在小姑设办七处社学，南山庵即为其一，后人称南山社。前清起，庵还增祀古平祖师、三代祖师。南山庵如今供有祖师神像正副身多尊，陈氏族人介绍，此为方便本村人家及附近镇村外请巡祈之用。论神阶，清水祖师并非庵里最高，但厅前石柱对联“清如南海瓶中水，真是蓬莱座上人”，联文嵌入“清水真人”“蓬莱”，则说明清水祖师已是这里的主神。

岵山南山陈氏一世祖后，繁衍生息的陈氏族人开始分居各地。陈荣祖的二伯父陈模（八世）传子陈晋接（九世），陈晋接的后代陈辅，其子孙兴盛，分迁各处：长房陈进留守岵山，二房陈友迁居达埔，三房迁居榜头，四房陈可治迁居仙夹西向，各自成为四地的房头祖。清水祖师信仰得到官方的扶植后，迁居各地的南山陈氏族人纷纷建庙供奉或增祀，神迹播迁轨迹与血缘关系极为

---

①（明）黄仲昭纂：《八闽通志》卷之七十七“寺观”，福建省地方志编纂委员会编，福建人民出版社，2017 年。

密切。

岵山镇茂霞村仙硿岩，相传为普足禅师童年牧牛处，唐代就有庙宇，后失火损毁，仅存旧址和一方擦火石。2004 年重建，供奉清水祖师，近年来有不少台湾进香团到此朝拜，香火日渐鼎盛。蟠溪村龙山庙，原称乾峰古室，祀广应尊王、清水祖师等。联曰“广如东海万方应，尊为岵山七宝王”，嵌入“广应尊王”，可见为庙宇主祀神，清水祖师则为增祀。此村陈氏属岵山长房第三支派。

仙夹乡美寨村有深山宫，主祀清水祖师，每年农历五月十三日拜祀。大门联“深化蓬莱清水映，山幽灵境真人居”，嵌入“深山”“蓬莱”“清水真人”；下厅联以“清水”冠首，“清溪竹影千年在，水阁松风万世新”，嵌入“清溪”。仙夹陈氏始祖陈可治，其后裔分居福州、三明、永安、尤溪以及台湾、东南亚等地，深山宫的清水祖师亦跟随陈氏移民分香各处。

岵山陈氏有一支派分居桃城镇榜头村，近邻东平镇溪南村也是陈氏所居。溪南村有主祀武功祖师的吉祥庵，庵内同祀清水祖师，庙联嵌入“吉祥”“清水祖师”，亦甚有意味：“吉地迎清水，溪环古庙；祥云伴祖师，影幻神灯。”

岱山岩位于永春最西部的一都，又名铁峰岩。明万历年间，德化九仙山派德行和尚（智空）的第九弟子真慈和尚（福全）结室岱山岩，为开山祖，史称“岱山房”。据当地郑氏、冯氏族谱记载：“岱山岩创自有宋。”（郑谱）“宋时紫阳夫子（朱熹）、陈蒙所（陈光）先生，曾游其间，赠匾曰‘铁峰岩’，有唱和诗章载入州志。”（冯谱）陈蒙所即陈知柔之弟陈知方，[①] 与朱熹同年中

① 陈知方为官时名陈光，字世德，号蒙所。曾在渭北权知新州，因对朝廷不满，弃官回乡隐居岱山岩潜心治学。《永春州志》卷十四载，朱熹任同安县主簿时，曾到永春城讲学，并至一都岱山岩访同年进士陈光，在文昌阁下榻，批注《四书》，与陈光吟诗唱和。

进士，是永春嵩魁陈氏的一世祖，后来衍传永春苏坑、一都、呈祥、东溪及德化高洋。因陈荣祖在辈分上为陈光侄孙，有血缘关系，故岱山岩在奉祀黄公祖师、杨公祖师的同时，也奉祀清水祖师。寺里有对联曰："清泉激浊，心里灵机蕴；水石和鸣，殿前香火兴。"颇道出佛理精妙。

魁星岩在永春城西三公里处，石鼓镇桃场村圭峰山麓。这里的居民宗姓主要是颜，为什么也崇奉清水祖师？此寺原称詹岩，肇建于五代，后因乡人颜应时、陈朴同在此读书，又同登宋乾道五年（1169）进士，就改圭峰山为魁星山，改詹岩为魁星岩。如前所述，陈朴（岵山陈氏八世）为陈荣祖的伯父，陈朴的后代就把清水祖师分香到魁星岩，这样，庙仍奉祀释迦牟尼等佛，又增魁星立像和清水祖师塑像。其大殿边柱联曰："魁星踢斗，文运光昌开胜地；清水飞炉，法音演畅沐慈恩。"还有一联，用"清水""祖师"四字分别冠首、封后，颇见撰联者之用心："清阳圆觉，无去无来齐列祖；水月澄心，非空非色是吾师。"

在永春调查期间，一说起陈荣祖生前身后事，岵山陈氏族人均充满无限崇敬之情，称凡有陈姓聚居地，均在家中、祖祠奉祀清水祖师，并建庙供奉或在原庙增祀，香火不绝。南山庵、龙山庙、深山宫、吉祥庵等庙宇，显然都因血缘而分香。而岱山岩、魁星岩等奉祀清水祖师，则因血缘兼及文缘。永春五里街镇与石鼓镇相邻，这里的陈姓与岵山陈姓非支出一脉，而是南朝时陈国后主叔宝之子陈敬台的后代，他们是最早定居永春的陈姓，析为金峰陈、玉峰陈、石峰陈三个支派。金峰真宝殿原祀神农大帝，后增祀清水祖师，并保存有晚清举人、邑乡贤郑翘松所撰联对"真人博大超轩项，宝历昌明继宓娲"，足见清水祖师信仰拥有广阔深厚的文化土壤。而任何一种文化一旦扎根民间，其便获得源源不绝的力量，故而，永春县从最东的外山乡到最西的一都镇，从最南的仙夹镇到最北的介福乡，都建有庙宇奉祀清水祖师。

值得一提的是，元代以后，岵山陈氏一世陈校尉之裔有多个支派播迁进入安溪。一支是约于元至元二十七年（1290），陈校尉的十三世孙陈君泽宗子陈公荫入湖头后溪，三徙而肇基长坑南斗东山，为一世祖，传至五世陈敬忠，再肇基长坑南斗“奎星堂”。一支是元至正十年（1350），陈君泽三子陈公奭的长子陈昆禄、次子陈昆实兄弟二人，自小姑南山徙至剑斗下楼，旋即徙至尚卿新楼。元末，陈昆实徙居蓝田湖坂，其孙陈乌林再迁感德洋山，复移居虎邱文美；陈昆禄后徙至城厢同美肇基，为一世祖。一支是明正统十一年（1446），陈君泽三子陈公奭的曾孙陈发祥自小姑入安溪，肇基蓬莱岭东，建陈氏家庙。另据《安溪姓氏志》[①]载，岵山陈氏这三个支派入安溪肇基后，明清以后，其后裔又陆续迁居浙江温州、台湾等地及马来西亚、新加坡等国。

元末陈昆禄徙居城厢同美村后，在这里繁衍生息，为同美陈氏一世祖。同美旧称塘美，因该地陈氏祖祠边有一泓清水塘而得名。清乾隆年间，乡里陈宗达与陈元锡堂兄弟双中进士，堪称同美，遂取谐音代为地名。村西南部有阆山，半山建有阆苑岩，岩寺大门镌刻着一副古茶联：“白茶特产推无价，石笋孤峰别有天”，是研究安溪茶史的重要例证。阆苑岩主奉阆苑祖师和清水祖师，朱熹担任同安主簿时曾游历此地，标题“阆岩夕照”，为清溪八景之一。我的中学同学陈建平是同美人，高中时我们班级曾多次组织到阆苑岩野炊，面对神龛里的清水祖师，陈建平每次都称其为“老三叔”，当初总认为陈建平“近庙欺神”，如今终于明白其中的缘故了。

① 凌文斌主编，方志出版社，2006年。

第 2 章

诗溪传奇

明建文元年（1399），南安美林镇梧山村王子源带领族人前往安溪清水岩进香，建文四年（1402）农历五月十三日，再次往清水岩乞请祖师神像奉敬，秋冬时雕塑祖师金身，并于村庄金鸡塘处建济堂岩奉祀。这可能是南安市有史记载的清水岩最早分炉。此后济堂岩又历经两次迁建，清光绪三十四年（1908），易名“普济堂”至今。

新编《清水岩志》（2011）收录南安市的清水祖师分炉有 30 座，是泉州市所属县份安溪外，已知最多的分炉，其中又以码头镇为最，有 9 座，其次是梅山镇，4 座。码头、梅山之外，九都、洪濑、康美、美林等乡镇，也都有清水岩的分炉。溪流是信息交流的通道。这些分炉是怎么分香的？或许是通过东溪这条南安通永春的航道，从清水祖师的家乡永春岵山分香？

晋江东溪发源于永春县最高峰雪山（海拔 1386 米）南坡，经永春县城入南安九都，流经码头、梅山、洪濑向南西经康美、美林，至丰州的溪洲村（双溪口）与发源于安溪桃舟的晋江西溪汇合，出晋江出海口，汇入东海。南安境内的东溪河段，沿途又有诗溪、淘溪、罗溪和梅溪等支流汇入，水源丰富。

贯穿码头镇全境的诗溪，是东溪重要支流，发源于永春岵山，流经南安诗山、蓬华、码头至诗口汇入晋江东溪。古时，运往永春、德化等地的货物，大多自泉州沿晋江东溪来到码头诗溪渡口，在这里停泊起卸；而内陆山货也到此集结，重新装船转运至泉州各地，成为泉州北部重要货物集散地，故称之“码头”。

码头、梅山缘何有清水祖师的分香？在找不到文献的情况下，我只能对着晋江流域地图，兀自猜测着。终于等到了这次机缘，但探访后确知，新编《清水岩志》所载，码头镇南冬村“和安堂”和“新发宫”（和安堂的分香），均非奉清水祖师，而是奉三代祖师。和安堂的佛龛联“龙湖殿中称三代，和安堂上号祖师”，及南冬村乡民每年往德化龙湖寺进香的事实，即是明证。同行的一位南冬村村干部说，军村角落据说也有一座祖师公宫，打电话一核实，果然也是三代祖师的分炉。南冬村距离码头镇政府驻地东南 4 公里，以境内南西村、冬磜川两个聚落，各取首字合称南冬，诗溪纵贯村域南北，16 个聚落分布在丘陵河谷间和南安市 330 县道两侧，水路、陆路交通发达。

三代祖师（1164—1203），是南宋年间福建临济正宗的得道高僧。俗名林珌，法号自超，祖籍福建永泰，生于德化，幼年即笃信佛教，12 岁出家于南京少平寺，15 岁时回闽，在德化县太湖山弘法，创建龙湖寺。祖师圆寂之后，乡民在龙湖寺奉祀神位，称其是过去佛“毗舍浮佛”（过去七佛中第三佛）转世，是谓“三代祖师”。此后德化龙湖寺成为“三代祖师”的祖庙，今日闽南、台湾、南洋等地皆有其分香。安溪蓬莱九峰岩为德化龙湖寺的分香。南安码头自古以来是德化通往泉州的必经之道，其奉祀“三代祖师”符合情理。

高盖山资福院的“身世”

第二站来到高山村。高山村在码头镇政府驻地西南4公里，因位处高盖山东麓，故称高山村。村境高盖山有个白云室，曾是泉州历史上第一位进士，被称为“八闽文化先驱者”[①]欧阳詹少年时的读书处。据历代文人的游记记载，[②]一千多年前的白云室，门前绿竹婆娑，屋后古松苍劲，绿荫浓浓，优雅静谧，欧阳詹在这样的绝佳山水中读书写作，为世人留下许多优秀的作品，《全唐诗》录存其诗78首，《全唐文》录存其文赋63篇，并有《欧阳行周集》十卷刊行于世。他的诗作对唐宋古文八大家之首韩愈的创作有着重要影响，更对唐代诗文发展产生深远的影响。山以人显，高山村声名在外。

欧阳詹到底是南安人还是晋江人，史界向有争议，直至位于高盖山半山腰的资福院遗址，近年发现一块清乾隆四十年（1775）的“重建高盖山资福院碑”，根据碑文内容，这次争论才尘埃落定。码头此行，我的目的地恰好是资福院，并且有幸见到了这块珍贵无比的碑刻。

据考证，资福院是欧阳詹祖父“挥金布谷，为构岩宇”所捐建的寺院，也是南安最早的寺院之一。欧阳詹曾为此题匾，但在上世纪六七十年代“破四旧”时匾额遭到破坏，化成灰烬。高山村现有人口4000多人，村民90%为刘姓，雅称“刘林”。来到

---

① 朱熹曾评价欧阳詹“事业经邦，闽海贤才开气运；文章华国，温陵甲第破天荒”。

② 南宋嘉泰年间进士戴梦申《游高盖山资福院》诗写道：“行到院前晓雾收，盈眸树木翠如流。四时花映禅窗秀，半夜钟敲丈室幽。……”明代嘉靖年间进士、同安人张定咏资福院的一首七绝写道：“泉南天堑古诗山，拥出梵宫隐约间。欧氏轻财兴福地，增辉佛日照尘寰。”明代戴元佐的一首七律《游高盖山资福院》写道：“高盖山头晚树阴，秋来乘兴此登临。参禅不索杯茶去，采药方知草径深。烟火近村催薄暮，山禽傍寺促归心。明贤仰止思难弃，龙虎声称冠古今。”从这些诗篇的描述，后人约略可以知道当时的资福院及周围环境。

“刘林关帝庙”，只见大殿的大理石墙面雕刻精细，房顶上八仙过海的雕像栩栩如生，正门两旁有四根青龙石柱，惟妙惟肖却不失庄严。关帝庙管委会一位负责人告诉我们，旧关帝庙占地仅 100 多平方米，2011 年翻新重建后，主殿面积扩大了一倍多，关帝像也由原来的 30 厘米重塑到 1.58 米，并且回到关帝的出生地山西运城家庙开光，还邀请四川峨眉山的住持来为庙宇定位、江西龙虎山的道士来揭彩。

刘林关帝庙中龛奉关帝，右龛奉一正三副四尊清水祖师神像，其中一正二副常驻庙里，一尊在刘林乡民家中“轮甲”，处理乡村公共事务。祖师正身属于资福院，倾圮后“寄奉”在这里，每年正月初六日举行庆诞，“待资福院重兴后，这尊清水祖师正身，连同那方寺院碑刻及之前发现的青石门框、石柱（2015 年发现，现存放在南岭山庄大院），肯定会再送回到资福院的”，高山村党支部书记刘福源说。

告别关帝庙，我们又驱车来到高盖山半山腰，瞻仰从资福院遗迹发现的那块“重建高盖山资福院”碑刻。资福院在“文革”动乱中被夷为平地，仅有一通碑刻《重建高盖山资福院碑记》（碑高 158.3 厘米，宽 66.3 厘米）被收藏在高山村岩岭祖厝的一个杂物间中。碑刻包裹严密，搬掉压在其上的数件铁件后（防备被偷），我们认真为碑刻拍照。依据高清数码照片仔细辨识，一座千年古刹的“身世”渐渐浮出水面：

历史上，资福院曾多次重修、重建。清乾隆丁丑年（1757）八月，乡人侯为趣等再次发起重建，众乡亲共襄盛举，使得这座古刹焕然一新。重建中、拆除旧建筑时，发现房梁上所标明的时间是明代崇祯丁丑年（1637），这说明两次重修时隔 120 年，正好两个“甲子”。此后一直到光绪丁酉年（1897），时隔 140 年又再次重建，“光绪丁酉年，孝廉侯君培光、贡生侯君长书等，慨然出为倡捐，移旧址于东，重新起盖，广其中堂，连以两庑，丽以门庭，翼以左右斋室。”重建后，面积扩大不少。

碑记又曰：“公（指欧阳詹）所产之里在芹山之麓，与此山（指高盖山）相接壤，镌有‘欧阳古地’石碑，十余年来已为邻居人埋去。又《南安县志》久废，有力者未尝有修意。公已谱入晋江，《府志》《省志》仍之。更数百年后，人益远，传益微，谁复知有‘欧阳古地’者夫？公之高怀雅量岂分畛域？然使父母桑梓之乡失于后人，亦非公意也。”可作为欧阳詹籍贯南安的明证。芹山在高盖山往南，欧阳詹祖上在此结庐而居，欧阳詹也在这度过他的少年时期。据《南安县志》记载，朱熹曾登临高盖山，发出赞叹：“此真诗山也！”造访故址，题镌“欧阳古地”四字竖碑，以表达对先贤的敬仰之情。高盖山因此又名诗山，诗山下的溪流称诗溪，流经的村庄称诗南，溪流汇合处称诗口，这些地名的文化印记，都是我们对先贤不绝的仰慕和追随。因民间修族谱，世人把欧阳詹说成是晋江籍，《泉州府志》和《福建省志》也跟着此说法，此后，还有谁会知道“欧阳古地”的真正位置呢。随意将其籍贯改了，恐怕也不是欧阳公他老先生所愿意的吧！

唐高宗咸亨辛未（671），曹溪惟节禅师云游到高盖山，看到此地山川秀丽，正是修佛传道的绝妙处所，于是驻扎下来，披荆斩棘，因陋就简盖起一座草庐，开始传经说法，不料竟是“法席云兴，四维仰赖”。人们仰慕这位禅师，纷纷从四面八方赶来听他讲经，出现一时之盛。到了第三年，也就是癸酉年（673）的秋天，“有欧阳公挥金布谷，遂构梵宇，额曰资福院”。这位欧阳姓的长者，就是欧阳詹的祖上，他捐献金钱，布施谷物，用来兴建一座佛寺，这座佛寺的匾题写的是“资福院”三个字。

一千多年来，资福院曾几度废于兵燹，没于风烟蔓草，但都因贤达人士的倡导而重新修复，有如碑记中提及的“侯姓诸君”

便是。只可惜资福院又毁于“文革”“破四旧”，被夷为平地，又为可惜的是，资福院奉祀清水祖师的历史，却不载于《重建高盖资福院碑记》，而是以另一种方式，在世代刘林乡民中“口口相传”，虔诚供奉，生生不息。

据宋政和三年（1113）安溪邑令陈浩然所撰《清水祖师本传》，祖师自幼在大云院出家，小成后，又曾来到高泰山结茅筑庵，闭关静坐，后经大静山明禅师指点，参读佛典三年，终于悟道。但查遍闽地各种史志，均无“高泰山”记载，[①] 推测这“高泰山”极有可能就是“高盖山”。若是，则祖师当年早已与这座名山结下情缘，及其化佛，又被崇奉于资福院。高盖山沉默不语，仿佛在期待着这一胜迹重光，刘林古村恢复昔日人文胜景，“欧阳古地”再现当年诗意盎然。

三个宗姓之间的“曲折”

以码头镇政府为中心，向东南西北四个方向发散开来，是该镇清水祖师信仰的特点。宫占村距离镇政府驻地也是4公里，在西北方向，由宫露和簪佩两个自然村各取一字定名“宫簪”，俗称宫占。村址在宫下，诗溪自西向东流过村境，两个供奉清水祖师的庙宇分别在下埔和沃下自然村，乡民称为下埔宫和沃下宫。

下埔宫也叫灵宝宫，始建于清太祖年间，1985年由雷瑞英捐资复建，2006年重修翻建。2011年7月因火灾，宫殿及诸佛金

① 清乾隆《永春州志》卷之五“山川”载，十三都有“泰山，上有岩”。十三都在今永春县桃城镇，与小姑乡相邻。《清水岩志》（1989）收录陈浩然所撰《清水祖师本传》时注释如下：“《永春州志》载：泰山，高耸云汉，登其巅，遥见泉州城主山，在四、五都。”四、五都即今永春锦斗、玉斗、坑仔口一带，亦不见有高盖山之记载。

身均被焚毁，2012 年再造庙宇，重塑金身。主奉顺正大王，配祀三代祖师、清水祖师和康阮舍人。顺正大王诞辰农历九月初二日，三代祖师诞辰农历十月初四日，清水祖师诞辰正月初八日，与安溪均不相同。下埔聚落大部分为戴姓，询问何时开始奉祀清水祖师，从何处分香，乡民都说不清楚。今年 86 岁高龄的戴超财老人说，自其懂事起，听祖辈讲，村里就已经有祖师的香火了。

来到沃下龙珠宫，一位卢姓长者介绍，沃下村民均为卢姓，龙珠宫始建无考，2012 年重建，主奉清水祖师，配祀观音佛祖、舍人公。每年正月初五日祖师诞辰，沃下角落家家户户都会精心备办供品，延请戏班演大戏酬神，为清水真人庆祝千秋诞辰。这一天，从沃下播迁到各地的卢姓子孙，都会回乡参加庆典，虔诚为祖师祝祷。

灵宝宫、龙珠宫分属宫占两个自然村，各自姓氏不同、人口不多，各自“相安无事”。大庭村天赐岩和仙美村留安宫、新安宫就不同了，发生在三座庙宇之间的“曲折”（矛盾）颇为耐人寻味：

唐末，大庭戴氏始祖戴九郎自河南光州固始县随王审知入闽，僖宗光启年间（885—888）辗转至南安诗山锦坂（今大庭），喜其山水佳美，于是就定居下来。其后子孙繁衍生息，至宋末元初，遂成聚落。聚落内有一座古厝，门口铺砌晒谷埕，晒谷埕位于村落中心，因以“大庭”为村名。千年来，大庭戴氏人丁昌炽，富甲一方，成为泉南一大望族。

地处高盖山南麓的天赐岩，始建于明万历年间，后经戴氏族人数次重修。主奉清水祖师，兼奉如来佛祖、观音菩萨、普庵祖师等。但因如来、观音的神阶在祖师之上，故清水祖师（一正二副）奉于右龛，龛上悬挂“蓬莱脉迹”匾牌，普庵祖师奉于左龛，传说清水祖师有求必应，因此名闻遐迩。至于为何供奉清水真人，管理庙宇的戴启平老人介绍，清水真人因祷雨有应，祈药有灵，而被后人所供奉。相传戴氏祖叔方伯曾经因为身体不适而向祖师求医，祖师赐予他药水，祖叔方伯喝后身体马上恢复健康。后人为此还写下“天赐慈云施法雨，人甦清水妙灵丹”“清为天赐长生水，真是蓬莱坐化人”两副对联，镌刻在庙柱上，歌颂清水祖师的神功。

戴启平说，两尊清水祖师副身之左尊，主管催生，意指缺医少药年代，不少妇女分娩时经常遇到难产，为求平安生育，之前都会到天赐岩祖师神座前焚香祷告，祈求平安顺产，非常灵验。为求社区风调雨顺，戴氏族人每年都会组织一场祖师迎香请火、春巡绕境的活动，时间从正月初二日起，一直持续到元宵节。

仙美村留安宫、新安宫与大庭天赐岩，从地图上看，恰好组成一个等边三角形。仙美村位于码头镇西南部，与诗山镇交界，有三尾后、八尺、石空林等十几个姓氏聚落。来到三尾后（杉子尾）陈姓聚落的留安宫，庙宇石柱楹联“武坐石竹英灵显佑锦美，德施人民炉分永镇留安”，已说明其所奉主神为武德尊侯。武德尊侯又名章三相公，祖庙石竹庙，坐落于安溪县和永春县交界处的岱山之上。庙中有一块鸡头石，相传为武德英侯坐化之石，是各地分炉前来进香取火之处。庙前有条跑马道，道旁竖着一方宋绍兴三年（1133）高宗皇帝敕封“武德英侯”的圣旨碑。庙的四周都是苍翠的竹林，有圆竹、四角竹，有竹节斜生、节节相连的“人字竹”（亦称皂隶竹），想必就是庙名由来。

留安宫主奉武德尊侯，经常到岱山石竹祖庙进香，为什么清水祖师反倒成为副祀呢？陈氏族人陈治钦告诉我，族谱记载，三尾后陈氏系从漳州龙海迁居南安，原居大庭村，主奉清水祖师，后来“飞炉”至仙美村此地，始建留安宫。不料在建庙时，与盛氏族人发生分歧，两姓族人便商议抽签“分家”，陈氏“分”到武德尊侯，后来增奉清水祖师；盛氏“分”到清水祖师后，搬离三尾后，来到现在的八尺角落定居，建起新安宫，供奉清水祖师。至于庙宇何以会“飞炉”，陈治钦表示不清楚，直到我来到新安宫，听完今年已 80 岁高龄的盛松茂老人的介绍，答案才慢慢揭开。

仙美八尺乡民全部为盛姓。盛氏一世祖盛统齐原居于永春，后因大水，家园被毁，只好举家迁居至码头大庭，与陈氏等一起垦殖大庭，共同奉祀清水祖师。戴氏迁入大庭后，迅速发展，人丁兴旺，盛氏、陈氏因故被迫搬离大庭，来到码头仙美一带居住。二姓族人商议新建宫庙供奉以往大庭所奉神明，不料在留安宫落成“点新火”时，双方发生纠纷。于是用抽签的办法决定“分家”，三尾后陈姓“分”到武德尊王，继续在留安宫奉祀，后增奉清水祖师；盛氏“分”到清水祖师，又因为人丁较少，只好再搬到今八尺角落，新建新安宫，奉祀清水祖师。

听完盛松茂的讲述，我在新安宫一块“乐捐榜”上，看到这样的记载：“始祖盛统齐与陈姓先祖合建一座（庙宇）供奉祖师，后来二世祖盛桂溪与陈姓先祖在三锦美兴建留安宫。由于两姓人丁兴旺，先祖在锡壁新建新安宫供奉祖师，直至公元 1958 年被拆。公元 1987 年盛连瑞带领全境弟子修建新安宫……”这段镌刻在石壁上的文字，隐去了天赐岩、留安宫、新安宫三座庙宇和戴姓、陈姓、盛姓三个姓氏之间的许多细节。所幸有盛松茂的介绍，这些蒙尘的细节丰富了故事的骨架。

真相到底是什么，已无从得知。但透过这个小小视角，我们似乎找到一条祖师信仰传播与区域垦殖发展的重合轨迹，甚至于，因族群衰落、崛起、纷争和迁移，造就信仰圈的进一步扩大与重叠。盛松茂说，循古例，“为了弥补”，现在天赐岩清水祖师每年正月初二日“起驾直诣”诗山凤山寺进香回大庭时，一定要先到八尺聚落巡香，八尺依照巡香的路线，新修建了一条绕境公路，以示对清水祖师的敬仰，此等敬仰中，亦包含盛氏后裔对先祖当年奉祀祖师的追怀。

第3章
梅山十六都"父母佛"

此行码头调查，因为有学长吴亚明的安排和镇宣传干事雷永恭做向导，进展得非常顺利，既纠正新编《清水岩志》(2011)的差错，又有新的发现。对码头各村奉祀清水祖师的"前尘往事"，村干部出身的雷永恭事先也不太清楚，更遑论深察其中的"勾连"与"曲折"，但其无意选择的行走路线，又似乎早已安排定妥，书上所言"如有神助"大抵如此吧。

在仙美村公路边一家"大庭十坎饭店"简单吃过午餐后，我们即刻出发前往梅山镇。吴亚明事先给梅山镇镇委书记打过招呼，镇里安排陈友土副书记负责带路。出发前我与陈友土电话联系，得知他正忙于参加陈氏家族续谱谢谱庆典，便没有直接赶往与之会合，而是沿途先到水口村、灯光村调查。

水口村距离梅山镇政府驻地5.5公里，良记、下陈、旧厝、水学池、深堀、崎头、山边等七个聚落，呈长条形分布在东溪南侧河谷盆地。我们在水口村转了一遍，并没有发现岩志所载"祖师公宫"。村中三座小庙之一为"慈善堂"，供奉三代祖师，想必与码头镇南冬村发现的情况一样，有些村民将供奉清水祖师或三代祖师的宫庙一律称作"祖师公宫"，故有此等差池。

从水口村转出来后，很快到了灯光村。1949年后人民得翻身，百姓见到了光明，故称灯光。灯光村环境优美，卫生整洁，梅山某部驻扎于此，是省级乡村旅游特色村，村里有广福院、高金庙、资安堂、龙凤宫等多座寺庙。广福院的“庙史”载，“原名资福院，始建于明朝，供奉安溪清水岩蓬莱殿之清水祖师三尊真人。据传在分炉次序中列第七位……‘文革’中庙宇及祖师公金身均被毁。1986 年重塑金身，三尊祖师公及境主公、圣祖妈诸神佛均寄殿于高度园茶场部……2008 年重建，2009 年农历九月二十九日举行落成庆典。同年腊月初五日开光设醮，次年正月初六日又到清水岩谒祖进香”。黄管来、黄则训、黄过渊、黄金鸿等几位老人得知我们自清水岩祖庭来，十分高兴，早早在庙里等候，忙着泡茶介绍，希望我们对广福院新建附属设施进行拍照，收录到清水岩志中，以示与祖庙的渊源。

官园安泰堂

和陈友土会合后，我们先来到新蓝安泰堂，这是新编《清水岩志》（2011）没有收录在册的一处分炉。新蓝村旧称“官园”，位于梅山镇西北部，省道 307 线贯穿全境。元末明初，始祖陈富明在此肇基，创立东溪两岸陈氏聚落，德声乡里，享寿九十一，逝后诰封寿官，故称此地“官园”或“蓝园”。据族谱记载，蓝园陈氏明初从安溪迁居至此，现繁衍有六万多人，分布在梅山新蓝、芸塘、水口等村和同安、漳浦等地，以及台湾、香港等地和菲律宾、加拿大等国。早在一百五十多年前，陈氏族人开始南渡菲埠，在他乡异域拓殖繁衍，现有旅居菲宗亲两万多人，旅港宗亲数千人。当天，陈氏家族续谱（1993 年开始筹备，2000 年全面铺开）谢谱活动恰好举行，续谱是宗族内的大事，安泰堂清水祖师正身因之被“请往”官园祖厝“监事”，故此行我们没能亲睹神尊。

此地亦蓬莱仙境，其岩居灵显祖师。新蓝古属南安十六都，安泰堂供奉的正是十六都都主清水真人，其于清同治年间（1870）由安溪清水岩分炉，至今香火鼎盛，亦是官园最重要古建筑，陈氏族人休闲活动场所。安泰堂号称梅山第一寺，主祀清水祖师，步入其内，你会发现这处小小的安泰堂，却是名人荟萃，藏龙卧虎。山门正面匾额“梅山古刹”，由曾任世界佛教华僧会名誉会长的瑞今老和尚题写；对联“清水真源、梅山古刹”是现代著名社会活动家、教育家、书法家梁披云所题。山门背面匾额“古刹重光”，是国民党元老陈立夫手书。殿宇大门楹联“蓬莱衍派安且泰，颍水钟灵祖是师”，嵌入陈氏族群及信仰的渊源；大门背面匾额“真人所居”，则是明代重臣、著名书家张瑞图亲笔所书。大殿上，还有清御史陈庆镛“感而遂通”、清拔元“而一者也”等题写的匾额，以及宫墙上光绪年间保留至今的祖师四十八首签诗。

陈友土嘱寺方帮我找到一本安泰堂《清水真人灵签解说》，书里介绍，清同治九年（1870）夏天，风雨成灾，桃溪暴涨，从上游飘来一段巨木，被芙蓉乡从事木雕的郭姓子弟拾得，冲洗干净后，竟是木料珍品乌沉香木。是夜，老师傅梦见一金甲神自天而降，叮嘱他善为利用这段“神木”，并指点他于月圆夜，斋戒沐浴，用新的面盆盛井心水照水影，自有分晓。中秋月圆之夜，老师傅依嘱试之，发现水影中显出一尊盘足而坐、肩搭乾坤袋，满脸慈笑的法相，立即描绘下来，待择吉日开工。此后历经 49 天辛劳，终于完成一尊清水真人法相，虔诚供奉于大厅案桌上，每天清晨焚香礼拜。

芙蓉乡银演有一尊有求必应的清水祖师的消息，很快传遍邻近村落，人们纷纷登门，或求医问药，或问询仕途商贾、生男育女，络绎于途，郭家应接不暇。此时，祖师再次托梦与郭家子孙，要求“迁驾”邻乡官园乡（与祖师俗家同姓陈）。郭家于是将祖师佛意同官园族长商量，择吉日“移驾”，从此，祖师法驾驻跸官园“安泰堂”，是为安泰堂祖师金身由来。而银演也因此成为安泰堂祖师的“娘家”，如今安泰堂祖师每年元春的进香取火，都要邀请银演郭姓子弟举“头牌”，走在五彩旌旗锣鼓队的最前面，以示感恩和尊重。

清水祖师与张府大帝（境主）进驻安泰堂后，一管阳，一管阴，旱求雨，涝祈晴，佑护百姓，风调雨顺，国泰民安。因此，明清时期在划分县、都、乡里区域时，安泰堂祖师受命南安十六都都主，十六都包括今码头镇丰联、坑内、诗南、铺前、新汤、南冬、坑内和梅山官园、新兰、芸塘、芙蓉、欧塘、小塘、林坂、铺前、东垵等几十个乡村，[①] 香火更加旺盛。

上世纪 80 年代，菲律宾官园陈氏家族会陈经纶、陈优景、陈卿贤等在外乡贤，应乡人之请，发起安泰古刹重建，深得侨亲热情支持，旬日间筹得巨款。官园陈氏这些旅外乡亲，在菲律宾、中国香港等亦都奉祀清水祖师。在地乡民更是对清水祖师崇仰有加，时有百岁老人陈李仟娟顶烈日，迈小足，亲自把捐款送到筹建处，主持人非常感动，感谢她热情捐助。陈李仟娟说：“老祖师公是咱们的父母佛，我出点力是应该的，不必言谢。”“父母佛”的称呼，形象地说明十六都乡民对清水祖师的尊敬之情。

附带一笔，安泰堂《清水真人灵签解说》(2013) [②] 系据清光绪年间陈瞈水刊刻本原文翻印，详解该庙所录清水祖师四十八支灵签，有典故，有解签，具有预卜功能和训诫、劝善的道德思想、文采。此外，还收录安泰堂管委会陈瑜、陈火昌、陈卿庭、陈民权、陈德林等人，多年收集整理的安泰堂清水祖师“感应”传奇

---

①《南安县志》，卷一“建置”，第二章“行政区划”，江西人民出版社，1993 年。
②《南安县十六都安泰堂清水真人灵签解说》，陈火昌主编、校勘，2013 年。

故事，以及安溪清水岩概貌与沿革、“安泰堂重建碑记”、台湾“落鼻祖师”由来等文史资料，引经据典，稽考钩玄，颇具历史研究价值。

芸塘分香

陈友土介绍，安泰堂以外，梅山他所知供奉清水祖师的庙宇还有文殊院和迴文寺，离开安泰堂，我们跟随他又来到芸塘村文殊古院。文殊古院是南安市宗教局登记在册的梅山四古刹之一，住持因故不在院里，陈友土与他取得联系后，说大约半个小时左右赶到，我们便自行进院参观了解。

古院坐落于山坳，为闽南大厝二进建筑，砖石结构，红砖绿瓦，前为放生池，左右有亭，四周青山，环境优雅。据说原为清朝时一纪姓老先生设馆授徒之书轩，书轩后有一座佛庵，某年佛庵坍塌，所供奉之清水祖师暂移书轩，礼佛至诚的纪老先生遂将书轩献与祖师，改称文殊院后，又增祀文殊菩萨等。

文殊院现有建筑是1998年重修，发起人为小塘角落陈卿苗，邻近村落踊跃捐资筑成。古院上厅中龛奉祀文殊菩萨，右龛奉祀清水祖师。尚有上世纪40年代的若干木构遗存，依稀可辨“清水水清清清水，真人人真真真人”等楹联，饶有理趣。下厅“过水”供奉西方三圣，佛龛后隐约可见一方碑记，但却被一“背景板”挡住，无法一览了解庙史，殊为可惜。由于住持不能在短时间内赶到，我们决定先到芸美街，找陈友土已联系好的孙振忠了解情况。不意这一访，又挖出一段极有意思的“往事”来。

芸塘村因驻地芸塘而得名，有芸塘、欧塘、小塘、芸美、高塘等23个聚落，呈长方形分布在东溪西南丘陵谷地。芸塘村青山岭上有一个“孝子亭”，“孝子亭”始建于明万历年间，是明朝皇帝为褒奖芸塘孝子杨守恺而兴建的，亭子的背后，是一个流传了四百年的孝道故事。[①] 文殊院位于小塘聚落，在寨雅山；芸美街在东溪芸美古渡口边，过去是一条骑楼古街，由民国期间地方民军陈国辉建成，1949 年后改造成新街后，与德化、永春通往泉州的公路连接，交通便利。

孙振忠先带我们到建在其祖屋边的迴文寺参观。迴文寺俗称“芸美祖师公宫”，始建于 1949 年，1985 年由台胞陈住禄捐资重建，小巧精致，古老沧桑，匾额“真人所居”，门联“真人说法如甘露，菩萨现身似药王”，但清水祖师佛像并不在寺院中，而是奉祀在孙家祖屋一间偏房中。来到孙家祖屋，一正一副祖师神像奉祀于佛龛，孙振忠介绍，迴文寺原奉一正三副祖师神像，都是其祖父、法名礼钟当年在文殊院奉祀的，后来一尊副身被携带往加拿大，一尊副身“破四旧”时被毁，如今只剩下一正一副两尊神像。

在芸美街孙振忠的住处兼工作室（用作择日、堪舆等），他详细为我们讲述祖父当年的往事。孙振忠祖父孙礼钟，原籍安溪县城厢镇经兜村，六岁时到安溪清水岩出家，法名礼钟，居岩十多载，28 岁还俗，1991 年去世。生前在闽南及东南亚、台湾等地传道，宣传清水祖师慈悲为怀的精神，与孙中山、叶飞多有交往。

---

① 相传，在一个风雨交加的夜晚，杨守恺母亲得了急病，杨守恺立即冒雨去请大夫来为母治病。大夫被其孝心感动，赶到他家中诊治，并让杨守恺随他回药铺抓药。抓好药后，杨守恺在回家的路上遇到一只老虎，救母心切的他当即跪下向老虎求情，承诺救回母亲后再回来让老虎吃，老虎点了三下头。杨守恺煎好药让母亲喝下后，又上山了，但他的孝心感动了这只有灵性的老虎，老虎摇了三下头，转身走进草丛中。后来，杨守恺奉旨进京，获皇帝褒奖，皇帝敕旨旌表建坊亭于青山岭上。为弘扬孝道文化，近年来，梅山镇芸塘村和新蓝村、金淘镇毓南村、康美镇梅星村等三镇四村合力修葺孝子亭、修建山道、完善设施，吸引不少路人到亭子里歇歇脚，这时，老人们便会倒上一杯热茶，向你讲述“孝子亭”的传说。参见南安电视台 2019 年 11 月 15 日相关报道。

为什么来到梅山定居？传说1949年前后芸塘一带瘟疫横行，文殊院死了十多个和尚，芸塘的乡民派人到安溪清水岩求救，礼钟携带清水祖师佛像来到芸塘，施医济药，活人无数。瘟疫过后，礼钟应芸塘乡民之邀，来到文殊院担任住持，重兴寺院，寺院始奉清水祖师。文殊院原址为“纪厝埔”，即纪姓族人聚落，后来纪姓不知何故衰落，搬离“纪厝埔”，献出土地以建文殊院。纪姓聚落的衰落，推测应与这场瘟疫有关。

礼钟师傅还俗后，搬到芸美街定居，娶妻生子，后来又在住家边倡建迴文寺，将从文殊院随身带来的清水祖师神像奉祀于寺内。礼钟一生与清水祖师结缘，先后到过台湾、香港等地，传播清水祖师文化，因此，清水祖师亦分香至他到过的地方，南安、永春，码头、梅山、康美、罗东、美林，我们在梅山水口村没有找到祖师信仰的庙宇，其实是“寄奉”在林坂村太保宫里，也是当年礼钟师傅传播的。

听完孙振忠的介绍后，我们又折回到文殊院。祖籍宁德的年轻法师已回到院里，他热情邀请我们喝茶，泡的正是安溪铁观音。我连忙为刚才无法阅览的碑刻拍照。仔细阅读，这方“文殊院重建碑记”所载内容，与刚才孙振忠的讲述脉络相符，但亦是隐去许多细节。“某年大旱，乡民往请安溪清水岩祖师真人，供奉院内祈雨，果降甘霖，纪老喜为吉兆，遂献书院，辟为佛寺。……民初清水岩名僧‘昌师’法号‘礼钟’，携眷驻锡，复建‘真人管（应为“馆”）’于芸美街，方便信众求签朝拜。”时光飞逝，历史行进，当年经历的人已经老去，知道真相的人越来越少，若干年后，又有谁会忆起这段“往事”？唯有清水祖师的馨香永恒。

普足禅师创建清水岩寺，并为第一任住持僧，此后历经南宋、元、明、清、民国以至1966年“文化大革命”初，清水岩佛事活动、寺庙修扩建、接受捐赠、岩寺生产、生活等，均由住持僧人主管。据新编《清水岩志》(2011)记载，历代住持僧人名列如下：普足、杨道、慧清、慧然、一果、崇远、正隆、日恩、日盈、慈悟、西竺、静悟、冲遐、顶觉、玄觉、惶因、悝源、法远、弥超、弥在、彻明、雪冠、满林、泽峰、勉求、奕茂、荷担、智慧、妙云、瑞兴、瑞玉、李火树、圆策、礼钵、义素、王留。1966 年“文革”开始，僧人解散，历代住持僧管理岩事结束。

是年，蓬莱公社(后改镇)设立清水岩林场，正式接管岩宇事务。1978 年，蓬莱公社成立清水岩园林管理处，派员管理岩寺，和尚只负责佛事活动。1983 年国家落实宗教政策后，清水岩陆续又有僧人，但只管佛事，其他事务仍由蓬莱镇政府派员管理。1985 年 10 月，清水岩园林管理处更名为安溪清水岩风景旅游区管理委员会，由蓬莱镇派出党政人员担任管委会办公室正副主任至今。1983—1999 年，清水岩僧人有谢连珠、谢金盾，1999 年起，僧人有陈自文，2002 年至今，僧人有谢金盾。

不论管理体制如何，历代住持僧均秉承清水祖师志向，湛深禅理，传播宗风，增建岩宇，造福地方，颇著功绩。如，宋一果禅师，其于景炎二年(1277)到岩时，恰逢清水岩遭火灾，岩宇沦为废墟，其殚精竭虑，募建岩宇；弟子崇远继任住持后，承师一果志，不仅完成岩宇重构，还倡建登仙桥、龙津桥。崇远以后(元末至明初)一百多年间，虽未有住持僧记载，但自明代起，清水岩又开始梵音袅袅、钟鼓悠扬。

明嘉靖四十三年(1564)起，泉州开元寺临济宗僧人正隆担任清水岩住持，募建岩寺，亦著功绩。其于万历庚寅年(1590)圆寂后，住僧开始分东西两派，直至清同治十年(1871)凤山寺僧、云门宗智慧禅师接任。智慧整顿宗风，重建岩宇，收录弟子七十多人，分住鼎仙岩、朝真庵、大田庵、新丰院、云从室(南安英都，下文还会谈到)、延庆堂、水府岩、祈雨堂、契真院等

11 处寺庙，主奉或增奉清水祖师，光大清水宗风。清宣统元年（1909）智慧圆寂后，智慧弟子妙云继任，重建半岭亭、觉亭，重修岩志，建海会院。

民国时期，时局动荡，地方不靖，清水岩亦受影响，住僧时来时往，间或断续，民国三十年（1941）有住持僧礼钵，其清苦奉佛，持戒严谨，闻名远近。孙振忠祖父从经兜老家到清水岩出家应在这个时段，其法名礼钟与礼钵辈分相同，因年纪尚小又非住持僧，自然不见于《清水岩志》(1989)。居岩十多载的礼钟师傅，后来应邀来到梅山芸塘施医济药、驱灾救厄，并且还俗在芸美街定居，建迴文寺，奉祀祖师，宣扬美善，足迹所履，都是在践行清水祖师的慈爱精神。“生则慈云法雨，在世利民；死则遗波余润，沾被无穷”，[①] 经清水岩历代住持僧，以至礼钟法师这样不见于岩志的寺僧之手，传播分香的清水祖师分炉，又岂止码头、梅山数处？其虔诚信众又何止万万千千？

① 宋长泰县令余克济《清水宝塔记》。

第4章

英溪古室传芳

南安境内的水系呈羽状展开，村庄人居多分布在晋江东、西溪干流及其支流河谷两侧。码头、梅山之行不久，在朋友的帮助下，我又到眉山、仑苍、英都、翔云等分布于晋江西溪流域的南安市另一些乡镇调查。这些乡镇毗邻安溪，与安溪文化渊源较深，清水祖师的分香另具特色。

眉山存岭峰龙宫

眉山乡位处南安市境北西部，所处山脉凌云山—朝天山—四峰山—大寨山，为晋江东、西溪分水岭，境域大部分溪涧通过安溪县和仑苍镇流入西溪，小部分通过金淘镇盖溪村、占石流入东溪。仑苍、英都、翔云三镇，分布在西溪主要支流英溪两岸。英溪发源于翔云与安溪交界的云顶山，自西南向东北经翔云、英都，至仑苍楼尾寨入西溪。

凌云山—朝天山—四峰山—大寨山高耸起伏，山峦众多，地形大致自西向东倾斜，东西17公里，南北宽约3.5公里，构成一道“山区屋脊”，形似人脸“眉毛”，故称眉山。眉山乡的13个建制村成团簇状，分布在这道“山区屋脊”四周。其中，高田村，为叶姓世居之地，建于宋代的高田云山寺，祀惠泽尊王叶森，被当地凌云叶氏尊为祖先。凌云叶氏从莆田仙游古濑林田迁入，而安溪参内乡叶氏，则又是从高田村迁居的，繁衍至今已有数千人，分为七支派系，分居于参内参山、洋乌内、罗内、镇东等村。参内叶氏亦尊云山寺叶森为祖先，世代供奉惠泽尊王。

高田村之外，眉山还有大眉、小眉、观山、天山等村。“一岭复一岭，一巅复一巅。步邱皆力穑，掌地也成田。线引山腰路，针穿石眼泉。眉山同是号，此处合生贤。”这是宋代安溪县令黄锐登临此地后，留下的诗作《题大眉小眉山》。[①] 诗里描述，重叠险峻的山岭之间，山民与自然斗争，辟地成田，劳作稼穑。观山村号称南安第一侨乡，也是中国最美休闲乡村。有一句至今流传的俗语“有观山富，没观山厝；有观山厝，没观山富”，说的便是祖籍观山的印尼华侨李功藏返乡修建的池塘湖大厝与番仔楼，每一块墙砖、柱石，都是用手工打磨而成，历经百余年的风雨洗礼，依然散发着特有的魅力，是闽南的一颗建筑瑰宝。

天山古称大山，1949 年后拆成两个大队，靠安溪参内乡的一面，因在朝天山的西南部，地势较低，故在“大”字底下加一点，取名“太山”大队；在山的东北部、地势较高的一面，则在“大”字上面加一横，取名为“天山”大队，1984 年后分别改称太山、天山村委会。天山村是南安市革命老区村，有存岭、大坪、后格、琦园等 14 个自然村，这些自然村成聚落，分布在朝天山南麓的山谷间。

驱车从安溪县城出发，穿过参内乡，翻越朝天山，来到存岭中宝，天突然下起了雨。新冠肺炎疫情期间，四处不见村民，哪里去问路？停车在一处屋檐避雨时，碰巧一位叫叶景耀的老人开

① 明嘉靖《安溪县志》。

门走出来，于是站着与他聊了起来。存岭角落主要有叶、陈、胡三个姓氏，胡姓最早到达存岭垦殖，方圆十几平方公里的山田，并非都属天山，而是眉山各村的，其中也有金淘镇深垵村的。南安最早姓氏见诸记载的是唐林谞《闽中记》：西晋永嘉中（307—313）入闽的林、黄、陈、郑四姓。清康熙《南安县志》在此四姓之外，还有詹、邱、胡、王等另外四姓记载，合称“八姓入闽”。叶景耀说，存岭叶姓是从金淘镇深垵村迁徙而来的，而深垵叶姓则从眉山高田迁入，听自己的祖父生前讲，峰龙宫在叶姓到来之前，就已经存在，据此推测建庙时间已超过二百年，至于从何处分香，村落里没有人清楚。雨天路滑，叶景耀老人劝我另选看庙时间，但我觉得来一趟不易，决定还是去看一看。

踩着一条坑坑洼洼、满是泥泞的土路基，走了约莫半小时，终于找到了峰龙宫。这是一间刚修不久、面积不到 12 平方米的小庙，小庙正对虎耳山，庙门紧闭。透过栅栏，隐约可见神龛两边的楹联：“峰岩高声尊神显，龙凤飞舞大地春”，但龛中并无奉清水祖师的神像。小庙是在原庙基上修建的，规模却“缩水”很多，原庙基上散落着不少柱础、柱珠，仔细一辨，颇有些年代。峰龙宫供奉清水祖师，神诞为正月初六日，还供奉另一尊神诞为九月初二日的神明，至于是什么神明，询问了几位当地村民，却没人说得清楚，实在是遗憾。

天山存岭距离安溪参内路程不远，峰龙宫祖师应是最早垦殖该地的胡姓从安溪分香而去的，而存岭胡姓又是从何处播迁此地的，我遍询乡民但找不到答案。返程下山的时候，恰在路边看到一座革命烈士坟茔，停车一看，原来是叶文霸烈士[①]之墓，立碑时间“1981 年”，立碑单位“参山大队”。叶文霸是安溪参山乡

① 参见本书第四篇第 7 章“滇缅路上的安溪人”。

人，从缅甸归国后，1940 年加入中国共产党，不久担任中共晋江中心县委所属的安（溪）南（安）地区特派员，并负责中心县委的政治交通。1943 年 8 月 5 日在完成任务返回安溪城关途经祥云渡时，叶文霸突然遭遇设岗盘查的敌人。他急中生智，把身上携带的党内密信吞入腹中，却因被搜出一份来不及处理的周杰的入党志愿书而被捕。被捕后叶文霸遭受严刑审讯，但他始终只承认自己是名休学的学生，周杰是自己的化名。随后，被押解三明三元梅烈集中营，不久被敌人杀害。

叶文霸祖上就是从眉山高田迁入安溪参内的。叶文霸英勇就义后，遗体最终埋葬在眉山上，与青山翠柏融为一体，其革命精神将永世长存。而眉山之行，一路探访，我似乎也从眉山与参内“山上／山下”“迁入／迁出”的双向关系中，找到清水祖师分香的原因了。血缘被认为是先天赐予的，生存方式则通常由地理环境和文化所决定。文化是人的一类行为，又通过人的传播，成风化人。文化传播，是“穿行”在人群里面，“穿行”在社会里面的，但最终还是要落实到人的层面。只有人，才能使文化播衍四方，形塑社会。

仑苍“三乡吴”

仑苍镇地处南安市西部，东邻溪美、美林街道，西与安溪县接壤，南邻东田、英都二镇，北靠眉山乡。晋江西溪出安溪后，贯穿仑苍中部，境内还有北部的大宇溪、南部的蔡西溪，分别汇入晋江西溪。

明代开始，各县建立预备仓制度，以东西南北四方设置粮仓，储备粮食，以供灾年济急。南安除在产粮区英都设置粮仓外，还在英溪下游埔姜美林渡东岸上设粮仓，合称南安西仓。埔姜美林渡东岸在今仑苍境域，因年代久远，后人便称此地为“古仓”。闽南语“仓”与“村”同音，故亦称“古村”。至于仑苍地名的由来，则来源于1928年同时建校的仑尾“仑山学校”与古村“苍山学校”，二校合并后，取首字定名“仑苍”，之后仑苍地名开始出现。

仑苍镇始开发于晋代，唐朝时期，仑苍的人文、经济已经比较繁荣了。宋朝年间，凭借着晋江西溪的优越条件，积极发展河运生产，带动其他行业的发展。英溪流入西溪的汇合处，一直被利用为天然码头，是英溪及西溪上游的“湖头尖舶”常年运接货物处。宋开宝年间（968—976），安溪经常有茶叶陆运至仑苍英溪口，再装船运往泉州。[①] 民国初期，仑苍已形成集市，设墟埔进行贸易。安溪城厢镇毗邻仑苍的村庄都赶往仑苍进行交易。

墟埔旧址，今仑苍村，当年一群为求温饱而四处走街串巷谋生的小五金匠“打铁哥”“钉铜仔”，凭借中国改革开放的好政策，改写仑苍历史，创造仑苍奇迹。他们从补铝锅、配钥匙，到修理水龙头、生产水暖卫浴，兴建起中国水暖城，在这里形成南安水暖产业集群，并向周边辐射。如今，仑苍已是全国瞩目的卫浴生产基地镇，南安跻身成为中国三大卫浴生产基地之一。2005年，全国有7个水龙头商标入选“中国名牌”，其中仑苍镇占了3个，2014年跻身全国综合实力“千强镇”。

仑苍全国千强镇和中国水暖城的奇迹，不仅吸引数以万计的中外商贾来这里交易、淘宝，还吸纳浙江、安徽、江西、河南等十几个省市自治区的产业同行来这里创业。近千家企业，数万名员工，他们在这里拼搏、奋斗，实现人生梦想。而位于中国水暖城二期的仑美草宫古地，每年元宵节都会摆席宴请新仑苍人，共

① 《南安县志》，第五章“水运”，江西人民出版社，1993年。

庆佳节。草宫又名请福宫，请福宫元宵夜酒会并非水暖城建起来才有，其至少有上百年的历史了。酒会由庙方事先组织抽签，由仑美自然村每年新婚或添丁的 24 户人家，在草宫大埕设桌 24 席，被抽中的人家备办下酒菜，没被抽中的人家备办酒水饮料，每桌至少摆上 30 斤加饭酒。酒席期间，主人以待客为荣，争相拉着来宾共饮美酒，哪家的酒越早分完，说明哪家的人缘越好，来年喜事越多，福气越旺。

从小在仑苍长大的吴金发，每年都会来参加这个活动，“这是我们草宫的民俗，是增进友谊的一种方式，现在参加的人也越来越多”。草宫里看庙的老人告诉我，苍山是仑苍最高峰，苍山下世代生活着南安古村（古苍）、仑美，以及安溪墩坂吴氏族人，称“三乡吴”。明洪武年间，宋状元宰相吴潜的十一世孙吴薪派裔吴启衷，开基武荣（南安）二十七都古苍乡，成化年间（1465—1487）子孙分居古苍、墩坂、仑美等地，至今繁衍 12000 多人。“三乡吴”虽地跨两县，但同宗同俗，同奉清水祖师，古苍善资堂（仑苍西街 76 号），正月初五日进香，初七日庆贺祖师神诞；墩坂广惠宫、坂顶宫（会元洞），奉祀清水祖师、顺正大王、天师公；草宫奉清水祖师和境主尊王，清水祖师为“三乡吴”头炉，每年正月初一日卜进香地点，初四日进香，初四日下午卜第二年炉主，初五日庆神诞，初七日巡境，初七日下午炉主交接，十五日元宵夜举行宴会。

草宫重修于 2009 年，殿宇四垂造型，雕梁画栋，堂皇壮丽，占地面积 1200 平方米，建筑面积 380 平方米。宫联“草行蓬莱宫第一，古分清水地无双”，印证了看庙老人关于仑美草宫为“三乡吴”头炉的说法。他还告诉我，安溪清水岩重修时，仑美曾捐修一个僧房的费用，正月进香时可直达主殿，无须“排队”等候。这种拥有“进香特权”的说法，我在其他分炉亦有所闻，但未予进一步证实。强调分香谱系的“正统”和在整个分香网络体系中的顺序先后，是这些分香“机构”在确认他们的集体记忆和文化认同，其背后折射出该宗族企图共塑的价值观。“三乡吴”分香的存在，提醒着吴氏宗亲成员，他们对清水祖师的奉祀，实际上就是对祖宗们所应尽的义务。清水祖师是各支系建立牢固联系的组织基础，有了这个基础，宗亲们便能在文化、经济和其他方面开展合作，从而适应和满足现代生存的需要。

英都云从古室

前文说过，英都是南安西部“粮仓”，主要生产稻米、花生、甘薯等农产品，因境内有同名山，故又作“翁山”。乾隆版《泉州府志》[1]载，翁山“又名驼背山，若老翁然，居其下者多寿。背后复有三山并峙，削成竞秀，曰三公山，安溪县治之对山也”。这里居住着 6 万多洪氏族人，另有 3 万余人旅居东南亚及港澳台等地区，是南安著名的侨乡。

历代英都洪氏族人十分重视教育，置田兴学，培育英才，因而英才辈出，据《翁山谱志》记载，仅明清两代就有进士 16 人，举人 65 人，贡生 63 人，经府试、院试秀才 570 人。任朝廷官员 21 人，省司官员 14 人，州府官员 37 人，县邑官员 44 人，并留下“祖孙三进士”“父子双翰林”等传奇佳话。开清重臣洪承畴，官至三边巡抚、陕西总督、五省经略、武英殿大学士、太子太傅、七省经略。

英都历史悠久，文化深厚，境内古迹众多，唐末至明末，诞

① 清乾隆《泉州府志》，怀荫布修，黄任、郭赓武同纂。

生了“七岩八院”15个佛教寺院，堪称奇迹。[①]“七岩八院”中，唯云从古室和宝湖岩受损较少，余皆废圮于解放后的“大跃进”和“文化大革命”中，现存为重修重建。云从古室、古迹岩（今称古竹岩寺）、宝湖岩、西峰院（今称延寿院）、石泉院等，均奉清水祖师。西峰院地处西峰村，建于唐乾宁年间（894—898），迄今已有一千多年的历史，是英都最古老的佛教寺院。西峰村与安溪县（城厢镇路英村）毗邻，西峰村后山的“英格”，是南安英都与安溪的分界岭，至今仍有清光绪元年立的两县分界碑。西峰村传说，普足禅师童年生活在西峰，并在西峰院出家，因为这个缘故，西峰家家户户均奉清水祖师，西峰延寿院后山的英格、宫边、九塔等角落，过去也都建有祖师公岩，后来“破四旧”时拆掉，正在计划修复中。

云从古室，位于良山村的龙山北麓，原为禄寿院（奉释迦牟尼），五代后唐时由僧人智绪创建。宋熙宁八年（1075）重修，后废。南宋端平年间（1234—1236），乡人于此修建龙山书院。元代，有屡考不第的儒生，寄寓于此苦读，适书院上侧龙兴寺废，便将寺内的清水祖师迎来，与禄寿院释迦牟尼合为一处同奉。龙兴寺兴废的历史，不见于泉南方志记载。

传说有一个晚上，祖师托梦这位儒生说：“宜树人宜才为生。”儒生幡然醒悟，从此无意功名，开始设馆授徒。学生有

---

① 古人将英都“七岩”连缀成一首诗，使我们得以了解当时“七岩”的名称，诗曰：“英山夜闻滴水声，古迹岩前狮子亭，云从古室石佛在，水到宝湖浊自清。”这“七岩”依次是：英山岩、滴水岩、古迹岩、狮子岩、云从古室、石佛岩、宝湖岩。至于“八院”，因无完整的文字记载，为大多数人认可的是：西峰院（延寿院）、昭化院（在今安溪县城厢镇经岭村）、慈济院（在英东村）、灵云院（在英东村）、文殊院（在霞溪村）、中峰院（在南安市翔云镇当溪）、石泉院（在石山村）等。云从古室原为禄寿院，元代并入龙兴寺，属于“二合一”，如此便凑足“七岩八院”。

成，取《易》“云从龙，龙起而臻云气”之义，尊师为“云从先生”。云从先生的经历与墩坂会元洞傅夏器不同，一个受祖师点拨，从此放弃追求功名，选择传道授业的道路；一个在祖师的激励下，苦读进取，终于金榜题名，[①]但都说明文化教育对于一个地方发展的重要性。云从古室文光永耀，正因为有许多子弟在此接受良好教育，英都才能成为“宰相进士之乡”，仅明清两朝，这里高中进士、举人的就达 81 名，云从古室可谓是英都的人文发祥地。

明成化年间（1465—1487），洪氏六世洪旸道在此设馆，首创乡学，将寺院、学馆合并，更名为“云从古室”。这是翁山洪氏家族的第一所乡学，翁山文化由此发端。清乾隆间（1736—1795），古室做了较大动作重修，此后又不断进行修缮。1978 年、1990 年先后重修主殿、护厝等主体建筑，并塑造佛像及殿内设施，增建山门、石阶、凉亭、水榭、眺望台、罗汉阁。今主殿横额“云从古室”四字，系原中国佛教协会主席赵朴初亲笔题字。

新编《清水岩志》（2011）记载，清同治十年（1871）至宣统元年（1909），清水岩住持为智慧僧人，其生前“广募捐资，倡修岩宇，尤有功于大师”。又“收录释子徒孙七十余人，分支于鼎仙岩、朝真庵、泰山寺、科名寺、大田庵、新丰院、云从室、延庆堂、水府岩、祈雨堂、契真院，共十一处”。这里的“云从室”即是云从古室，可惜的是，古室对此并无片言记载。“祖从清水垂今古，师以真人护国家”，默念着古室大殿清水祖师神像面前的这副对联，我想，在清水真人的道德、美善与慈悲面前，我们都显得十分渺小，唯一能够坚持的就是，秉承善念，在行中修，让这

---

① 参见本书第一篇第 2 章“‘衣钵犹传’宗教院”。

种精神永远传承下去，至于区区名号是否为历史和世人所铭记，则已经不重要了。

翔云龙泉岩

英溪发源于海拔 1175.2 米的云顶山，云顶山脉位于南安市北西部，地形高峻，海拔高于 800 米的山峰 39 座，延伸 53 公里，云顶山为主峰。翔云镇就处在云顶山脉这些高低起伏的山峦之间，其东连英都，西抵安溪龙门，南接厦门同安，北通安溪城厢、凤城，是古时安、南、同三县商贾云集之地。

“翔云”二字来源于境内的“象运山”。该山形似巨象，呈粉红色，四周云雾飘绕，远望如红色大象在云中运行，故被乡民称为“象运山”。大象，性情温和，聪明灵性，且能负重远行，勤劳能干，是“兽中之德者”，“象”与“祥”字谐音，故在中国传统文化里又被赋予吉祥的寓意，是吉祥与力量的象征。而在神话传说中，大象为摇光之星生成，能兆灵瑞，神话中，古佛都是乘象从天而降；还有一说，大象是普贤菩萨的坐骑，相传能预兆灵瑞。加之“象运山”地势如飞天鹏鸟，于是从宋朝开始，乡人便将“象运”雅化为“翔云”。

翔云辖黄田、翔云等 12 个行政村，黄田村与安溪城厢镇古山村接壤，距安溪县城 9 公里，2013 年元月翔安公路（黄田村址至仙人阁土地庙）拓宽改造后，两地的联络更加紧密。黄田原系黄姓族人所拓，以姓命名，如今村民大部分为王姓，古山村村民则大部分为清溪厚安谢姓，厚安谢氏始祖谢大帽墓葬在黄田，山因名“大帽山”。黄田王姓与古山谢姓不仅有地理的连接，追溯族源，还有文化的连接，都是东晋“王谢世家”之后。“王谢世家”即以王导为主的王家和以谢安为主的谢家，两族曾居于权力中心，是东晋王朝的中流砥柱，势力遍及东晋统治的江南各地。据《南安象运王氏家乘》（1930年撰修，2017年翻印）记载，王璋（1472—1525）为开闽始祖王审邽第二十三世孙，于明正德丙寅年（1506）卜居黄田，成为黄田王氏肇基始祖。其先娶同安松柏岭凌氏为妻，生一子一女，女名珠娘，初适安溪厚安乡永安里谢官，后改适新康里蔡官。凌氏卒后，王璋又续娶安溪依仁里莲兜尾林氏，生男五：宦、宜、宁、定（早卒）、思学，成为黄田主要居民。

龙泉岩创建碑记载，王璋徙居黄田后，始创龙泉岩，奉清水祖师和法主公二圣。清水祖师自安溪清水岩迎来，正月初十日迎神进香，法主圣君自德化石牛山迎来，八月十三日庆贺神诞。光绪三十一年（1905）旧岩寺倒塌，今址为2013年迁建。龙泉岩背靠雄狮山（安溪称南山、午峰山），前有龙潭、案山（大帽山），左右配有钟鼓楼、烧金亭和黄田村文化中心，蔚为壮观。

每年正月初十日是龙泉岩清水祖师巡香的日子，黄田全村人以地形分为五大组，一组弹吹四管、唱南音，二组表演高甲戏，三组、四组套车鼓、饰车鼓公、车鼓婆，边表演，边敲锣打鼓，对答山歌。第五组舞狮、表演武术，小伙们用辇轿抬着佛祖，举着各色彩旗，所到之处鞭炮、火铳齐鸣。巡香期间，王氏宗亲争办“会仔”，即分白粿（福气粿）给迎香者，每人1份（每份4块合成）。如果当年有10户人家做“会仔”，而你一家有6人（不论男女老幼）参加迎香，就可分到60份。据说，最多的年份有12户举办“会仔”。由此，这一天，邻乡甚至安溪也有很多人来参加迎香分“福气粿”。

龙泉岩还流传着一个“铺布过溪”的传说。传说康熙年间，黄田村王姓与安溪厚安谢姓，不知何事积怨多年。有一年的正月初十，龙泉岩清水祖师、法主圣君前往安溪县东岳庙进香。当时的进香队伍须通过厚安的渡船运送，因持有成见，谢姓村民不愿搭载过渡。面对阻隔的蓝溪，黄田几位进香负责人焦急万分，只好拈香请示祖师公。祖师公降乩指示，速买三担粗糠备用。三担粗糠很快挑到岸边。乩童指示：过溪时，大家不要惊慌失措，互相挤撞，需一个跟一个快速通过。乩童嘴里默念着，手抓粗糠撒向溪面，粗糠飘落至溪面上，此时奇迹发生了，只见溪面上顿时现出一道一米多宽的浮桥，随即，乩童第一个走上浮桥，辇轿摇晃着冲上桥面，人们赶紧一个跟着一个走过去。岸边本想看王姓村民笑话的谢姓村民及船工，见到这个情景，目瞪口呆，连连称奇，大呼灵应。据说当天下午，安溪县城的布店，柜台上摆着的布匹，全都是湿漉漉的，水滴不断。方知是祖师公、法主公借用布匹搭建浮桥，让黄田进香队伍过溪。此后，厚安谢姓村民不再刁难黄田王姓村民，双方摒弃积怨，从此和睦相处。

龙泉岩左侧另建三槐寺，奉王氏始祖王子乔，每年农历七月二十三日庆贺诞辰。北宋的王彻曾植槐树立志，以才德教育后代，极为推崇此举的苏轼为王家作《三槐堂铭》，才以物显，人以文传，三槐堂之声名登时远扬。后来，王姓人家都喜欢在大门上贴上“三槐世家”。槐为乔木，树干魁梧，枝叶繁密，宛如生命力强盛的象征。但黄田三槐寺里的碑记，则显示为另一说法。大意是：北宋兵部侍郎王祜，尝手植三槐于庭，其后王祜之子王旦果然拜相，位在三公之上，其后王氏尊奉王祜为三槐一世，“三槐”竟成王氏宗祠之统称。

王璋之后，其后裔先后分支于东南亚和台湾、漳州、厦门等地，皆枝荣叶茂。龙泉岩清水祖师、法主公也跟随黄田王氏族人的脚步，播衍各地。上世纪 30 年代，黄田王慎能前往南洋谋生，将家乡龙泉岩“二圣”带到新加坡，安奉在家中，供王姓宗亲膜拜。40 年代初，族人王溪水献出土地（杨厝港第 24 乡道，俗称

“老笆”的小村庄）以建庙宇，王姓移民群策群力，终于建成新加坡龙泉岩。1952年，族亲王可容发起建造一座戏台，方便酬神之用。1981年，因新加坡城市建设需要，龙泉岩和集福宫、华堂府迁至洪茂桥六道61街48号，结为联合庙——聚圣庙，继续传承香火。《南安象运王氏家乘》、《象运黄田王氏》馆藏在聚圣庙里，供族人翻阅。除了每年的佛事活动外，聚圣庙也是王姓族亲举办十年一次保安清醮的地方。2015年，族亲王权再献议安清水祖师金身（副身）一尊，现庙中有五尊神明，即法主圣君大祖、二祖、三祖和清水祖师正副金身各一尊。

2018年6月22日至30日，新加坡聚圣庙率所属龙泉岩、集福堂、华堂府信众，组团160多人，其中有九十六岁的老阿嬷，携带八尊神明，继2014年、2015年、2016年，第四次包机前往中国祖庙：先后到泉郡富美宫、安溪县龙门山美华堂府、莲美集福堂、科榜进宝殿和南安市翔云黄田龙泉岩等地，谒祖进香。2018年9月15日，台湾清水祖师文化交流协会、新北市三峡区清水祖师信众会继2017年组团60人次，2018年再次组团114人次，抵临黄田龙泉岩谒祖进香。

除龙泉岩外，云山村石碑岩也供奉清水祖师。石碑岩始建于宋末元初，因岩后有石高三四丈，类碑，故名。主奉如来、文殊、普贤等佛教三宝，附奉清水祖师、三代祖师、泗州佛等，由本境村民轮供。

第 5 章
求子结奇缘

在英溪流域调查期间，因缘际会，我还了解到翔云龙须岩、英都西峰延寿院与清水祖师有关的一些说法，以及南安成都商会在成都青羊区分香清水坛的故事，让我如望云山，如临浩渺，深感祖师文化之玄妙精深。

龙须岩祖相之谜

龙须岩，位于翔云镇翔云村，始建于唐武宗会昌六年（846），据说是闽南唯一尊奉菩提祖师的寺庙，但周边村庄的乡民都说是奉清水祖师。安溪城厢镇仙苑梁氏与翔云梁氏一脉相承，清康熙丙子（1696）约定从三十一世（仙苑十一世）起统一昭穆。仙苑梁氏也都认为龙须岩奉清水祖师，且有龙须岩清水祖师“红嘴唇”一说，以此区别于他岩。这究竟是怎么回事？

翔云村原名象运，因境内有山像大象在云海中行走，故称象运山，宋人雅化为翔云山，村以山命名。此地多雾，人在山中，山在雾里，有身在象山又不识象山真面目之感。翔云村古有龙须岩，明隆庆《泉州府志》载：“象运山有岩曰龙须，石罅须草，泉循草滴，因名。”相传，寺里的菩提祖师神像是由隋朝大业年间

（606）天竺高僧梦梵阿科所塑，梦梵阿科原在中原修行，因避朝廷“屠僧”，便离开少林寺，南下来到象运山，在这里凿石立柱修筑小庙，长住下来。小庙几经兴废、扩建重修，便成龙须岩如今格局，有主殿1座、副殿2座、风景亭3处，还有供人消暑的场所1处。禅房亭榭，依山壁立，岩室清幽，敞亮开阔。庙志（2018）载，宋代泉州郡守蔡襄曾游历此地，留下“名岩石茁龙须草，胜地志传象运山”“虎啸龙须动，鹿鸣象运开”等联对。明代晋江张瑞图书题“龙须古地”，清代安溪李玉鸣书题“蓬莱仙监”等牌匾，可惜这些墨宝后来都随几场大火被毁了。寺里还传说，安溪李光地中举之前，曾到龙须岩求签，问卜仕途。翔云地处南安、安溪、同安三县交界处，山势险要，易守难攻，清代，是闽南“小刀会”的大本营，解放战争时期，中共闽西南地下组织曾以此为据点，开展秘密革命活动。

龙须岩奉菩提祖师，菩提祖师是《西游记》中一位祖师级的人物，收孙悟空为徒，又传授他七十二变法术，但却要求悟空出师后不准提起师门，为一位世外高人。梦梵阿科所塑菩提祖师如何，谁都没见过，我在龙须岩看到的，明显是清水祖师法相，黑脸黑嘴唇。为什么出现这种情况？推测是清康熙年间龙须岩遭遇火灾被焚毁后，当地士绅发起重建（康熙乙丑）时，因没有身边可临摹的菩提祖师神像，于是用清水祖师神像临摹，重装坐佛金身。待到寺庙落成、坐佛开光后，不辨渊源的乡民都误认为是清水祖师，以至以后从龙须岩分香出去的庙宇，都以清水祖师的名号祀之。泉州、莆田、厦门、漳州、台湾和新加坡等地，皆有龙须岩的分炉，当地人塑金身而尊为“龙须岩祖师公”。

龙须岩菩提祖师法相，应该是菩提祖师与清水祖师的混合体，而庙里的签诗和祖师诞辰庆典仪式，又直接与清水祖师有关，这更让人“相信”庙宇所尊是清水祖师。菩提祖师的诞辰日也是正月初六日，来源于梦梵阿科当年取香木为材，费时108天匠心工雕，乃大功告成，时值正月初六日，故后以此日为菩提祖师圣诞。菩提祖师每年两次巡境进香，第一次在正月初四日，香首由四保社轮值，第二次在五月十三日，俗称“割菜豆香”，主题是祈求五谷丰登。明代以来，翔云镇一直生活着一支梁氏家族，梁氏大量移居台湾、香港和东南亚地区。台湾彰化县秀水乡福安村清龙岩，就是嘉庆九年（1804）由象运乡渡台的梁氏从龙须岩分灵而至的，本该也是供奉菩提祖师，但其迁台二百多年来的祭典时间、轮值决定和巡香仪式，都和清水祖师祭典一样，说明至少二百多年前，龙须岩菩提祖师已被讹化为清水祖师了。清龙岩为三层楼宇，1992年重建落成，二楼正殿供奉清水祖师、天上圣母、三乃夫人、哪吒太子，左右殿供奉大使爷公、朱府千岁、苏府千岁、城隍尊神等，三楼中殿奉祀观音佛祖，左右殿奉祀关圣帝君、孚佑帝君等。

祖师在西峰院出家

到仑苍调查前，同学李旭东曾给我发来英都西峰延寿院的一些资料，由于不认可寺方提出的说法，所以到英都调查时——也许是机缘未至——我没有到延寿院去了解。不曾想，几天后，翟永存老师联系我说，她已从河北到福建，正在英都和西峰延寿院商谈朱幼棣先生《清水宗风考》出版事宜。我听说后，连忙驱车赶到英都拜访她，并在其力邀之下，又前往西峰院，结缘住持释合正法师。

云从古室在良山村，西峰延寿院在西峰村，两个村庄隔着一道英溪，遥遥相对。始建于唐乾宁年间（895）的西峰院，现为迁址复建，改称延寿院，村庄中的原西峰院则依然保留。西峰延寿院主打普足英都“出家祖庭”的概念，规划建成一处青少年见贤思齐、壮行成长的教育基地，目前已建成大雄宝殿、海会塔，普足文华苑、普足纪念堂、普足文化广场、普足德育中心等，正在抓紧建设中。

释合正法师，俗姓吴，1952年出生于湖南湘潭，五十岁时步入佛门，在江西云居山真如禅寺披剃出家，在广东云门寺礼佛源长老求受具足戒。出家前，合正法师曾务农做工、当兵教书，还经商，阅历丰富。出家后，其知行合一，身体力行，先后参与修建云居山真如禅寺上下院、广西北海普度寺、湖南株洲凤凰山观音古寺等，参悟一套复兴祖庭古寺的理念和方法。

来西峰筹建延寿院前，合正法师常住在英都古竹岩寺，当古竹岩寺释中振住持举荐其来西峰领众建庙时，合正法师想，自己已过花甲之年，又初来乍到，怎能担此重任？遂婉言谢绝。但是，当法师浸淫古镇千年历史，又了解到西峰院是清水祖师“出家祖庭”，西峰村佛教氛围十分浓厚时，合正法师下定决心在西峰建设一座寺院，并提出由僧人、居士、大功德主和地方贤达四部分人共同管理寺庙的理念。延寿院的修建管理，也正是遵循这一理念及其建立的机制。

合正法师在广结善缘积累人脉，推动寺院建设的同时，不忘研修佛法，一年365天，坚持每天凌晨4时起床，晚上10时安寝，敲钟打鼓，诵经持咒，早课晚课从不间断，从不放逸。他说，出家人“应无所住而生其心，心若有住，住于广大善信心中。故能法喜充满，乐此不疲”。出家十四年来，只在办理退休手续时进过一次家门，家人来看望时也只让家人供养常住。

合正法师曾撰文称，普足的母亲古洪氏，娘家在西峰村，少年普足在这里剃度出家，英都西峰院为清水祖师“出家祖庭”。[①]该文又说，西峰村家家户户尊奉清水祖师，这里留下普足出家修行的许多美丽传说和化境奇石，家喻户晓，印证普足确是在英都西峰院出家的。交谈中，他告诉我，寺院筹备在今年（2020）举办“清水祖师思想文化研讨会”，邀请海峡两岸专家学者深入研讨，并出版论文集。

关于清水祖师在英都出家的说法，南安民俗专家廖榕光老先生早期也曾做过调查，访问西峰村洪鸿川、洪文章、洪兴寮等几位上了年纪的村民，并根据他们的讲述，整理出《清水祖师在英都出家的传说》。[②]廖榕光认为，这些传说在英都、西峰脍炙人口，几乎家喻户晓，虽都是神话传说，但可以印证清水祖师是在英都西峰院出家的。

宋政和三年（1113），普足禅师坐逝12年后，邑令陈浩然根据刘公锐等人所作“行状”，撰写《清水祖师本传》，记述祖师生平及殁后灵迹。依据“本传”，我们可知，普足出生地为永春小姑乡（今岵山镇），自幼在大云院出家，小成后，到高太（泰）山结茅筑庵，闭关静坐，后又经大静山明禅师指点，参读佛典三年，终于悟道。普足驻锡清水岩前的这段经历，除“本传”外，历代志书再无记载。剃度寺院“大云院”，结庵闭关的“高太（泰）山”，受具足戒的“大静山”“明禅师”，《福建省志》《泉州府志》《安溪县志》等史料，均只有片言只语，语焉不详，社会佛教生活中也没有流传，留下极为丰富的想象空间。

普足出家寺院“大云院”究竟在哪？地面遍访无获之下，我在《永春州志》找到数则有关“大云溪”“天马山”的记载：

---

①《泉州西峰延寿院为清水祖师英都祖庭小考》，载《福建民族宗教》，2019年第4期。

② 廖榕光著：《田野家园》，时代出版传媒股份有限公司，2019年。

“大云溪发源天马山，受罗城（山）之水，合高洋溪，达于溪口。”“天马山，在蔡径社。《泉州府志》作朝天马山。两峰状如马，高耸插天。县志：山阴有天马岩。”[①]这座天马山在永春吾峰镇西北，邻德化县，海拔 1081 米。大云溪、天马山的地理方位基本清楚，但也不能就此确定，历史上的大云院就在大云溪流属。合正法师的文章也坦承，西峰院因元代末年（1367）毁于一场大火，寺院没有留下任何文字记载，但他同时也根据西峰民间神话传说（包括化境奇石）推论，也许西峰院曾经就叫“大云院”或“大英院”（英与云谐音），并且，西峰院就坐落在天马山（云从古室后山）下的大英溪对岸，加上永春小姑陈氏与南安英都洪氏家族姻亲关系，似乎又成就一个巧合因缘，即陈父洪母选择西峰院送子出家，“以此因缘，将英都西峰院确定为清水祖师‘出家祖庭’，应当是基本符合生活事实的”。

不论是古代神话传说，还是今天追求客观规律的科学，它们的叙述方式其实非常相似：都是告诉我们源起的故事，以此建立一种宇宙观。“出家祖庭”是一个曾经存在的事实，又是一个已经消失的故事，假如它一直保留至今，也是一个真相不断被遗弃或修改的过程，实质上也是面目全非的“真相”。那样的话，“大云院”也就是个名字而已。既然不能找回，不如跟随合正师傅的脚步进入西峰院，进入一个信仰和传统交织的空间。

至于普足母亲洪氏的籍贯，清光绪间杨浚著《清水祖师志略》载：“神姓陈，名普足，永春县小姑乡人。……父某，母洪氏。”《清水祖师志略》记述的主要依据，亦源于陈浩然《清水祖师本传》。南安诗山、码头、英都等地都有洪姓宗族，以英都为最。普足的母亲洪氏，极有可能是英都古洪氏人家，成年后与永春小姑

① 清乾隆《永春州志》卷之六“山川”德化县部分。

陈氏联姻，但《永春小姑南山陈氏谱志》也未详载其籍贯。旧《清水岩志》附记：祖师父母墓，合葬在永春小姑乡一个叫“坂坑尾”的田中央，蛇形穴，父陈公母洪氏。可惜的是，因年代久远，我去永春调查时，当地已无人确知墓冢的所在了。

成都清水坛

清水祖师信仰遍及闽南、台湾和东南亚地区，以佛陀智慧观照，这一信仰有普信和深信的差别。合正法师认为，英都、仑苍一带的檀越善信，视清水祖师为心灵依怙，深信不疑，笃实践行。仑苍镇的仑苍、蔡西、联盟等村靠近英都，清代以前属于英都管辖，不仅有分炉分香，还有虔诚信众。英溪流域的仑苍人、英都人，他们勤勉努力，奋斗打拼，创造中国水暖、卫浴洁具和消防等产业诸多品牌，又将清水祖师慈愍众生、大爱无疆的文化，传播到世界各地。其中一位，是仑苍镇大泳村人、成都南安商会第二、三届会长王振智。

在成都闽南人中，提及王振智的名字，大家都会肃然起敬，不仅因为他闯荡商海，事业有成，更因为他浓厚的家乡情结，把成都南安商会当成自家的企业去经营，让南安商会成为成都商界一枚金字招牌。成都南安商会成立于 2007 年 4 月，在王振智的带领下，创下多个“第一”：创建总投资 1 亿多元、面积达 2.31 万平方米的南安商会大厦，开创成都 100 多家异地商会的先河；会员企业由原来不足 200 家发展到现今近 1000 家，主要涉及水暖、石材、阀门、消防、五金机电、水产、房地产、服装鞋帽、高新电子等领域；将入会企业按产业分成阀门、卫浴、石材、消防 4 个大组、12 个小组，4 个大组设 4 名执行会长，实行季度轮值，又对应 12 个小组，实行每个月轮值，每个小组再设 1 名副秘书长。

这种商会创新管理模式，为3万多在蓉南安人，搭建起一个联络乡情、互通信息和资源共享的平台。因参与精准扶贫工作卓有成效，王振智被推荐为异地商会会长代表，在南安市“万贤扶千户”扶贫工作会上做经验介绍。

经英都摄影家洪宗洲联系，我通过电话采访了商会现任（第四届）会长阮启礼。阮启礼介绍，成都南安商会大厦地处往都江堰的必经之路、成都青羊区蜀西路52号，国家高新产业基地金牛科技园内，总共21层。其中南安商会购买下6至21层产权，2017年7月15日，按照家乡的习俗，先安放已在安溪清水岩开光的福德正神，再举行商会入住大厦仪式。商会大厦配套齐全，办公、商务酒店、餐厅、文化娱乐等一应俱全。20、21两层合为一体建设装修，20层为商会办公室、会议室、活动室和餐厅，21层即顶层，半边是清水坛及亭子、廊道，面积约800平方米，半边是茶楼，面积约700平方米，中间隔着一个小广场，有电梯可直达顶层。

商业大厦内“深藏”着一座祖师庙，而且是安溪清水岩在四川省的首个分炉，在国内异地泉籍商会中亦尚属首家。王振智当初为什么会突发奇想建设“成都清水坛”？

我又通过阮启礼提供的电话，与王振智进行一番交谈。电话中，他详细介绍了其中的因缘。出生于仑苍大泳村一个农村家庭的王振智，兄弟姐妹七人，父母亲均不识字，家庭贫困的缘故，他很早就离开家庭，跟随家乡的供销大军入川，到成都闯荡世界。结婚成家后，1987年妻子很快生育了个女儿，但此后十多年，却没有再生育，虽然夫妻俩到处寻医问药，求神拜佛，始终没有效果，只好再抱养了一个男孩。有一次王振智的妻子听人说，安溪清水祖师很灵验，有求必应，于是夫妻便借了辆摩托车一起上安溪清水岩，在清水祖师尊前祷告许愿，保佑自己再生育一胎男孩。

过后不久，夫妻果然如愿，王家欣喜若狂，随即有修庙报恩的想法。此后每年中秋、春节，王振智一家必到清水岩祭拜清水祖师。

开始运作成都商会大厦项目时，王振智发心在大厦顶层建设清水坛，使在蓉乡亲通过清水祖师，建立起与家乡的精神连接。王振智将自己的想法与理事会成员一说，获得大家的一致响应和支持。说来奇怪，电梯一般没有直达顶层，但商会大厦却设计直达21层；20层设计施工时又多了根主梁，正好可以承受清水坛4根石龙柱的重量；主殿安放祖师神座的上方有8米悬空，门口20米的高度正好用作庙檐。还有，庙宇又正向成都上峰上水的都江堰，一切都像预先安排设计好的一样。更为奇怪的是，4根龙柱每根重达1吨多，近3米的长度电梯柜又容纳不下，怎么运到21层？有人建议，干脆把龙柱锯成两半，运到顶层后再粘接。正在百般犯难之际，有个晚上，祖师托梦给王振智，明示他用推车先将石柱推进电梯。第二天醒来后，果真在电梯井边发现一辆货推车，于是拆掉电梯的顶盖，再用货推车将石龙柱一一运到顶层安放。整座清水坛的建设费用，都是在蓉乡亲踊跃捐献的，所有建筑材料都是从泉州运到四川成都，木作则聘请擅长宫庙建设的安溪名工匠姚土龙，精雕细刻，鎏金映彩，仿佛一座艺术殿堂。

2019年12月7日，成都清水坛正式落成并举行庆典仪式，清水祖师文化在川渝大地有了延续。为弘扬清水祖师扶贫济困的精神，清水坛在建中，2019年8月24日，成都南安商会又成立清水文化慈善基金，挂靠于成都市慈善总会，为的是加强资金监督管理，使每一笔香火收入都直接用于爱心慈善。庙宇的日常管理，依托12个“香首”，每人轮值一月，要求交接时必须将收支款项进行公布，确保资金管理的公开与透明。商会连续三年（2016—2018）到南安市向阳乡帮扶，累计帮扶50户贫困户，帮扶资金达50多万元。热心参与成都和家乡许多公益项目，曾被评为优秀泉属异地商会、成都市光彩事业组织奖，王振智本人也当选为成都光彩事业促进会常务理事。

电话中我问阮启礼，慕名到清水坛拜谒的乡亲是否有安溪人。阮启礼告诉我，12个“香首”就有4名是安溪人，其余是南安人，说明“祖师心向祖庭、不忘祖庭”。阮启礼身兼第九届世界南安青年联谊会主席，清水坛落成庆典的第二天（12月8日），由成都南安商会承办的第九届世界南安青年联谊会在商会大厦召开。来自世界各地的71个南安商会、1000多位南安青年俊杰，先集体到顶层清水坛礼拜清水祖师，再到20层商会会所座谈恳亲，联谊交流。祖师诞辰日为正月初六日，考虑在蓉乡亲期间尚逢春节长假返乡未归，所以商会经“请示”祖师允准，将清水坛落成庆典之日作为商会及在外乡亲为祖师庆诞之日。

早在上世纪80年代，南安英溪流域仑苍、英都等地的供销大军就不畏“蜀道之难”入川，抢滩成都市场。如今，有3万多南安人在成都创业打拼，涌现出不少商界精英。经过多年的渠道建设，南安蓉商已在石材、卫浴、阀门和消防等四大产业领域占据优势，在成都西边金牛区金府、万贯等机电城，富森美家居、青龙、白莲建材城等市场，闯出一片宽广天地。

成都，一座来了就不想离开的城市。不少南安人一来就是三四十年，在成都又诞生了下一代，甚至下下一代，他们已都成为新成都人。如今清水祖师也不远千里“来”到成都，与在蓉开拓创业的泉商永远“生活”在一起。成都清水坛的分香故事，与我在台湾、东南亚等地调查所见一样，尽管时光流转，人物、场景变化，但其内核始终是相同的。

第 6 章

围头湾内留圣迹

新编《清水岩志》（2011）收录安溪清水岩在晋江市的分炉共有九座，其中五座在东石镇，分别是圣泉宫（大白山曾厝）、飞龙庵（小白山）、盘岩殿（深垵村）、福临宫（松柏山村）、龙华殿（石兜村），另外四座：月澄宫在罗山街道古塘村、凤山庵（清水行宫）在西园街道苏塘社区、辅龙宫在永和镇茵边村、祖师宫在磁灶镇锦美村。石狮 1988 年建市前隶属于晋江，境内仅有一座清水祖师分炉，位于永宁镇沙美村，名为沙美清水岩。

月澄宫 · 凤山庵 · 辅龙宫 · 沙美祖师庙

调查先从东石以外的几座清水祖师分炉开始。月澄宫坐落在罗山街道古塘自然村中心地带。罗山街道因境内罗裳山而得名，该山古为泉郡四大名山之一，相传唐代诗人罗隐曾到此行吟显迹，遗落下一件衣裳，留有画马石的美丽传说，故名为“罗裳”。后人即以传说和村镇版图状如罗裳开展，命名罗山。世界唯一保存完整、全国重点文物保护单位摩尼教雕像遗址——草庵，就位于罗山境内。古塘自然村属罗山梧垵社区，社区辖仓上、古塘、洋柄、邦尾、蔡厝、郭厝、洪厝、江厝等八个自然村，分别有洋柄村的十三都宫、白王府，洪厝的保生大帝宫、郭厝的薛王爷宫、蔡厝的嘉茇舍宫、仑上的保生大帝宫和古塘陈厝的月澄宫等古迹。

月澄宫是一座木石结构的开放式庙宇，没有庙门，主殿前有一对青灰石龙柱，雕工精湛，一对石狮子，转头相视，惟妙惟肖。佛龛正中供奉西方三圣，右龛奉祀清水祖师及张黄苏李四大护法，左龛奉祀夫人妈。庙里落款于2017年端月（正月）初四的“碑志”，并没有记载这尊清水祖师从何处分香和庙宇始建年代，只载“分炉月澄宫名辅龙清水祖师”，[①] 以及艮坤兼寅申坐向、占地面积、重建时间（2014）、工程耗资等。正在月澄宫喝茶聊天的几位陈氏老者告诉我们，世代相传，月澄宫始建于明朝中期，当初仅为陈厝族人奉祀，如今扩大到社区的曾姓、杨姓；每年正月初五日为清水祖师诞辰，之前都会到安溪清水岩进香，返回社区后举行巡春绕境活动。除为清水祖师庆诞外，古塘村还会在每年农历九月廿二日，为清水祖师四大护法张黄苏李祝寿庆典。

西园街道的苏塘社区以苏姓冠为地名，却以赖姓居多，是谓历史上泉南、晋江、青阳的“单丁独赖”。一世祖赖泽翁在宋末元初由汀州迁徙至泉州惠安，后择居晋江青阳八仙山西麓赖厝村（古时与下浯村合称双凤朝牡丹），号称“凤山衍派”。赖氏宗姓后世分居赖厝、烧厝、吾厝、苏塘、后间，俗称“赖厝五乡”。赖氏族人介绍，“赖厝五乡”自古奉祀清水祖师，至今已有数百年历史。

2007年，泉州市考古人员曾在赖厝社区后山凤山庵（清水行宫）遗址，发现数片绿釉陶片，这些陶片与先前“南海一

---

① 据此推测，月澄宫可能分炉于永和镇菌边村的辅龙宫。

号”沉船上的绿釉瓷器极为相似，还有不少八百多年前烧制、有“清”“水”字样的酱釉大海碗。考古发掘发现，凤山庵遗址是一处古文化建筑遗址，具有明代和宋元时期两个典型的文化堆积层，出土了近三百件器物残片，其中就有宋元时期晋江磁灶窑生产的青釉、酱釉及绿釉瓷，以及由南安窑、安溪窑、德化窑生产的青釉釉瓷、青白瓷等。器物器型有盏、碗、罐、钵、壶等，多数为日常生活用品，同时也发现少量宗教用具。从遗迹所处的地层及出土器物看，凤山庵原建筑应始建于宋元时期，至明代时重建，在当时已具有一定规模，曾是一处香火兴旺、信众云集的场所。

凤山庵遗址的考古发现，对于研究“清水祖师”信仰的对外传播具有重要价值。“赖厝五乡”族谱记载，其清水祖师信仰，乃赖氏开基始祖泽翁，从安溪清水岩捧接香火、入境供奉的。赖氏先居汀州，之所以会迎奉清水祖师到赖厝为梓里保卫神，契合文献中关于“普足禅师道行圆满，云游建州、剑州、汀州、泉州、漳州，皆以檀施为盛”[①]的记载。祖师生前千辛万苦，足迹踏遍闽地千村万户，施医济药，解除灾疫，扶助苦难众生，殁后必为民所传颂、感念和崇祀。

永和镇菌边村古名为“云滨”，坐落于“古厝群”边，因“菌”与“群”闽南语同音，故名“菌边”。菌边村历史悠久，有辅龙祖师公殿、金王爷殿、显庆殿等十多处庙宇。辅龙祖师公殿又称辅龙宫，始建于元代，2009年重建，占地面积超过1000平方米。永和镇上宅村（别称象泽村），也有一座供奉当境之神清水岩祖师公的情思堂，但没有被新编《清水岩志》（2011）收录。情思堂与辅龙殿，每年都会组织数百人的自驾车队，到安溪清水岩进香。

---

① 清乾隆《安溪县志》。

永宁沙美位于石狮宝盖山的东南，五虎山南麓的尾部，故早在宋元时，即有“山尾”的地名，此为“沙美”得名一说。另一说是，沙美境内有东、西两溪，自北而南流入深沪湾。东、西两溪溪水清澈，鹅卵石五彩缤纷，两岸白沙如金，绿树成荫，故有金沙、美江之称，合称“沙美”。沙美村支书卢连环介绍，沙美村现有人口 2000 多人，村民全部为卢姓，沙美族谱记载，卢姓系元末明初由河南光州固始县，迁徙至永宁古卫城居住，至于何时开始供奉清水祖师，村庄里无人知晓。据 1985 年重修沙美祖师公宫碑文记载：“明朝年间，洪水泛滥，高厝滨海，浮沉香木，上书‘高厝关帝沙美祖师’。村人迎木刻祖师像，供奉于金沙古地。师灵异伟绩，有求必应，保境安民，村人崇颂。今因地势变迁，大雨则水淹宫内外，乡贤捐资重建。”沙美清水岩尊清水祖师为大禅祖师，以农历八月十五日为千秋诞辰，佛头三股，必演戏三天以酬神。同时举行中秋节踩街庙会活动，表演“宋江阵”和童声南音合唱。

沙美“宋江阵”远近闻名，曾代表石狮市参加 2012 年“海峡两岸狮阵武术大汇演”。这次汇演，分别在石狮市永宁镇沙美村和泉州市南少林寺举行，有台湾台南大学、台东大学狮子阵、宋江阵，泉州少林寺武僧团、石狮市卢厝狮武术馆、沙美狮阵武术馆、泉州市霞鹰武馆宋江阵、晋江磁灶三吴青狮阵以及泉州市武术协会等，共计 500 余名运动员同台献技，观摩交流。“金狮阵”“宋江阵”发源于闽南，明末清初，漳泉军人随郑成功入台，也带来了闽南故乡的狮阵文化、拳艺和风俗习惯。如今，狮阵武术已成为台湾庙会活动，尤其是清水祖师诞辰庆典、春巡绕境中不可或缺的表演。

除主奉清水祖师外，沙美祖师庙还奉祀观音菩萨、北极玄天上帝及夫人妈。庙宇步口廊两侧墙壁上各镌刻有一首诗，其中一首为："沙美灵芬集福祥，祖师佛法佑宁康。神威保境香烟旺，显赫安民慧日光。观止明心登觉岸，音宏戒律渡慈航。玄天溢彩昌隆久，上帝推恩惠泽长。"颇具匠心地将庙宇奉祀的神明，巧妙嵌入。沙美祖师的签诗为60首，内容与安溪清水岩（50首）及其他分炉完全不同。

东石五村的分香故事

来到东石镇。为什么一个千年海港古镇，竟然有着来自内陆安溪的五座清水祖师分香，并且这些庙宇均衡分布在围头湾畔的五个村落?

安溪出发之前，同事庄诗莹特地帮我找到晋江方志办编修的几个版本《晋江县志》。但披阅之后，我所获无多，其中无论是"文化""文物"各篇，还是"宗教信仰""风俗民情"各章，均不见东石清水祖师分香的记载。毋庸置疑，东石确实拥有清水祖师的分香及大批信众，这些分香由来已久，神秘独特，这也是吸引我前往调查的主要原因。

在小庄和东石镇老龄委许梓萌的安排和带领下，我们首先来到石兜村。新编《清水岩志》(2011)所载石兜"龙华殿"，现只奉苏府王爷，2011年已另建弘清宫，专祀清水祖师，配祀佛祖、土地神。石兜是大房行政村下属自然村，村落人口800多人，居民以许姓居多，亦有颜姓、庄姓。今年八十五岁高龄的许祖民介绍，自其懂事起，祖师公就已经是村社的"当境之神"，至于何时开始供奉，他也无法说清，只约略记得是"明末清初"，迄今已有数百年之久。分香回来一直与苏府王爷同奉在龙华殿，2011年新建弘清宫后，将清水祖师"独立出来"，以示族人对神明的敬仰。因为清水祖师特别灵验，会"择日""治病""看风水"，建庙时石兜的群众踊跃捐资，捐献土地。建庙前是农历正月到安溪清水岩进香，庙成后改为八月进香，祖师诞辰庆典则选择在正月初五日。

访谈中，许祖民说，东石清水祖师历来有“黑脸”“金脸”“红脸”之分，他特别讲起一个当年分香的故事。据说，当年邻近五个村庄的耆老约定，某天某时到当地“岩头山”分香，但到了约定那天，石兜主事的人去晚了，赶到时只剩下一尊“黑脸祖师”，于是只好“请”了回来。镇老龄委许梓萌证实了许祖民的说法，老许的岳母是深垵人，深垵所奉也是“黑脸祖师”，而曾厝村所奉则是“金脸祖师”，小白山村所奉为“红脸祖师”。

曾厝村为大白山村下属自然村，是北宋著名政治家曾公亮故里，村民单姓曾，均为曾公亮族裔。车过村道，路旁指路牌显示“曾公亮故居”。曾公亮为宋仁宗天圣二年进士，仕仁宗、英宗、神宗三朝，官至端明殿学士、吏部侍郎等，支持过王安石变法。曾公亮还编撰过《武经总要》，为中国古代第一部由官方编纂的军事百科全书，里面记载了世界上第一支“火药火箭”。曾氏家族世代显赫，曾公亮父亲曾会，当过刑部郎中，自己的儿子曾孝宽又当上右丞相，到了南宋又有曾怀、曾从龙等位极人臣，一家子共出了四位宰相一位状元，人称“曾半朝”或“一门四相”。

来到曾厝圣泉宫，今年已 73 岁的曾文华已等候在庙口。他介绍，如今只有 900 多人口的曾厝，历史上出了 30 多位进士，备极荣光，还有很多族亲早年移居东南亚和台港澳，是远近出了名的侨台村、文化村。村落奉祀清水祖师已有千年，圣泉宫 2002 年重建，2004 年竣工，所有宫联都由他一人编撰。“祖居清水千秋耀，师在珀珊万世兴”“珀光圣地临清水，珊彩英风现祖师”等，巧妙嵌入“清水”“祖师”和曾厝古地名“珀珊”，显示信仰源远流长。圣泉宫主奉清水祖师，配祀观世音菩萨、西方三圣和三王爷、六姓府等，每年正月初六日为佛诞。这尊清水祖师脸部呈金黄色，问及原因，曾文华答曰，“是金身，就要对应金脸”，邻近五村只有圣泉宫的祖师是“金脸”的。

飞龙庵位于小白山村，小白山村亦属大白山行政村，村民吴姓居多，亦有许、曾、陈、颜等姓，总共300多人。飞龙庵所奉为“红脸祖师”，也是五村唯一。除清水祖师外，还奉祀注生娘娘、福德正神等，2003年重建落成。楹联“飞雨绵绵滋四境，龙云霭霭护千家”，嵌入庙名；“祖在安溪千秋盛，师居碧里万年兴”，揭示源流关系。村民吴贻师介绍，常听村里一位百岁老人讲，飞龙庵“红脸祖师”是八月初十日分香来的，故如今都是选择八月到安溪进香，但“佛生日”还是在正月初六日。

松柏山福临宫和深垵盘岩殿均属许西坑行政村，所奉均为“黑脸祖师”。松柏山自然村600多人，居民只有一户姓戴，余皆姓张，奉福临宫祖师为“当境之神”，宫中楹联可以为证：“祖师播德祐四境，苏府垂恩泽千家”。福临宫始建于明代，原址在“朴仔脚”，现址建筑为2000年重建，2010年重修，供奉清水祖师、观世音菩萨等，每年正月初六日举行祖师诞辰庆典。松柏村世代流传一个俗例，男女结婚后若生育子女，其父母均会修契书一封，写上子女姓名、生辰、立契人，到福临宫拜为祖师谊子（谊女），冀望得到祖师关怀，一帆风顺，学业功成，待到子女16岁成人时，再备办香果敬品到祖师座前叩谢。神龛左右两侧的墙壁上，贴满许多用红纸写就的契书。

深垵盘岩殿是东石之行的最后一站。据岩殿碑记称，深垵北角铜钵岩曾有寺宇供奉祖师，寺庙前方深垵、松柏山、小白山、曾厝、石兜五个小村乡民奉为“当境神”。明末清初迁界及郑成功与清廷抗争时，铜钵寺沦为兵营与战场，祖师公宫被战火夷为平地。然宫宇虽毁，祖师法云常荫，惠月长悬。在深垵郑氏宗祠建造后，族人敬塑祖师金身寄奉于祠堂。2006年，村民集资兴建盘岩殿，2008年建成庆典。盘岩殿主奉清水祖师，配祀观音菩萨、地藏王。殿中楹联“清规铜钵留圣迹，水曲新安现灵光”，印证了这段历史。

至此，东石五村所奉祖师的脉络已基本清晰。盘岩殿旧碑所载与石兜村许祖民讲述的故事契合，推测铜钵岩应是东石最早供奉清水祖师的岩寺，有祖师公真身及若干分身，后因战火等原因被邻近五个族姓聚落（许、曾、吴、苏、郑）“请回去”保护起来。时间演进，这些祖师公的分身，逐渐成为五个主要族姓聚落“当境之神”。主持盘岩殿建设全程的郑香港介绍，郑氏祖辈流传，“岩头山”（铜钵外形像人头）有五尊祖师公，根据约定时间去“请奉”时，“模样端庄”的佛像已被“抱走”，只剩下“面貌模糊”的一尊，“又低又矮”，但也只好“抱回来”。到达宗祠时，等候的族人都埋汰佛像像“一块木头”，没想到开始朝拜时，香炉马上“发炉”，此时，祖师公起乩神示，欲“换衣”“过粉”（指重塑神像），族人知道是祖师显灵，愈发崇仰。

我们事先并不知道盘岩殿的故事，但盘岩殿又巧合安排在最后一站。一路考察下来发现，东石五村的清水祖师信仰是一个完整系统，至于“黑脸”“红脸”“金脸”祖师之分，应是当年分香时佛像的颜色之分，因为年久月深，最初的油彩会变色脱落，族人“请奉”时是什么颜色，就“固定”下来传至今天，故有“黑脸”“红脸”“金脸”祖师之分。但是，还有一个问题，濒临大海的古镇东石，为何早在明末清初，这里的乡民，就开始在铜钵岩（岩头山）供奉来自内陆山区安溪的神明呢？

晋江籍士绅的推动

晋江地处福建东南沿海，晋江下游南岸，东濒台湾海峡，南与金门隔海相望，东北紧连石狮市，沿海港湾多，有深沪、围头、东石、安平四个港区，还有蚶江、永宁两个港区（今属石狮市），是“东方第一大港”泉州港的重要组成部分，海外交通贸易可达东西大洋彼岸。地理交通的原因，晋江人的足迹遍布世界50多个国家和地区，以东南亚为最，有100多万海外侨胞和港澳同胞。晋江与台湾一衣带水，与金门相隔仅5.6海里，历代迁台者为数不少，现有晋江籍台胞100多万人，是福建乃至全国最重要的对台窗口之一。

古镇东石，其形成历史，约于东晋时期（汉时已有“畲家寨”），当在晋江置县之前。即以古刹寺观而言，重修于东晋升平年间（357—361）的龙江寺，五代陈洪进倡建的石佛寺，气势磅礴的石佛造像、王十朋题写的摩崖石刻“泉南佛国”，都是东石深厚历史文化的见证。宋代著名理学家朱熹曾到东石讲学，誉其为“海滨邹鲁，仁和之乡”，故东石又名“仁和里”。

地处泉州港围头湾内的东石，与安海镇、南安市石井镇互为犄角，是一个港湾形的古港，它“得鳌山之钟秀，摄东海之雄威，据山川之险峻，占水陆之优势”，自古为军事要塞和商业富埠。又是一个月牙形的港口，“上至石菌汛四十三里，下至鸿江澳，在白沙、安海之间，亦沿海要地”,① 地势险要，天然避风。故自宋元以来，东石古港的航运业和海外贸易也随之发展起来，成为当时泉州晋江对外交通贸易的重要港口和海防要地。史料记载，宋元以降，东石商船不仅数量多，而且上通大连、苏、浙，下达吕宋、

① 清乾隆版《晋江县志》“海防志”卷五。

泗水、占城、交趾等东南亚诸国。明清时期，郑成功以东石（东石寨）为基地，操练水军，抗清入台驱荷，更显示出它在海防方面的重要。

为收复台湾，郑成功先在闽南各县招募大量士兵，东石人不但在军需方面提供有力的支持，而且在兵员方面“捷足先登”，许多东石人当年就是随郑成功赴台的。1655年，郑成功曾在白沙头建造“国姓城”，国姓城边上是白沙古战场，两者是连为一体的，其遗址至今仍存，英烈故事依然传颂，脍炙人口，感人肺腑。[①]当年随郑赴台的东石族人，抵台后形成同乡聚落，在台众多籍贯地名中，竟有数十个源自东石，现在台湾嘉义县就有一个东石乡，两个“东石”同有一个独一无二的元宵灯俗——“数宫灯”。所以，东石又是台湾同胞的祖籍地，台湾晋江籍人士中，祖籍东石的人数最多。

当年安溪籍的兵员应招到东石训练营，出发前，一般都会随带祖地神明的香火，特别是清水祖师神像，以祈求一路顺风四时平安。到达东石后，他们先将神明香火或神像寄存于兵营附近的村庄庙宇，而后投入训练。部队开拔金门往台湾后，来不及或不方便携带的神像就留在了东石。“岩头山”铜钵寺众多祖师神像，推测属于这种情况。至于后来被东石五个小村约定“请走”，建庙奉祀，供为“当境之神”，一方面由于祖师的“灵验”，口口相传，影响叠加，另一方面和晋江籍官员所发挥的作用，及其与安溪清水岩的深厚渊源分不开。

唐开元六年（718）置县的晋江，为泉州府首邑，西晋时因晋人“衣冠南渡”，沿江而居，故以“晋”称江名而后衍为地名。晋江素有“海滨邹鲁”之谓，人文之盛，为全国前列，从唐到清的

① 晋江市东石镇志编委会：《东石民间传说》，2002年。

科举考试中，晋江共考中文武进士1853人，是全国几个千名进士县之一，并有7名文状元、3名武状元，先后又有14名宰相、副宰相。[①] 宋状元曾从龙、明探花张瑞图等一大批晋江名宦，都曾到安溪登临清水岩，题赋清水岩美景，彰扬祖师美德，对清水祖师信仰盛于泉州，行于闽南，推波助澜，贡献巨伟。在清水祖师信仰对外传播轨迹中，晋江是一个重要驿站，是清水祖师进一步向台湾传播的重要路径。

清水岩山川秀美，异木奇珍，各层面人物，根据“士”之身份不同分别为当地官员、致仕京官、功成名就逍遥偶游之士大夫、未任官职之诸生员，纷纷在不同的时空，慕祖师神名结缘蓬莱名山，在清水岩上实践着中国古代读书人“读经敬神”、进退自如的传统儒家理论。在这种风气的影响下，历代到清水岩瞻仰、赋诗、题游的状元、进士、翰林、举子彬彬济济。从宋代进士连之瑞、连三益、余克济，状元曾从龙，解元郑思忱，到明时榜眼黄凤翔，进士秦钟震，举人刘峨及清时进士谢宸基、李道泰，举人陈希实、赵元慧等，均有游岩佳作。

东石曾厝村曾公亮四世从孙曾从龙，为宋庆元五年（1199）己未科状元，担任过南宋一朝的右宰相。如今，泉州西街曾井巷中，尚存曾从龙“状元井”一口。曾从龙后裔后来搬至现今晋江安海西垵曾府尾，现在那里也建了一座曾从龙纪念馆，与曾氏祠堂并在一起。曾从龙游历清水岩后，留下《题清水岩》诗一首，“壁立峥嵘万仞峰，骑鲸俄蜕葛陂筇。空流诗句传千古，今在蓬莱第几重。岩上胜游成幻梦，壁间遗迹暗尘容。山僧好把纱笼护，莫学暗黎饭后钟。”抒发了今不如昔的人生感悟，后人多有步韵佳作。

---

① 陈健倩、蔡长安主编:《晋江市志》(简本)，方志出版社，2001年。

祖籍晋江青阳，明万历三十五年（1607）进士第三名、探花、授翰林院编修，后以礼部尚书入阁、晋建极殿大学士、加少师的张瑞图，是明代四大书法家之一，与董其昌、邢侗、米万钟齐名，有“南张北董”之号。他曾为清水岩撰联，至今镌刻在岩宇中：“莺花随世界，楼阁依山巅”，题匾额“空居法云”（据旧志所载，已毁），为清水祖师信仰研究，提供重要的佐证。

清水岩最著名的“文化事件”，当属明代万历戊戌年（1598）的“六老同游”。六老者，为晋江庄国祯、林云程、黄凤翔、林乔相，南安欧阳模，安溪詹仰庇。六人均为进士出身，位居高位，“六老同游”清水岩实乃当时盛事，他们留下的题咏是清水岩人文景观中不可或缺的一个亮点，“自是胜游天不靳”（庄国祯、侍郎），“坐眺行吟兴未穷”（林云程、知府），意气风发、诗兴顿生；“仙人待我蓬莱上，石室丹邱路不迷”（黄凤翔、尚书），与天地、与鬼神竞风流。“六老同游”碑，记录了先儒的功业，既为名山添彩，也为后来者景仰，成为清水岩最著名的古迹之一。

因祈雨灵验，有功于民，清水祖师曾先后四次受到宋廷敕封。这四次皇权认可，离不开士大夫官僚和乡绅推动，其中就有晋江籍官员。这里特别要提到第二次请封中的一个人，即封牒中的“左丞相曾”曾怀，曾公亮的玄孙。曾怀乾道八年（1172）拜参知政事，翌年代梁克家为丞相，淳熙元年（1174）为左丞相。这次请封约在淳熙初年，但发布牒文时已是淳熙十一年（1184），此时曾怀已离开相位近十年，为什么仍请曾怀画押呢？唯一可以解释的是，晋江和安溪同属泉州府，清水祖师的这次请封，泉州必派人“疏通关节”，而曾怀在其中也确实起到关键作用，又是曾公亮望族之后，具有广泛社会影响力，故当时丞相王怀等在任官员仍推重前辈，依旧请曾怀共同签押，并仍挂丞相职务，都是情理之中的做法。

皇权的数度敕封，确立了祖师香火的“正统性”。在俗世拥有崇高社会地位的官宦士绅，他们“游以载道”“榜样推崇”，客观上对清水祖师文化的推广、传播，起到了推波助澜的作用。晋江两岸、围头湾畔，村落里社，数百年崇奉清水祖师也就不足为奇了。

第7章

古佛灵如在

清水祖师被奉为神后，其逐渐形成的信仰圈扩大到相邻地区，永春、南安、同安、长泰是较早受辐射的区域。同安撤县设区（1997年5月）前，其境域包括今厦门市各区（海沧区的新阳街道、海沧街道除外）、大小金门岛和漳州龙海县的一部分。2003年9月析出东部5个乡镇和大帽山农场设立厦门市翔安区后，同安区下辖2个街道，6个镇和7个农场，这些街道、镇和农场所属村委会已基本实行“村改居”。本文所叙，沿用同安撤县设区前的地名及区域表述。

1999年，同安县文化局局长颜立水通过调查发现，[①]时同安有1216个自然村，830座宫庙（不包括宗族祠堂和田头土地公宫），其中奉祀清水祖师的庙宇有70座，分别是：大同镇4座，马巷镇7座，五显镇8座，竹坝农场1座，西柯镇3座，汀溪镇5座，新民镇4座，内厝镇6座，新店镇5座，莲花镇19座，洪塘镇5座，新圩镇3座。这个数字远超同年代编撰出版的《同安县志》[②]

---

① 颜立水《从同安“祖师公庙”的分布看清水祖师信仰长期流传的历史原因》，陈国强、陈育伦主编：《闽台清水祖师文化研究文集》，香港闽南人出版有限公司，1999年。

②《同安县志》，方志出版社，2000年。

记载。70 座庙宇中，有 6 座见诸民国《同安县志》，有 6 座实际供奉三代祖师，所以奉祀清水祖师的庙宇有 64 座。2000 年出版的《同安县志》[①] 收入 7 座，其中主祀 5 座，附祀 2 座，建于宋代的 3 座：莲花镇云洋村铜钵岩，祀观音菩萨、清水祖师、定光古佛；新店镇香山寺，祀释迦牟尼、观音菩萨、清水祖师；大帽山农场清水岩，祀昭应慈济大师（清水祖师）。

文献名区神威古在

同安古有“海山灵境”“环海屏卫”“上控八闽，下连百粤”等要论，又有“海滨邹鲁”“文献名区”“声名文物，甲于泉南”等美誉，历代主政者无不通过编修县志，详尽记述治域山川之险胜、人文之厚美，以备“彰往察来”“鉴古观今”，其资治、教化之目的非常明确。从明成化十四年（1478）起，至民国十八年（1929）止，同安曾经八修县志，现存康熙五十二年、乾隆三十二年、嘉庆三年、民国十八年四部。四部现存版本中，均有清水祖师信仰的记载。

以民国版《同安县志》[②] 为例，共有 6 座，其中明确建寺时间的是东大帽山清水岩，“在东大帽山之阳白云山，绍兴三十一年（1161）建，以祀昭应慈济大师”。[③] 根据记载，其时距普足禅师坐化（建中靖国元年，1101）只有 60 年，比隆兴二年（1164）朝廷第一次敕封清水祖师为“昭应大师”早三年，说明清水祖师生前及殁后的灵感事迹，已在同安广为传播。至于志书中“以祀昭应慈济大师”的表述，推测应是修志者在宋淳熙十一年（1184）

① 《同安县志》，卷三十五“宗教”表 35-1。
② 民国十八年（1929），吴锡璜总纂。
③ 卷之二十四“祠祀”。

朝廷第二次敕封清水祖师为“昭应慈济大师”以后的补记。另外5座分别是：狮子岩，“在感化里（今莲花镇）埔边山，距县二十里，以形类狮子故名。岩上筑妙岩一所，以祀祖师及保生大帝”；[①] 普陀岩，“在翔凤十三都……相传林次崖先生[②]建艮斋于上，后乡人建庙祀清水祖师，故名”；[③] 清泉岩，“在翔凤十三都，有清水祖师神像，庙前清泉一泓，四时不涸”；[④] 铜钵岩，“在县西北十五里云溪保，崇奉清水祖师。岩边有一石洞，时有微风吹出，洞边有一古榕，右有一石鼓，颇征雅致”；[⑤] 南泉堂，“在同禾里六都，俗名草埔宫，祀清水祖师，其神甚灵，有祷辄应。岁正（月）往彭岩进香，四方从者以数千计”。[⑥] 大帽山清水岩与南泉堂两座，嘉庆版《同安县志》亦有载述。

这些见诸志书的岩寺，大多建在同安北部—西北部山区，小部分收入“祠祀”“寺观”条目，大部分收入“名胜”条目，可见其均选址在风景佳处。不仅林木蔽天，飞泉流瀑，而且被名宦雅士所追慕，如普陀岩，林希元建“艮斋”其上，后人又建庙奉清水祖师，僧儒合一，香火缭绕，宛如人间仙境。香山寺，绍兴年间朱子登临，题咏吟哦，镌“真隐处”三字于右，今墨宝犹存。闽南地区的庙宇，不仅是祭祀的场所，往往也是民众聚集交流的地方，人多热闹，还有神灵保佑，于是信仰便在人群的流动中得到传播。建在山川佳处的庙宇，还有一个作用就是可以让香客、游客因景而至，既朝拜神灵，实现精神寄托，额外又能增加一次旅游健身活动，可谓一举多得。因此，从传播意义上看，庙宇不

---

① 卷之八“名胜・寺观”。

② 明代理学名宦林希元，字茂贞，号次崖。

③ 卷之八“名胜・岩潭”。

④ 卷之八“名胜・岩潭”。

⑤ 卷之八“名胜・岩潭”。

⑥ 卷之二十四“名胜・岩潭”。

仅是信仰的物质载体，也是密切关系、聚集力量，促进文化传播的一个重要渠道。

同安地势由西北中低山区向东南滨海台地、平原作阶梯状递降，主要山脉走向以北西为主，最高点位于北部的云顶山，海拔1175米。北—西北部都是中山、低山、高丘、低丘和盆谷类型，东南则以台地、平原、海岸、滩涂、岛礁类型为主。北—西北部山区的莲花、汀溪等乡村和农场信奉清水祖师多，与这里毗邻安溪，两地往来频繁，较早受祖师文化辐射有关。清水祖师信仰形成后，通过各种方式由近到远，一步步扩散传播，犹如平静湖面投入石子产生的涟漪，逐步由内圈向外圈拓展开去，这就是所谓的“涟漪反应”；及其在一个地方落地生根，随着百姓口碑传颂，政治国家推动，又会在该地域范围上不断扩大，进而呈现“浸润式”传播的状态。

从同安的分布情况看，清水祖师信仰在该县的传播，具有年代久远、志书记载详备；北部山区居多、濒海地区相对较少；由近及远的涟漪反应、浸润式扩散传播等特点。

茶瓷古道俎豆斯香

同事陈庚嘉是同安人，同安之行前他做足功课，所以这次调查进展十分顺利。我们驾车沿着省道206线安溪至同安段行驶，过龙门隧道后不久，就来到莲花镇云洋村云龙宫。云洋村地处莲花镇东部，南接同安城，西连长泰县，北邻安溪县，处于多县区交界处，人口4000多人，辖15个自然村，村民主姓杨、郭、陈、叶等。这里植被丰富，森林覆盖率高，空气质量优异，水质常年Ⅱ类以上，被誉为是“气净、水净、土净”的“三净”之地。村里的文山景区和铜钵岩景区，被列入莲花国家级森林公园主要景点。

据宫前矗立的《云龙宫重建碑记》载，云龙宫始建于民国年间，主奉清水祖师“昭应菩萨”，现貌为2017年原址重建，前后两殿，三段式翘脊，面宽7.26米，进深14.45米，共花费人民币150多万元。捐资“芳名榜”显示，建庙资金一部分来自村民的“丁口钱”，一部分来自厦门、南安翔云镇、安溪大坪乡以及马来西亚等各地信众和云洋姑亲（从云洋村嫁到外地的女儿）的捐资。云龙宫后殿中龛奉佛祖、天师，左龛奉七星娘娘，右龛奉清水祖师。杨松榆老人介绍，村里由杨、郭两个大姓宗族轮流为祖师庆诞，同时举行绕境巡香，时间是农历五月十三日。有一位五十多岁的村民，是清水祖师乩童，“从业”已有二十多年，当初建庙方案都是乩童起乩确定的。

而据《同安文物大观》[①]记载，云龙宫始建时间并非民国年间，而是明代，清代时又重建一次。重建时保留部分原有构件，有前殿门边的麒麟纹石雕墙裙、圆形和八角形石柱，后殿的明代覆盆石柱础等。宫内还收藏两件散落民间的石构件，一是宋代浮雕佛像经幢，一是清代光绪年间的石香炉，是否为云龙宫旧物，书中没有说明。书中同时配有上述文物的图片。问及这些早期文物的去向，杨松榆说，2017年重建时，怕以后被文物贩子偷走，都埋在前殿的地下了。如此“简单粗暴式”地对待先人的心血结晶，殊为可惜。

离开云龙宫，约莫20分钟的车程，我们来到了铜钵岩。铜钵岩位于云洋村的石鼓山上，石鼓山由汀溪镇和莲花镇的界山文山发源而来，不仅山头形似铜钵，举目处也都是如石鼓、石钟、铜钵状的巨石，以硬物击打之，铿铿如鼓，咚咚如钟。《厦门市同安

---

①《同安文物大观》，厦门大学出版社，2012年。

区志》（1997—2007）载，这些石头系“燕山侵入岩（第二次侵入），岩性为含黑云母花岗闪长岩，面积约 2 平方公里，见露于莲花云洋村”。[①]

铜钵岩始建于宋开禧元年（1205），清光绪壬辰年（1892）重修，1985 年翻修屋顶，现貌为 2015 年重建，三开门，奉观音菩萨、清水祖师、定光菩萨。两副门联曰：“清水池月静，祖师法门开”“定慧觉大同，光风沐民安”，嵌入“清水祖师”“定光”“同安”等。与其他岩寺不同的是，祖师殿三尊菩萨均为石雕坐像，观音居中，清水祖师居左，定光菩萨居右。

铜钵岩东边有一个天然石洞，洞边有一棵茂盛的古榕，榕根、榕须将岩石紧紧包裹着。石洞边有一条古道直通山顶，古道边散落着许多野生古茶树。石洞高 2.7 米，宽 3.5 米，深 7.5 米。洞内原有三尊南宋石雕坐佛，为观音、昭应、定光三菩萨，后移入铜钵岩内，于 1985 年、1991 年相继被盗，至今下落不明。《同安文物大观》记载，“观音坐像高 0.83 米，宽 1.5 米，座高 0.2 米”，推测昭应、定光菩萨坐像的尺寸规格，应与观音大体相当。

三尊南宋坐佛被盗后，洞中尚立一方宋代开禧元年（1205）雕造佛像碑记，高 0.84 米，宽 0.35 米，莲瓣纹碑座高 0.14 米，碑文直镌楷书：“弟子毛士作同妻陈五娘，舍钱钻造观音菩萨、定光菩萨、昭应菩萨及补陀山镇于铜钵，仰叶愿符心地世籍福田者。宋开禧岁次乙丑七月某日立。”记述信士毛士作和其妻陈五娘捐造佛像之善举。除捐造三座佛像外，毛士作还捐造一座“补陀山”石雕。碑记同时记载当时“住岩僧祖成”及“石匠陈聚”的姓名，是厦门已发现年代最早的佛教纪年文物。

---

① 厦门市同安区地方志编纂委员会办公室编：《厦门市同安区志》，第二章“自然环境”，方志出版社，2018 年。

“昭应”是清水祖师第一次（隆兴二年，1164）受朝廷敕赐之号。此次敕封不久，毗邻安溪县的同安莲花即建庙奉祀，说明彼时清水祖师的事迹已传遍同安乡村。定光菩萨，也称定光佛，俗名郑自严（916—997），因父亲曾任同安县令，故为同安人，自小出家，拜高僧西峰圆净为师。驻锡武平南安岩（今武平县岩前灵岩村狮岩）后，又收服山中猛虎和湖中恶蛟，因此乡民非常尊敬他，建庵供他居住。82岁圆寂后，相传在汀州城遭寇贼围攻时，曾显灵退敌，使全城转危为安。朝廷于是颁赐匾额，将他住过的庵寺命名为“定光院”，他也因而被尊为“定光佛”，与伏虎禅师并列为汀州二佛，成为闽西汀州的守护神。

莲花镇与安溪大坪乡相邻，同安至大坪，过去有一条古道，自同安县城小西门往西北，经田洋、花厝、大路尾（又名“云埔”）、安乐村、小坪，越过紧傍县境的尾林，直达安溪县的大坪。古道筑于宋代，全长40里，陡坡处用大块鹅卵石铺成台阶，是安溪大坪、虎邱、西坪等地的乡民早期取道厦门港渡台的必经之路。大坪乡本土人口只有1万多人，但在台湾却有20多万的大坪籍移民，居住在台北市、新北市一带。

《厦门市同安区志》记载，杨姓人口居同安第4位，莲花水洋、尾林杨氏由安溪芦田三洋杨氏迁入；李姓人口居同安第7位，莲花淡溪李姓系宋代李玄文由安溪龙涓迁入开基，灯号“仙景”；高姓人口居同安第22位，明代高世臣由安溪大坪迁入同安莲花军营开基，灯号“渤海”，后裔高钦和由军营迁入莲花庙山村；詹姓人口居同安第29位，宋时詹廷由安溪迁入莲花上陵村开基，灯号“龙山”，后裔分衍后詹、大祠、碗窟、店边等村；马姓人口居同安第40位，明天顺年间马广清由安溪迁入莲花山顶洋村开基，马广成迁入吊笕村开基，两人为亲兄弟，后裔传衍莲花上陵、澳内村。[①] 上述宗姓移民，是清水祖师分香莲花镇的另一主因。当然，安溪宗姓外迁同安的同时，同安各宗姓亦时有内迁安溪，这是两地移民行为的双向互动。

同安连接安溪还有另一条古道，即上埔至龙门古道，以同安至东田古道上的上埔为起点，曲折往西北，经西源、半岭，过同安县境内海拔 900 米的东岭至安溪县的龙门镇，全长 20 里，宽 4 尺，路面由鹅卵石铺成。这是安溪人下南洋的必经之路，同时也是一条茶瓷外运古道，古道边的村庄驿站建有许多奉祀清水祖师、保生大帝、观音菩萨的庙宇。同安汀溪镇有进宝殿、宝应殿、田螺宫、集福堂、永丰宫等五座供奉清水祖师的庙宇，我们重点走访了前格村的永丰宫。

永丰宫创建于元代，位处前格村的前格角落，这里靠近上埔至龙门古道的起点，也是通往南安东田镇的必经之路，村民大部分为叶姓。前格叶氏系唐末由河南固始县随王审知入闽，卜居大同场佛子岗的叶沫的后裔，以“佛岭”为灯号，是闽台叶氏之大宗。显然，永丰宫的清水祖师分香，非移居这里的叶氏所为，而是由路经上埔的安溪移民奉祀于此，以护佑出洋之人平安。最初可能只是古道边的一座佛龛，后来建成供往来行人休憩的雨亭或小庙，再后来建成永丰宫，几经兴废。永丰宫现貌为 1995 年重建，中奉清水祖师，左奉伽蓝王，右奉注生娘娘。

从同安汀溪镇前格村，到半岭，再到杉际内，隐藏着一条古道，还有山林里安静的村落半岭。汀溪镇与安溪龙门镇交界，毗邻南安市，距同安城区 20 公里。古道长 2.5 公里，南起前格村五里林，北至半岭村，穿越这条古道，再翻越同安和安溪交界的东岭，过龙门岭回头峰可达安溪桂瑶。宋元以后，这条古道承担着

---

①《厦门市同安区志》第二篇“人口”第三章“人口结构”。

同安、泉州之间的地方货物往来，输给内陆粮油、盐、海产和日用杂货，运出木材、竹器、茶叶等，并一路南下至同安城关的五显第一溪桥。古道边葱郁的林木，高高护卫在两旁，地上陈腐阔叶堆积，轻轻踩上就是千年。

同安自古路桥纵横四达，内河外海航行兼具，至宋代已有通漳州长泰、泉州安溪、南安等八条古道干线。这些古道干线构成了以县城为中心、辐射四方的同安古代陆路交通网络。同安老城，是陆路、水陆交通网络中心，也是同安政治、经济、交通、文化的中心，大同街道自古商贾云集，是同安区最重要的商贸区域。

朝元观位于大同街道小西门外，是同安历史最早、规模最大的道观和厦门市重要涉台文物古迹。据朝元亭里现存的永乐碑记“相传七百余年”及玉皇殿现存嘉靖石柱楹联“拓地遥传七百年”推断，朝元观开创于八世纪前的盛唐时代，比同安置县早二百余年。李唐王朝立道教为国教，尊老子为李氏始祖，命天下州县立宫奉祀，朝元观始创于盛唐，于史有据，至今已有一千三百余年历史。

朝元观由放生池、朝元亭、外山门、内山门、三殿（玄坛宫、三清殿、玉皇殿）、两庑等主建筑及官厅、厨舍等附属建筑组成。内山门墙壁上嵌有石碑，记载观内所奉神明圣诞和宗教活动，计有玉皇大帝、清水祖师、保生大帝等29位神明圣诞日，以及保生大帝飞升日、天门开日、玉皇大帝巡天日等。清水祖师、保生大帝分奉于左右两庑首位，显示其在朝元观神明世界中的“地位”。清水祖师原本属于佛教神明，但在闽南民间，以道教方式奉祀的并不在少数，朝元观即是如此。对此，闽南人并不会觉得有任何问题，来此朝拜的人依旧络绎不绝。朝元观每年农历六月初七日“天门开”庙会，是同安古传至今最著名的民俗活动。是日，海内外同安乡亲于朝元观同参玉皇，共祈家国太平昌盛，场面宏大，其乐融融。

朝元观与同安谢氏渊源很深，载于史志、谱牒，见于观中碑、柱。据清乾隆五十九年（1794）谢金鸾撰修的《谢氏族谱》载：同安谢氏以定居同安归得里埔边山（即莲花镇花厝村）的谢悌为第一世，至三世绍光，以明经进取，官至奉直大夫，生子四，名为：寿、图南、守正、柬。其中，次子图南举嘉熙间（1237—1240），为琼州安抚使，建朝元观；三子守正，绝嗜欲，崇佛教，披缁沙门，为中峰寺住持。守正出家后，绍光以守正份下的田租一百六十石，奉献于朝元观并在观中立祠。明代以后，朝元观多次进行修复，虽然碑记中有众多谢氏名人、耆宿落款，但从内容显示，古观之重建、修葺资金更多来自社会善信，已不是“谢氏家庙”了。

同安祖师庙占厦门市一半

五代至清初，同安境域比现在广阔得多：东至南安小盈岭界，西至龙溪父子岭界，南至大海黄牛峡界，北至安溪龟洋岭界，东南至南安欧岭界，西南至龙溪冲浓头界，东北至南安九溪旧隘界，西北至长泰竹隐村界，[①] 辖域包括现在的厦门市各区（海沧区的新阳街道、海沧街道除外）、同安县、金门县和龙海东北部。厦门翔安区于 2003 年 9 月由同安县析出的东部 5 个乡镇和大帽山农场而设立。翔安区这 5 个乡镇新圩、内厝、马巷、新店、大嶝和大帽山农场，厦门海沧区，也都有清水祖师的分香。

香山位于翔安新店镇和内厝镇境内，从翔安区政府向东南，大概过 5 公里就到香山了。顺着山路上山，迎面而来的徽国文公

① 清康熙《大同志》。

祠是朱熹当年教学的地方，供奉着朱熹的塑像，是本地学子朝拜的圣地。香山原名“荒山”，宋绍兴二十三年（1153）朱熹首仕同安主簿后曾登游此地，更名为“香山”，并手书“真隐处”三字，刻石立碑。徽国文公祠的旁边是香山岩大殿，供奉着清水祖师。香山风景区管委会主任张神保介绍，寺庙建造于南宋绍兴年间，明代洪武年间重建，正统年间重修，万历年间光禄寺少卿、金门平林人蔡献臣增修，清代多次维修。如今已是厦门、金门等地信众前来朝拜的圣地，每年正月初一日到初六日这里都会举行庙会，参加人数逐年增多。

香山岩坐东南朝西北，依山而建，砖木抬梁构筑。中轴线上依序为前殿、天井、后（正）殿，面阔三间。大殿的牌匾和石刻都非常古老，和雕梁画栋的殿堂相映成趣。出了殿门，右拐，山腰处有一泓清泉，泉水甘甜，名曰“仙泉”。沿着大殿前的山路一直向前，有一块巨大的石头，看上去像狮头，这就是香山狮球石，又叫鬼仔头。传说古代有一个小鬼经常流窜香山岩，为非作歹，清水祖师于是就用一纸符令把它镇在这里了。狮球石的背后，有一个天然巨石台，站在巨石台上远眺，东南方就是大海，金门的海岸线在视野的尽头浮现。香山与金门一水之隔，山上有一个一米长左右的凹洞，如同仙人的足迹，叫作“仙脚迹”，相传赤脚大仙曾一步跨海，一个足迹留在香山，另一个踩到金门太文山（山上有太文岩寺，奉清水祖师）。[①] 香山附近的村民爱好武术，每年正月到香山赶庙会，演高甲戏、布袋戏、车鼓弄、锣鼓唱，“练宋江”，在香山岩大殿前演武，好不热闹。一年一度的香山庙会，已成为这里集礼佛、游春、登山、娱乐为一体的民俗节日。

香山原有荒山庙，奉祀释迦佛祖（址在香山岩西面），传说

---

① 参见本书第三篇第 13 章“燕南山上的圣贤”。

清水祖师生前曾云游驻足此庙。南宋绍兴年间，同安黄厝东派黄氏族人依照神示，献出墓地建香山寺（今址），奉祀清水祖师。据统计，古同安奉祀清水祖师的庙宇有七八十座，几乎是“有岩就有祖师公”。仅翔安境内，就有新圩桂林的南泉岩和绍兴三十一年（1161）始建的白云山清水岩，新店的普陀岩和清泉岩等。从前厦门、金门的香客多到香山岩进香、请火、许愿，因而香山岩迄今存有清代厦门禾山尚忠社陈亨畯修路的记事石碑、嘉禾弟子敬献的金钟等文物，所以，历史上有“香山岩是古同安清水祖师主庙”一说。

大帽山农场位于翔安区北部，始建于上世纪50年代，是原国家农垦部划定的垦区之一，属国有农垦企业。农场辖有四个作业区，16个自然村，总人口3000多人。农场因域内大帽山得名，大帽山与南安接壤，“广袤十余里，形若大帽”。南麓有清水岩，宋绍兴三十一年（1161）建，祀昭应慈济大师。寺庙原先并不奉清水祖师，相传寺中有一个和尚，为解当地旱情，特地到安溪清水岩“乞雨”。清水祖师托梦给岩寺住持僧，让他准备三只篮子带给这位和尚，并嘱咐其要到大帽山才能揭开篮盖。大帽山和尚肩上挑着两只篮子，手中又提着一只，越走越感到沉重。来到同安县城西北“田洋”的地方，他便把手中的篮子打开，没想到里面装的是牛屎。和尚心想清水祖师作弄人，又把第二只篮子打开，这只盛的是草木灰。一气之下，便把牛屎和草木灰倒在路旁的田里。当他索性掀开第三只篮子时，里面窜出一个雷公，“轰”的一声作响，顷刻下了一场大雨。和尚两手空空，只好返回安溪清水岩诉说因由。住持僧听后叹道：“这下可误了你家的田园啦！”原来清水祖师精心安排，牛屎、草木灰是要让他挑回家肥田，雷公要让他唤雨，这样大帽山的田园才有肥有水，便可以成为真正的“田洋”。怎奈和尚心急，中途便把三样东西倒掉，结果使县郊一带成了良田沃地，而大帽山地区依旧十年九旱，有个自然村至今仍称作“误田园”。

大帽山风景秀丽，宋代邱葵（1244—1333）曾到此游玩。邱葵是翔安小嶝人，朱熹的四传弟子。景炎元年（1276），他送长子邱必书随张世杰入粤勤王（即随护幼主赵昰、赵昺），自己不肯仕元，写《却聘诗》明志，隐居小嶝岛。邱葵游大帽山清水岩时，曾赋《游清水岩》一诗：“上人栖息地，仰见佛庄严。乱藓缄新甃，闲花覆古檐。浯山青入眼，榕树紫垂髯。独步秋祠晚，云间月一镰。”[①] 诗中所写的禅家境界，天上弯月，金门岛上的青山，与作者“刻志为学，不求人知”的心境相谐。

作为封建时代县治的核心区，同安清水祖师的庙宇数占到厦门全市的一半，从这个侧面也可以反映闽南民间信仰受地缘影响之深。土地公、五谷帝仙、清水祖师、保生大帝等关乎生产、医疗、平安的神祇，较均衡地分布在同安莲花、汀溪等“山区”，海神妈祖则多分布在翔安、集美、海沧的“海边”，这与神灵本身的“神职”相匹配。而“山区”与“海边”的过渡地带“平原”，则多见关帝、观音、王爷信仰。王爷信仰在同安可谓一枝独秀，不仅庙宇众多，而且影响也足够深远，如马巷池王爷祖庙元威庙的辐射力。王爷信仰属于全能型的，其管辖范围可谓“包山包海”，因此在历史发展过程中，王爷庙有天生的适应力和扩张力。进入清代以后，闽南地区瘟疫肆虐，很多人便将抗病魔的愿望寄托在王爷身上，从而使王爷庙再次迅速扩张。从现有资料看，同安大部分王爷庙的始建年代都是在人口大爆发的康乾时期，这也就可以解释，为何人口密度最大的同安县城周遭王爷庙数量是最多的了。

---

① 清光绪《马巷厅志》卷十七。

海沧是厦门各区的另类，因为她是泉漳的“混血儿”。作为保生大帝的化佛之地，保生大帝庙宇数量最多是理所当然的。连保生大帝的出生地——安溪感德镇石门村也不为外界所知，而在海沧各村社，保生大帝的地位极高，一般以村庙境主的角色存在，其庙会也自然是这些村社最盛大的节日。特别要提到海沧的清水祖师庙宇，尽管比例不是很高，但也高于同安以外的各区，这确实与安溪移民有关。海沧本地人除了明清以来传统的土著外，最大的一支便是安溪移民，他们于清末至民国时期大规模迁入海沧，几乎每一个村社都有分布，也因此带来了清水祖师信仰，如渐美祖师庙、过坂集福堂等。

过坂村后坑社位于海沧天竺山脚下，是一个文化古村，村中最深入人心的，就是集福堂清水祖师。集福堂肇建于明洪武元年（1368），比厦门建城还早27年。庙内有一方古碑，清晰地镌刻着“起造”时间为“明太祖元年瓜月”，以及“清光绪丁亥年”（1887）的百余名出资重修者姓名及其所在村名。此外，碑文中还镌刻着长泰、南安等地民众参与善举之事。集福堂的对联都是藏头联，其中一副曰：“派衍桃源溯本支此师是祖，化身佛国流恩膏有水皆清”，从联文分析，可以追溯祖师与当地的渊源。集福堂所在的过坂村，也是陈氏聚居的村落，可以印证“派衍桃源溯本支”的意思。

据过坂村老人会会长郭绸介绍，集福堂有“三宝”：祖师须弥座、青石透雕龙柱和古碑刻。堂内清水祖师神像座下，有一个雕琢精美的青石须弥座，上面刻有文字“正德七年壬申冬月吉日立”。当地老人说，这座古庙在清末又重修一次，但这个须弥座从明代至今一直在原地未动。集福堂门前，有一对青龙石柱，与堂内的几对四方石柱相辉映，不过青龙石柱更为精美，青龙张牙舞爪，身上还雕刻有八仙图像，栩栩如生，堪称是龙柱中的精品。

古碑刻（即上述镌刻“起造”时间及经过的碑刻）上还出现多处“捐英”字样。专家指出，“捐英”即捐献英元的意思。英元是一种外国银元，早在 18 世纪就流入中国，由于早期的英国银元背面上铸有鹰的图案，因此在中国民间被称为“鹰元”，后讹为“英元”，甚至用来统称所有外国银元。由此可见，当年在捐资修建集福堂时，外国银元已经流入闽南并被广泛使用。集福堂地处厦漳古道的交通要冲，背通长泰，南连灌口，历史上商旅云集，香火鼎盛，因此留下这一处不朽胜迹。

第 8 章

鹭岛馨香舒海天

厦门岛五方杂居，各种信仰五花八门，无所不有。据上世纪30年代中期的不完全统计，市区有寺宇宫庙63座、斋堂23家。这还不包括街头巷尾那些随处可见的土地龛、土地祠。最大的是南普陀，占地几万平方米，最小的是坐落在思明南路的武昭殿，占地1.2平方米，仅容下小小一尊玄天上帝。

除了佛教、道教的庙堂，西方的天主教、基督教也很早就传入厦门。台光街的新街礼拜堂建于清道光二十八年（1848），号称“中华第一圣堂”，其他像鼓浪屿的三一堂、天主堂，打铁街的竹树脚礼拜堂，规模都相当可观。此外，还有伊斯兰教，玉屏巷的清真寺，据说也是修建于清道光年间。这些“西来”的宗教，与鸦片战争后，厦门作为五口通商口岸之一、外国人大量涌入直接有关。

厦门的民间信仰与泉州、漳州两地相同，最大的特点就是泛神信仰和多种信仰的复合重叠。不管是儒、道、释诸神，还是山上的石头、村口的大树，还有各种民间创造的“土神”，厦门人一概都拜，甚至像南普陀后山石头上镌刻的“佛”字，也可成为膜拜的对象。老厦门人上午拜孔子，下午拜妈祖，晚上又拜观音；今天上安溪清水岩拜乌面清水祖师，明天又到白礁、青礁拜大道公（保生大帝）。许多人说自己笃信佛教，实际上家中还供着道教之神。厅堂供奉着观音的最多，但在观音背后又挂幅关公的造像，前边屋檐口还悬吊个“天公灯”，是老厦门人家中最常见的情景。在他们的信仰观念里，这非但不矛盾，而且是理所当然的。随着特区城市的发展，全国各地移居厦门的人越来越多，外地的移民在厦门住久了，慢慢被“同化”，也开始学着老厦门人，无所不拜。

厦门人的信仰崇拜主要有天公（玉皇大帝）、观音、土地公（福德正神）、关帝、城隍爷、妈祖、保生大帝、王爷、开漳圣王、朱文公、清水祖师等。其中，厦门城隍庙在洪武年间周德兴筑厦门城时便修建了，后曾数次重修。其位置在思明区医院（厦门市第一医院思明分院）后。城隍作为城市守护之神，一般供着那些为保卫城市、有功于民的英雄。上海的城隍庙，供了三位城隍，其中有一位是 1842 年 6 月为保护上海而在英军进攻吴淞口战役中壮烈牺牲的厦门人——清末爱国将领陈化成。可是，厦门的城隍并不是陈化成。陈化成殉国后，道光皇帝下诏在其故乡厦门（同安丙州）和死难地立祠，赐谥“忠愍”。从此，人们尊称陈化成为“忠愍公”。厦门和上海及宝山、华亭等地皆立陈公祠，同安马巷还有“四公祠”，亦祀陈化成。上海人民更是把他尊为上海的城隍爷。厦门的“陈公祠”在公园西路，每年 4 月诞辰日和 6 月 16 日为国捐躯日，都有许多厦门人前来瞻仰凭吊。

保生大帝原名吴夲，生于宋太平兴国四年（979），卒于景祐二年（1035），祖籍安溪县感德石门。幼随其父移居同安县白礁村（1949 年后同安划归厦门，白礁村划归漳州龙海），精通医理医术，一生救人无数，后世尊为吴真人、大道公等。宋乾道二年（1166），朝廷赐庙额“慈济”，从此，奉祀吴真人的慈济宫便在闽南各地纷纷创立。明永乐年间，朝廷敕封为“昊天医灵妙惠真君万寿无极保生大帝”。作为吴真人“道化”之地的厦门，信奉保生大帝的自然非常之多，其行医处海沧青礁“龙湫庵”翻建为“青礁慈济宫”，俗称“东宫”，龙海“白礁慈济宫”则称“西宫”。民间传说，当年郑成功为收复台湾，筹造战船时，因运输困难，急需木材，临时向青礁“东宫”拆借两殿木料，并请工匠依样塑造吴真人真身，祈请压阵助战。台湾收复后，郑成功军队便在学甲镇郑军登陆处，修建一座供奉随军压阵的吴真人金身庙宇“慈济宫”，是为台湾第一座保生大帝庙。

朱文公即朱熹，因其在宋绍兴二十三年（1153）至绍兴二十七年（1157）担任过同安县主簿之故，明清两代，福建各地，特别是厦门，所建朱子祠相当多。有的在文庙内另建一祠，有的则设于书院内。厦门旧时有玉屏书院、紫阳书院、衡文书院、鹭津书院，皆设朱子像，春秋二祭。历史最久、影响最大的玉屏书院，先建文昌殿、萃文亭，乾隆十六年（1751），又盖集德堂，供奉朱文公。紫阳书院原在西门外朝天宫处，后移到厦门港，规模虽不及玉屏书院，也曾办得轰轰烈烈。厦门同安区，现存历朝所建的许多朱子祠，保留着朱熹的很多文物遗迹及明清学人仰慕先贤所建的仰止亭、瞻亭等和“紫阳过化”“邹鲁遗风”等摩崖石刻。

至于厦门的清水祖师信仰，和安溪人移民迁徙，以及取道厦门移居海外有直接关系。

旧城内四座祖师庙

厦门最早记载清水祖师信仰的志书，是清道光十九年（1839）刊行的《厦门志》，但在志书提到的73座宫庙中，只有两座是以清水祖师为主祀神的：“福茂宫，在内柴市，祀清水祖师。

普佑殿，在后路头，祀清水祖师。”实际上，厦门还有一些主祀清水祖师的庙宇，而《厦门志》并没有记载到。1941 年，厦门市教育局第二科曾对厦门岛的寺庙斋堂进行调查，在调查到的 52 座属于民间信仰的庙宇中，就有四座宫庙供奉清水祖师，除了福茂宫、普佑殿外，还有和凤宫、福仁宫（二王宫）两座，而且记载更为详细。

相对于同安县数十座专祀清水祖师的宫庙，厦门可谓少矣。这与其早先的行政建制和空间规模有关。北宋初年，厦门岛称嘉禾里，只是泉州府同安县的一个里，隶属清源郡同安县，在“绥德乡二十一都、二十二都、二十三都、二十四都，共领四十五保”。明洪武年间周德兴筑厦门城，厦门城的位置约在二十一都内。1912 年，厦门设县治，1933 年始改市。因为厦门城小，又是个贸易港口，其主要街市都在城外，故近海一面的所谓“外街”明显比近城的“内街”热闹，志书所载的几座清水祖师庙，都建在昔日鹭江海岸线“外街”附近。

厦门旧市区的大片土地是移山填海扩展的，现在思明北路和开元路的部分路段，从前是海面，海中有浮屿。斗西路接连着溪岸街，而在厦禾路和双莲池之间的海岸街，顾名思义，街的外沿当然是海，事实正是如此。[①]沿着海岸街走，很快就到了福茂宫。福茂宫，在“福茂宫街 13 号”，[②]“房屋地基面积 146.9 平方米”，“供清水祖师”。关于福茂宫的由来，《厦门志》载：“明嘉靖年间，时当大旱。有安溪人某，素业布商，不知其姓名，贩夏

---

① 据清《同安县志》记载，二百多年前，这一带主要街道有桥仔头街、菜妈街、关仔内街，其外便是大海了。

② 早年厦门城内的一些寺院宫庙由于颇具影响，后便以寺院宫庙名为街巷名，福茂宫街、普佑街、二王街都是“街因宫名”。《厦门市地名志》，福建省地图出版社，2001 年。

布来厦,[①] 自幼崇奉清水祖师，塑有一小神像不离左右携带。是日道经本宫，遇雨经朝不竭，迄晚欲归，忽所负之布担放光，屡抬不动。时两邻左右知而异之，团集围堵，不知所由。中有一耆老欲穷此故，揭此所藏，得清水祖师像，知师灵应。随呼里人馨香叩请，祈师常住，遂立庙以祀之。迨民国后，兴废不一。现由大乘佛教会委派宗守法师负责管理。”从上述记载看，福茂宫的清水祖师是由安溪来厦门做生意的布商，为保佑其经商及旅途安全而随身携带的。最终在厦门落户，说明厦门已逐步发展成一个商贸城市，在此过程中，闽南各地的居民也纷纷迁居厦门，杂处厦门并带来了各自家乡的神灵。同时兴建起庙宇，正式奉祀神灵，并被南禅正宗管理在册。宗守法师为曹洞宗和尚，“皈依思心和尚，民国十三年（1924）在福建莆田梅峰寺受具足菩萨戒”。

普佑殿，在“普佑街 52 号”，建筑面积有“15.25 平方米”，内奉清水祖师。“庙建清初，迨乾隆廿二年（1757）再加修葺。历四十九年（1806），里人乃复捐资重修。至道光二年（1822），黄养和等鼎力修葺。咸丰己未年（1859），由董事复购殿左曾家旧屋，改筑洋室二间，以充主持香火之资。维新后，庙祝四散。”该庙除供奉清水祖师外，还供奉福德正神等，“旧历八月十五日土地公诞，正月初六祖师诞”，是宫庙最为热闹的时候。

和凤宫，在“和凤宫 4 号”，“房屋基地总面积 31.75 平方米”，“供奉清水祖师”。“此宫建自明朝，嗣后焚毁于海寇，至康熙己巳年间（1689）里人重修，及乾隆四十一年（1776）李天观以洋商恒借此宫为议事所，改建旧观。至嘉庆、道光间，洋商又屡次修建。民国廿九年（1940）间，乃由大乘佛教会派法师住持

① 夏布由苧麻、大麻或菠萝的纤维织成（有时是以上两种纤维混织），并非安溪土产。苧麻产于广东揭阳，大麻产于揭阳及潮阳，菠萝纤维自新加坡运至海口，由海口转销于粤东，大部分运至揭阳，织成夏布后再转销各地。

于此。”该法师为临济宗和尚释各明，释各明边行医边管理，靠其行医所得维持庙务与生活。和凤宫古设递铺（邮递站），叫作厦门和凤铺，设司兵两人，其任务是专递公文，陆路接金鸡亭至内陆，水路交船户递送澎湖、台湾。和凤宫后进为行商汇馆，有嘉庆二十二年（1817）“重修和凤宫行商汇馆祠业碑记”为证。所谓行商，指的是经营海外贸易的航运行业，汇馆，则相当于今天的公会。船户开航前，都会先在和凤宫祖师尊前焚香祷告，出发后，面对浩渺烟波，心中也就多一份笃定的安慰。

福仁宫，又叫二王宫，在二王街2号，面积18.5平方米，“供奉殷王爷、清水祖师”，“殷王爷六月二十日寿辰，清水祖师正月初六日寿辰”。“福仁殿建自清嘉庆年间，祀清水祖师。于同治及光绪年中曾行两次重修。”福仁宫原来应该是座王爷庙，后来才增奉清水祖师的。将清水祖师视为“王爷”（代天巡狩之神），与殷王爷并称“二王”，是福仁宫的特例。台南永康乡也有“二王宫”，所祀的却是郑成功、郑经父子。

上世纪40年代，厦门岛上主祀清水祖师的宫庙，主要是由明清以来迁居厦门或来厦门做生意的安溪人带来的，应该不止福茂宫、普佑殿、和凤宫、福仁宫四座。厦门同西方的贸易从明末开始，清朝攻下台湾的次年（1684），颁布开海贸易，开放厦门、广州、宁波和云台山等口岸。厦门作为福建唯一开放的口岸，商人往海外贸易，须由厦门发舶。[①] 清中期，厦门作为福建海防、东南门户的地位愈发重要，因此到了鸦片战争以后，才会被觊觎已

---

① 清朝攻下台湾后，重新开放海外贸易，厦门被定为海商往南洋贸易的官方发舶中心，广东澳门则定为外国商船来华贸易之地。但清朝似乎并未严禁外国商船来厦门贸易，英国东印度公司商船多次前来厦门交易。种种利好之下，敢于冒险的闽南商人通过厦门港大力发展海外贸易和对外移民，活跃于东南亚诸国，并建立起强大的华商网络。

久的西方列强胁迫，开放为五口通商口岸之一。早先，厦门的出口货并不多，主要是茶叶和糖，所以入超现象十分严重。茶叶是福建的特产，安溪乌龙茶，武夷岩茶、红茶，都是通过厦门口岸出口，而安溪人长于此道，在厦门、台湾和东南亚等国开设许多茶行，除了在闽南、武夷山采购茶叶之外，还去台湾把毛茶运回来加工精制，然后运销国外，几乎垄断了厦门对外茶叶贸易。因此移居厦门的安溪人也越来越多。

岛上的清水祖师信仰起自明代，随安溪移民与安溪商人迁入而兴盛。而当安溪移民慢慢本土化为厦门人，又当厦门逐步“现代化”为商业城市、经济特区后，随着城市扩张、各地移民急遽增加，岛上的清水祖师信仰反而出现渐趋衰落的现象。所以，在今天，原厦门城内四座供奉清水祖师的宫庙，都已在1949年后的“破四旧”和当代城市建设中消失了，林立的高楼大厦、闪烁的霓虹灯之间，哪里还能找到清水祖师信仰？

资寿院和文灵宫

厦门大学历史系石奕龙、连心豪两位教授曾先后就厦门岛内的清水祖师信仰开展调查，分别形成《厦门岛上的清水祖师崇拜》[①]、《厦门岛内的清水祖师宫庙》[②]两篇文章。文章中，石奕龙教授在介绍上述四座清水祖师宫庙的同时，特别说到其在蔡塘村做田野调查时，还发现那里的村庙资寿院，也有供奉清水祖师。连心豪教授看到我在微信朋友圈发的资料截图后，打电话告诉我，厦门岛内思明区滨海街道曾厝垵，有一座主祀清水祖师的文灵宫。

① 陈国强、陈育伦主编：《闽台清水祖师文化研究文集》，香港闽南人出版有限公司，1999年。

② 刘家军、谢庆云主编：《清水祖师文化研究》，厦门大学出版社，2013年。

从清乾隆到民国三十年（1941），前后大约二百年的时间里，有关方面曾对厦门的宫庙进行过三次调查。第一次是乾隆三十一年（1766）薛起凤编修《鹭江志》时，对庙宇和寺观作的调查，其结果记录在《鹭江志》里。第二次是道光十二年（1832），兴泉永道周凯编修《厦门志》时，对祠庙作了调查，其结果也记录在《厦门志》（1840）里。第三次是厦门沦陷后，汪伪政权于1941年对厦门的宫庙、寺院和斋堂进行的调查。三次调查都只限厦门本岛，不涉及同安大区，调查结果收录到龚洁辑编的《厦门历史上的三次宫庙调查》[①]中。石奕龙提及的蔡塘村"资寿院"，不见于龚洁辑编的资料，连心豪所说的文灵宫，是1941年的调查发现，收录在《厦门历史上的三次宫庙调查》："文灵宫，供清水祖师，港口社。"由于这些调查结果部分没有载明供奉对象，所以其中肯定还有奉祀清水祖师的宫庙。

蔡塘位于厦门湖里区与思明区的交界处，隶属湖里区江头街道，面积1.25平方公里，管辖蔡塘、古地石两个自然村（社），2003年撤村设社区，是一个外来人口超过本地人口数十倍的"城中村"。用村里老人的说法，其实这里并没有所谓"本地人"，现有蔡塘本地人，并非原住民，也都是二三百年前从泉州安溪、惠安等地迁徙于此的居民。之所以叫蔡塘，是因为安溪人、惠安人到来之前，这里的原住民蔡氏，在一场突如其来的瘟疫中几乎绝迹，为纪念披荆斩棘的蔡姓先民，后来者依旧以蔡塘称之。

《禾山镇志》记载，这里大部分土地属于沙地，土质贫瘠而且严重干旱缺水，全村能种上水稻的只有一成，因为生活艰苦，不少蔡塘人远离家乡到南洋谋生。安溪人、惠安人移居后，把家乡的神明也带到蔡塘，并且建起了资寿院，供奉东岳大帝、池府王

---

①《思明文史资料》第6辑"民间信仰活动场所专辑"。

爷、刘元帅、清水祖师等。东岳大帝是蔡姓先民原奉的神明，清水祖师则是移居蔡塘的安溪曾姓乡民随带来的，蔡姓衰落后，东岳大帝也就没人祭祀了。但据说后来，在一次与外村的械斗中，东岳大帝“显灵”告诉安溪移民，敌人准备来偷袭，要他们摆下“剪刀阵”破敌。安溪人根据东岳大帝的“神意”打败敌人后，为感谢其对村庄的贡献，就重新塑像“请入庙”供奉，而把清水祖师改为配祀神，以示对蔡姓原住民首垦蔡塘之功的敬意。

上世纪60年代，资寿院因修建湖边水库被淹而毁，蔡塘村的神灵崇拜一度中断。80年代后，村民在现址重建庙堂，重塑神像，仍保持清水祖师配祀神的地位。曾氏自明初起，先后进入安溪龙门镇龙山村案山、虎邱镇双格村嘉美、金谷镇金山村曾厝三处开基，经过六百多年的繁衍生息，人口不断增加，支派分析，散居各地。这三个曾氏支派族人清代以后均有外迁，由于蔡塘曾氏的族谱已经散佚、中断，目前无法判断是安溪曾氏的哪一个支派移入。移居蔡塘的安溪曾氏在转变成厦门人后，逐渐融入当地社会，对祖籍地境主神的崇拜有所“冷淡”，从而使祖师庙的香火显得“冷清”，这种变化，实际上是现代化进程对乡土社会文化的“碾压”，也是“乡下人”迁居厦门身份变化后的“投射”。

曾厝垵，别名曾里，又称曾家沃、曾家湾，位于厦门岛东南部，有兔耳岭之草，太姥山之石，火山岛之礁，自然人文为一体。与蔡塘社区一样，曾厝垵也经历了撤村设社，现有曾厝垵社（曾厝垵文创村）、仓里社、前田社、西边社、前后厝社、东宅社、上里社、胡里山社8个自然村，隶属厦门市思明区滨海街道办事处管辖。社区居民主要有曾、黄两大姓，此外还有王、林、郑、李等姓。

曾厝垵是一个闽南渔村，保留着当年华侨建造的大量红砖古厝和具有南洋风格的“番仔楼”，以及众多宫庙寺观，信众最多的是村口的福海宫与拥湖宫，奉祀保生大帝与妈祖。奉祀清水祖师的文灵宫背靠曾山，坐东朝西，单殿三开间硬山顶带单护厝，规模不大。由庙里一方《文灵宫重建碑记》可知，曾山原称鹤山，后可能因曾姓大族的原因，鹤山才俗称曾山的，“鹭江鹤山文灵宫崇祀清水祖师、保生大帝、三元帅爷，其声灵赫濯，遐迩黎庶咸赖默佑”。

同治三年（1864）文灵宫的这次重修，经费主要来自望加锡和吕宋的华侨捐款。望加锡是印尼南苏拉威西省的首府，吕宋即位于菲律宾群岛北部的吕宋岛，明代称之为吕宋，华侨去菲律宾多在吕宋岛登陆，故以吕宋代称菲律宾。望加锡捐银者 14 人，13 人为李姓，1 人为曾姓；吕宋捐银者 23 人，姓氏比较复杂，祖籍来自港口社及附近的前厝社、上李社、曾厝垵社、溪边社，钟宅社、刘坂社、浦南社、吕厝社，甚至还有厦门岛对岸的金门古宁头社两位李姓乡亲，可见文灵宫清水祖师香火影响之远。

离开曾厝垵，回望文灵宫，我无法在脑海里快速地用一个准确的词汇来“定位”它：是农村，还是城区，抑或是城乡接合部？蔡塘村是典型的“城中村”，而这里似乎都不是。也许，这正是一个中国农村在城市化进程某个时段的状态，是一个有过辉煌历史的乡村“投射”在这个时代的背影。假如没有了福海宫、拥湖宫、文灵宫的香火和红砖古厝、番仔楼，也许再过几年之后，曾厝垵将会像厦门其他片区一样，再也找不到原本的乡村气息了。

渗透到城市肌理的信仰

就在我即将结束本章写作之时，帮我四处寻找资料的梁开慧又发来信息，说她的一位专门从事厦门民间信仰研究的师弟，又提供了厦门岛内几座供奉清水祖师的庙宇：殿前社的清水宫，吕厝的保安宫，江头社的济南宫，下边社的青龙宫、龙安殿，五通坂美社的中山宫。此外，朝宗宫理事长林招治在其前埔家中，安设清水祖师神坛（道士坛）。由此可见，厦门岛内供奉清水祖师的宫庙并非较少，而是我们掌握的线索还不够多，调查还不够深入。数百年来，祖师文化已渗透到这座城市的肌理，除了上述新发现的几座，肯定还会有遗漏的。

为了进一步核实梁开慧的信息，我选择曾是岛上最大的村落殿前进行调查。内兄陈敏将的单位在殿前，家又住在殿前，对殿前一带十分熟悉。在他的帮助下，我在殿前三路 6122–8 号找到了当地赫赫有名的清水宫。

殿前位于厦门岛西北部，厦门民谚“一店（殿前）二何（何厝）三钟宅四莲坂”，说的是厦门人口最多的四个大社，这“一店”说的就是排名第一的殿前社。殿前近似圆形，形状像一个“枷箩”（像簸箕一样的竹编），北、西、南略高，东和中间较低，东西、南北走向的两条街交叉划了个十字，交叉的地方旧时叫“物吃埕”，是许多卖小吃的场所。十字街把殿前分为东西南北四个角落，又叫“四社”，四社有各自的土地庙，殿前之大，可见一斑。

殿前旧称店前，社名的意思就是店铺之前。清代道光《厦门志》中只有“店前”一名，说明“殿前”的出现应不早于清末。殿前社商贾云集、遍布店铺。改革开放前，社中心十字街一带，就有剃头店、米面店、豆干店、杂货店、干果店，有卖油条、蚵仔润、匙仔炸、芋粿炸的小吃摊，后来还有供销社的百货店。

殿前四座土地庙，保佑东南西北四个分社的平安。北社土地庙有民国时期的石刻对联：“宝先于人民政事，位冠乎侯伯子男”，把土地神的地位捧得无以复加。四座土地庙，加上奉妈祖的幕青宫、奉保生大帝的大道公宫、奉清水祖师的清水宫、奉观音菩萨的静修寺、奉王公的中正宫、奉白鹤仙祖的东山岩，殿前社足足有十座宫庙，在老禾山排名第一。

清水宫始建年代不详，一度倾圮。1994 年由陈成府、陈再文、陈朝伟等五人发心重建，2013 年推举陈荣发、陈益坚、陈春发等八人重修，升高庙基，扩展规模，精雕细刻，崇宏壮美。前后两殿，硬山顶，石木结构，三开门，雕龙画凤，金碧辉煌。中门门联曰："清风明月上乘禅，水流花香大自在"，蕴含哲理，禅意深远。清水宫右侧是东社福德宫，供奉土地公、观音。清水宫、福德宫门埕广阔，铺设红砖，并有金炉、功德榜等附属建筑，是厦门岛难得一见的佳构。清水宫地处殿前，企业工厂林立，除本土居民外，尚有大量外来务工人员，闲暇休息时光，他们也到这里上香祈祷，袅袅香烟之中，心中的平静安宁由此而生。目睹此景，谁又能否认，社区的安定和谐没有清水祖师的一份功劳？

据厦门民宗局 2005 年的统计，厦门市有各类庙宇 2014 座，神灵多达 200 多种，按数量排名，由高到低依次是：王爷 406 座、保生大帝 240 座、土地公 153 座、清水祖师 104 座、观音菩萨 91 座、玄天上帝 84 座、佛祖 77 座、妈祖 75 座、王公王娘 64 座、哪吒 60 座、关帝 53 座、五谷帝仙 46 座。这 12 种神灵庙宇占全部庙宇的 72%，集中度之高，可以看出厦门民间信仰的代表性。

厦门市管辖的每一个区都与海直接接壤，这种地理位置决定了厦门各区在历史发展过程中与海剪不断的渊源。在过去，海洋对于大部分人来说，是不可知、不可控的最大风险源。基于生存所需，人们又不得不面对和逾越海洋这个障碍，但同时也付出了生命的代价。久而久之，依托于海神的庇佑成了海边人无奈中的心理安慰。厦门岛被海洋包围，但妈祖作为海神，在厦门的数量仅排在第 8 位，而王爷信仰竟高居第 1 位，这只能说我们平时看到的厦门信仰现象并不是厦门地区真实的存在，真正厦门的本土信仰，其实在岛外。反映到今天厦门人所从事的行业与职业，与海洋打交道（航运及渔业）的只是部分人，其在人口总数中占比很小，妈祖庙宇的排位靠后也就自然而然了。

清水祖师信仰排在第 4 位，远高于妈祖信仰，说明除了海神之外，在厦门仍有数量庞大的闽南本土神灵。他们一般产生于唐、五代及宋初，那时的闽南处于大开发阶段，有一些本土领袖或英雄发挥了重要作用，做出积极贡献，从而被奉为某个领域或某个区域的守护神加以崇拜，如得道高僧清水祖师、三平祖师、定光祖师和保生大帝等。厦门人的祖先以中原人为主，他们一路迁徙而来，尽管已经适应和接受了沿海的生活，但在内心深处仍以农耕为归路，心中仍恋恋不忘中原的山山水水和生活方式，因此特别崇仰守护一方家园的土地公、中坛元帅哪吒、王公王娘，以及佛教的观音、佛祖，道教的关帝等。至于清水祖师，之所以在数量上位列第 4，与安溪、同安毗邻的地理优势，及安溪人从明代开始大规模迁入同安和海沧有关。据统计，今天在厦安溪籍人超过百万人，毫不夸张地说，每一幢楼宇都有安溪人！

厦门与安溪，相隔只有数重山岭，厦沙高速通达后，移居厦门的安溪人发愿拜谒祖师，一个小时后即可到达清水岩祖殿。或者，像朝宗宫的理事长林招治一样，在家中厅堂神龛前，摆上供品，焚香膜拜……

第 9 章
漳州三岩

普足禅师生前广造桥梁“以度往来”的善举与祈雨近乎神话般的“如期皆应”，在民众心目中产生崇拜与依赖的心理。这种心理广泛存在于民间，从而构成神化普足禅师的信仰文化土壤。普足去世后，闽南民间民众迅速把这位近乎“传奇”的禅僧捧上神坛，而且很快就分灵建庙，“分身应供，现形食羹”。

普足生前以祈雨扬名，成神后，民众便将这一特长作为神灵的主要职能，遇到大旱时，人们即向他祈祷雨旸，除了在安溪清水岩寺进行外，其神像亦有被请出的，祈雨的范围逐渐向外扩大，由安溪到泉、漳所属各县。随着祈雨的成功，奉祀其分身的庙宇也陆续在这些地方建立起来。

漳浦赤湖赤水清水岩

2017 年 12 月 23 日上午，台湾联经出版公司发行人兼总编辑林载爵和夫人从台北松山机场飞往厦门，其此次大陆之行，是到漳浦县深土镇锦东村寻亲谒祖。此前，在后浪出版公司董事长吴兴元的帮助下，林载爵已经找到祖籍地。当天吴兴元从北京出发飞往厦门，我们三方约定在锦东村汇合。

早上 7 点，我和妻子从安溪驾车出发，上沈海高速一路奔行，过漳浦县城之后，见时间还早，便决定从赵家堡互通口下高速，顺道去赵家堡走走。出高速一公里左右，赵家堡就到了。两人买好门票，雇了导游（其实是至今还住在赵家堡的村民），就进了村庄游览。游完赵家堡，我问导游，可有近道走而不必再上漳诏高速，就可达深土镇？导游告诉我，赵家堡所在地为漳浦县湖西乡，从湖西乡到深土镇，要路过赤湖镇，走县道更近，路况也好。听从导游的建议，我们选择走县道。驱车大约行驶了 10 分钟，我突然发现路边有块“赤水清水岩”的指路牌，顺着指路牌的方向，我们如有神助般地来到赤水清水岩。

赤湖倚山抱海，自古就有“锦湖”的美称。赤水清水岩位于赤湖镇后湖村赤水角落的一座小山上，背倚小山，面朝大海。寺庙始建于南宋，有门厅、两廊、正殿和左右厢等，四周及门埕还建有文化广场，占地近万平方米。正殿面阔三间、进深三间，台梁木结构，悬山顶。庙里现存有元至正九年（1349）青石立狮一对和记舍石狮事（记载赤水乡人万崇甫奉舍石狮经过）的石碑一方，宋淳熙二年（1175）“昭应菩萨记”、清同治十三年（1874）记庙产事（赤水乡人陈蝉捐献建庙土地契约）等珍贵碑刻。

虽经历数度重修，赤水清水岩依然保留着始创时，明显的宋元时期石雕风格，粗石柱配以鼓形素面连座式柱础。清水佛供座于正殿中，又奉有二佛祖（副身），以供每年正月赤湖各村迎奉巡香，佛像上方悬挂有“清水佛”“可以前知”两块匾牌；清水佛两侧是红面王、黑面王护法神，屏风后供奉哪吒太子，后殿则供奉观音佛祖。正殿前是天井，左右侧建厢房，历代珍贵的石雕和碑刻分布在天井或嵌于厢房墙壁中。

天井中有一对充满喜感、惟妙惟肖的青石狮，这是赤水清水岩的镇岩之宝，谁见了都会不由自主伸出手去抚摸一番。石狮分别作侧身，站立于左右两个连体长方形青石框上，大卷毛，开口，内装有活动石珠，尾巴上翘，设榫卯嵌入，尾剖面呈弧形，脚上肌肉丰富，筋骨毕现。石狮身上系四组缨结，背上负鞍，鞍长过腹，下作如意形，缠枝花边饰，浮雕蒙古人骑射主题。石雕高 1.2 米，长 1.6 米，石狮鞍的正中均雕凿有一方形孔，推测鞍上原应置有香炉之类的礼器。

另一镇岩之宝，是嵌于主殿右侧墙壁中的“昭应菩萨记”碑。碑高 1.15 米、宽 1.06 米，碑额抹角，碑文风化严重，多处斑驳，但主体内容尚可辨认。据碑记所载，赤水清水岩系当地陈姓、蔡姓、林姓等，于南宋隆兴元年（1163）从安溪清水岩奉回香火、南宋淳熙二年（1175）建庙奉祀。其时，清水祖师已被宋廷首次敕封为“昭应大师”，[①] 因此碑额也镌刻上这次敕封的封号。从纪年看，“昭应菩萨记”是最早记载清水祖师神迹的碑刻，赤水清水岩是安溪清水岩在漳州地区的第一座分炉。

安溪清水岩的香火是如何传到漳浦的？《清水岩志》(1989)载，清水祖师生前曾到过汀、漳所属各县祈雨消灾、行医施药，“汀、漳灾，往祷获平”。寂灭后，其信仰亦在此间扩散。在清水祖师经历朝廷的四次册封中，除绍兴二十六年（1156）龙溪主簿方品外，淳熙元年（1174）漳浦主簿周鼎以，亦曾奉命视察过安溪清水岩，“体究复实”过清水祖师的“灵感事迹”。其后，这些地方官员必然广为传播其生前、殁后的善行和灵感。[②] 朝廷的“确

---

① 清水祖师第一次被朝廷敕封为“昭应大师”，是在南宋绍兴二十六年（1156）间。其时，由安溪姚添等上文朝廷，以“本州亢旱，祷祈感应”请封，朝廷批示，福建路转运司先后派龙溪县主簿方品、转运司财计官赵不紊实地核实后，于隆兴二年（1164）下牒敕封的。

② 淳熙初年，安溪林仕彦以“祈祷感应，有功于民”一文请封，朝廷先后派出莆田县丞姚仪、漳浦县主簿周鼎以视察、核实，于淳熙十一年（1184）下牒加封为“昭应慈济大师”，这是清水祖师第二次被朝廷敕封。此后，朝廷还先后

认”、地方官员的推动和民间的“发酵”，是安溪清水岩分香漳浦赤水的重要原因。

《清水岩志》（1989）载，清水祖师“于祈雨最灵，自宋至今，无不感应”。[①]查《漳浦县志》卷四“风土”，有一则记载：“宋孝宗隆兴二年大旱，首种不入，自春至于八月。”这则记载可能与赤水迎奉清水祖师有关，并且在赤水清水岩《昭应菩萨记》中，也有“运迎香火，应祈而验”一说，二者可视为安溪清水岩分香赤水之重要史证。漳浦县隶属漳州府，漳州地处九龙江中下游平原，长期以来都是传统农业社会，其大米、水果、蔬菜、花卉等的种植，对水利的依赖更甚。大旱的气候对漳浦平原的影响比漳州山区更严重，而其时，清水祖师正以“祈雨立应”闻名于闽南、闽中，对此，漳浦赤水民众不会“充耳不闻”。进一步说，尤溪、长泰、永春、泉州等地志书，对清水祖师祈雨之事均有充分记载，文化影响理当传播至漳浦全域。

赤水清水岩创建后，其祭祀圈包括赤水村、下厝村、新社村、观音亭村、后湖村、西潘村、前张村等，村民主要姓氏为陈、王等，信仰圈范围则更广。赤水清水岩成立以赤水村为主的管委会，由各自然村选出头人，每年正月初五日开始，迎奉二佛祖（副身）到各村中巡安祈福，至十三日入庙乃止，十三日至十五日，于庙前文化广场唱三场酬神大戏。近年来，赤湖镇、赤水村两级及清水岩管委会先后投入数百万资金，建成庙宇左侧菩提馥圃，右侧及前面的文化广场和后山登山步道。

新编《清水岩志》（2011）载，赤湖镇赤水前坑龙山寺、湖西镇田仔埔靖埔庙等，亦奉清水祖师。龙山寺、靖埔庙当是赤水

于嘉泰元年（1201），加封“昭应广惠慈济大师”，嘉定三年（1210）再加封为“昭应广惠慈济善利大师”。

① 泉州文物管理委员会编：《清水岩志》，1989年。

清水岩的二次分香。由于还要赶去锦东村与林载爵、吴兴元会合，时间紧迫，此行我们未能前往拜谒。

妻子小时候曾跟随我的岳父母，在漳浦部队旧镇镇的营房里生活了一段时间，但对于家乡的神明在赤水的分香，她一无所知。今天的“神遇”令她非常激动，连忙跑到广场边的一间小店铺，买来金纸、灯料和雪片糕、花糖、杜浔酥糖等漳浦特色糕点，在清水佛面前焚香跪拜……此时，阳光轻洒，宁静祥和，而赤水清水岩主殿的那幅柱联“清水思光昭赤水，雪山善果应丹山”，已深深锲入我的脑海。

南靖靖城阡桥清水岩

到漳州必到南靖看土楼，南靖土楼以全国最老、最美、最高、最大、最小、最奇而闻名海内外，是国家5A级景区，2008年被列入世界遗产名录。

南靖县的旧城靖城镇，有一座供奉清水祖师的清水岩，其建筑时间比南靖土楼更早。靖城建城时间比南靖设县还早，现属漳州高新技术产业开发区，归漳州市直接管辖，但行政区划上仍属于南靖县，距漳州市区18公里，距南靖县城20公里，下辖27个村居、社区。靖城也是漳州市区通往闽西和江西的必经之道，历来是军事要地，1932年4月中国工农红军东路军挺进漳州时，国民党军阀张贞部在靖城榕仔岭至峰苍岭、十二岭设重兵把守，不料红军出其不意分两路进攻，张贞部全线崩溃，红军胜利进漳。

靖城清水岩位于阡桥村，其始建时间与漳浦赤水清水岩大体相当，亦是在南宋淳熙年间（1174—1189），是漳州古地较早的清水岩分香。寺为土木结构，由前厅、天井、后厅组成，因为年代久远，庙宇显得古色古香。屋顶琉璃瓦衬托，双龙戏珠，飞禽走兽。四周以公园方式配套，环境优美，是当地民众放松休闲的好去处。山门气势恢宏，前有大溪塘，塘中建有清水亭、普足亭，并有台湾信众捐造的观音立像。后厅主奉清水祖师、三宝佛、观音菩萨等，附奉玄天上帝、伽蓝王等，数百年来香火一直兴盛，并随阡桥先民外迁的步伐，而远播台湾和南洋等地，为南靖有名的朝圣胜地。

阡桥清水岩历代均有修葺，明天顺年间重建，右厢房保存着一块石碑，碑文清晰可辨，由“知南靖县事无锡陈士名”撰，“岁进士邑人林瑛”书，立碑时间是“天顺二年（1458）岁次戊寅孟冬吉日”。碑文记述阡桥清水岩始建、遭兵燹被毁及重建的情况。

据碑文记载，阡桥旧属归德里阡坵社，清水岩原名清水庵，元代至元十九年（1282）由僧人海月募资修建，“供北宋高僧普足禅师。师以行医济世，为人所重，乡民立像崇祀，尊称为清水祖师”。因地处永济桥西岸，距离县城只有“三里许”，故“行旅纷沓，且地多名山秀水，亦过客游人之所时到也”。可惜的是，“正统十三年，寇乱，邑井凋零，庵亦遭毁”。查《漳州府志》，正统十三年（1448），沙县邓茂七起义，“攻陷县城，焚毁公私庐舍殆尽”，[①] 阡坵清水庵亦被毁，直至南靖知县、无锡人陈士名到任后，“乃捐微俸，与诸生谋，仍旧址而重修焉”，时为天顺二年（1458）。[②]

与漳浦赤水清水岩因延请祖师祈雨而随后分香不同，阡桥清水岩祖师为人所重的却是其“以行医济世”。岩志载，普足禅

① （明）罗青霄纂:《漳州府志》，卷二十六“南靖县·杂志·兵乱”。

② 从元代延祐年间至元末明初一百多年间，安溪清水岩也频频遭受兵燹，岩寺僧人时有时无，岩楼年久倾废，至明初，岩寺仅存佛殿一座，破屋三间。

师生前曾到汀、漳所属各县行医治病，早已是乡民心目中“活菩萨”，寂灭后，虽历经宋末元初的动乱，其行医治病的事迹依然口口相传，深入人心。其时，清水祖师已历经宋廷四次敕封，祀典具备“国家意义”，所以，陈士名在碑文中进一步说，“夫治民必祀神，古者圣人制为祀典，所以通幽冥，辅声教，期以抵御悍匪，保我赤子也”。从民间到政府都希望其在大旱时能翻手为云，立降滂沱，而且赋予其以全知全能，期盼凡人有疾病、生育、功名进取，乃至遭受盗贼、蝗灾之扰时，英灵如在，随祷随应，惠利及民，“膏泽长润，民安生业，乐事劝功”，“此举之义，岂不深且远哉”。

由僧人播传清水祖师的香火，是阡桥清水岩一大特色。僧海月是否曾在安溪清水岩修持过，我们不得而知。可以确知的是，其必定是清水祖师的坚定弘法者，曾在奉祀祖师的正规道场修法过。20世纪初，安溪清水岩智慧法师和礼钵法师也曾随带清水祖师的香火，到漳州龙海东坂后嘉济庙（今青年路），依佛教仪轨开展课诵礼敬活动，其后祖师香火便留在庙中供奉。上世纪50年代嘉济庙因故关闭后，祖师神像被信徒李春和迎回家中敬奉，直至80年代，漳州厨师集团董事长陈清松发心弘扬佛法，出资在自己经营的工业园内，以原已坍塌的庙地为基，复兴蓬莱寺，清水祖师神像才又从民宅中迎奉于殿堂。

阡桥清水岩成立岩寺管委会，由该村下铺王氏、中社杨氏、后沟蒋氏三大宗姓共管，每年正月初六日举行巡香活动，时间却是从傍晚开始，直至深夜。相传正月初九、初十日为清水祖师到阡桥社行医济困之日，故里社以此日为圣诞日，村民酬神演戏庆典，但无举行请火活动，亦无其他庙宇来此“过香”，遗世而独立。

华安丰山碧溪碧云宫

华安县位于漳州市西北部，九龙江北溪中游，毗邻漳平、安溪、长泰、芗城、南靖。辖华丰镇、丰山镇、沙建镇、新圩镇、高安镇、仙都镇、马坑乡、湖林乡、高车乡和华安经济开发区。

丰山镇位于华安县南部，东邻长泰县，九龙江北溪贯穿全境，属九龙江冲积平原的一部分，平均海拔 19 米。丰山镇第三大行政村碧溪村，地处九龙江北岸，东与长泰县古农农场为邻，全村人口近 1800 人，是一座依山傍水、物产丰饶的美丽村庄，盛产香蕉、荔枝、龙眼、甘蔗、水稻等。村民主姓杨，宗姓家族精英辈传，科中举人先后涌出，村中杨姓宗祠“世恩堂”，有着八百多年的历史，大埕右侧设有四处旗杆座，上方立有两块长石条，记载着杨氏近千年来的荣耀。

碧溪村还有一座奉祀清水祖师的碧云宫，也由杨氏复建，现为杨氏祖庙，宫庙由门厅、天井庑廊、后厅组成，前有池塘。后厅中龛供奉清水祖师、三宝佛、观音菩萨、妈祖、玄天上帝、关帝，左龛供奉保生大帝，右龛供奉高、陈二王。庙中现存清代喜舍铸钟、香炉各一，门厅右侧墙上嵌入石碑一块，碑文部分剥落，主要讲述碧云宫几经兴废及重修之事。

石碑立于清乾隆丁丑年（1757），碑文由“南村杨廷仪”撰写。文中并没提到碧云宫始建时间，“宫不知昉自何代”，只说明明嘉靖间重修，可知至少明嘉靖前宫庙已建立，甚或更早，“碧之乡……古有碧云宫在焉”。根据乾隆三十五年（1770）编修的《碧溪杨氏族谱》，“碧乡”即为碧溪，原有颜、邹、刘、吴、郑、梅等诸多姓氏，然“非一姓与杨平分者”。“明季逃乱，里社荒墟，国朝定鼎以来，渐次兴复……迄今里居屋舍统归我杨所有，异族附居，首尾寥寥几家……”经过数度迁徙整合，而今，碧溪村主要为杨氏家族所居，碧云宫即为其家族寺庙。

杨氏族人并非从安溪播迁至此，最初是否信奉清水祖师，我们不得而知。但从清水祖师在碧云宫的“地位”看——居主殿、中龛、正中，佛像前是玄天上帝、关帝，佛像后是三宝佛、观音佛祖、妈祖，可以断定清水祖师原就是碧云宫的主佛。至于其他神明从何而来，碑记没有交代，但根据《碧溪杨氏族谱》里的记载：“上帝宫，一座一间，在碧云宫埕前……乾隆乙亥年建，内崇祀玄天上帝、康赵二元帅神像。”“关帝君宫，一座三间，在玻寨山园内……康熙初建。”“天妃宫……建于康熙初。乾隆丙戌间桥坏而宫亦圮，族人捐金修理，其地狭隘，不得高阔，规模仍旧。”我们不难发现，其他神明原由杨氏以外的宗姓奉祀，随着这些宗姓的再次外迁，神像可能被“带走”，但庙宇留了下来，由独居碧溪的杨氏一族，重新塑像并供奉在碧云宫里。这种“神明杂祀”，犹如考古过程中文化堆积层的现象，我在其他地区调查时也曾发现。

华安毗邻安溪、长泰等，九龙江北溪贯穿丰山镇全境，碧溪村与长泰古农农场接壤……这些“地理机缘”已足够说明碧云宫清水祖师的来历。况且，祖师生前本已是漳州古地的“常客”，化佛后，“自上游延、建、汀、邵，以及下游福、兴、漳、泉，晋殿而分香者，不胜纪数”，为碧溪民众所崇奉再自然不过了。

据杨氏“世恩堂”内的石刻碑文记载，碧溪杨氏先后涌现出南宋绍兴年间进士出身的古田知县杨汝南，明朝正统年间进士出身的户部郎中杨绍，雷州知府杨景哲，浙江丽水府尹杨国宾等仕宦。为延续家族数百年荣耀，杨廷仪所记石碑，正呼应“世恩堂”里的各种碑文。其不仅专述碧云宫重建后，“其规模壮伟坚丽直堪以万世”的情形，“斯预知神灵长赫，而里福无疆也”，从而唤起后世族人怀念“宗功祖德”，爱护庙构之心，而且借助重建碧云宫这件宗族之事，在族内立下一定规矩，“凡贮薪藏货及栉布索绹者必重其罚，有结庐冲压，众共毁之”。清水祖师成为杨氏聚落神灵之首，修庙立碑“约法三章”就成为地方士绅塑造话语权，借助神灵之意来维护地方秩序的一种实践。

第10章
清水慈惠武安场

长泰，古属漳州府，地处闽南金三角中心结合部，九龙江下游。五代后周显德二年（955），由武安场改建为县，命名为长泰县。现为漳州市辖县，东连厦门，南邻漳州台商投资区，西接华安和漳州，北靠泉州市安溪县，是一个典型的城市近郊县，中国山区综合开发试点县。长泰因地形特殊，土地肥沃，特产丰富，自古有“花县”“闽南宝地”之美称。

长泰建县以后，县名、县级建制一直未变，境域也大体不变，土地面积912.67平方公里，下辖4镇1乡1农场，即武安镇、岩溪镇、陈巷镇、枋洋镇、坂里乡和古农农场，以及林墩工业区、长泰经济开发区、马洋溪生态旅游区。

长泰境内主要河流有龙津溪、马洋溪、坂里溪、高层溪，均由东北向西南汇入九龙江北溪。最大的河流龙津溪，发源于安溪龙涓举溪，全长80公里，其中长泰境内56.9公里。安溪境内的河段有两条支流：一是龙涓乡举溪，流经内灶、灶坪；一是西坪镇赤水溪，流经虎邱镇罗岩，又汇入美庄溪。两条支流在长泰境内汇合成龙津溪，由北向南，经枋洋、岩溪、陈巷、武安等镇（场），流贯长泰全境，于洛滨汇入九龙江北溪。

新编《清水岩志》（2011）收录清水祖师在漳州市已知分炉

有25座，属长泰县16座，其中枋洋镇3座，岩溪镇5座，陈巷镇5座，武安镇1座，林墩工业区1座，古农农场1座。巧合的是，这16座分香大都分布在龙津溪两岸流域，数百年来，其威灵显赫，保障一方，深得长泰民众顶礼崇奉。在长泰县委宣传部和枋洋、岩溪、陈巷等镇宣传干部的安排下，我们选择枋洋、岩溪、陈巷3镇和林墩工业区的9座清水祖师分香展开调查。

龙津溪畔俎豆馨

枋洋镇位于长泰县东北部，离县城30公里，东邻厦门同安区，北连泉州安溪县，镇区距沈海高速公路复线（环厦门高速）枋洋互通口只有8公里，域内国道、省道、县道、乡道纵横交织，交通便捷。由北向南穿境而过的龙津溪，是厦门市第二饮用水源地。2008年，林墩工业区（美宫、乔美、林溪、石横、江都）从枋洋镇拆分出去，全镇现有9个行政村，总人口近2万人。镇政府机关所在地枋洋村，共有11个村民小组，村民宗姓有林、王、黄、蔡等，人口近3000人，主要从事水稻、玉米、毛豆、蔬菜种植和石板材开采加工。台湾史学之父、《台湾通史》作者连横，祖籍长泰善化里江都社（今枋洋镇江都村），连横的先祖连兴位是江都连氏第十世，于康熙年间渡台，传七世至连横。

封侯龙凤宫位于枋洋村圩内角落9–5号，最初是后坑、街路（主路）、封侯、圩内（喜内）四个角落的信仰中心，奉清水大佛、清水二佛和观音菩萨、仙公、仙妈等。后来，角落之间闹矛盾，乡民便商议用抽签的方式，决定神明归属，封侯分得仙公，圩内分得仙妈。清水大佛、清水二佛则归枋洋村7个庵堂共有，为“公共”神明，所以，全村村民均崇拜清水佛。

枋洋村村书记黄阿兴介绍，封侯龙凤宫所奉清水大佛、清水二佛，实行轮流请火巡香制度，即每年由一尊清水佛，于正月初九日前，往安溪清水岩请火，返乡后再绕境巡香。农历五月十二日，村民为祖师庆贺神诞，仪式由16个“香首”组织，“香首”系前一年正月初一日在神明面前采用“掷筊杯”的方式决定。询问龙凤宫清水佛何时由何人分香至此，村民均称不清楚。黄阿兴说，枋洋村黄氏族人系第十世由安溪县城东门外播迁至此，至今已在枋洋繁衍了16世（代），按宗代时间推算，安溪黄氏迁居长泰已超过四百年。庙宇管理者林阿忠今年65岁，他介绍，枋洋林氏系由安溪官桥镇莲美村先迁至虎邱镇罗岩村，再从罗岩迁居枋洋，现有林氏族人200多人。另一位管理者倪天发说，枋洋倪氏人口不多，当年是从今安溪官桥车站附近的村落，来此打工后定居的。

长泰置县以后，从唐迄清，见诸文字记载的迁入宗支有百余个。五代后期，长泰为王审知旧部留从效的据地，由于交通闭塞，境内相对安定，外来人口大量增加，百姓也能安养生息。明清时期，迁居长泰的既有中原氏族，也有来自长泰邻邑安溪、同安等地的宗姓。据《长泰县志》记载，宋代，萧洁从安溪芦山迁入萧宅，后迁居东厝（今属岩溪镇锦麟）；李泰来从安溪迁入大鹤（今属鹤亭）。[①] 元至顺年间（1330—1333），林元灼从安溪涂堂迁入林墩；至正二年（1342），黄若水从安溪黄口渡迁入枋洋赤岭；至正三年（1343），徐应赐从安溪玉井迁入山美（今属尚吉）。明洪武年间（1368—1398），林甫罗从安溪仁宅迁入林墩；林大安（一说始祖为林光覃）从安溪虎邱迁入西溪（今属美宫），后迁宫仔洋（今属美宫）；王汝春从安溪招坑迁入封侯（今属枋洋）；胡汝明

① 长泰县地方志编纂委员会编：《长泰县志》，卷三“人口”第二章“人口迁徙”表3-3《唐宋元明清迁入长泰县若干氏族简况表》，方志出版社，2005年。

从安溪胡仓迁入林前；林式负从安溪大平（坪）迁入福鼎尾，部分后裔又迁居溪坂。清代，康熙二十二年（1683），高植瑚从安溪大平（坪）迁入陈岑（今属青阳）；雍正年间（1723—1735），李文正从安溪仙景迁入昌溪（今属湖珠）；乾隆年间（1736—1795），蓝悦从安溪月仔林迁入漈头（今属高层）；咸丰年间（1851—1861），陈某从安溪迁入水哮（今属石格），陈某从安溪灶坪迁入火炎旗（今属径仑）。这份安溪宗支迁入长泰的简表虽不完整，但说明宋代以后，尤其是明清时期，安溪宗姓曾大量移居长泰，同时可以推断，枋洋村龙凤宫所奉清水佛，是明代年间安溪移民随带入长泰的。

岩溪镇地处长泰县中部，属丘陵地形，地势由北向南倾斜，东邻枋洋镇，西依良岗山脉与坂里乡交界，良岗、董凤、鼓鸣山林葱郁，犹如一道绿色屏障。南临龙津溪，与陈巷镇的苑山、西湖两村隔溪相望，北接安溪县，是闽南工贸名镇和漳州重点卫星城镇之一。

岩溪镇的清水祖师分香，我们重点走访了田头村慈济宫、田头村谢潭龙兴宫、锦麟村永兴宫、高濑村定应宫和湖珠村鼓鸣岩五座。

田头村北临龙津溪，有田头、谢潭、大坪三个角落，村民大部分叶姓，叶姓宗支于明末清初从泉州府仙游县播迁至此。田头慈济宫由前厅、天井、后厅组成，始建于乾隆四十八年（1783），民国时期曾维修，2013年再次翻修，现基本保持完好。后厅中龛奉保生大帝，左龛奉保生二大帝，右龛奉清水佛公。因主奉保生大帝的缘故，慈济宫往厦门海沧青礁“东宫”请火，每年正月十三日为清水佛公庆诞并举行巡香活动。中龛前的案桌下还奉虎圣公，相传其能保护田头社的家禽不受伤害，故村民们用生肉祭祀。

谢潭龙兴宫，又名谢潭庵，坐西南向东北。始建于明末清初，1988年曾维修，今基本保留古貌。龙兴宫亦是由前厅、天井、后厅组成，后厅奉清水佛公、陈公佛等，清水佛公居中龛正中。庙方介绍，每年正月十三日村民为清水佛公庆诞并举行巡香活动，八月十三日为陈公佛庆诞，从谢潭社嫁出的女儿（家姑）都会回娘家，参与庆诞，添油香，推测陈公佛应是有恩于宗族的神明，相传香火来自长泰坂里乡水哮社。龙兴宫联对构思、镌刻书法俱佳，前厅龙兴宫大门联曰："龙朝龙水观龙变，潭衔虎塔炳虎文"，前厅四根石柱，其中一对柱联曰："一方保障威显赫，万古明烟俎豆馨"；后厅梁拱粗大，厅中立六根石柱，其中一对柱联曰："钵上莲花涌出千千叶，法中宝筏宏济万万家"。还有一对曰："清水清清清水，真人真真真人"，联文"清""真"数次叠加，对清水佛的慈惠无上褒扬。

永兴宫位于锦麟村溪边社，"溪边"顾名思义就是龙津溪畔，村民大部分为黄姓。史载，至正二年（1342），黄若水从安溪黄口渡迁入枋洋赤岭，黄氏站稳根基后，从第三代开始向其他村落分衍。除本村外，赤岭黄氏第三世黄尚献分衍到锦鳞村溪边社。永兴宫所奉清水佛公，应是黄氏衍居溪边社的再次分香，正月十五日举行绕境巡香，宫庙并奉保生大帝，时往厦门海沧青礁"东宫"请火。此外，兼奉伽蓝公、王公、大妈、二妈、罗车公等。宫庙由前厅、天井、后厅组成，后厅石柱联曰："清水佛公仁心济世邦，保生大帝圣德佑万民"，前厅大门石柱联曰："慧眼婆心慈惠遥垂海宇，灵旗活水吉康普被桑邦"，由易州知州黄可润撰题于乾隆癸未年（1763）秋八月，永兴宫始建年代应在这时甚或更早。庙宇外直立一块大石碑，因年代久远，字迹莫辨，村民称，石碑很早很早以前就有了，所记载的内容应与庙宇兴衰、神明感应有关。

高濑村方圆3平方公里，有8个村民小组，人口不足2000人，村民大部分吴姓，由仙游古濑迁入。定应宫又名高濑庵，位于村庄中心，靠近龙津溪，主奉保生大帝、清水祖师，始建于明嘉靖戊午年（1558），经历数次修缮，现貌为1985年廓新。庙宇由前厅、天井、后厅组成，前厅大门联曰："定保明徵高圣训，应求不爽赖神庥"，镌刻于清道光丁亥年（1827），联对巧妙嵌入"定应""高濑"，书法简洁苍劲。原籍高濑村的退休干部张长岩返乡养老后，在他的积极倡导下，一个以庙宇为中心的保生大帝文化园已然成形，村庄整洁，绿树成荫。2012年，高濑村乡贤在定应宫右侧的艾前崙顶筑路建台，矗立一尊保生大帝石雕像，高三丈九尺（13米），其居高远眺，气势恢宏，慈容道貌，宛然如生。访谈结束时，张长岩送给我一篇由他撰写、即将镌刻在石碑上的《定应宫记》："镇扼高濑，村西福壤，平畴绿野，明堂圆满，纵览四方，龙真穴结；顶凤为屏、炉山为案、环峰为瓣、玉溪为带，堪舆之形，出水莲花。……宫堂主奉：保生大帝、清水祖师，威灵显赫，上元令节，盛典敬祀，香火炽盛，万民敬仰。……"有张长岩这样热心家乡事业的士绅在推动，中华传统文化的根脉必将永久绵延。

鼓鸣岩位于岩溪镇湖珠村与枋洋镇径仑村交界处的鼓鸣山，山因有洞，时发出鼓声，故名。宋代《舆地广记》《舆地纪胜》，明代《闽书》等，均记载了鼓鸣山的形胜，这里林深谷幽，岩兀石奇，泉清寺古，引人入胜。鼓鸣岩始建于唐元和三年（808），《闽书》载："唐元和二年秋，不雨弥月，乡民郑无善率众告祷，锣鼓声四起，云物油然，霖雨十日，时以有岁，众赴南安县，上其事于朝。三年，敕山为鼓鸣，封其神为威泽王，建祠祀之。"岩寺上厅中龛主奉清水佛，左龛主奉威泽圣王，右龛主奉保生大帝，此外还奉三宝大佛、伽蓝公等。左右龛的两根六角石柱和大殿两根石龙柱，是鼓鸣岩建庙时，由厦门海沧青礁“大帝爷会”和安溪清水岩“清水佛会”赠予的，六角石柱上镌刻对联“莲界谈经龟石点头开善慧，鸣岩拥胜凤山举翰驾如来”，并分别落款“大帝爷会敬奉”“清水佛会敬奉”。鼓鸣岩现任住持净钰法师，俗家江西籍，管委会负责人洪光辉介绍，湖珠村人口3800多人，村民大部分为洪姓，每年正月十五日、八月十五日，鼓鸣岩都会举行神明出游巡香和大型祭祀活动。

陈巷镇位于县境中、东部，龙津溪东岸，下辖上花、西湖、吴田等14个行政村。吴田山位于陈巷镇东部，主峰海拔1129米，矿产资源丰富，有17#花岗岩、长花岗岩、基性侵入岩、钾长石、钠长石、叶蜡石、高岭土等，其中花岗岩地质储量达3亿立方米，是长泰重要的石材加工基地。调查期间，沿途可见成规模的石材加工区，堆积如山的石材成品、半成品等待外运。

上花村现有人口3200多人，村民主姓薛，由山重村迁入，辖4个自然村，取上楼和花洋两个角落首字而得村名，省级中型水库——活盘水库位于上花村境内。云济宫位于花洋北208–2号，由上厅、天井、下厅组成，上厅中龛奉三宝大佛、观音菩萨，左龛奉保生大帝、中坛元帅、开漳圣王，右龛奉清水佛公、王孙元帅。每年正月十四日，庙宇都会举行清水佛公巡香活动，并在农历五月十二日组织队伍往安溪龙涓护国岩请火，十三日回乡后，十四日、十五日举办当地俗称“五月半”的祭祀庆典活动。

云济宫每年举行的请火及祭祀活动，并没有由“炉主”或“佛头”，而是由“男丁新婚”组织，即上一周年生育男孩的家庭男子和新婚男子，由他们主持请火及祭祀活动，祈祝村社男丁传衍，世代兴旺，据说此风俗已流传数百年。在云济宫下厅，我还看到厅梁上悬挂着一些匾牌，是花洋社历年来拜清水佛、伽蓝公、中坛元帅等神明为“义父”的“义子女”名录。据说有的信众虽然已经成家并拥有子女，四五十岁了，还会到云济宫，拜清水佛等神明为“义父”，这种保育习俗堪称村社一奇。

来到位于龙应山半山腰上的龙应岩放眼远眺，只见西湖村所辖的七个自然村错落有致，如七星拱月环绕龙应山，在金黄晚霞的映照下，闽南乡村的田园风光尽显柔美恬静。西湖村位于陈巷镇北部，西临龙津溪，全村人口近 2000 人，村民大部分姓刘，从安溪芦田洪都村播迁而来。[①] 刘氏明代先贤刘其中，历史上曾任湖广道监察御史，为官刚正不阿，秉公巡察十三行省，被世人称赞为“刘青天”。龙应岩始建于明代，现貌为 1982 年重建，坐北朝南，主奉清水佛公，兼祀观音菩萨、英烈圣侯、保生大帝等。每年五月十四日举行巡香祭祀活动，主事的八个“香首”采用轮流方式决定，即第五、第六村民小组每组派出四名。龙应岩往吴田村石狮岩或安溪龙涓护国岩请火，吴田村石狮岩原建在吴田山山顶狮子头处，明末清初迁建今址，亦奉清水祖师。

龙应岩中龛三尊清水佛公的塑像后插满铁剑，询问其中缘故，已在岩寺守护 17 年、今年 87 岁高龄的刘金山告诉我一个故事：民国十五年至民国二十九年（1926—1940）的十多年间，岩溪珪塘社（今珪后村）人叶文龙以武装割据形式统治长泰时，曾包揽全县田赋和各种捐税，所得巨款多数占为已有。据说，有一回叶文龙带领几个士兵要来西湖村抢掠时，在村口碰到一黑脸黑衣人持剑抵抗，士兵们连忙开枪，但子弹都不能射出，叶文龙只好撤退，从此不敢再来西湖为非作歹。事后，乡民们才明白，原来是

① 据芦田《洪都刘氏宗谱》载，刘记三子刘器迁入龙溪县龙峰石沟坑，四子刘英迁居长泰陈巷镇西湖村，五子刘惠分居同安东桥、坤泽洋，六子刘和、七子刘盛迁居建宁县。《安溪姓氏志》，第十一章“刘姓”，方志出版社，2006 年。

龙应岩清水佛公化身出战，大显神威却敌，从此便在祖师塑像后装上铁剑，以佑护里社平安。

林墩工业区地处厦、漳、泉三市结合部，2008年从枋洋镇拆分出来，是漳州市最大的石材出口生产基地，花岗岩品种多，其中林墩红、长泰芝麻黑、九龙璧等品种储量大、品质优异。下辖林溪、石横、乔美、江都、美宫5个行政村和2个社区居委会，西旗堂位于与安溪县（大坪乡福美村）、同安区（小萍乡白交祠村）毗邻交界，号称“一脚踩三市”的美宫村。

美宫村地处芹果溪边，芹果溪是龙津溪重要支流，总人口3200多人，村民大部分为林姓，从事石材加工，拥有上千家石材加工企业，山清水秀，是长泰县新农村建设示范村之一，“十佳优美村庄”。由于毗邻安溪的缘故，美宫村种茶历史悠久，拥有闽南四大当家品种——铁观音、黄金桂、本山、毛蟹茶园3000多亩，此外，还种植有龙眼、荔枝、蜜柚、杨梅等水果。

西旗堂始建于明代万历年间，后因倭寇入侵而被烧毁，现貌为2008年迁址重建，由前厅、天井、后厅组成，主奉“四尊祖师”，即清水祖师、三代祖师、神农和慧觉祖师。将神农奉为祖师，亦是笔者首次听说。迁址重建时，文物保护意识强烈的林氏族人，将原庙里的主要构件都迁至新庙，“化入其中”，让今天的我们能够看到当年林氏先人留下的珍贵“史迹”：后厅神座旁有乾隆十八年（1753）太学生林通题赠木板阴刻楹联：“地泽旁流清溪波及水尾，毫光普照芹果焰接蓬莱”，联文揭示与安溪清水岩的源流关系；神座由原庙两块石浮堆叠而成，上有麒麟、麋鹿和白鹤三种装饰，雕工精细，惟妙惟肖；四根圆石柱也都是旧庙构件的“再利用”，靠近神龛的两根镌刻着清乾隆十九年（1754）进士、夹江知县刘希周撰题的对联，曰：“八里上游隆栋宇，千年乃粒报馨香”；另外两根的立面、侧面，则镌刻着由太学生林玉麟撰题的两副对联，曰：“松杉错落诸天雨，钟鼓玲珑下界云”“西旗远接西天原从这里求仙求佛，芹果结成真果到此都忘是劫是尘”，“一柱二联”为笔者调查中首见。

下厅一边的墙壁上嵌入三块石碑，分别是乾隆庚子年（1780）、同治庚午年（1870）、民国二十五年（1936）所镌，清楚记载西旗堂这三次鸠众重修的“首事”和乡民奉物奉银的数额等。西旗堂中保留下来的石浮雕、石圆柱、石碑等“古物”，是研究当地清水祖师信仰和经济社会发展的重要物证。林振庆，今年（2020）72岁，祖籍安溪虎邱镇虎邱村；林添益，80岁，曾任美宫小学校长；林长城，69岁，西旗堂理事会会长。三位老人热情接待我们，介绍西旗堂的历史。每年正月十三日西旗堂都会举行清水佛巡境活动，正月十八日由村庄中上一年生育男孩的家庭，备办发糕、白粿等，举行祭拜活动，祈祷家庭兴旺，里社平安。

并祀、巡香与请火

《清水岩志》（1989）收录宋元时期的文、记、疏、序、跋八篇，其中有南宋嘉定四年（1211）长泰县令余克济所作的《祖师祈雨跋》《清水宝塔记》两篇。[①] 身为安溪人，余克济积极参与民间对清水祖师的崇祀活动，作为长泰县令，余克济曾亲自登岩拜请祖师神像到长泰县祈雨。庆元五年（1199），长泰县大旱，余克济等人到清水岩祈雨，果蒙感应，天降甘露，解除旱情，余克济因此写了《喜雨纪事》一诗。据其《祖师祈雨跋》所记，仅“嘉定改元之岁”（1208），从春正月至秋日，一年中就有“摄郡通守

① 泉州市文物管理委员会编：《清水岩志》，1989年。

赵侯”“令尹赵君洁鬬”登岩拜祭，有“川遣南安县僚亲诣岩迎奉入城”，有“判府侍制给事邹公复申前请”等四人三次迎神祷雨。感于菩萨“丰功伟绩”，余克济在其治下长泰，“推尊赞成”，“命工镂板，以示不朽”。在《清水宝塔记》一文中，余克济论及祖师深入民间，直指人心，躬身践行，为民祈雨，修桥造路，治病救人的功德，高度评价其以独立高标的人格和渊博的学识张扬佛法，将永世流传，不朽天地。[①]

县令余克济的极力推崇，加上祖师四次荣受宋廷敕封，其中有三次分别委任漳州府所属各县官员方品（龙溪县主簿）、周鼎以（漳浦县主簿）、何葆（长泰县县尉）到安溪清水岩“体究复实”，故而长泰的清水祖师分香较多。再者，安溪宗姓移居长泰日久，对故土风物更加铭感于心，祖师信仰群众基础深厚，除笔者调查的三个乡镇外，长泰武安镇、古农农场等地，也都有清水祖师的分香。

以枋洋、岩溪、陈巷和林墩等地的祖师分香看，长泰供奉清水祖师的寺庙呈现以下几个特点：一是“宫多岩少”，这与长泰各地的山川地理相吻合。山精为石，石多为岩。湖珠村鼓鸣岩、龙应山龙应岩、吴田村石狮岩等，即是这种地质地貌的反映，其位于远离村庄的山顶山麓，四周岩石林立，其余各“宫堂”则建在龙津溪流域平原，村落中间，如田头村慈济宫、高濑村定应宫、美宫村西旗堂等，与村庄民居共处一地，便于祭祀。

二是“清水祖师与保生大帝并祀”，枋洋镇、岩溪镇、陈巷镇的大部分宫庙，均在庙中并（兼）祀清水祖师与保生大帝，这与二者同为百姓“救护贫病”有关，而且，对于清水祖师，大部分

---

① 清水法师圆寂时，曾嘱身后一切从简，墓塔也由乡民们自发修建，并无墓志。百余年后重修祖师墓塔，长泰县令余克济、安溪县令陈宓联手撰、书《清水宝塔记》，是当时佛门一件文化大事。《清水宝塔记》见本书附录2。

宫庙均以“清水佛公”名之。“佛公”是闽南人对神明的泛称，相对于保生大帝等神明，“清水佛”或“清水佛公”的称谓，更强调其佛教的属性。由于长泰清水祖师信仰播迁较早，由早期安溪移民随带而至，“原始”地保留早期的宗教文化形态，这从佛像的装束（身着袈裟、头戴僧帽、盘腿而坐）亦可得到印证。

三是祭祀仪式相对松散，没有严格意义上的炉主、香首，巡香和祭祀活动的实际组织者，并没有严格通过“掷筊杯”的方式决定，通常以村社角落或村民小组轮流的方式决定。巡香时间没有选择在祖师诞辰的正月初六日，而是正月十五日元宵节前后，大型祭祀活动则选择在祖师化佛的农历“五月半”（五月十五日）左右。特别强调“男丁新婚”在仪式中的地位，由生育男孩的家庭和新婚男子主持巡香和请火活动，反映漳州农业社会中乡民浓厚的“传宗接代”的思想。

四是由于靠近厦门的缘故，奉祀保生大帝的宫庙均往厦门青礁“东宫”请火，因为溪流的原因，奉祀清水祖师的宫庙，如云济宫、龙应岩，则往位于安溪龙涓的护国岩请火。护国岩只是山上一个天然洞穴，相传南宋皇子曾避难于此，并没有建成庙宇，为什么到这里请火？上花村、西湖村的乡民不能给出答案，推测是：护国岩在龙涓内灶村，地处龙津溪上游，与云济宫同饮“一口水”，此地原称乌石岩，“地重”（岩石多），又因龙津溪发源，有“灵气”，故来此地请火。而护国岩所奉南海真宗、观音菩萨、清水祖师，又是从龙涓内灶凤山岩分香而至。凤山岩始建于宋咸平年间（998—1003），自古以来在漳州地面颇有影响，已有信众数千人，他们成立漳州市十八社区凤山岩进香理事会，每年有组织地分批到凤山岩进香。文化传播的扩散影响，也是云济宫、龙应岩到护国岩请火的原因之一。

庙宇作为一种特色文化景观，是民间信仰的一种实物载体，它源于地域社会，源于民众情感寄托，蕴含着丰富多样的内容。走访中发现，长泰供奉清水佛的建筑构式大多是闽南古厝，砖木石、土木石结构，分为前后厅（若有高差，称上下厅），中留天井，饰有木雕、石雕，古色古香。前后厅及庑廊内部不隔断，便于安装神龛和信众祭祀活动。前厅有石大门，石大门边通常有两个小侧门，石门框镌题楹联，门框上方悬挂宫庙匾额。后厅一般布置中、左、右三个神龛，用以奉祀神明。与泉州地区不同的是，长泰县的左右庑廊，通常也置龛奉祀神明；前后厅墙壁上，均描绘精美彩绘，内容是中国传统文化题材，如西游记、三国、水浒、二十四孝等，由里社乡民捐题。古厝外，前有大埕，左右有管理用房，四周栽花种树，绿荫依依，不仅是神灵的领地，还是民众获得庇护的场所，更是民间狂欢的中心。

第11章

有岩就有“祖师公”

宋、元以后，清水祖师不但成为蓬莱的镇境佛，安溪县的主神，而且远近各地纷纷塑像立庙，分炉建寺，争相崇奉。明末，郑成功复台队伍中有无数安溪人，他们随军打到台湾，也随身把“祖师公”带到台湾。至郑成功收复台湾后，与清分庭抗礼，清廷强迫闽南沿海居民内迁，当时安溪一些宗姓，如张姓、郑姓、余姓、傅姓等，就北迁到福安、福鼎，浙江的平阳、苍南、温州，崇安的武夷山区，江西铅山、兴国、莲花、上饶、三清山一带。[①]

安溪移民北迁一路，德化、大田、永安、三明、沙县等地，崇安的武夷山区，霞宾岩、宝国岩、珠帘岩、炉岫岩、青狮岩、土地公岩、天心岩和天井岩，“有岩就有祖师公”。虽然寄居异乡，但迁民们以清水祖师为祖佛，视清水岩为祖殿，虔诚祷祝，心有依归。

“由人而传”的信仰

安溪在宋代以后至明清历代属泉州府治。府的行政区域制度

① 凌文斌主编：《安溪姓氏志》，方志出版社，2006年。

已经废除一个世纪以上，但在过去的百年，乃至现在老一辈人的日常谈话和宗教科仪中，还是会经常引用到旧行政区域名称。如清水祖师每年迎春巡境活动的组织，顶、中、下三个庵堂，各庵堂又分为三个“保社”，即是遵循旧行政区域划分，数百年不变。乡民在家中设置神龛焚香祷告时，寺庙所奉神明庆诞由道士主持仪式的，通常都会先自报家门，如“某年某月某日，信男某某，泉州府安溪县归善乡永安里后安社人氏”，再禀报祷告事宜，与神明进行“沟通”。

过去，福建全省分为八府二州，府治中又有“顶四府”和“下四府”之分，顶四府即位于北部及西部山区之延平府、建宁府、邵武府、长汀府，简称“延、建、邵、汀”；下四府即位于东部及南部沿海地带之福州府、兴化府、泉州府、漳州府，简称“福、兴、泉、漳”；另外二州即永春州、龙岩州。民国以后废除府治，对全省各地区的划分，则以省的简称连结方位表示。各省均有一个简称，如广东称粤，广西称桂，湖南称湘，湖北称鄂，福建则称闽，故分称全省各区为闽东、闽北、闽西、闽南及闽中。

泉、漳二府及永春州位于福建南部，故称“闽南”，世代生活在这一带及从这里移居世界各地的人，称为“闽南人”，所讲语言称为“闽南话”。闽南人的祖先都是从中原迁居而来的，闽南话至今保存着很多古代中原的语音，从闽南话可以了解中国的古语，这是闽南话在中国语言中的一大特色。泉州府辖治五县，即晋江、南安、惠安、同安和安溪。漳州府辖治七县，即龙溪、长泰、南靖、漳浦、海澄、诏安、平和。后来，又将同安的厦门岛，设置为思明县，纪念郑成功在此起兵反清复明。南安的金门岛另置金门县。漳州方面，也增置东山县、云霄县和华安县。县数虽然不同了，但大家仍以最早的泉州府“五县”和漳州府“七县”，代表泉州和漳州。永春于雍正十二年（1734）设州（直隶州），领德化、大田二县，故德化、大田也属于闽南区域。

安溪地处闽南泉漳厦金三角中心地带，安溪人生活刻苦，节约简朴，具有进取心和冒险精神。明清以后，安溪人大量向海外和周边县份，如同安、长泰等，及闽中大田、永安、三明等，闽北沙县、武夷山、建阳等，闽东福鼎、福安等地移民，形成聚落。远至江西三清山、浙江雁荡山，也有安溪移民的聚落，数百年来风俗、乡音不改。这些安溪移民，“虽年湮代远，却不忘乡土，重木本水源之谊”，表现之一是，随带安溪主神“祖师公”的神像香火，代代奉祀。而清水祖师也因为生前“术行建州、剑州、汀州、泉州、漳州间，檀施为盛”，足迹踏遍闽地千村万户，为民尽做好事善事，而在闽南人、安溪人的移居地，拥有最广泛的群众基础，以致“每逢病疫，乡人即恭抬神像，求师袪除；每逢亢旱，乡邻以至府县官员，也必迎请佛像驱灾”，成为一种共同信仰。

清水祖师信仰由安溪扩大到周边县邑，由周边县邑再影响到整个闽南，由闽南再传播到闽台，继而传入有闽南人移居的地方，从这个意义上说，信仰正是随人而向外传播和扩散的。借助于人的传递，通过人与人的传送，犹如现代商业营销手段“传销”，不同的是，它是祖师美德、信誉的传播，是百姓口碑的传递。因为这是社会价值观的主流，其正好满足人们的现实需要，也必然得到人们的认可，并具有“由人而传”的传导效果，由近及远，在地域范围上不断扩大，直至海内外。

有岩就有“祖师公”

武夷山市在建置崇安县之前长期处于半封闭状态，建县之后逐渐开发。南宋时期，全国政治、经济、文化中心南移，被誉为“东南奇秀”的武夷山成为道释两教和儒学传道授学之所，羽士、僧尼和文人墨客荟萃名山。据载，武夷山在鼎盛时期共修筑寺庙、祠堂、宫观和书院等多达 187 处。宗教文化和儒家文化的勃兴促进了经济的繁荣，以茶叶为主要产品的农业经济发展较快。元朝，武夷茶名闻朝野，朝廷创建御茶园于四曲之畔。茶叶的畅销，开始打破半封闭性的经济结构。明末清初，武夷茶独特的制作技术脱颖而出，武夷茶声名鹊起，遂大量出口境外，销路广阔。

武夷山寺庙、宫观众多，而这些寺庙、宫观的住持，有不少是闽南人。如僧衍超，俗姓刘，字松山，漳浦人。曾师从学者黄道周，在山北章堂岩结茅以居，又再入筛岩修筑“莫庵”，坐禅继日，皈依者甚众，名镇京师的铁华上人（漳浦人）为其高足。释超全，俗姓阮，本名旻锡，厦门人。从文忠公曾樱为学，随师助郑成功抗清。顺治八年（1651）清兵攻破厦门时，曾樱殉节，阮旻锡冒死“出其尸”，葬于金门。阮旻锡料抗清无望，入居武夷山，自称轮山遗衲，著有《海上见闻录》两卷、《幔亭游》诗文一卷。其中《武夷茶歌》《安溪茶歌》等诗文，具有重要的史学价值。兴觉和尚，晋江人，本儒家子。少年时即皈依青狮庵（岩）妙岩长老，剃发为僧，以严戒自律，“一瓶一钵，日惟汲泉煮茗而已”，善诗文，为名士所重。[①]

宋代以后，佛教鼎盛，允许寺院拥有山林田地为庙产，这些闽南籍的住持便大量邀请俗家的乡民，以季节短工或移民方式，到武夷山垦山种茶。明清以后，武夷山的大部分林地资源逐渐控制在闽南人手中。安溪是名茶之乡，擅长茶叶栽培、种植、制作的安溪人，在武夷山得心应手，“如履平地”。《武夷山市志》记载：“清嘉庆初年（1796），安溪人林燕愈流落在武夷山岩茶厂当雇工，后来购置幔陀峰、霞宾岩、宝国岩茶山茶厂，积极开荒种

①《武夷山市志》，卷三十二“宗教”，中国统计出版社，1994 年。

茶，所产岩茶运至闽南出售。”《武夷山市志》和《武夷茶经》[①]还记载，“同治年间，林燕愈的后代林心博在漳州创立‘林奇苑’茶庄”，专营武夷岩茶。清末在厦门设立茶栈，将武夷岩茶运至香港、澳门等地以及新加坡、马来西亚、泰国、缅甸等国销售”。民国初年，又在云霄县设立茶栈，运茶到漳浦、诏安、东山等地，其主营的“三印水仙”远销东南亚，在闽南一带享有盛誉。

武夷山人把茶园叫“山场”，正岩产区称作“岩上”。过去，在正岩“山场”，贯穿于武夷岩茶的栽种、制作与运销过程中，不管是茶工、“岩主”还是在本地设立茶行的茶商，并非“土著”，而是像林燕愈、林心博这样来自武夷山之外的“他者”。清嘉庆十三年（1808）由魏大名纂修的《崇安县志》中说，“负贩之辈，江西、汀州及兴、泉人为多，而贸易于姑苏、厦门及粤东诸处者，亦不尽土著”。这些“他者”都是清朝时从闽南、江西、浙江等地迁徙而来的，此后便世居此地，种茶制茶，繁衍生息，拥有80%以上的武夷正岩“山场”。

安溪人移居武夷山时，通常会携带家乡“祖师公”香火，在其所居的“山场”岩寺奉祀。史载，霞宾岩、宝国岩、珠帘岩、炉岫岩、青狮岩、土地公岩、天心岩和天井岩等武夷山名岩，“有岩就有祖师公”。这些岩寺奉祀清水祖师，与以林燕愈等为代表的闽南籍茶商和阮旻锡、兴觉和尚等闽南籍僧人的直接推动有关。而安溪人在武夷山“开岩”，种茶制茶，创立茶号并将茶叶行销闽南和东南亚各地，更是一部值得深入研究的茶叶传奇。

五口通商以后，武夷山的茶叶被卷入资本主义世界体系，许多外地茶商纷纷到崇安县开设茶号或茶行，将武夷茶贩卖至海外。至民国时期，这些茶商或茶庄的经营者，依照乡土和方言的关系，

① 《武夷茶经》，科学技术出版社，2008年。

主要分为三个帮派：讲闽南话的“下府帮”，[①]包括泉漳所属各县及旅居潮汕的闽南茶商，代表性茶庄有奇苑、集泉、泉苑三家；讲潮汕话的“潮汕帮”，代表性茶庄有兴记、瑞兴等；以及讲广东话的“广东帮”。三个茶帮中，以“下府帮”势力为最大。

闽南籍茶商的势力之所以最大，首先是眼光超前的他们，均在武夷山正岩区，拥有茶园基地。泉州素负盛名的张泉苑茶庄，自清中叶以来，即经营武夷岩茶。民国十九年（1930），茶号继承人张伟人以3万余银元高价购买到慧苑岩茶园后，得意地向族人说：“得此可安天下矣！”林奇苑（奇苑）茶庄更是很早时就派人到武夷山置购名岩经营“山场”，林燕愈号称“武夷十八岩主”，控制着正岩茶山的核心资源和岩茶货源，又善于生产管理，确保茶叶质量，因而占据市场主动。其次是连年经营盈利，积累了雄厚资本，茶季开始时，“下府帮”派人至武夷山监制茶叶，大量收购茶叶，几成垄断之势。第三，是销售渠道畅通，均在南洋各埠或设立分号，或设特约代理处，推广今天的连锁经营和加盟经营模式。

而最为重要的是，闽南籍茶商很早就有牢固的品牌经营理念。每年茶季结束后，他们将自产或收购的茶，载运至各自茶号所在地，称为“原庄茶”，但极少就此发售，而是多数加以拼堆，即官堆，保证口味、质量不变。各茶号均有特立的茶名和品牌，如惠安集泉的铁罗汉，泉州泉苑的白鸡冠、水仙种，安溪林奇苑（奇苑）的三印水仙，安溪林金泰的老枞水仙，厦门杨文圃的各色种。

官堆时，按照既定标准，每堆茶叶颇称一律，品质和口感稳定，故消费者对其信用极为认可，老茶号历有百数十年不变，

① 元代在福建设置八府，建宁、延平、邵武、汀州为“上四府”，福州、兴化、泉州、漳州为“下四府”。“下府帮”指闽南人势力集团。

不易为新的茶号所动摇。“林奇苑”茶庄在民国九年至十九年（1920—1930）达到全盛时期，每年从武夷山运出武夷岩茶和其他乌龙茶、红茶3000多箱（约1000担）。在这段时间，林奇苑在厦门、漳州、云霄三处营业额每年达30万元，漳州批发和零售占70%。民国二十一年（1932），“三印水仙”已成为老少皆知的名牌茶。

水美三堡

沙县小吃天下闻名，每次前往武夷山途中，都会在沙县小吃城稍作停留，顺道品尝一下沙县小吃的美味。小吃城距离沙县高速出入口只有数百米，在小吃城休息时，突然记起一位朋友曾发过一条关于沙县水美村土堡的微信，这是沙县唯一全国重点文物保护单位，便决定专程去看看。与水美村村主任张洪旦取得联系后，我们便从小吃城出发了。

水美村，现属城西凤岗街道的一个行政村，总人口678人，有水美、南山下、下水美三个自然村。其中，水美自然村有415人，村民除一户为傅姓外，其余都姓张，张姓村民都是清乾隆三十九年（1774）从安溪迁居至此的张氏后裔，傅姓来自安溪剑斗镇，张姓来自安溪蓬莱镇岭美村。水美原称水尾，村民雅化为“水美”，一直沿用至今。水美村原属垄东大队，上世纪八十年代划出，独立成村。

水美土堡有致美堂双兴堡、敬德堂双吉堡、慎修堂双元堡三座，双吉堡与双元堡相距不远，与双吉堡相对的是双兴堡，一大两小相互呼应，从空中俯览呈一个品字结构。双兴堡、双吉堡自然损毁严重，双兴堡的前墙和后墙已经倒塌，没人居住，双元堡保存最好。张洪旦介绍，三座土堡列为国家重点文保单位后，省市县十分重视，正在启动修缮工作。

同属张氏家族的三座土堡双吉、双兴、双元，分别建于清道光二十七年（1847）、咸丰七年（1857）、同治元年（1862）。双吉堡，由张锺开四子合建，其父所居，称为祖屋。双吉堡属围龙屋土堡，前方后圆，坐北朝南，为殿堂式二进式房屋，四周砌有堡墙，因地势较高，其中前堡墙为砖砌式矮墙，墙外放坡，分上下两个坡台，全部石砌；左右堡墙全为块石砌就，依地势上升，显得层层叠叠，后堡墙呈半圆状，亦由块石砌就。整座土堡依山傍田，气势宏伟。双兴堡，亦是围龙屋土堡，平面呈前方后圆形，比第一座土堡双吉堡规模大两倍，其防卫能力也大大提高。堡墙内侧设防卫走马道，前面设有角楼。

在张洪旦的带领下，我们又来到规模最大、保存最完好的双元堡。双元堡占地约6000平方米，同治元年（1862）建成。双元堡平面布局为前方后圆，外墙有上下两层，以花岗岩石砌地基，上层为土墙，大约80厘米的厚度，这是土堡最外围的屏障。土堡里有跑马通道，宽一米多，可供族人防御外敌时巡逻用，还可以分隔应急居住。土堡四周墙体遍设枪眼，东南角和西北角均建有角楼。土堡坐北朝南，前面设一大门，门上镶嵌一石匾，题刻“奠厥攸居”[①] 四字，东西各设偏门，均有题刻石匾，南称“磐安”，北称“巩固”，高宽与南门同，亦为花岗石条门。

堡内建有木结构建筑物三进，台地以花岗岩石为边为阶，内填三合土，柱础及大梁均精雕细刻，厅堂居室共99间。堡内房屋一间挨着一间，靠走廊来沟通。走廊四通八达，回环往复。堡内有水井，还设有粮仓，如果储足粮食，可数月不出堡。土堡雕梁画栋，无论是木雕、石雕、壁画，还是柱础石雕、天井花台架

① 语出《尚书·盘庚》，意为奠居正位。

装饰等，均十分精致讲究；堡内板石为阶，地面均采用青砖铺面，厅堂等地面更是讲究花格式样，让人置身其中，颇为感叹主人财力的雄厚和审美雅尚。穿梭其中，只见土堡内还居住着七八户张氏人家，如此也使年代久远的土堡保留着活泼的人间烟火气息。

村里的老人介绍，水美土堡的先祖来自安溪移民。据蓬莱张氏族谱《岭美后贤宗谱》记载："七八郎公，葬于元顺帝三十四年（1368）。""七八郎公"为蓬莱岭美五世祖，繁衍至十三世祖"志广公"时，于清乾隆三十九年（1774）率元知、元齿、元叟、元曹四子由安溪蓬莱，移居延平府沙县九都垅东水尾（今凤岗水美村）"岭美乾"盆地，至今已有二百四十多年，"志广公"为肇基沙县一世祖。

蓬莱张氏迁居沙县后，以种植和加工茶叶为生，兼事周边茶叶收购，销往福州、厦门等地，财富日积，渐成方圆数十里内的家族大户。至咸丰年间，张氏家族已繁衍到第四代，为防备土匪、倭寇等的侵扰，张氏四兄弟便合建村内第一座土堡，也开启了张氏家族建造水美三座土堡的序幕。

在三座土堡参观的时候，我看到土堡里的数个公厅中都设置佛龛，佛龛里悬挂着清水祖师的神像（照片），有的神像因为年代久远，已经破损严重，但是神像前的香火余温还在，上香的人刚刚离开。搬出土堡去建新房的张氏族人，还经常会回到土堡，为清水祖师上香。列为国家重点文物保护单位后，双兴堡首先进行修缮，依据文物保护相关规定，不允许再出现明火，佛龛前原本的烛台、佛香换成电烛台、灯台，接上电源后，香火长明。每月初一、十五日，张氏长老都会聚集到土堡，为清水祖师举行祭拜活动。

水美张氏祖祠"祖厝仔"，已经翻修一新，上厅中龛供奉清水祖师。翻修时，从水美村移居新加坡的张氏族亲专程回乡捐资助修。来到张洪旦的家“旗杆厝”，发现厅堂上也供奉着清水祖师，神像（照片）是张洪旦的父亲从安溪清水岩“拜请”回来的。张洪旦说，他每年都会和父亲回蓬莱岭美一两趟，今年（2020）11月还将参加岭美张氏祖厝“文斗祖宇”的重修落成庆典。水美自然村家家户户也都奉祀清水祖师，有的是牌位，有的是神像（照片），神像均是从安溪清水岩“拜请”回家的。村里有120多户张姓村民，依旧以茶为业，种制铁观音，有一部分外出经营“沙县小吃”。基本新建了房子，早期式样都是闽南式建筑，穿斗式结构，硬山顶或悬山顶，这些年来大多建成钢筋水泥楼房式的。因为离城只有16公里，还有一些村民到县城买了房子，子女也随迁至城里读书。虽然从蓬莱祖乡迁居沙县已有240多年，但水美自然村的闽南风俗不改，闽南话乡音不改，言谈之间，不禁乡情酽酽。

闽中闽北一路分香

三明市位于武夷山脉与戴云山脉之间，地处闽中和闽西北结合部，东与福州市的闽清、永泰毗连，东南邻泉州的德化、永春，西南接龙岩地区的漳平、连城、长汀，北靠南平地区的邵武、顺昌、南平，西北与江西省的石城、广昌、南丰、黎川交界，是全国文明县城、卫生县城，有福建“绿色宝库”“国家森林城市”之称。截至2019年，三明市共辖梅列、三元2个区，1个县级市（永安）和沙县、尤溪、大田等9个县。

历史上，三明有一些县属于闽南地区，像大田县的全部，[①] 永安市的部分，而且三元、梅列、永安等地区的移民也以闽南籍居

① 雍正十二年（1734），大田县改隶永春州（直隶州）。

多。所以，三明民间至今保存着浓厚的闽南风俗，如，以茶会客、以茶敬亲人等。民间信仰上也有很好的传承，如，信奉清水祖师。

普足禅师化灭后，先后四次受到宋廷敕封，赐“昭应广惠慈济善利大师”徽号，在道释神祠中，八字纶音，享誉至极。泉、汀、漳等地民众感恩崇奉为佛，建庙奉祀，香火旺盛。从明代始，泉、汀、漳等地的许多移民，特别是安溪人，在三明、永安、大田等地以茶为生，种茶卖茶。这些移民和茶农，他们以献花、献茶等各种仪式奉祀清水祖师，在祖师尊前祈求风调雨顺，里社平安。

三明市三元区中村乡坑源村，海拔1319米的山顶，有一个面积约20多平方米的天然岩洞，岩洞中有一座蓬仙岩。蓬仙岩始建于宋，奉祀清水祖师，当地人尊为道教仙师。蓬仙岩自古香火旺盛，尤其是每年农历六月十二日至十五日庙会期间，三元、梅列、沙县、大田的四方香客和游人都会蜂拥而至，参加这里的祈福仪式。据岩寺所在地蜂岩自然村的村民介绍，蓬仙岩清水祖师颇为灵验，到此求学许愿“祈祷皆应”，因此，蓬仙岩更是遐迩闻名。坑源村辖三个自然村，人口600多人，村民大部分姓张，从安溪等地播迁而至。

甘乳岩，位于永安市小陶镇大陶洋五一村右侧大树坡的山腰处。主洞厅面积1150平方米，高14米，能容800多人。据《永安县志》载：“泉自石中迸出，滴巨石上，如甘乳然。”甘乳岩由此得名。明洪武三十年（1397），有僧人曾在此建一看经亭。明正德三年（1508），主洞厅后侧又建一座两层塔式楼，称为上殿，供奉清水禅师等五尊菩萨。清水禅师即清水祖师。可惜的是，塔楼毁于“文化大革命”中。入洞参观，只见四壁的石凌花莹洁闪烁，洞顶梳状石灰熔岩千姿百态，倒悬的钟乳似宫灯，投石击之，其声若钟，流水潺潺，“甘乳”之誉名副其实。

大田县地处三府四县交界，原为尤溪、永安、漳平、德化分割之地，属于闽南文化区。吴山镇河溪岩，位于科山村大寨山北麓，亦称显迹岩，又叫“飞炉岩”。始建于明宣德年间（1426—1435），至今已五百余年。清乾隆版《德化县志》载：“在小尤中科山，刘氏墓域也，巉岩幽邃，临溪悬崖上，有臣石若倚若坠。清水和尚来此，建为岩。”相传，曾有一座安溪清水岩的金馨炉，突然飞至佛仔垅、佛公崙、岩前垅等地，挂在大杉树上。此时，有乩童指点，这是祖师佛意，欲在大寨山北麓岩崖处建岩。但岩崖处却是刘氏先人的墓地。于是，刘氏乡人便将先祖的灵柩移迁他处，在原墓地上兴建起寺院。此即为“飞炉岩”得名由来。

因“飞炉岩”供奉清水祖师诸佛，有求必应，又因科山村紧邻闽中通往闽南古驿道，南来北往香客络绎不绝，驻足礼拜，上香还愿。河溪岩现貌，为科山、锦山、德化小湖、东坑子等地的刘氏宗亲于2013年倡议重修，2017年6月落成庆典。科山、锦山等地的刘氏宗姓，从安溪蓬莱移居至此已有二百多年。坊间流传两个故事：有一回，清水祖师托梦给岩寺主持，要求某日以鸣钟擂鼓奏乐诵经襄助佛力，果然寺后崖上滚落千钧巨石飞跃寺顶而去，但仅撞坏寺顶一飞檐，寺院却完好无损。又有一回，明清时期，倭寇入侵吴山境，清水祖师调集神兵迎敌，解民于危困，显现佛法无边。

科山、锦山刘氏从安溪播迁而来，保留家乡风俗和闽南语，梓溪林氏却从这里出发开基安溪。梓溪林氏大宗位于吴山镇梓溪村，名曰禅林祠，又称梓林祠。系唐开元六年（718）进士林法旺，于尤溪寻水源直抵大田梓溪，肇基创业，为梓溪开基始祖。林法旺生子二，长子戴爱官为福州主簿，开基福州后迁居安溪碧石（今福田乡白桃村），生子四；次子戴惠，生子有七，长子珍谋居梓溪本处，次子振梓、四子肇福开基永春、福鼎，三子朝阳开基大田阳春，五子泽溪开基漳平德安、安溪西坪，六子常春开基安溪柏叶，七子兴源开基安溪湖头。目前，梓溪林氏已在安溪繁衍超过10万人，安溪梓溪林氏族人经常组团到梓溪禅林祠谒祖。禅林祠位于梓溪村水尾，四周群山环绕，溪流蜿蜒，溪中凸起小山，林氏祖先便在小山肇建祠堂，形化“仙人撒网”，专家称为“雄狮吐瑞、龙蛇呈祥”。祠宇占地500平方米，每年冬至日为祭祖日。

德化香林寺，古属大田县，“在三十七都”，[①] 坐落于德化葛坑镇湖头村贵湖山下，五代后周显德二年（955），由泉州开元寺禅师释守珍率徒许了他、郑道微向当地信众募资创建。许、郑修行成佛，后人塑金身供奉，尊称祖师。宋天圣二年（1024）改名香林寺，延续至今。寺院依山四进，土木结构，建有寺门、金刚殿、大雄宝殿、祖师殿，以及东西楼、观音阁、僧院等，气势雄伟，工艺精湛，金碧辉煌，是德化四大名寺之一。

香林寺第一进为山门，面对德化名山莲花峰，与湖山的涌溪碧水相映成趣。前人在门前题一联曰“莲花拱秀，湖水澄清”，山门殿内塑韦驮及肩驮两大金刚像。第二进为大雄宝殿，是全寺的主体建筑，内奉如来、文殊、普贤、弥勒及十八罗汉，是诵经礼拜和做佛事的道场。第三殿为祖师殿，中龛奉祀许、郑二佛及清水祖师，左龛祀伽蓝，右龛祀库司等。问及何时开始增奉清水祖师，寺里无人清楚。推测应是某一历史阶段的住持僧所为。

香林寺毁于1979年的一场大火，1995年在当地及香林寺所属13个自然村落和社会各界人士的倡议下，投资90多万元重建祖师殿。虽历经兴废，但寺宇还保留着一部分诗词、题字。壁上有明翰林赖垓的题联：海阔无边吞吐九天日月，云高有顶平宁万

---

① 清乾隆《永春州志》，卷十五“古迹”，厦门大学出版社，1994年。

国山河。湖头村民风淳朴，崇尚文化，寺之左路有“香山社学”旧址，招收当地青年学子，花厅作讲堂，堂上有一对联曰：“听讲应有神，大地好从湖水渡；闻香知无隐，前锋喜作莲花看。”史载，明监察史凌辉、翰林院学士赖垓、山东府令林鹏搏等，皆苦读于此并最终科举高中。

由安溪出发，从闽南到闽中、闽北一路的清水祖师分香中，德化香林寺、永安甘乳岩系由寺僧所为，大田河溪岩、三元蓬仙岩、沙县水美土堡则是移民携带，武夷山霞宾岩、宝国岩、青狮岩等名岩，由僧人和移民共同推动。这正好说明以清水祖师为代表之一的闽南信仰文化，是随着闽南人的向外播迁而传播各地的，其背后牵涉的人观和宇宙观大致是一样的。至于传播的路线，则说明闽南文化历史远比闽南地理复杂得多。

钱穆在其《中国历史研究法》之第七讲《如何研究历史地理》中指出：“有人说，历史等于演戏，地理则是历史的舞台。此譬实不切合。一群演员，可以在任何戏台上演出同样的戏来，但历史演员，则正在特定的地理上演出。地理变，历史亦变。在这一舞台上演的戏，不一定能在另一舞台上演。”为了强调自己的观点，钱穆以“孔子不能出生在印度，释迦牟尼不能出生在耶路撒冷，耶稣不能出生在中国”为例，进一步阐述“地理和历史的双重限制”，这世界各处地理不同，人生长在各地，也就得不同。各地的地理、文化环境不同，于是人因地而异。

钱穆的“历史研究法”，具有动态的辩证思想，强调各异的地理孕育了各异的历史，不同的文明植根于不同的区域，指出区域文明乃是地理和历史双重因素互动的结果。令人遗憾的是，钱穆并没有进一步论及移民文化的问题。移民在“这一舞台”上演的“戏”，有时可以在“另一舞台”上演，而且“戏份”不减，“剧场”效果颇佳，深刻影响“另一舞台”的“观众”。闽中、闽北等地的清水祖师分香，与“演员”及“观众”的互动，形象地说明了这一点。

第三篇

台岛慈云

第1章

安溪人是台湾的“开山祖师”

1926年，日本人做过一次台湾汉族人口的原籍调查，[①]调查后确知，当年台湾汉族人口计有375.16万人，占台湾总人口的88.4%。汉族人口中，以省计，福建省有311.64万人，占83.1%，广东省56.63万人，占15.6%，其他各省4.89万人，占1.3%；以县计，则福建省同安县有55.31万人，占14.7%，安溪县44.16万人，占11.8%。调查显示，同安县居第一位，安溪县居第二位，后来同安县行政区划调整，拆分为同安、思明（厦门市）和金门三县，移民祖籍随其县属而改变，同安的第一位，便由安溪取代。

此次人口调查距今已有将近百年，九十多年来，台湾的汉族人口已剧增为2000多万人，其所增加来自两方面，一是原人口基数繁衍的自然增加，一是1945年至1948年新移民的加入。假使自然增加是每20年翻一番，则安溪移民以1926年的基数，发展到现在会有多少？一说是248万人，一说是278万人，但不管确切的数字是多少，汉族人口在台湾，依其祖籍以县计，安溪居第一，当年如此，今天亦然。

① 陈汉光《日据时代台湾汉族祖籍调查》，载于《台湾文献》第23卷第1期。

安溪人过台湾“寻头路”

台湾位于我国东南沿海上，西以台湾海峡和我国大陆本部的福建省相连，两地相去不过200公里左右，最短距离仅有135公里；北以东海、太平洋和琉球群岛相望；南隔250公里的巴士海峡和吕宋岛对峙；东北面临浩瀚的太平洋，自古以来就是我国领土的一部分。台湾形势险要，不仅居于亚洲大陆沿岸岛弧连锁关系的战略位置上，同时扼远东航运之要冲，亦系我国东南七省的屏障，诚如文献资料记载：“台湾海外天险，南接闽粤，北连吴会，袤延数千里，港岛迂回，土地饶沃，物产丰赡，故东南之护也。”① 所以，自16世纪以来，除我国沿海居民活跃于此外，亦为荷兰、西班牙、日本诸国觊觎之对象。且由于日后海权之发达，台湾之地位愈发重要。

安溪人移民台湾始于何时？为何如此之多？在哪些地方立足？《台湾通史》载，明末，安溪人就开始大规模迁居台湾，“明崇祯时代，安溪人石化竹等入垦台南市”，“明郑时代，安溪人吴天来等入垦凤山湾仔内庄及新庄”。澎湖地近福建，《台湾通史》载，宋时，澎湖已有汉族居民；元代中叶，在澎湖设巡抚司，“闽南人于明代初叶陆续移入澎湖”。又载：“明天启、崇祯年间，福建灾荒严重，漳泉两府人民相率渡至澎湖谋生。”安溪人为闽南人的“轮轴”，“闽南人”和“漳泉两府人民”其所指，自然包括安溪人。1926年，澎湖人口只有6.76万人，其中安溪人1.19万人，占17.6%，由此可见，安溪人很早就有到澎湖。

台湾的汉族人口，在明郑以前，大多是经澎湖转来，因此，安溪人经澎湖而转入台湾，可能很早就有了，他们入垦台湾的原

---

① 思痛子《台海思痛录》，《台湾文献丛刊40种》，台湾银行经济研究室印行，1959年。

因，在西班牙人、荷兰人占据台湾之时，是应募劳工。郑成功的父亲郑芝龙和颜思齐、林道乾等人相伴做“海盗”，常出没于台湾，并以之为“山寨”，拥有盗船数百艘，他们曾招来闽南无业游民“入伍”，亦在台湾拓荒。郑芝龙后来降明，明崇祯元年（1628），授海防游击“靖海”，曾和荷兰人开打，战功赫赫，累官至总兵后又升都督，闽南人要到台湾，得持有郑氏令旗，方可航往。崇祯三年（1630），闽南闹饥荒，郑芝龙在福建巡抚熊文灿的支持下，徙数万饥民至台湾，每人给银三两，三人给牛一头，使其垦荒食力，此举应为闽南人正式移民台湾的开始。据统计，至明崇祯十七年（1644），泉、漳移民骤增至10多万人，主要是沿海一带的饥民。南安是郑芝龙的故乡，随同郑芝龙迁台的，除了郑氏的亲属、宗亲外，还有同村、同县及邻县安溪人，大部分集中在台南一带。[①]

明郑时代，郑成功率兵到台，安溪人随军移入，[②]彼时台湾的汉族人口可从郑家军的组织明其梗概：陆军72镇，水师20镇，连同政府官员和眷属，史书推估有十万之众，实际上远远不止，其中安溪人亦在1至2万之多。在郑氏政权存在的23年间，大陆到台湾的移民有20万人，安溪人迁徙台湾一年比一年多。明郑以后，施琅入台，因其为当时在朝为相的安溪人李光地所力保，才挂帅征台，有了这层关系，安溪人投其麾下的不在少数，随施军入台者也就不少。施琅治理台湾期间，越来越多安溪人迁台移居。日据时代，日本人为了发展台湾茶业，尤其欢迎种茶历史悠久、制茶工艺精湛的安溪茶师和茶工，这些茶师和茶工有长期雇佣，

① 《南安县志》，卷十三“南安与台湾关系”，江西人民出版社，1993年。

② 郑成功为南安县人，安溪县与南安县相邻，郑家军在闽南抗清，军中大都是八闽弟子，安溪人近水楼台，当然有人加入，郑成功带兵二万五千人入台驱逐荷兰人，安溪人随军出征，后又留了下来。

也有季节短工，其中有不少人定居下来。

为什么有那么多的安溪人移民台湾？最大的原因有二：其一，宋代以后，安溪的人口迅速增长；其二，安溪是典型的丘陵山区地貌，地无三尺平，举目皆山，不利于水稻种植，粮食生产赶不上人口增长。民以食为天，安溪人为了要吃饭，而不得不移民他乡。清乾隆《安溪县志》中有“邑之业农者困矣”的记载，是故，安溪人背井离乡者多。元初因水旱灾及瘟疫，安溪迁出人口达数千人。明代起，安溪人开始移居台湾及海外，台湾、东南亚地区以外，还有一部分安溪人移居国内各地，为江西上饶，浙江平阳、温州，福建厦门、尤溪、福安、福鼎及武夷山等地。

据安溪老一辈介绍，台湾光复初期，厦门到台湾有一条船叫鹭江轮，往来穿梭于厦门和台湾之间，由于安溪人在台湾大都有亲戚、同乡或朋友可以投靠，那时到台湾比大陆任何一个县的人都多。另有一些货轮和机帆船兼载客，在船上相互打招呼的，多是准备去台湾“寻头路”的安溪同乡。许多“唐山过台湾”的故事，主角都是安溪人。他们背井离乡，历尽千辛万苦，九死一生，“入垦台湾”，在荒芜的土地上，披荆斩棘，建立家园，而台湾也因为他们的到来，有了后来一步步的发展。

安溪人拿出“看家本领”

“台湾土地广，种田不必下肥”“台湾好趁食”“台湾钱银满脚目”① “台湾歌仔戏好看”等民间俗语流传甚广，也吸引着越来越多的安溪人，向外求发展，原本想到南洋去做“番客”者，后

① 都是闽南话，“下肥”意思是施肥料，“趁食”意思是就业挣钱，“满脚目”意思是到处都是，没过脚背。

来也改移到台湾来了，如沈起元[①]所言，“夫民之渡台，如水之趋下，群流奔下”。

到台湾“寻头路”的安溪人，首先在哪些地方立足？除上文谈及的“明代石化竹等人入垦台南”“明郑时代吴天来等人入垦凤山”外，清康熙以后，台湾安溪人越来越多，垦地范围也越来越广。康熙年间，王承诏等入垦台中梧楼、清水、彰化花坛。雍正年间，李仰等人入垦台中龙井、彰化田尾，卢明程等人入垦淡水，颜延华等人入垦北港，阮尧等人入垦高雄乌松。

钟中培在《安溪人移民台湾史述》[②]考证，乾隆年间，王杉才等人入垦台中沙鹿、苗栗苑里，孙玉尊等人入垦彰化田中、新竹市、台北、永和，向金宝等人入垦台中大里，苏光和等人入垦台北、永和、汐止、泰山、林口、景美，蔡兴好等人入垦淡水大坪顶、台北市古亭，萧元朝等人入垦桃园芦竹，高培从等人入垦台北深坑、士林、北投、木栅、台中南投。嘉庆年间，王道洒等人入垦台北市万华，颜玉华等人入垦基隆暖暖、台北市，白光昭等人入垦高雄市、嘉义市、台南麻豆、台中神岗、台北三峡。道光年间，郭畅等人入垦台北汐止、泰山、林口、景美、台北市古亭，白金福等人入垦台北瑞芳、平溪，詹雨生等人入垦屏东恒春。

由此可知，清以后，安溪人移民台湾兴起新一波高峰，以至成为大陆各地方移民以县计的第一位。他们所经营的土地，平地少，山地多，1926年日本人对台湾汉族人口祖籍分布调查，所居之地人口百分比数据印证了这一点。旧台北的安溪人占53.3%，临近台北市的木栅、景美和深坑，占97.5%，松山占40.7%，七堵占60.6%，新店占72.5%，坪林占82.1%，莺歌占53.3%，三峡

---

① 沈起元（1685—1763），号敬亭，江南太仓人，著名理学家、诗人，清康熙六十年进士，以知府发福建用，曾奉命调台湾，在书院教育方面卓有成就。

②《台北安溪同乡会成立35周年纪念特刊》，1991年。

占 67.6%。

倘把台湾依台北、新竹、台中、台南、高雄、台东、花莲和澎湖而划分，则安溪人在各地的人口数及其占比如下：台北 20.22 万人，占 27.9%；新竹 1.64 万人，占 2.8%；台中 5.15 万人，占 6%；台南 9.97 万人，占 9.9%；高雄 5.59 万人，占 11.4%；台东 1700 人，占 34.7%；花莲 2300 人，占 13.5%；澎湖 1.19 万人，占 17.6%。

台湾的移垦开发，除地旷人稀，可接收部分闽粤地区过剩人口外，更由于具有优厚的天然经济条件，才能吸引大批的闽粤移民前来。举凡安溪人所居之地，都是山坡地。其他县属的移民视山坡地为畏途，如东部的台东，其地势如安溪原乡，群山环抱，山高路陡，故少有人移入，直至 1926 年，汉族人口尚只有 4900 人，而安溪人就有 1700 人之多。在山坡地上，安溪人拿出祖籍地的“看家本领”，披荆斩棘，筑梯田，屯河谷，种茶种菜，对台湾各地的开发贡献巨大。所以，老一辈的台湾移民都说：安溪人是台湾的“开山祖师”。

安溪文化的色彩在台湾社会里不时浮现，为了纪念“根”来自安溪原乡，台湾安溪人就把他们开拓出来的天地，取名“安溪村”“安溪里”“安溪桥”“安溪中学”。发源雪山山脉，东西走向，跨于苗栗县和台中县的溪流，全长 96 公里，亦是以安溪为名，特别加“大”字叫大安溪。《清一统志 · 台湾府》：“大安溪，在彰化县北……于双寮海口入海。”大安溪以北，因当东北季风的风坡，故为茶稻产区，其茶产曾于 19 世纪 60 年代以后，带动台湾北部经济繁荣，其中安溪人贡献巨大。大安溪以南，因气候较为炎热，故属稻米与甘蔗产区，而稻米与蔗糖在清代，曾为台湾最主要的输出物，并以之与我国沿海省份贸易，稻米与甘蔗的种植亦是安溪人的技术强项。

语言是人与人互通信息、自成系统的行为方式，是习惯，也是习俗，呈单线形传播。台湾话实际是闽南话，而在闽南话中，亦有音调和表达的不同，安溪方言的音调和句式融汇在闽南话中，如“见笑”“少年家”“天光”“日头”“寻头路”“好趁食”“不管你番薯芋”等，就像莺啼燕语那样家常、亲切，让你毫无违和感，不觉是在海岛他乡。台湾坊间流行的“番薯粥”“咸饭”“安米粿”“面线糊”“麻粩”“粩花”等，亦是安溪原乡的“原创”，移民把它们带到台湾来“复制”。

而台湾社会中最耐人寻味的“翻版”，莫过于以安溪“蓬莱老祖”为主的民间信仰的传播。从台北到高雄，从宜兰到台东，从平原到山乡，供奉清水祖师的庙宇数量众多，建筑宏伟，历史悠久。围绕它所建立的组织、开展的节庆以及仪式，正史和野史的种种书写以及大量神话传说，成为台湾发展史厚重精彩的一页，对全台经济社会产生极为深刻的影响。

第2章

过黑水沟的乌面祖师[①]

在帆船时代，“唐山过台湾”，要经历台湾海峡“黑水沟”的狂风大浪、湍急海流，如果不慎发生船难，就会葬身鱼腹，尸首不存，可谓九死一生；抵达台湾后，由于气候湿热，瘴疠流行，台风、水灾、地震灾害不断发生，垦殖成果常常毁于一旦；番害、匪患猖獗，随时威胁到性命安全；因为争夺地界，漳、泉人不断发生“漳泉拼”械斗，死伤惨重。为求风调雨顺，合家平安，此时，最熟悉的家乡神佛信仰，就为移民所依赖，成为精神上最重要的支柱，起先为各家各户“私祀”，后来同乡集资建宫庙奉祀，并扩大到其他宗姓，成为地方的“守护神”。

---

① 传说安溪清水岩是块福地，适合修道，而普足禅师初到清水岩，遇到先占据此地的四个山鬼张、黄、苏、李（另说赵、王、苏、李，赵是宋朝“国姓”，笔者认为此说不合理）来挑战，要求禅师离开。禅师于是与他们斗法，山鬼失败逃离。半夜回到清水岩，把出口封死，纵火烧山，连烧七天七夜。就在山鬼欢欣鼓舞，认为禅师已被烧死，要重新占据清水岩时，却发现禅师无恙端坐，只是脸被熏黑了，从此山鬼心悦诚服，成为禅师的四大护法神。而清水祖师的塑像，其面部也必为黑色。关于祖师“乌面”，另有“烧柴说”与“五行说”二说。据清·杨浚《清水岩志略》卷三“丛谈”记载：“或言炊饭，嫂不给火，伸两足入竈（灶），代薪所迫。”“邑令王植谓地官云，川泽之民黑，取水精多也，神禀北方元冥懿质，北则属水，元则属黑。”

台湾海峡是传播中华文明的通道

台湾海峡，北起台湾省台北县富贵角与福建省平潭岛连线，南至福建漳州东山岛与台湾鹅銮鼻连线，主要以大陆棚为主，平均水深（岩床最大深度）60 米。台湾海峡属东海大陆架浅海，在古生代和中生代，还是华夏古陆的一部分，直至第三纪始新世的大规模海侵，海峡及两侧才淹没成海洋。

中新世喜马拉雅造山运动中，台湾岛耸起成陆，形成海峡地形的基本轮廓。第四纪冰期时，海峡又经历多次海陆变迁，距今约 6000 年前，始形成当今的海峡地形。

大致为 1.1 万年至 4.2 万年前，由于当时晚更新世后期气候变化，发生大海退，海水下降了 130 ~ 180 米，台湾海峡变成陆地，台湾岛和大陆相连接。当台湾海峡成为陆地时，它曾是祖国大陆和台湾之间最重要的古人类、古动物的通道。大陆大量的古人类、古动物，通过成为陆地的台湾海峡迁徙台湾。

近年陆续从台湾海峡打捞的众多动物化石，也可证明台湾海峡曾是陆地，与大陆紧密相连，从未分开。钟中培在其《安溪人移民台湾史迹》一文中披露，1965—1975 年内地考古学家在安溪的若干地方，发现许多古人类的遗址和遗物石刀、石斧和石杵等，和台湾考古学家历次在台湾许多地方发掘出来的古人类遗址和遗物相同或相似，人类学家和考古学家据此推测，这些发现可能是同种族之物。

钟先生认为，台湾的先民，不是来自盘古开天地说的“金童玉女降世”，亦非上帝造人说的“亚当夏娃来临”，他们必然是来自岛外的移民，而岛外的移民，最有可能的是，散居于华南闽粤等地的古代蛮、越、獠的先民。台湾古人类是从福建、广东长途跋涉迁徙到台湾的。所以两岸古人类同根同源，台湾史前文化是中华民族史前文化的一部分，台湾海峡自古是传播中华文明的通道。

海峡的两岸分离开始于白垩纪和古新世时期，也就是在约5400万年以前，台湾中部地区开始被水淹，中间成为浅海，第四冰河期（结束于1~2万年前）来，大海进入海进期，海水面上升约有100~130米，形成了今天的海平面，台湾海峡开始形成。自此开始，两岸间的来往由陆地转为海上。

特殊的地理位置，使台湾海峡季风交替明显，频繁的偏北风非常强劲，每年强烈的台风又伴随暴雨，造成潮水水位变化剧烈，对沿岸侵蚀很强烈，被早期移民称为“黑水沟”，视为畏途。黑水沟，不仅是历史上清帝国与其藩属国琉球王国的分界线，[①] 亦是指流经台湾海峡的“台湾暖流”，由于台湾暖流自南向北流经台湾海峡，其流速较快，海水颜色较深，神秘未知，浩瀚凶险，对于航海到台湾阻碍巨大，经常发生船难。故流传有一句民谣“六死三留一回头”，意即过十人当中，有六人会死在黑水沟，有三人会留在台湾，还有一人会受不了早期台湾的蛮荒恶劣而折回内地。

但为了“讨生活”“寻头路”，“爱打拼”的漳、泉移民别无选择。面对前路遥迢，面对不可知的“黑水沟”，他们出发前都会到家乡的庙里，在世代供奉的神佛前点上三支香，虔诚祷告，祈求神明佑护，同时从佛龛里郑重取出一点香灰或是一张神像、一个信物，包裹好随带出行。移民们心里相信，“敬神如有神在”，家乡神明会保佑自己平安过“黑水沟”，顺利抵达异地他乡，安稳发展。一旦到了最初目的地，安顿好自己之后，他们立即将随身携带的神明信物，先在家中供奉起来，站稳脚跟形成聚落后，又联

① 黑水沟是古称，今称“中琉海沟”“琉球海沟”，琉球海沟亦称南西诸岛海沟（Nansei-Shoto Trench），琉球海槽（Okinawa Trough）。

合同村宗姓，依原乡规制，建筑庙宇，雕塑神像，顶礼崇奉，是为一种信仰分香台湾的开始。

闽台民间信仰的乡土性和民族性

“闽俗好巫尚鬼”，尤以闽南为甚，简直达到如痴如醉的地步。历史上，闽南的区域范围，除了泉、漳二府，还曾经包括兴化府和永春州（领德化、大田二县）。闽南各县都有当地居民认为灵响卓著的神祇，如泉州花桥慈济宫花桥公、通淮关岳庙帝爷公和富美宫萧王爷，安溪（清溪）城隍和蓬莱清水岩清水祖师、金谷威镇庙广泽尊王，南安凤山寺郭圣王和罗溪坑口公田都元帅（相公爷），惠安青山宫青山王，德化石牛山石湖殿法主公，晋江青阳石鼓庙顺正王和永宁、石狮城隍，同安马巷元威殿池王爷和灌口凤山祖庙二郎神，厦门石狮王，金门牧马侯和风狮爷，云霄、漳浦的威惠庙开漳圣王，平和三平寺三平祖师，东山铜陵关圣帝君，等等。关帝、妈祖、保生大帝等神明则是闽南各地共同奉祀的，但其中又有所差别，甚至称呼也不同。如妈祖有湄洲妈、温陵妈、银同妈之分，帝爷公一般指关帝爷，有时指玄天上帝。圣王公通常指广泽尊王郭忠福，有时指开漳圣王陈元光，南靖船场的赤坑头圣王庙和龙水顶楼圣王庙，圣王公却是开闽王王审知。还有各种各样的社公、社妈、王公、王母、仙公、仙妈、恩主公、夫人妈……闽南民间信仰绝不仅仅是泉州、漳州、厦门所属各县民间信仰的简单相加。①

闽南是一个移民社会，其民间信仰既传承中原民间信仰的传统，又带有鲜明的闽南地方特征，闽南移民在向外迁徙的过程中，

① 连心豪、郑志明编著：《闽南民间信仰》，福建人民出版社，2008年。

又把闽南民间信仰广泛传播到台湾和南洋各地。大陆渡台移民中，闽南的泉、漳二府占绝大多数，过台湾海峡“黑水沟”时，泉属移民多随带清水祖师（乌面祖师）、广泽尊王的香火，漳属移民多随带开漳圣王、三平祖师的香火，到台湾奉祀。妈祖是出自福建的“航海保护神”，福建移民尤其是海边移民，都会把妈祖奉为横渡“黑水沟”、战胜惊涛骇浪的首选保护神。台湾开发之初，瘴气疠疫横行，于是驱瘟之神保仪尊王、王爷、医神保生大帝、妇幼保护神临水夫人、生育之神注生娘娘等，这些福建民间信仰备受移民崇奉。关帝是儒道释三教共奉的全国性神祇，台湾各地关帝庙多分自泉州通淮关岳庙和漳州东山铜陵关帝庙，因此成为泉、漳二府各属移民的保护神。

城隍庙向为官设，虽然京城、省、府、州、县的城隍爵秩品位有差，但各地城隍都有固定的辖境，互不干涉，因此城隍并无分炉、分香、分灵之说。但闽台城隍信仰崇拜却打破这一惯例定制，屡屡出现私设、分炉、分香之举。晋江永宁卫城隍于明嘉靖倭乱中“移驾”尚无建城的石狮，后又分灵各地，均属私设。随着晋江、石狮大量移民渡台，永宁、石狮城隍香火又分炉彰化鹿港。安溪（清溪）城隍在台湾也有许多分香子庙，台北大稻埕松山霞海城隍庙，就是安溪城隍庙的分炉。

林再复（安溪人）在其《闽南人》一书中，深入分析过迁台闽南人的“神明观”。[①] 他认为，迁台闽南人奉祀大陆入台的桑梓神明，有四个特征：第一，地方色彩特别浓厚，也可以说，绝大多数都属桑梓关系；第二，选择的对象特别单纯，绝大多数都是能刻苦耐劳、披荆斩棘，以至于能建功立业的；第三，崇拜的意

① 林再复著：《闽南人》，第九章“闽南人的宗教信仰与习俗”，台湾三民书局，1984 年初版。

义特别明显，绝大多数都是景仰能保民济世，有德行有恒心，而且或忠勇或孝慈的；第四，冀求的目标特别突出，绝大多数都是祈求安全，祈求能为大家拒盗驱邪、除害治病、消灾解难的。透过这种神明信仰，可以了解闽南人朴素的精神诉求。

寺庙宫观林立，神灵众多，信众广泛，是台湾社会的一大特色，台湾的民间信仰几乎全部和大陆有关，大多由移民传自一水之隔的闽南、粤东，与闽南关系密切。据台湾“内务部”1987年1月统计，全台共有各种宗教信徒598万余人，占当时台湾总人口的31%；登记在案的各种寺庙和教堂11757座，未进行法人登记的有2万多家；全台神灵300多种，其中80%是从福建分炉过去的。[①]台湾民间信仰既有自然崇拜，也有神灵崇拜，而以神灵崇拜为主，神祇大多与闽南有关，这是台湾民间信仰最重要的特征，即闽台民间信仰的关联性、共同性、从属性。

伴随着安溪人的外迁脚步，过“黑水沟”的清水祖师，几经辗转来到台湾“安营扎寨”。这尊“乌面祖师”因为来自闽南故土原乡，富有乡土气息和人情味，又因为它贴近民间的“草根性”而永葆其旺盛生命力。它蕴涵着中华民族优秀传统文化的积淀，寄托着大陆移民及其后裔对故乡故土的无限思念，是台湾同胞血缘乡土情结的外在表现，是闽台民间信仰民族性的集中体现。

① 林其泉编著：《闽台六亲》，厦门大学出版社，1992年。

第 3 章
满街都是“安溪仙”

清水祖师是安溪人的主神，明代以后，随着一批批安溪人纷纷迁居台湾各地和东南亚各国谋生，清水祖师的香火也传到那里，凡是安溪人足迹所到之处，安溪清水祖师庙也就跟着建立起来，而且越建越多，形成一种独特的移民文化现象。清水祖师于安溪人而言，不只是一种简单的民间信仰，它具有倡导怀乡思祖的社会功能，同时又是维系在台安溪人族群、宗姓团结的精神力量。

有安溪人就有清水祖师

《台湾通志》载，有年代可考的两座台湾清水祖师庙建于南明永历年间（1647—1662），一座是台南市楠梓区的清水寺，一座是彰化县二林镇祖师庙——新兴宫。可见三百多年前，清顺治年间，台湾就有安溪人的足迹。从清康熙十八年（1679）至民国三十七年（1948），台湾省至少建有 73 座安溪清水祖师庙（一说是 83 座），其中台南 22 座、台北 12 座、高雄 8 座、屏东 5 座、宜兰 4 座、嘉义 2 座、南投 2 座、澎湖 2 座，新竹、台中各 1 座，成为台湾最有影响的神灵之一。[①]

1949 年以后，台湾又新建了不少清水祖师庙。据台湾清水祖师文化交流协会理事长陈文雄介绍，目前全岛主祀清水祖师的庙宇已超过 500 座，加上配祀的，已有上千座之多。台湾清水祖师庙叫法不一，大多以祖庙的庙名加以演化，如清水岩、清水寺、龙泉岩、祖师庙、祖师公坛、清水祠、清水宫、祖师殿……但都供奉安溪清水祖师，承袭祖地庆祝祖师圣诞的习俗、礼仪和规制，说明台湾同胞对清水祖师信仰的认同性。

明崇祯年间，安溪崇信里三洋村（今芦田镇）有三位乡人到台湾苗栗开垦；龙门科榜村翁氏六世祖翁成斋的两个儿子翁尚勃、翁尚进迁居台湾南部的义竹围（今嘉义县义竹乡）。闽南人随郑成功大军于明永历十五年（清顺治十八年，1661）正月自金门东征，军次澎湖，抵鹿耳门（台湾台南市），先开发台湾南部。《安溪县志》载，时有大批安溪人参加这一义举，仅官桥赤岭就有 500 人加入郑军。安溪的张、施两姓族人也随郑氏，迁居台湾南投的重寮村和嘉义的施家村，参加台湾的早期开垦建设。施琅率漳州人入台后，泉、漳二府之移民共同开发台南。随着人口的增长，台南的泉、漳移民后裔陆续沿淡水河北上，移居至淡水左右岸，因以开发台湾之北部。

清初，安溪墩坂顶的陈锭、陈金二兄弟携眷入台，后该地又有不少安溪人移入，聚居于台北市莺歌镇。雍正末、乾隆初，大坪乡高植甫落户于北投，以后高姓各房族人也纷纷而至，开发台北盆地。台北县三峡镇、淡水镇、土城乡、泰山乡、新店市、瑞芳镇及台北市龙山区、大安区、景美区、木栅区等地的安溪人众

① 台湾省文献委员会编:《台湾省通志》，卷 2《人民志·宗教篇》，众文图书股份有限公司，1980 年再版。

多，几乎是原乡的“复制再造”。据 1926 年户口调查资料统计，台北县汉族人口共 72.6 万人，安溪籍移民计 20.22 万人，占台北总人口的 27.9%，其中旧台北市，安溪人占汉族总人口的 53.3%，原属台北县的木栅、景美、深坑（景美、木栅 1967 年划入台北市，为景美区、木栅区）安溪人占 97.5%，新店占 72.5%，三峡占 67.6%，莺歌树林占 53.3%，瑞芳占 46.6%，土城占 23%，淡水占 21.8%，泰山、新庄占 28.7%。

“有岩就有清水岩”“有安溪人就有清水祖师”。据陈美桂主编的《台湾区族谱目录》（1987 年台湾省各姓历史渊源发展研究学会发行）、杨绪贤编撰的《台湾区姓氏堂号考》（1979 年台湾省文献委员会发行）、励清沂总纂《台北县志》卷五《开辟志》（1960 年台北文献委员会发行）等书，安溪移民先后渡台，开垦台湾的路线是从台南向台北发展的，故清水祖师庙也首先出现于台南地区。清顺治年间，台南楠梓区清水寺和彰化县二林镇新兴宫兴建后，康熙年间，台南又盖起龙山寺、清水寺两座清水祖师庙，高雄仁武乡也盖起一座福清宫祖师庙。雍正元年（1723），台南县佳里镇起盖震兴宫，雍正八年（1730），台南县起盖起灵昭宫，雍正年间澎湖马公镇也盖起一座祖师庙，崇奉清水祖师。自康熙末年后，安溪移民大量入垦台北，乾隆年间台北县也开始建起祖师庙。明末清初至民国年间，台湾省建有近百座清水祖师庙，其中台北就有 16 座。

乾隆三十二年（1767），居住在三峡、莺歌的安溪移民倡议修建祖师庙，得到当地及附近乡村安溪人的响应，当年八月开始动工，三十四年（1769）落成，是台北地区最先建的祖师庙。接着兴建的是艋舺清水祖师庙，于乾隆五十三年（1788）奠基兴建，五十五年（1790）竣工，由安溪移民先捐资三万元发起，推举翁有来为董事，负责筹建，庙成后，派人回安溪祖庭直接分灵来台，供奉在庙里至今。淡水镇清文里的清水岩，1934 年重建，始建年代应在同治六年（1867）以前。泰山乡明志村泰山岩建于乾隆五十七年（1792），景美万庆岩则建于道光十八年（1838），泰山乡山脚村泰山岩建于光绪元年（1875），土城乡中央路永福岩建于光绪十年（1884），淡水镇沙仑里四段保安岩建于 1913 年，木栅区原博嘉村祖师庙建于 1923 年，土城乡顶埔村集福宫建于 1924 年，瑞芳镇龙川里龙岩宫建于 1946 年，瑞芳镇龙潭里净化堂建于 1948 年，还有淡水镇沙仑里 10 邻平安宫、新店镇广兴里长福宫、新店镇屈尺里岐山岩、大安区和平东路石泉岩等清水祖师庙，始建年代虽然不详，但都是由安溪移民从祖籍地清水岩分灵所建，为在台安溪移民所崇祀。

土城永福岩“清水老祖”

土城永福岩位于今新北市土城区中央路 4 段 65 号，土城区原为土城乡、土城市，是台北县的一个县辖市（现归新北市管辖）。经 1947 年、1979 年二度增建前殿、两廊、钟鼓楼、金龙池等后，永福岩清水祖师庙颇具规模，宏伟壮观，“乃成大顶埔地区居民之信仰中心”。《永福岩清水祖师庙沿革》载：郑成功自江南回师，决先东征，以台湾为进攻基地，“永历十五年，福建省泉州府安溪县民邓士高、邓淡水、邓新泉、邓士接、邓士经、邓新场、邓新视、邓春为、邓士读、廖清济、廖士发、徐江水、林士番等十三人决定渡台开垦耕作”，因当时台湾海峡人称“黑水沟”，强风恶浪，急流汹涌，“乃商议至安溪清水岩恭请清水祖师金尊圣驾随行护佑”，果然神威显赫，渡海时风平浪静，十三人等平安抵台。稍作安顿后，先民即共同在本地开垦耕作。由于当时土地荒芜，虫瘟皆起，医疗欠缺，“乃祈求清水祖师显化赫灵，出巡除害”，而后风调雨顺，合境平安，农作丰收，“每年农历十月十五日，先民皆办平安法会，叩答神恩”。由是，光绪十一年（1885）廖玉山、王选等七人发起筹金建庙之议，获得全庄民众热烈响应，有钱出钱，有力出力，祖师庙初期工程于焉完成。取名“永福岩”，意指“永远福佑本庄居民之意涵”。1947 年，本庄居民廖财贯在台北大稻埕经营茶叶有成，感念清水祖师佑民乡梓，乃捐助巨资，增建前殿及两廊，历时两年竣工，永福岩臻于完善。

今年（2019）已 95 岁高龄的廖陈却老阿嬷，对永福岩过往的这段历史记得很牢，她说，永福岩的“清水老祖”是当时由十三个人轮流奉请回家中奉祀，当地流传的“石头溪，阉鸡古，彭庄厝，水查某，顶埔大日虎”一句俗语也每每应验，每当清水老祖诞辰庆典，如果之前天气不好，等到节庆当天，天气一定好转，非常神奇。除了清水祖师作法除虫害（飞来数百双乌鸦，啄食田野地里的蝗虫）的故事，廖陈却老阿嬷还讲起一个曾经轰动一时的传奇故事：日据时代，台北城内最繁华的地方属大稻埕迪化街太平通一带，灯红酒绿，歌舞升平。当时有一位陈姓商人，经商有成，就在蓬莱阁附近酒家购地兴建一栋三层欧式洋房，美轮美奂，华丽无比。入住以后，却一直睡不安宁，祸事不断。经友人介绍，乃恭请清水祖师法驾亲往查看。祖师起乩降示“此宅有妖猫作怪”，应除此妖，可保安宁。后果然在花园某处，开挖发现一个猫头骨，取出猫头用油锅炸。陈姓商人全家回归正常生活。此事之后，祖师声名广为流传，来庙求助者更多，庙里每有扩建事项，邻近乡人都积极响应。

永福岩的兴建过程并非个案。故而每年清水祖师诞辰，安溪社区都要举行庆典和巡境活动，台北坊间广为流传的一句话“满街都是安溪仙”，说的就是当天万人空巷、狂欢喜庆的情景。安溪乡贤钟中培在《安溪人移民台湾史述》中写道：“台湾经济的发展，安溪人大有贡献。最可贵的是，安溪人的性子，很能安分守己，他们一生没有看过皇帝，对圣旨能服从，他们一生不曾看过警察，一样遵守社会秩序，他们随带那种安分守己的精神而来，在台湾各地方落户，发生辐射影响作用，对台湾的社会秩序，亦很有帮助。”安溪人顺应自然，从容坦荡，奋斗打拼，勤劳勇敢，敬天奉神，守规定不逾矩，拿得起放得下，这种人生感悟和况味，不正是“仙人”所追求的境界？

自宋徽宗建中靖国元年（1101）普足禅师圆寂，此后由人变成神之后，九百多年来神职不断发生变化。北宋时以祈雨为主要职能，到南宋时已发展为治病、驱虫害及御盗、除妖等职能，成为安溪人的乡土守护神。明末清初跟随安溪人外迁的轨迹，传播到台湾及东南亚地区后，更演变为安溪移民的保护神，成为祈福、禳灾、治病、驱邪、保平安的“万能之神”。并且，信仰圈在不断扩大，由原来安溪移民及后裔主崇祀，发展为闽南移民及当地各籍居民的普遍信仰。台湾各地祖师庙建起来后，除了承接信众进香祈福之外，也是安溪移民、闽南移民聚会恳亲、互访交流的场所，有的清水祖师庙则兼办学校、医院、文化研究会、基金会、慈善会、互助组等，教育子弟，传播文化，扶危济困，深得当地各界认可。

念故乡亲切，一派纯真。土城廖陈却老阿嬷心心念念的“清水老祖”，让万千安溪乡民，梦魂时绕旧家山。

第 4 章

台北三大清水祖师庙

台北地处台湾岛北部的台北盆地，被新北市环绕，西界淡水河及其支流新店溪，东至南港附近，南至木栅以南丘陵区，北包大屯山东南麓，是台湾省的政经、文旅、工商业与传播中心，仅次于新北市的台湾第二大城市。

历史上的“台北”（泛指台湾北部），还包括基隆市，新北市的芦洲、三重、新庄、板桥、中和、永和、新店、汐止、树林、土城、五股、泰山、淡水等区域，泛称大台北地区。

台湾地处传统的儒家文化圈，台北市的宗教状况与台湾宗教大致相同，以传统宗教与西方宗教等为主。以佛教与道教为例，台北佛教庙宇登记在案者为 107 间，道教为 154 间，寺庙中所祀神祇大多是随着闽、粤移民由祖居地移銮迎至。

20 世纪 50 年代之后，台湾中南部居民移居至台北，又将其原初奉祀神灵请至台北，建庙设分灵，故台北地区的佛道教寺庙数量之多，冠于北台湾，其教派之广，几乎涵盖各神佛，堪称台湾宗教的总汇。

台北较具规模的祖师庙，要数三峡长福岩、艋舺清水岩和淡水祖师庙，而艋舺清水岩，又与艋舺龙山寺（祀观音佛祖）、大龙峒保安宫（祀保生大帝）并称为台北三大寺庙，保留着中国近代史（明清时代、日据时代与战后时代）大量丰富珍贵的物质和非物质文化遗产。

三峡长福岩

三峡镇位于台北盆地的南端，境内多山，全镇山陵呈南高北低分布，三峡溪、横溪分别汇入大汉溪形成河谷平原。三峡祖师庙，就坐落在河谷平原的“三角涌”（闽南话，指三角地带），亦称作长福岩。

乾隆三十二年（1767），三峡地区与莺歌地区的安溪移民，商议建庙，以供奉来自祖居地的清水祖师，得到居住于三角涌、石头溪、二甲九、中庄、莺歌石的安溪人、泉州人的热烈响应。大家便共同出资，择地规划，于乾隆三十四年（1769），在“三角湧”公馆尾（今台北县三峡镇秀川里），盖起祖师庙，取名“长福岩”。

三峡祖师庙落成后，移民们又议定，按姓氏居住的自然区域，分为刘、大集姓、陈、林、中庄集姓、李、王共七股，参照安溪祖殿的方式，通过卜炉主，决定每年酬神巡境的负责执事（俗称“佛头股”），各股七年轮值一次，周而复始，此后演化成长福岩二百多年不变的祭祀组织。

清道光十三年（1833），三峡祖师庙因台湾大地震而全毁。地震之后，祖师庙第一次重建，建筑式样为闽南二进护龙（护厝）格局。中日甲午战争（1895）后，台湾被迫割让给日本。日军登陆后，由北往南逐步接收台湾，至三峡时，乡民们以祖师庙为抗日大本营，成立义勇军，抵抗日军，日军死伤惨重。日军向台北求援，义勇军弹尽粮绝，弃守“三角湧”。日军进入“三角湧”后，火烧庙堂，祖师庙建筑全部遭焚毁。

清光绪二十五年（1899），日本人对台采取安抚政策，三峡移民遂重建闽南式二进双护龙祖师庙，为台湾寺庙大匠陈应彬领衔建造，造型呈“皿”字状，材料以木材和土砖为主。

1941年，深受蚁害的祖师庙再次筹备重建，但直至1947年3月9日才正式动工。此次重建由台湾名画家李梅树教授主持，而李教授也花费半生心血（自46岁至82岁）致力于此（直至82岁去世前，仅完成三分之二），创台湾庙宇工期之最。[①] 更有三代正统匠师连续同为庙宇从事雕刻工作，付出一切。庙宇以我国传统古法构建，雕刻艺术之美，名播远近，故有“东方艺术殿堂”之美誉。

三峡祖师庙占地1500多平方米，坐北朝南，为三进九开间殿堂式，在闽南式建筑中以大庙的方式呈现，即五门三殿式。建筑布局依兴建顺序为三川殿（前殿）、虎厅、龙厅、正殿、太阳神殿、太阴神殿、钟楼、鼓楼、左右厢房一二楼及后殿，共十部分。从空中俯瞰，整座建筑物呈回字状。

站在广场往庙里看，只见三川殿及龙门、虎门二厅，共五门，庙堂相连，呈“一”字形排列。按古制，帝后级才能开五门，据说清水祖师曾经受明太祖敕封为护国公，所以在祖师庙能见到开五门之貌。

祖师庙正殿（中殿）供奉着清水祖师，左右二殿太阳神殿、太阴神殿亦称日月神殿，分别配祀着太阳星君、太阴娘娘。在台湾，供奉这二位神明的庙宇并不多，而祖师庙在日据时代就开始供奉了。日月神殿神座旁各有二座铜人，就是佛教中的护法神，

---

① 陈炎正《台湾三峡清水祖师庙的艺术建构》，陈国强、陈育伦主编：《闽台清水祖师文化研究文集》，香港闽南人出版有限公司，1999年。

增长天王、广目天王、多闻天王和持国天王，代表着风调雨顺。

三峡祖师庙以石、木、铜为主要建材，寺庙结构以石为基，以木为顶，铜则用来作为保护性质，例如，门及栏杆。石柱总计有156根，为全省寺庙之冠，雕刻内容包含传统的花草、禽鸟和神话历史故事，亦有一些西洋的图腾，如希腊罗马式的柱头、仙女等。木材彼此之间以卡榫接合，而不依赖钉子或接合剂。

石材共有四种，为来自福建泉州的花岗石、青斗石、灰京石，及采自台北的观音山石。木材为三种，桧木、樟木和黑檀木，都是从东南亚印尼等国进口的。

祖师庙前殿的门神及壁面的雕塑人物，是以铜为材料的作品，这是三峡祖师庙的一大特色。庙宇管理者介绍，以铜作画，不易被香火熏黑，且保存得更为长久。虎门厅的墙上，有铜造的田单复国的火牛阵、卧薪尝胆的勾践和北海牧羊的苏武，这几幅图案都是李梅树参考汉朝梁武祠石刻所设计的，而代表五行方位的虎壁铜塑，则是李梅树以油画的构图方式来呈现的。

秀川里里长李楷瑞世代居住在三峡镇，祖籍安溪金谷镇芸美村，祖父、父亲和他三代连任里长十几届，按每届任期五年，李家已有半个多世纪担任秀川里的“最高长官”，见证三峡祖师庙的兴废。李楷瑞打小就在庙里玩耍，对这里的一砖一石非常熟悉。三峡祖师庙重建期间，李楷瑞恰好上艺专，假期就来到庙里帮忙，工匠师傅的设计、施工图纸，乃至画家的画稿，工程完工后就丢在一边，李楷瑞都一一收藏在家中。

李梅树负责监督祖师庙重建工程，而祖师庙的主体工程，则由台北传统名建筑师陈应彬的后代所设计与建造。泉州石雕艺师蒋银墙、蒋再木、刘英宏、简芳雄，木雕艺师李松林、黄龟理等近百人，先后参与祖师庙的建设。

三峡祖师庙以闽南式建筑格局呈现，各部用材、造型及内涵的丰富，也尽力体现闽南文化的特质。

埕是闽南寺庙不可或缺的场所，它是酬神演戏的地方，也是进入寺庙的第一个节点。三峡祖师庙的埕所用的石材，是来自福建的花岗岩，俗称泉州白，安溪、南安等地均有生产。早期，台湾用的石材几乎全自泉州而来，分为泉州白及青斗石（闽南话青草石）二种，因清代来往台湾海峡的船只大多为木造帆船，为避免因风浪大而摇晃、沉船，往往在船舱底下铺满石条以求船身稳当，回程时卸下石条作为建材，再换以米粮，早期人们都称其为“压舱石”。

三川殿为祖师庙立面最中心的地方，此处的木雕、石雕最能代表闽南人到寺庙朝拜的心态及祈求事项。如，左右墙上雕刻“旗子”和“球”代表祈求，雕刻“戟”和“磬”代表吉庆；左右两门上各有花瓶一对，瓶与平同音，所以代表平安之意。花瓶上插牡丹、荷花、菊花和梅花，即代表四季平安。其下方有士农工商浮雕，乃代表人人皆生财有道。亦有对社会期许的雕刻，如太平有象，即刻上太平鸟凤凰及大象，比喻太平盛世亦有迹象出现。另外，墙上石雕亦有取自三国演义的故事，如三英战吕布、周瑜打黄盖、甘露寺等，则说明其与中华传统文化一脉相承。

中殿比前殿高出许多，为整座建筑物最重要部分，以歇山重檐回廊式呈现，设计者陈己堂，是清末传统建筑大师陈应彬的儿子。石柱上的题材为封神榜里的三十六关将、十八骑与金光聚仙阵，这二对石柱以双条龙为主，称之为“天地交泰”，龙背上刻有众多的神仙来串场。

另有一对镇庙之宝石柱，名为“百鸟朝梅”，在梅花树上雕刻了百种鸟类，梅花是中国国花待选之一，代表着我们的国家，百鸟则代表着各国友邦，其意为万邦来朝，也表示中华文化历史悠久、博大精深。百鸟朝梅柱的构想来自李梅树，而石柱的设计和雕刻则是自泉州来台的蒋银墙，其技艺世代相传，故雕功精湛，栩栩如生。

中殿神龛是樟木和桧木以卡榫的方式组合而成，龛前有木柱二对，刻着封神榜的故事。神龛里有释迦牟尼佛、十八罗汉和清水祖师，而以清水祖师为最多。其中，以玻璃框内的清水祖师小神像年代最为悠久，是安溪人当年从大陆来台时携带来的，而后方穿着红色袈裟的神像，是1988年信众周义宗自安溪清水岩恭请回台的。

三峡祖师庙屡次重修重建，所以现今庙里除了中殿里的神像外，已无早期之遗存。然而，清水祖师始终是不变的。从移民最初的乡土守护神，到成为台湾民间的重要文化遗产；从简陋草创，到成为“东方艺术殿堂”，三峡祖师庙一直是三峡地区移民的精神支柱，陪伴着他们走过两个多世纪的岁月。

艋舺祖师庙

数次到台湾参访，都与艋舺清水岩祖师庙失之交臂，这一次，终于如愿以偿。旅游大巴车停在祖师庙临街的山门，还没下车，高度、角度正好，我连忙拿出相机，隔着车窗玻璃，拍了一组庙宇的远景。下午五点钟的太阳依然灼热，坐西朝东的祖师庙熠熠发光，沧桑古朴，似乎在诉说着万华地区的前尘往事。

艋舺清水岩位于台北市万华区康定路81号，与艋舺龙山寺、大龙峒保安宫并称台北市三大庙门，是台湾三级珍贵古迹。这里供奉的清水祖师，有“落鼻祖师”的尊称。传说有一次庙宇被山贼（或海寇）袭劫，祖师神像的鼻子被山贼（或海寇）削掉，后虽找回，用胶水黏住，但每逢天灾地变（地震）或其他人为祸害时，神像的鼻子就会掉落，暗示灾祸的前兆。[①]

有两则“落鼻祖师”的灵感事迹，记载如下：一、同治丁卯年（1868）仲冬廿四日，石门（今新北市石门区）迎祖师绕境，至港口落鼻，庄民咸以为奇，争相到港口，不久地震屋倒，但人事安全。二、光绪甲申年（1884）八月三十日，法军进犯淡水，在军舰上用望远镜看到镇上屋顶有和尚护卫，惧而退。乃祖师大显佛力，全沪尾（淡水旧称）安然。清光绪帝感祖师护国佑民，御笔恩赐“功资拯济”匾额，现悬挂在艋舺清水岩和淡水清水岩大殿上。[②]安溪清水岩祖殿亦复制悬挂。

艋舺清水岩主委周升平介绍，祖师庙由安溪人共推翁来为董事，募捐三万元，始建于清乾隆五十二年（1787）五月，至乾隆五十五年（1790）十二月竣工。嘉庆二十二年（1817）因暴风雨庙宇破损，董事翁来再次向安溪人募捐五千元重修。咸丰三年（1853）“顶下郊拼”[③]时毁于战火，当时的董事白其祥募捐二万五千元，于同治六年（1867）又重建，至光绪年间落成，其后屡经翻修。祖师庙原来有三殿，现只剩前中两殿，前为三川殿，中为正殿，大体能保持重建原貌，后殿原供奉妈祖，毁于火灾，迄今未建。

三川殿中门前，有一对粗壮的龙柱，雕工精湛，龙柱的顶端刻有“大清同治七年”字样。两侧的山墙，有18世纪末19世纪初的“松鹤延年”“富贵平安”主题砖雕，线条精美。石柱楹联：“为清水，为蓬莱，此地并分法界；是金身，是铁面，入门便见真

① 据（清）杨浚《清水岩志略》卷三“丛谈”记载：“或言海寇入庙，断神之鼻，后取补之，截痕犹在，神恚，则鼻落不见，近已胶固，不复飞。”

②《清水祖师经典合集》，台湾鸿顺印刷文化事业股份有限公司，2013年初版。

③ 指占据艋舺而被称为“顶郊”的福建晋江、惠安、南安三邑人，与势力较弱而被冠以“下郊”的同安人之间的械斗。

容”，是嘉庆二十二年（1817）重修时的作品，颇为珍贵。三川门内有三扇门，共六片门板，彩绘门神为台南著名艺术家陈寿彝绘于 1968 年，至今色彩鲜艳，栩栩如生。此外，在梁架、石壁、石鼓上，也都刻有清朝的帝号年代，浑厚朴拙，是清代中期台湾最具特色和艺术水准的庙宇代表。

艋舺清水岩正殿高大宽广，神龛上方悬挂着光绪皇帝御赐的“功资拯济”匾额，意在旌扬中法战争中，清水祖师显圣至淡水助战却敌的神功，为镇殿之宝。另一方“即是清水”匾额，为当地信众于同治七年（1868）所立。左右侧门分别刻有“兰室”“玉堂”字样，落款为同治庚午年（1870）。还有一对精致的锡制大烛台，据说制作于光绪年间，高达 210 厘米。奉祀的清水祖师共有七尊，除了主祀“落鼻祖师”外，还附祀关帝圣君、文昌帝君、大魁夫子、天上圣母和福德正神等诸多神明，以及清水祖师的四位护法神张、黄、苏、李将军。

日据时代，艋舺清水岩曾充为学校使用，设立台北州立二中，即今市立成功高级中学前身，国语学校第二附属学校（今台北市立老松小学）、艋舺第二公学校（今台北市龙山国民小学）创校所在，充为台北州立第三高等女子学校（今台北市立中山女子高级中学）使用，一方面说明其在台湾教育史上的重大意义，一方面说明其规模之大和位置的重要，故近年庙里每年都要花费百万元新台币，进行整修维护，以保存这座深富历史和艺术价值的古迹。

台湾的寺庙众多，神祇种类亦多，充分反映台湾民间信仰发达的现象。除了佛教、道教的神明和儒家的文武先圣崇拜之外，台湾还有许多民间信仰，如新兴宫妈祖、保安宫保生大帝等。其中，清水祖师背后所呈现出来的历史、文化与宗教意义值得探讨。

宋代，福建就已经人文荟萃，泉州港成为世界大商埠之一，宗教活动蓬勃发展，除了本土佛、道之外，尚有伊斯兰教、印度教、基督教、摩尼教等外教。在内陆深山闽南安溪、闽西汀州，还出现清水祖师、定光古佛这类民间信仰，他们都是历史上确有其人的得道高僧，生前普度众生，为地方做出贡献，圆寂后人们尊奉为神，建寺庙供奉之，且多以岩称之，显示其苦行僧之本色。

艋舺地形并非在山岩，然而清代的安溪移民将他们的守护神带入这里，建庙后亦以清水岩称之，蕴藏着丰富的地缘意义。艋舺清水岩祖师庙是台北目前少数仅存的清代庙宇，在寺庙史与移民垦拓史方面，颇具研究价值。台北盆地的拓垦，安溪移民功不可没，而艋舺清水岩作为安溪移民的信仰中心，同样是台北发展史不可分割的重要部分。

1993 年 9 月，台湾文化大学建筑与都市设计学系李乾朗教授，应台北市政府委托，主持对艋舺清水岩古迹的调查研究，该研究至 1994 年 2 月基本完成并形成报告书，主要研究成果后来收入李乾朗所著的《台湾建筑史》一书。调查组充分肯定艋舺清水岩的建筑史价值，认为其大木结构不同于三邑（福建晋江、惠安、南安三邑）或同安风格，而与著名的台北林安泰古厝风格接近，推测清同治年间重建时有可能聘请那方良匠。它的特色是用料硕大，斗拱线条造型浑厚，龙柱雄伟，这种浑厚大气的雕刻风格在台湾寺庙中是极为少见的。周升平主委说，近年在后殿旧址挖出许多旧石材，包括一对石雕龙柱，皆采用龙头在上的“升龙”造型，在全台湾古代龙柱中，属于相当罕见的做法。

巧合的是，林安泰古厝的主人也来自安溪，祖籍安溪县积德乡新康里大坪保（今大坪乡），因其姓林，故又称林安泰古厝。林安泰古厝现处滨江公园西北角的滨江街 5 号，但它其实原本位于台北市敦化南路与四维路区域，后因道路拓宽改造，在主人与专家的奔走下才迁至现址重建。台北民政局的工作人员介绍，林安泰古厝建筑格局与木石雕饰相当精致，已成为台北市最重要的观光景点，每年接待游客 15 万人次。

清乾隆十九年（1754）七月，安溪大坪人林钦命偕妻子詹氏渡海来台，在沪尾（今淡水）登陆。彼时，艋舺（今万华）一带已居民密集，以泉属五邑（晋江、南安、惠安、安溪、同安）人氏为最。林钦明用随带来的有限资金，在林口庄（今汀州街三总附近）开设一家杂货店。

等到林钦明 50 岁时，家中已人丁兴旺，家业亦蒸蒸日上，成为富甲艋舺一方的大户，六个儿子林对、林都、林回、林章、林贵，个个聪明伶俐，其中以四子林回（林志能）最为聪颖，二十出头就在艋舺创立荣泰商行，经营粮食、布匹、日化等。当年的艋舺，是水陆码头，商业繁盛，林回服务勤快，童叟无欺，于是生意日隆，财富累积上升，古亭、大安、松山一带肥沃良田，渐次归入荣泰商行名下。

乾隆四十八年（1783），林回选择在其田产的中心地带陂心（今建安小学附近）"起厝"（闽南话，盖房子），从家乡泉州聘请唐山师傅，木石技匠，并在泉州、安溪选购砖、瓦、花岗岩等建材，复在福州选购福州杉、乌心石等梁柱及雕刻木材，利用载运粮食到福州销售的回程空船，将盖房之需的建材装运返台，由淡水溯河而上，在基隆河泊岸，再用小船分装由大圳运至工地。经过十余年的精雕细琢，至嘉庆初年，一座占地 3000 多平方米，燕尾脊，三落两护龙，前池塘、后花园的闽南大厝，宣告建成。

为纪念根脉来自安溪和所经营的商号荣泰，林志能将这座大厝命名为"安泰厝"。台北安溪同乡会蔡青云老先生介绍，安泰大厝是林家当时引以为豪的两件事之一：一为"有安泰厝无安泰富，有安泰富无安泰厝"；另一件是"自古亭庄的新店溪，走到松山庄的基隆河，不需踩到别人的土地”，谓购置地产良田之多，富甲一方，林家之鼎盛可见一斑。

安泰厝虽不是华丽的建筑，不比雾峰林家花园宽阔奢华，但其建造格局谨严，主从分明，尤其是木石选料（福州杉、观音石、青斗石）相当精致，石块墙基、清水红砖、石板窗柱的雕刻叠砌，巧夺天工，体现工匠师高超的技艺，堪称台北市最精致的民宅，也是台北市现存年代最久远的古厝之一。

李乾朗教授据此认为，艋舺清水岩重修时是否聘请林安泰古厝的工匠尚无定论，但应与安溪匠师不无关系。昔日所称“台北三大庙门”之中，也仅有艋舺清水岩仍保持清代建筑技术与风貌，艋舺龙山寺、大龙峒保安宫都已在日据时期改建，可见艋舺清水岩建筑之珍贵。

艋舺是台北地区在清代中期到后期最大的汉人街区，借着淡水河的水利之便，将台北盆地周边的大菁染料、稻米等农产品囤积外销，经营出口生意而盛极一时。从日据初期 1903 年所调查的艋舺市街图，就可以看出清代艋舺商业街市纵横布局的盛况。艋舺居民主要是三邑、安溪、同安等地移民，是个标准的泉州人聚落。安溪是山区，特别适合栽种茶树，安溪人专精种茶、制茶，咸丰十年（1860）台湾开始发展茶业时，安溪人在大稻埕经营不计其数的茶行茶号，因此这个街区聚落至今仍有许多三合院[①]被保存下来，称为安溪厝。

艋舺清水岩祖师庙地处艋舺街区交通枢纽，自淡水河边的大

① 闽南传统民居中最常见的形式，它的基本构成是三开间的大落（或称正身、厅堂等）、东西对称的榉头（或称间仔、两厢房、挂房等）与天井（深井头、中庭）空间；左右榉头若各为单间者为二榉头，各为双间者则为四榉头，其中靠近大（上）落者称为上榉，近外侧者为下榉。

溪口码头上岸后，经欢慈市街（又称番薯市街）、直兴街、草店尾街，就可抵达祖师庙。祖师庙庙口有一条横街（原来是河濠，今康定路），商铺林立，有许多成衣批发市场、五金店、花店、玉店、书店等，距离凹肚仔街[①]也很近。台湾电影《艋舺》就取景于艋舺老区，融入剥皮寮、祖师庙等文化景点，很有昔日味道。钮承泽用十分文艺的手法，演绎一段上世纪 80 年代台湾黑帮少年的残酷青春话语，充满了怀旧色彩。影片再现了艋舺，历史上本只是小小的一块地盘，但经过闽南人的血汗开发，与原住民的斗争融合，再到日本殖民统治，逐渐演变成角头（黑帮老大）林立、龙盘虎踞的繁华码头。

祖师庙南侧紧邻同安人居住的八甲庄，咸丰三年（1853）那场惊心动魄的“顶下郊拼”械斗后，同安人转移至大稻埕落脚，安溪茶商加入其中，随后开启了大稻埕茶业的黄金岁月。选址在艋舺与大稻埕之间要冲地带的台北城，建于光绪十年（1884），原先是府城，后升格为省城，是清末台湾政治中心。艋舺、大稻埕与台北府城呈三足鼎立之势，共同构成了台北。

位于艋舺街区南侧的龙山寺，祖庭晋江安海龙山寺，“顶下郊拼”时是三邑人的指挥中心，日据时代经过大改建，成为艋舺最具规模的庙宇，香火鼎盛。与龙山寺毗邻的是青草巷，这是草药的集中贩卖地，有几家百年青草老店，见证了移民初来台湾时的艰辛。泉、漳移民在祖师庙、龙山寺拜完神明后，还会请祖师、观音赐上一幅“药签”，得到后便立刻前往抓药，久而久之，青草巷便落地生根，渐渐成行成市。东侧的剥皮寮街，据说是以往杉木等原材料剥皮之处，艋舺祖师庙的大木、龙山寺的大石，离不

---

① 这是清代就非常热闹的特种行业区，日据时期日本人将这里划为风化区，即今华西街北段。

开大溪口码头，也离不开剥皮寮街的贡献。艋舺清水岩、龙山寺一带，现在成为台北著名的古街区，保留着古色古香的韵味，承载的是台北最平民、最传统的经济活动和日常生活方式。

淡水祖师庙

7 月 29 日搭乘立荣航空 B7-512 航班，原定中午 12：50 起飞，因为航空管制，一直延误到下午 3 点。到达台北松山机场时，导游小庄建议我们，直接乘坐台北捷运淡水线去新北市淡水区，拜访淡水清水岩。时间仓促，三峡祖师庙的行程只好临时取消。所幸长福岩已去过两回，当然淡水清水岩也是再次造访，熟门熟路，不过上回是搭乘从基隆市到淡水的客运，这回是台北地铁。

台北是全台湾第一个建有捷运的都会区，整个台北捷运系统服务覆盖台北市全部行政区与新北市部分地区，营运长度 129.2 公里，每日运量超过 160 万人次。目前新北市板桥区、中和区、永和区、新店区、淡水区、土城区、三重区、芦洲区及新庄区都有地铁路线行经，未来还将兴建行经汐止区、树林区、三峡区、深坑区、莺歌区、五股区的新路线。

淡水镇地处淡水河出口，扼守北台湾大门，咸丰八年（1858）开港通商，是北台湾最早开发、历史悠久的小镇。乘坐台北捷运二号线（淡水信义线）到终点下车，出口就是观光人潮涌动的淡水老街广场。淡水老街位于淡水镇中正路、重建街、清水街等一带，沿河而建，颇具水乡情调，有意大利水城威尼斯的风韵。傍晚余晖，凉风习习，穿行在古朴沧桑的街道，看着两旁琳琅满目的古董艺品、老字号美食小吃，心情畅快无比。这些美食小吃店到了晚上华灯璀璨，又换了另一幅妆容，就是淡水夜市，景致又和白天大不相同。

紧邻淡水老街的是淡水渔人码头，码头东连大屯山脉，西隔淡水河与观音山相峙，闻名遐迩的“淡江夕照”于此可以一览无余。站在金色水岸，我随手拍了张照片发给朋友，朋友回复：这图有毒，为何看着看着会有种想跳进那水里的感觉？淡江晚霞具有一种蛊惑之美，美得浪漫，美得令人窒息，美得让人想投入她，与她融为一体。渔人码头是一个兼具渔业发展与观光休闲的河滨公园，码头边停满了许多渔船和游轮，拜访完淡水祖师庙，我们一行人便是到这里，乘坐游轮离开左岸，渡到淡水右岸。

淡水祖师庙坐落在清水街山坡的制高点，也是清文里社区中心，居高临下，视野开阔，四方道路又都可通达此处。站在庙埕广场，淡水河畔的美景一览无余，若是晴天，对岸观音山的景色亦可尽收眼底。

夕阳之下，祖师庙显得愈加轩昂华丽，琉璃瓦屋顶色彩鲜艳，庙顶交趾陶熠熠生辉，仿佛一座艺术之宫。走进庙里，举凡木雕、石雕、楹联、匾牌、书法等，都出自黄龟理、张火广张木成父子、陈天乞等台湾名匠之手，华丽精巧，生动细腻，栩栩如生，可称得上是民间艺术的宝库。三川殿“步口”位置，由李梅树教授亲自设计的一对狮子镇守着庙门，雄狮张口吐珠，脚戏绣球，雌狮逗弄幼狮，灵活动感。古老的庙门正面彩塑着门神，门板背面，清晰可见第二次世界大战美军空袭轰炸后留下的几处弹孔，据说当时在庙里的信众都安然无恙，事后大家皆称是祖师“有灵显圣”。角落里，保留着当初建庙时一颗敲不碎的石头，如今被栏杆围住保护，是庙中最重要的文物。

淡水祖师庙由种茶卖茶的安溪人，于 1932 年在原萧王爷府庙址破土重建，和艋舺清水岩共奉同尊清水祖师，即为世人所广知的“落鼻祖师”。每年农历五月初六祖师成道日，前一天晚上祖师先要“暗访巡察”，第二天再封街、封镇绕境。巡境时，淡水镇各寺庙，忠义宫苏王爷庙、淡水龙山寺、正兴宫、福德宫、福佑宫妈祖庙等友宫神祇，都会齐集赶来“祝贺”，同时派出锣鼓阵、龙阵、轩社加入其中。淡水老街所有商家都会在自家店门口摆放祭品“接驾”，居民们也会大摆宴席宴请宾朋，这也是淡水区一年中最热闹的一天。

除此，每年农历正月初一，开正、团拜；正月初六清水祖师诞辰，举行春季祈安礼斗法会；七月十四日夜，举行中元放水灯活动；七月十五日，庆赞中元，举行普度法会；农历十月间，进行蓬莱老祖台湾东部、中部、西部巡礼——淡水清水岩和“落鼻祖师”的“年历”，维系百年来淡水小镇的文化传统、乡风民俗，早已融入淡水区居民的生活中。

淡水清水祖师绕境活动的渊源，可追溯至日据时代。因沪尾地区发生瘟疫，地方士绅商议请祖师绕境以消灾解厄。当时选择农历五月初六，是为了替民众减少负担，利用端午节准备的牲醴供品隔日再度使用。初六开始绕境时，却被日本警察课长佐藤金丸拦下（当时这种游行违法），长长的队伍骑虎难下。没想到，此时祖师的鼻子突然落下，佐藤金丸惊恐万分。法师数度行仪蘸香灰水黏上，又马上掉落。佐藤金丸赶紧跪地求告，声称不再干扰清水祖师绕境之事，允许巡香继续举行，祖师神像的鼻子这才牢牢黏住。此后，淡水每遭瘟疫、虫害、旱灾等，民众都会祷之祖师，迭见其效，为报恩波，五月初六的祖师绕境便成惯例，庄严盛大，一年比一年热闹。

2004 年开始，淡水清水岩还结合农历五月初六的绕境，主办“淡水文化艺术节”，活动场地从祖师庙扩展到老街、金色水岸，活动内容包括摄影、写生、书法展，还有丰富的社团表演及文化踩街，让传统的宗教庆典，转化为热闹有趣的“文化嘉年华”。从民间社团到学校、机关团体，参与社团和民众逐年增加，成为淡水最具特色的艺术庆典。

有人认为，艋舺清水岩在前，淡水清水岩在后，淡水清水岩是艋舺清水岩的分灵，这种观点并无佐证依据。我在艋舺清水岩读到的两则关于祖师灵感的记载，一与新北市石门区地震有关，一与淡水兵事有关，祖师庙建在淡水镇清水里制高处，可俯瞰淡水河，法军进犯淡水，由军舰上以望远镜可目睹全镇。据上两个事实，淡水清水岩内有石柱雕琢联句如下：祖德施石门昔日赈灾殚佛力，师勋建沙仑当时制敌显神通。

淡水清水岩李文德主委在《淡水清水岩建庙八十周年纪念刊》撰文介绍，乾隆年间安溪人来淡水河系沿岸拓殖者愈来愈多，相继建立起自己的部落，开始奉祀清水祖师来此享香火。淡水清水岩主祀的蓬莱老祖于同治六年（1867），由迁台安溪人奉请来台（据说是祖殿所雕六尊沉香木佛像之一尊），最先供奉在沪尾乡绅“济生号”翁种玉翁氏大厝（今英专路二十一巷），后移至沪尾东兴街（今草东里淡水中正路）156番地安奉，初为沪尾安溪人祭祀，渐成为沪尾（今淡水）地区信仰中心。1932年，淡水乡民克服万难，募集资金在沪尾五虎岗中第三岗“龙脉”，人气最旺的崎仔顶“龙头”上，建起淡水祖师庙。祖师庙面朝朝阳，左有大屯右有观音拱护，川流不息的淡水河，源源不断流入“龙口”，藏风得水，为“日据时代全台唯一兴建寺庙”。

据沪尾耆老口述，淡水清水岩与艋舺清水岩之间还有一段“曲折”：淡水清水岩未建之前，从祖庙随带来台的佛像与清帝所赐“功资拯济”匾额，皆暂放在艋舺清水岩。待淡水清水岩落成，淡水信众欲前往接回之时，双方发生争夺，不肯相让，以至引起诉讼。虽最后经裁决佛像归淡水所有，但艋舺方面仍不肯松手，又再发生争执，再次告上法庭。为避免纠纷，发生过激行为，法官召集双方多次协调，最后判决佛像为二庙共有，单月在艋舺，双月在淡水，采用轮流供奉方式才解决争端。类似“事件”其他神明信仰也发生过，可见信众对祖地神明的挚爱。

淡水祖师庙建起后，由于清水祖师庇佑群黎，施福桑梓，为民消灾解厄，更以落鼻示警保家卫国，因此又陆续分灵台湾各地，由淡水清水岩分灵奉祀的清水祖师庙有 146 座之多，如高雄旗津清安坛、桃园清水岩、花莲清水宫、宜兰光明寺等，信仰遍布全台湾。每年农历十月间，淡水蓬莱老祖都要到台湾的分灵巡礼，所到之处，主委“接驾”，香客参拜，阵头表演，乐队演奏，人山人海。而为了今后发展和各地分灵“谒祖”之便，淡水清水岩又于 1987 年在今庙址后方清水街 115 号购得民屋一栋，整修为清水岩香客大楼，1989 年再购得清水街 158 号之土地，连同之前的民房，新建淡水清水岩活动中心，于 2003 年 9 月落成启用。

淡水祖师庙成为淡水民众的精神信仰中心，与庙方健全的组织机构、管理体制，特别是服务社区的热忱和能力密切相关。1937 年，庙方即将当时的建筑委员会改为管理委员会，可能是台湾地区庙宇中，最早组成管理委员会的。历任主委、委员无私奉献，持庙有功，成就淡水清水岩成为淡水最具代表性、最具影响力的庙宇。同时，建庙以来，淡水祖师庙即以积极、多元化的社区服务为责无旁贷的工作，也坚信公益慈善、社会教化为清水祖师神意之所在。除举办免费英、日语教学、书法教学，也经常举办义诊、健康保健等活动，配合政府举办就业服务登记、实施冬令救济并办理急难救助，每学期固定发放奖助学金给淡水区清寒之家中小学生。对社区文化活动更是不遗余力，如举办元宵灯谜晚会、民俗艺术节，借此传承淡水地方文化传统。

傍晚的余晖收住最后一线光，最后跌入淡江，天边的晚霞愈发美丽。天色很快暗下来，而我们拜别“落鼻祖师”后马上也要离开，前往下一站。顺着清水街的山坡走下来，我不由得再回首，看一眼夜色阑珊中的淡水祖师庙，心中满是不舍。于淡水乡民而言，家山已经模糊，关山重重，但这尊来自“摇篮血迹”的神明始终与天地同在，当庙宇的灯光亮起，心空便澄明淡定，犹如旷野夜行有指路明灯……

第 5 章
茶郊妈祖的目光

繁华的台北城，实际上由台北府城、艋舺、大稻埕三部分组成，它们在淡水河边呈三足鼎立之势。台北府城建于光绪十年（1884），但 20 年后就被侵占台湾的日本人拆毁殆尽，仅留下巡抚衙门、文武庙、城隍庙等遗址。艋舺和大稻埕依傍在淡水河边，一南一北，二者今天看似平和的格局，160 多年前却发生过一场惊心动魄的械斗，当然，也正是这场惊心动魄的械斗，才改变后来二者的种种关系“丛结”，奠定了今天台北城的格局。

艋舺“顶下郊拼”

咸丰元年（1851），福建漳州移民为争夺台北商贸之利，与艋舺泉州晋江、惠安和南安三邑人大打出手，曾一度攻入艋舺地界，将三邑人围困。同为泉州府老乡的同安人，非但没有出手相救，反而作壁上观，甚至还想坐收渔翁之利，而同时涌入艋舺的同安人又日渐增多，已经严重影响到三邑人的茶叶和稻米的生意。三邑人的头领叫黄龙安，他召集族人在龙山寺商议，不能坐以待毙，要主动出击，将八甲庄（今昆明街、贵阳街二段间，桂林路老松小学附近）同安人驱出艋舺，并悄悄进行武力攻打八甲庄的准备。

同样心怀戒备的同安人头领林佑藻，自然不会忘记排兵布阵。不过心里盘算着，三邑人若要由北部防线突破，必须穿过安溪人的清水祖师庙，而保持中立的安溪人由始至终都没有卷入此战的迹象，因此艋舺清水岩可算是八甲庄一道天然的屏障，林佑藻笃定，北部防线无需顾虑，然而，同安人错了。

两年后（1853）的九月初五，三邑人自龙山寺浩浩荡荡出发，以土炮为掩护，朝八甲庄猛扑。林佑藻见状，连忙率领同安人拦截，一日下来，将来势凶猛的三邑人挡在八甲庄之外。面对僵持不下的战情，黄龙安决定说服安溪人，拆了安溪人的祖师庙，由此长驱直入，与黄阿成所率部队对八甲庄形成合围之势，一举消灭同安人。于是，他连夜找到安溪人的首领白其祥商议此事，起先白其祥一口回绝。黄龙安承诺，打完仗一定重建祖师庙，如此，白其祥才勉强答应了黄龙安的要求。

九月初七清晨，安溪人的艋舺清水祖师庙悄然无息地消失了。黄龙安亲自率部，由北部防线直捣八甲庄，如入无人之境。黄阿成则再度由河墘（今康定路）攻入，使同安人腹背受敌，纵使林佑藻等人驰援北部，也已无回天之力。

“八甲庄的噩梦还是降临了——在南面的夜空中，黄阿成的部队射出的火箭已呼啸而来，弹弓炮抛射的火球也纷纷落入八甲庄内……八甲庄数十年来的苦心经营，在烈焰中迅速崩解毁灭了。暗沉的大地上，成排的房舍店屋已成了鬼蜮里嘶鸣的幻影。”台湾学者王湘琦在他的历史小说《俎豆同荣——记顶下郊拼的先人们》中，用这样的文字来描述那场战争的惨烈。

文献中也有与王湘琦这段描述相应的记载。当年台湾总兵邵连科在一份奏折中，提及：顶下郊拼“残毁村庄大小七百九十余处。而新庄最为繁盛之区，店舍、民房不下五六千户，概成灰烬”。顶下郊拼，亦是历史上对这场械斗的定名，因三邑人曾占据艋舺而被称“顶郊”，势力较弱的同安人被冠以“下郊”。林佑藻见大势已去，乃将同安人奉祀的城隍爷带出，带领自己的同乡仓皇逃离了八甲庄，最终在大稻埕重起炉灶，插竹为篱，编茅为屋。大稻埕在艋舺以北，旧时因民众常在此晾晒稻谷而得名，彼时荒无人烟，与热闹繁华的艋舺自然无法相比。

战争，随着同安人战败后离开艋舺而偃旗息鼓，但它对台北的影响，才刚刚开始。胜利的三邑人成为艋舺的“霸主”，再也无需担心同安人会跑到艋舺码头与他们抢生意，但事情的发展却远远出乎人们的意料，这是历史的宿命。

大稻埕茶市的兴起

就在“顶下郊拼”的第二年，也即咸丰四年（1854），艋舺一带突发瘟疫。据说，就是九死一生渡海抵达艋舺的移民，也心生恐惧而另选登陆之处，其状况之严重可想而知。屋漏偏遭连夜雨，数年后，艋舺码头又因河港泥沙淤积而中落，船影频繁之景不再，日趋萧条。但最糟糕的可能还不是天灾，而是“人害”。三邑人素有排外的族群性，之前由于有同安人制衡，尚无大碍，但在同安人离开后，已然一发不可收拾，对外来的新事物一律排斥。

同治七年（1868），苏格兰商人约翰·陶德从大洋彼岸来到艋舺。陶德是首位来台的洋商，他再三考察了台湾的情形后，将福建安溪乌龙茶引种至台北盆地的丘陵地带，并在淡水开设了宝顺洋行，后来又成为台湾怡和洋行的代理商。当时还是商贸重镇的艋舺吸引了陶德的目光，于是，他花50元定金租了一间房屋，准备开设茶厂。对许多地方来说，这可是梦寐以求的大商机，但排外的三邑人不这么看。艋舺三大姓群起抗议，阻其开业，捣毁陶德的住所以及制茶设备，甚至还围攻和殴打宝顺洋行职员，最终酿成死伤惨剧。经此“租屋”一案，之后鲜有洋商敢于再问津艋舺市场。

在艋舺碰了一鼻子灰的陶德，第二年转而来到大稻埕寻求合作。同安人李春生向他伸出了橄榄枝，并成为陶德宝顺洋行的买办，台湾茶叶贸易也从此开始。同治八年（1869），陶德和李春生联合租用两艘大帆船，将13万斤乌龙茶运抵美国纽约销售，台湾茶一夜之间名声大噪。嗜茶如命的英国人也对陶德引种的安溪乌龙茶奉若上珍，维多利亚女王甚至以“Oriental Beauty”（东方美人茶）形容之。

欧洲对茶叶的狂热，引致了台湾出口贸易的勃兴，相较艋舺拒斥洋行的保守，迁居大稻埕的同安人把握住了这次命运的关键转向。数年内，德记、怡和、美时、义和和新华利等五大洋行，陆续在大稻埕设立分部，“大稻埕茶市”由此形成，它的繁盛一直持续到日据时期仍不衰退。

大稻埕后来的故事，与艋舺截然相反。台湾学者王湘琦在历史小说《俎豆同荣——记顶下郊拼的先人们》的自序中写道：“我的外曾祖父姓高，一家人原是住在艋舺八甲庄的泉州同安人，后来因一场械斗而败逃至大龙峒，然后再辗转迁居大稻埕。那故事令我十分感动，说的是一个战败的故事，也是一个从失败中再站起来的故事。”文中所谓的失败再站起，指的是艋舺码头的衰落成就了大稻埕码头的兴起。至同治九年（1870）前后，大稻埕码头已完全取代艋舺码头，成为北台湾乃至台湾全岛最重要的商贸窗口。

而当年械斗的战胜方三邑人，尽管其后来发展并不顺利，但却无形中将最古意的台北保存至今天，传统的老街牌楼、林立的老字号商铺、香火鼎盛的龙山寺、清水岩、妈祖宫，像极三邑人的精神气质，古风犹存，豪迈仗义，侠骨柔肠。如前所述，为进攻同安人而被拆毁了的安溪清水祖师庙，亦于同治六年（1867）

募集好重修之资金，数年后在原址建成，但已没了当年的宏大气魄。

唯一值得庆幸的是，大稻埕茶市兴起后，以茶叶种植闻名于世的安溪人，接受同安人的邀请，活跃其中，他们敏锐捕捉商机，设店开铺，最盛时期甚至超过 200 家，由此开启台湾茶叶贸易的全盛时期。

安溪人与台湾的茶叶物语

安溪人与台湾、与大稻埕之间的茶叶物语，是闽台文化交流史上错综复杂的一个篇章。

2008 年秋天，台湾学者龚鹏程教授利用到厦门出差的机会，与台湾出版界人士刘文忠专程到安溪看我。记得那次，我带龚、刘二位客人跑了安溪不少地方，还登上凤山公园，在明德楼脚下的茶坊喝茶，谈天说事。回去后，龚鹏程先生在自己的博客发表安溪之行的文章《安溪茶旅》。2010 年，《安溪铁观音：一棵伟大植物的传奇》[①] 一书即将付梓时，我又致电龚鹏程先生，邀他为书作个序，龚教授爽快答应并很快邮来文稿《吃茶的经验》。

在《安溪茶旅》中，龚鹏程先生写到，早知道淡水龙山寺之茶[②] 和木栅铁观音，都源自安溪，但安溪茶到底又是什么样呢？在两岸未通之时，虽蓄疑已久，却无意求取答案，只把一种不可知的怅惘当作品茗时的情调，兀自享受着。来到安溪，一路走去，越走，竟越觉得像走进了木栅后山。山色、林相、茶圃、烟霭，

① 海帆、谢文哲、罗炎秀著：《安溪铁观音：一棵伟大植物的传奇》，世界图书出版公司，2010 年。

② 指淡水祖师庙旁边有座淡水龙山寺，龙山寺里有间小茶室，一位老妪每天泡乌龙茶给香客喝。

均是再熟悉不过了。待喝上一盅铁观音，人情、乡音相伴，更有不辨身在安溪抑或在台的错觉。

在《吃茶的经验》中，谈到安溪茶，龚鹏程先生同样深情款款："我的饮茶经验微不足道，于茶史茶法茶礼茶贸易之奥妙，所知亦甚有限，但安溪铁观音销行、移栽遍及台湾、东南亚各处，以其滋味启沃人之生命与心灵，像我这样的例证何止万千？我们只要端起茶，就自然会想到安溪，会闻到铁观音的香气，少年的岁月、人事的缅念，参错于其中，无须说禅，不必讲道，人生便已有了悟啦！"读来感人至深。

台湾茶业发展较晚，却一直是重要的出口产业，有"南糖北茶"之说。台产茶叶，向有红、绿、乌、白之分，以乌龙茶最为著名，约占台湾年产茶叶的70%。《台湾通史・农业志》载："台北产茶近约百年，嘉庆时，有柯朝者归自福建，始以武夷之茶，植于鱖鱼坑（今台北石碇乡），发育甚佳。既以茶籽二斗播之，收成亦丰，遂相互传植。"[①]虽然一开始传入台湾的茶种来自武夷茶区，但我们知道，靠茶籽繁殖容易改变物性，品种、品质会逐步退化，因而对台湾茶叶影响最大的还是安溪人，除了茶树无性繁殖技术由安溪人发明，茶苗得以大面积繁育这个原因外，安溪人向外移民历史较早，人数众多，与台湾早期垦殖关系密切也是一个重要因素。

台湾祖师庙，是安溪传来的信仰，台湾乌龙茶，是源自安溪的茶种，甚至采制技术也与安溪一脉相承，许多安溪移民是台湾茶业的先驱。明末安溪人入垦台湾后，即选择地形与原籍相似的地区拓荒垦殖，大面积种茶，并运用家乡的技术制作乌龙茶。台湾四大古茶区台北文山区（坪林、石碇为主，新店、深坑、平溪

① 台湾银行经济研究室编：《台湾通史》，连横纂，众文图书股份有限公司，2009年。

亦有少量）、苗栗县老田寮茶区（台湾外销茶重镇）、南投县鹿谷乡（“冻顶”两字甚至成为乌龙茶的代名词）、南投县名间乡（旧名埔中茶，是台湾单一乡镇茶园面积最大、产量最多），都有安溪人垦殖其间。其他茶区，如云林、嘉义、高雄、屏东、台东、宜兰等，也有不少安溪移民从事茶叶的栽种、加工和精制。“乌龙茶”指的是茶的品种，也是茶的制作方法，台湾的乌龙不是原生种，就像目前多数住民一样，都是迁移入台的。而茶，各种品系都来自闽南和闽北，它们或者由具有国际贸易眼光的商社引进，如陶德自安溪引进的青心乌龙种，或者随着安溪茶人渡海而来，如铁观音、梅占、大叶乌龙等，经过数百年发展，与福建闽北、福建闽南、广东潮汕共同撑起中国乌龙茶四大产区的版图。

安溪是历史悠久的茶区，安溪人天生是制茶高手，安溪移民将祖地茶叶繁育、种植、采制技术带到台湾，积极广泛传播，是台湾茶业发展进步的先锋。清嘉庆三年（1798），安溪西坪人王义程创制出台湾包种茶，并四处传授制作技术；光绪八年（1882），安溪茶商王安定、张占魁在台湾设立“建成号”茶厂；光绪十一年（1885），安溪西坪人王水锦、魏静，被台湾聘请为茶叶讲师，在台北七星区南港大坑（今台北市南港区）传授包种茶制作技术。1920 年起，每年举办春秋两次包种茶技术讲习会，1930 年前后，台湾各产茶区已都能制作包种茶，产量逐年增加。

文山包种茶原产于木栅，由安溪传来的铁观音最早也试种于此，故木栅今天已成台北著名的观光茶区，山径茶香一路不绝。而书写这段历史的，也是一位安溪人——张乃妙。光绪二十二年（1896），安溪大坪人张乃妙返乡探亲时，随带十二棵安溪铁观音茶苗回台湾，种在木栅樟湖山，是为木栅铁观音的始祖。1919 年，张乃妙以台湾“巡回茶师”的身份再次回到故乡，购买铁观音茶苗千株，广植于木栅樟湖地区，为全台目前唯一铁观音茶区。

除了成功引种安溪铁观音外，制茶技艺高超的张乃妙，还在台湾劝业共进会 1916 年举办的“初制包种茶品评”比赛中，获得“特等金牌赏”；1935 年，台湾茶叶宣传协会褒奖张乃妙“功在台湾茶业”荣誉，并奖给青铜花瓶一对。1936 年冬，张乃妙再次回到安溪，聘请家乡制茶师傅到台湾木栅，指导改进铁观音制作技艺。

茶郊妈祖的香火

回到大稻埕茶市。茶种从安溪来，茶人也得从安溪来。陶德自安溪引入乌龙茶种数年后，从大稻埕向四面八方走去，台北盆地宜茶丘陵山区，漫山遍野迅速植满茶树；而精制茶厂设立后，无论是种茶、采茶、初制，还是拣茶、烘焙、装箱，都需要许多熟练技术工人。陶德马上又来到安溪，招募大量茶工与茶师傅。台湾“茶饭好吃”“工资厚”“利润高”的传闻，形成强大的磁场效应，每年都吸引一两万安溪人从厦门来台湾经营茶业。当时的茶叶采摘与制作，从清明到秋分，一口气要忙半年。成群结队的安溪茶人便春来冬返，不少人就在大稻埕定居下来。

“唐山过台湾，心肝结归丸”，这句话道尽了早年来台的汉人，扁舟横渡黑水沟的恐惧。对于逃荒入台，“无某无猴”的“罗汉脚”是如此，对于应聘而来的建筑师、木工、石匠、画师，甚至前来设塾教书的先生也是如此，当然，陶德从安溪招募而来的茶工与茶师傅，也没有两样。安溪并不靠海，离厦门尚有近百里山路，茶工与茶师傅络绎于途，走得愈靠近大海心里就愈不踏实。幸而“海神”妈祖的传奇故事，逐渐在人群中扩散，形成温暖有力的抚慰。他们来到港市，进入妈祖庙顶礼膜拜，并讨个香火挂在颈上；等平安渡过了黑水沟，踏上台湾岛，孺慕之情涌现，便成了妈祖的虔诚信徒。

“茶饭”确实好吃，安溪茶人逐渐在台湾成家立业，发达起来，寄挂在“茶郊永和兴回春所”[①]里的香火，不足以承载他们对妈祖的感恩，和一别数月的怀乡之思。于是集资为妈祖另塑金身，分了香火，接受众多茶人的晨昏侍奉。百余年来看尽台湾茶业起落兴衰的“茶郊妈祖”金身，目前供奉于台北市茶商同业公会。公会大楼地处大稻埕甘谷街24号，上到六楼办公室，行礼相询，在公会任职的员工，会热情奉上一杯清香甘醇的乌龙茶，引你到隔壁房间，那儿端坐着“茶郊妈祖”的金身，目光和蔼慈祥，看一眼心里笃定踏实。安放妈祖的香案上，回春所（当年设在茶郊供安溪茶师傅往来落脚的地方，代为中介工作）的安溪前辈茶师牌位，依然摆着，同受四时香火。

台湾早期从事贸易或批发的商人所组织的联合团体，一般称为“郊”、“郊行”或“行郊”，功能类似现今的同业公会，茶郊也就是今天的茶商公会。台湾早期成立的郊，以贸易地作为郊名的较多，如南郊、北郊、泉郊、厦郊等。之后，随着商业的发展，从事特定货品买卖的郊逐渐成立，如糖郊、布郊、药郊、茶郊等。其中，从事台湾与大陆贸易的郊，称为“外郊”，如台南三郊；从事台湾岛内交易的郊，称为“内郊”，如糖郊、米郊、布郊、绸缎郊、丝线郊、油铁钉郊、茶郊等。在尚未开始茶叶栽培制作之前，台湾须从大陆进口茶叶在岛内贩售，因此，最初的茶郊是内郊。

从事帆船贸易的商家和大陆来台的茶人，都把妈祖奉为海上的守护神，故各郊均奉祀一尊妈祖神，并随炉主交替，将妈祖移至新炉主家（俗称“过炉”）。妈祖随炉主交替时，郊行会员全部集合于炉主家，在妈祖神前掷筊，卜出新炉主，再将妈祖移至新

---

① 1885年，台湾巡抚刘铭传在台湾大兴洋务运动，扶持茶叶生产和加工，并帮助茶商联合起来，成立台湾“茶郊永和兴”，是为台北市茶商同业公会前身。

炉主家奉祀，遇事则到炉主家商量。茶郊最初出现于台南，茶郊所崇奉的妈祖尊为“茶郊圣母”，俗称“茶郊妈祖”。待大稻埕茶市兴起后，茶郊逐渐转移到台北，又因为茶郊本身职能的专一性，是个纯粹的茶叶同业公会，而不像其他的行郊那样职能多元化，从而使其能更好地将茶郊妈祖信仰传承至今。

与传统妈祖农历三月廿三诞辰祭典不同，茶郊妈祖以茶神陆羽的生日（农历九月廿二）为祭典日期，这是 1949 年由台北市茶商同业公会订立的，其前身就是创立于清末的“茶郊永和兴”。在公会大楼尚未建成之前，茶郊妈祖乃是由炉主奉祀于家中，并负责每日上香祭拜。这尊妈祖也是台湾目前唯一一尊茶郊妈祖，每年农历九月廿二，郊商们均会准时出席，集体祭拜妈祖后，改选新炉主，并举行行郊会议，议定茶价或处罚违规者等。当日所有活动，均在妈祖神尊前举行，以示公平无私。

安溪茶工、茶师傅，和他们虔诚祝祷的“茶郊妈祖”，都是台湾早期国际贸易不可或缺的环节。两百多年前，台湾茶是由安溪人种来外销的，从台南到台北，从大稻埕运往淡水或基隆，再到厦门转口到美洲和欧洲。茶郊妈祖的香火留下来了，安溪人则来来去去，大稻埕有厝有业，安溪老家也有厝有业，台茶贸易大多掌握在他们手里。如今，安溪人在空中飞来飞去，茶则从厦门运到台湾。茶郊妈祖的金身，坐在台北市茶商公会的六楼，看尽了这一段沧桑。她的香火依然鼎盛，大稻埕的安溪子弟，无论是在地的，或是做客的，都还到妈祖座前讨个香火袋。“或者他们拜求的，是某一艘装着上品铁观音的货柜轮，能够一路平安，过海关，通财路，让他们在台北买股票，回安溪修祖宅呢？”①

① 陈焕堂、林世煜著：《台湾茶第一堂课》，如果出版社，大雁文化事业股份有限公司，2014 年。

第 6 章

万庆岩·集应庙

如前所述，日本人 1926 年所进行的台湾汉族户口调查显示，旧台北市，安溪人占汉族总人口的 53.3%，新店占 72.5%，三峡占 67.6%，莺歌树林占 53.3%，瑞芳占 46.6%，泰山、新庄占 28.7%，土城占 23%，淡水占 21.8%，原属台北县的木栅、景美、深坑（景美、木栅 1967 年划入台北市，为景美区、木栅区）安溪人则高达 97.5%，在这些地区，“满街都是安溪仙”并非诳语，而是早期台湾现实生活的真实写照。

台湾本岛地形狭长，呈纺锤状，岛上山脉南北走向纵行，计有五列，依次为台东海岸山脉、中央山脉、玉山山脉、雪山山脉和阿里山山脉。中央山脉纵贯南北，划全岛为东西两部，其主峰、次峰和其他山脉都高峻挺拔，丘陵台地及平原、盆地甚少，难以耕种。丘陵台地分布在今桃园、新竹和苗栗，平原和盆地分布在台湾西部，由北而南有台北盆地、台中盆地、嘉南平原和屏东平原；东部北端有宜兰平原，南边为台东地堑平原。以上可作耕地，约占总面积 23%，是台岛主要农业生产地带。

台湾的河川大多发源于山岳地带，除淡水河、基隆河以“河”为名外，余均称为“溪”，主要河川有 19 条，次要河川有 32 条，普通河川有 100 条。由于山区地势陡险，故所有河川均水流湍急。

每逢阴雨连绵，或台风暴雨来袭，常致山洪暴发；然而雨过天晴，复又涓涓细流，甚或干涸。这些河川对台湾早期开发影响甚大，不仅提供灌溉及饮用水源，影响土地的开发与利用方式，并且有些河川可以航行舟楫，关系市镇的兴起和商业的荣枯。诸河川中，较为重要的有淡水河、大安溪、大甲溪、大肚溪、浊水溪、曾文溪和下淡水溪。

淡水河为台湾第三大河川，发源于中央山脉品田山，蜿蜒贯通台北平地，于淡水镇油车口注入台湾海峡，河长 158.7 公里，流域面积 2726 平方公里，为台湾北部灌溉和公共给水之枢纽。淡水河主流上游为大汉溪，两大支流新店溪、基隆河，航运全盛时，舟楫可航行至大汉溪。大汉溪从雪山山脉流至宜兰，后到复兴区，将桃园台地冲刷成河谷，为桃园市大溪区主要的河川，全区几乎是大汉溪及其支流的流域范围，居上游航运终点地带。

安溪人移民台湾，最先落脚台南，以后有一部分移民继续北上，沿着嘉义—云林—彰化—台中—苗栗—新竹—桃园—台北的路线，像撒豆子一般，选择平地和河谷地带定居下来，而后再向河谷纵深乃至丘陵山区逐步拓进。河谷冲积平原土地肥沃，灌溉便利，山岳地带则多天然森林，而林边地区因气候适宜，树木繁茂，故清末台湾樟脑产量为世界之冠。台中大安溪以北，为茶叶产区，其茶产在 19 世纪 60 年代大稻埕茶市兴起后，带动台湾北部经济繁荣，故活跃在淡水河流域的安溪人不计其数。浊水溪以北的彰化平地、台中平地、新竹沿海平地、台北盆地、宜兰平地等，土壤肥沃，水资源充足，日照时间较长，气候较为炎热，为稻米产区；浊水溪以南地区，群山集水面积小于平原面积，水资源不足，大部分土地只能开辟为旱地，种植甘蔗、番薯等旱作。稻米与甘蔗在清代，曾为其最主要的输出商品，销往大陆，成为福建的米仓。安溪本为山区，安溪人都是传统农业好手，无论是茶产稻作，还是甘蔗旱作，均能从容适应，游刃有余，有所建树。

万庆岩祖师“护茶”神功

三峡长福岩、艋舺清水岩、淡水祖师庙，并称为淡水河流域台北地区三大祖师庙，淡水河众多主流、支流的河谷、山丘地带，凡有安溪人群居的地方，也都有清水祖师信仰。

从淡水河（沪尾）溯河而上到文山区景美（枧美）溪口，万庆街124号，有一座建筑年代久远的祖师庙万庆岩。据日据时期《台北厅社寺庙宇调查》载：“万庆岩在溪子口，主祀清水祖师，据传祭祀祖师能解除传染病流行与虫害等的发生，天灾地变的危难，现在存在祭祀牲醴的习俗。”林衡道教授编著的《台湾寺庙概览》，记载了万庆岩的创办时间，“道光辛卯年林令尹创办”，道光辛卯年即道光十一年（1831）。[①]清初，安溪先民奉请清水祖师三尊神像（老祖、二祖、三祖）渡海来台，先在艋舺建立基业后，部分先民继续溯河而上，在景美一带落户。最初，将祖师神像寄祀在私人家，每年农历正月初六举行祭典，祈祷祖师庇佑地方安宁，农作丰收。乾隆五年（1740），为方便膜拜，移民集资在溪边建起了一座庙宇供奉，这是景美最早的寺庙。道光七年（1827），因泥沙淤积，暴风雨侵袭，庙宇面临倾圮之危，乃迁至堤防内现址重建，至道光十一年（1831）竣工，迄今已有190年的历史。

景美溪口（景美溪、新店溪在此交汇，故名）当年为台北通往新店、木栅、深坑、石碇等地，水陆必经之渡口，舟楫辐辏，络绎不绝，而清水祖师之“灵响”乡民尽知，故往来客商渡船前

① 林衡道著：《台湾寺庙概览》，台湾省文献委员会，1978年。

后都要到庙里焚香膜拜，万庆岩香火之盛可想而知。林钰祥编撰的《台北市文山区景美万庆岩志》中说："由于许多安溪人以种茶为业，风调雨顺极关茶叶生产质量，清水祖师祈雨成功后，被奉为安溪铁观音茶的保护神。"当年居住在景美、木栅、深坑、石碇等地的安溪移民，大部分从事茶叶生产加工，种茶制茶为业，崇奉有"护茶"神功的清水祖师也就顺理成章了。传说清水祖师指示景美各农户，在田陌间插上竹子，顶端夹以金纸祭拜，虫害即除，作物因而丰收。

得高人指点，坐北朝南的万庆岩，建庙时中轴线正对新店笔架山之右山尖，取其文笔耸拔，意在启迪一方之鼎盛文风，并喻考试无往不利。面前景美溪逆朝岩宇，右汇于新店溪，再流入淡水河入海，所谓"逆水一勺值千金"，可收纳旺气、聚财聚宝。据此地理形胜，万庆岩前殿左龛奉文昌帝君，右龛奉武财神关圣帝君，应非偶然。中龛三尊从原乡请来之祖师神像，是万庆岩镇庙之宝，前方有八尊分身，副神为李靖、杨戬、保正伯、保正婆。另有"开门甘露"匾额、刻于道光戊戌年（1838）的万庆岩古石香炉和珍藏扶乩，为重要古文物，可为岩宇历史久远之见证。

创建之初，万庆岩并无管理组织，其坐落土地于台湾光复后被收归。高昌伦继任主任委员后，鉴于清水祖师济世拯民之精神及庙宇永续发展之考量，四处奔走，改变万庆岩为财团法人组织，募集资金，补缴纳巨额土地使用金，让既有建筑物取得使用执照和土地所有权，使万庆岩成为正式的公益组织，受政府监督和法律保护。

万庆岩地处大台北盆地之南隅文山区，南接新店，北连中正区，周边社区民众迁徙自福建安溪不同乡镇，有高、郭、蔡、许、林、张、詹、王、曾、陈、赵等几十个姓氏。为弘扬祖师慈善救济的精神，万庆岩每年都为景美、溪口、景兴、武功、万福、志清、木栅、明道、大丰、深坑、石碇、坪林等 12 所小学的优秀学生发放奖学金，举办文山四里慈善救济等公益活动，连年获得台北市政府颁发的兴办公益慈善及社会教化事业绩优奖牌，成为文山区行善、教化和信仰的中心。

集应庙分香的故事

景美安溪人的农业保护神，除了万庆岩记载的清水祖师“神功”，还有集应庙奉祀的保仪尊王。景美集应庙，地处景美街 37 号，创建于清咸丰十年（1860），同治六年（1867），从现今井美小学近河边迁移至现在的位置重建，其后又经过 1924 年的大整建、1959 年的再次整建，1985 年被指定为台湾三级古迹至今。

清康熙年间，安溪大坪乡的高、张、林三姓先民开始移居台湾，因在福建原乡世代种茶，故移居台北后，他们溯淡水河而上向内陆山区进发，选择在三峡、景美、木栅、深坑等地定居，种茶谋生，同时奉请家乡大坪集应庙的保仪尊王随行佑护，三姓轮流奉祀。

至乾隆十九年（1754），大坪三姓已共同开发文山地区，时北投、淡水、文山、大安、新店、木栅、深坑、石碇等地，住满了安溪移民及其后代。随着居民的增多，集应庙也拓展成三座，分别是现在景美市场内的高氏集应庙、武功小学附近的林氏集应庙和木栅中学对面的张氏集应庙。

关于集应庙“一分为三”，文山当地还有个说法。景美集应庙主委高义秀介绍，清咸丰三年（1853）艋舺发生“顶下郊拼”后，奉祀保仪尊王的高、林、张三姓，意见出现分歧，商议用抽签的方式，决定“保仪尊王”圣像、“保仪尊王夫人”圣像和“香炉”三件从家乡随带来的“神物”的归属。结果，高姓抽得保仪尊王圣像，后另雕保仪夫人圣像，现四年驻驾景美集应庙，一年驻驾北投集应庙轮祀；林姓抽得保仪夫人圣像，后另雕保仪尊王圣像，现奉祀于万隆集应庙；张姓抽得香炉，后另雕保仪尊王圣像、保仪夫人圣像，现安奉于木栅集应庙。[①]

此后，深坑、石碇、树林、永和、新店等地，凡安溪裔茶农聚集之地，也都建有集应庙、集顺庙、忠顺庙、保仪庙、双忠庙，奉祀保仪尊王张巡和保仪大夫许远。保仪尊王的“职能”是乡土之神、防番之神、除瘟之神，能防御匪患，抵御侵扰，赐福民众，同时也是茶叶守护神，传说能驱赶虫害，保护茶叶生长，故安溪人拓垦所至，保仪尊王“圣迹”所履。

景美集应庙分香的故事，吸引了英国著名的汉学人类学家王斯福（Stephan Feuchtwang）教授。1966年，王斯福从遥远的英国来到台湾景美、深坑、石碇等地，开展中国民间信仰仪式的调查。这次田野调查，王斯福后来写成其学术专著《帝国的隐喻》，书中所描述的台湾一个叫“山街”的故事，即是文山区集应庙分香的故事。[②]

王斯福在书中写道：“山街位于景美溪、新店溪的交汇之处，溪水从上游流到此处，形成台北市的河谷地带。在这两条溪流汇合处的三角地带，建立起了这个小镇的房屋、商店、煤矿、政府机关、学校和庙宇。两条溪流的上游河谷地带，坡度较为平缓的，被开垦成梯田，种植稻谷，辟有橘子园和茶园；坡度较为陡峭的，用来种植木材和甜马铃薯。”印证了安溪人当年垦殖台湾的艰辛历程，洒满的血泪又岂是一本书可以道尽？

携带祖地的香火，从闽南安溪山区跨越海峡，在台湾建立起

---

①《台北市安溪同乡会成立六十周年纪念特刊》，2016年。

② 王斯福著：《帝国的隐喻》，江苏人民出版社，2009年。

聚落，当年瓜分保仪尊王圣物的那三个姓氏的后代，不仅建立了整个区域相互串通又彼此竞争的庙宇“地图”，而且创造了台湾茶叶早期国际贸易的辉煌。大稻埕茶市崛起后，茶叶迅速成为台湾最重要的产业，台湾茶大行其道，风行弥远，台湾所有港口最大宗的商品是茶叶。

第 7 章

两岸同名村

彰化县位于台湾中部，西临台湾海峡，东与南投相邻，北与大肚溪和台中相接，南部则与云林县和浊水溪相隔，地形上以平原为主，是台湾本岛面积最小的县。清雍正元年（1723），因来台移民开垦人数渐多，清朝廷内部大臣开始建议在台增设县治管理，“析县属虎尾溪北半线地方置县”，[①]取“显彰圣化”“显彰皇化”之意，命县名为彰化。同时，以半线城（今彰化市）为县治所在地，此为彰化设县之始。彰化县现辖彰化市和鹿港、二林等 7 个镇，福兴乡、秀水乡等 18 个乡。

罗大佑早期的作品《鹿港小镇》，经过女歌手彭佳慧的再度演绎后，红遍大江南北，而原本声名在外的鹿港镇，更是炙手可热。“假如你先生来自鹿港小镇／请问你是否看见我的爹娘／我家就住在妈祖庙的后面／卖着香火的那家小杂货店……台北不是我的家／我的家乡没有霓虹灯／鹿港的街道鹿港的渔村／妈祖庙里烧香的人们……在梦里我再度回到鹿港小镇／庙里膜拜的人们依然虔诚／岁月掩不住爹娘淳朴的笑容／梦中的姑娘依然长发盈空……”《我是歌手》双年巅峰会上，随着暗潮澎湃的钢琴声，“鹿港小镇”

---

① 丁绍仪著：《东瀛识略》，卷一“建置·疆域”。

泛着悲绪深深感染了台下的观众。这份20年难以释怀的离愁别绪，只要你用心感受，都会为之动容。而歌中的鹿港小镇、妈祖庙和那间杂货店，更是牵引着你去探访她的现实。

在台湾，素有“一府、二鹿、三艋”之说，“一府”即为今台南市，[①]“二鹿”为今彰化县鹿港镇，“三艋”则为今台北市万华区（艋舺）。这句台湾谚语，描述清朝时期全岛三大港市的盛况，也揭示了台湾由南至北的开垦历程，以及各城仰赖海洋贸易的情况。“二鹿”所在彰化县，至今保存着相当丰富的移民文化资产，不仅有彭佳慧的“鹿港小镇”“妈祖庙”，还有文武庙、龙山寺和安溪人的清水岩。

鹿港妈祖庙，奉祀由湄洲天后宫恭请而来的“二妈”；原为求航海平安而立的小庙，后经不断扩建，才成为今日的规模。鹿港居民多数仰赖海上贸易与捕鱼为生，对“海神”妈祖特别虔诚，故而天后宫香火旺盛，成为鹿港最重要的信仰中心。台湾各地从鹿港天后宫分香出去的庙宇高达600多座，因此终年都有香客回来进香，三百年来，香烟熏黑了妈祖的脸庞，因此称“黑面妈”“香烟妈”，可见香火之炽盛。而每年农历三月廿三的妈祖诞辰祭典，更为鹿港一大盛事。

1661年郑成功率领军民来台，成立明郑政权，与清朝政府展开长期抗立，并实施对台统治，画台湾全域为承天府、万年县与天兴县，当时彰化县全境归天兴县管辖。“唐山”沿海的移民随明郑跨海抵台后，一路从台南府城到台中部鹿港，彰化到艋舺，从南台湾，后来到北台湾，但这已是清代中期的事了。至乾隆、嘉庆后，台湾民间才产生“一府、二鹿、三艋舺”三大城鼎足而立

---

① 1683年，清提督施琅攻下台湾，台湾设一府三县，府衙门位于台南（台湾县），故该地有府城之别称。台南此后继续成为全岛首府百余年，是为一府。

的说法。此三个城市皆有航运之便，为当时最重要的交通方式及经济命脉。

彰化新兴宫与清兴宫

上文说到，闽南移民开垦台湾是从台南向彰化、台中、台北发展的，故清水祖师庙的传播也契合这条垦殖线路。据记载，南明永历年间（1647—1662），彰化二林镇已出现清水祖师庙新兴宫，另一间慈天宫则建筑年代不详。

新兴宫，位于彰化县二林镇万合里成田巷6–1号。进入万合里，只见新兴宫围墙上插满黄色三角令旗，五营兵将镇守在庙埕前。万合里早期开发以陈姓为主，“万合”初名“慢合”，意指散居各地陈氏逐渐聚集，慢慢合拢为村落，后取同音“万合”，寄托永久和谐之意。供奉之清水祖师，系清初由安溪移民陈勇先奉祀于王功。后陈氏二房入垦万合，又恭迎祖师于万合，不久建起清水祖师庙，后改为新兴宫至今。清光绪二十四年（1898），新兴宫一夜之间被突发洪水冲毁，祖师神像提前移至里社民众家中奉祀。1919年，万合里信众鸠资重建，1971年，地方士绅再次集资修建。

与别的祖师庙不同，新兴宫没有华丽精致的藻井，只有一口天井与天相通，庙里的老者说，这口天井是神与人的通道，也有人说，保留天井是为自家留一片天，谓做人做事要对得起天地良心。今存清道光年末（约1850年）石香炉一个，这个香炉即是被光绪二十四年那场洪水淹埋的那个。右上角为何缺损一处？原来是重建时为了寻找遗址，经祖师起乩神示，以剑插地，刚好触到香炉，故缺损一角，是庙宇珍贵之文物。

但凡公事或者私事，新兴宫主委薛裕源一定要请示清水祖师，这个传统承袭自父亲薛分。薛分，生于1923年，在家排行老五，

1941 年，被日军征调前往其占地新几内亚的新不列颠群岛港边，担任军夫。临行前，薛分的母亲薛陈面到新兴宫向清水祖师祈求一纸护身符，用红纱绑住护身符，亲手挂在儿子的脖子上，并嘱咐他，遇到危险时，心里要呼求祖师公。果然，一次战场上，薛分遇到轰炸机空袭，他依母亲的话照做，紧握护身符，用身上两枚铜板执筊，按祖师指点方向，安全逃命。战争结束后，薛分安全返乡，喜极而泣投入母亲的怀抱，从此成为清水祖师最虔诚的信徒。

福兴乡有三座清水祖师庙，分别是外中街 37 号的清修岩、元中村横圳巷 4 号的永安宫和大仑村大仑街 5 号的清兴宫，我们此行探访的是清兴宫。福兴汉族乡民大多由泉州一带移居而来，远自明末清初，鹿港繁荣时期，陆续由鹿港及王功一带港口进入福兴，有些跟随延平郡王郑成功来台，初住沿海，渐入乡内，开荒垦殖。至雍正年间，户口逐年增加，扩散分布于现在的福兴乡。亦有不少满族乡民，应是乾隆年间福康安将军自鹿港登陆，领带来的八旗士兵后代。

清兴宫坐落于大仑村大片农田之中，规模宏大，所奉清水祖师是陈纯卜于乾隆丁卯年（1747），从泉州府永春县小岵乡田洋庄迎请渡海来台，由鹿港上岸，先在彰化县花坛乡山脚路黄厝村附近落脚。其后不久，随次子陈国参最终定居于福兴乡大仑村，供奉于旧厝厅。为纪念永春祖地，大仑村原名亦叫田洋庄。上世纪 50 年代起，经族人陈朝宗提议，始以掷筊杯的方式，产生炉主、头家，再迎请祖师公至炉主家供奉。随着人口的增多，齐聚到炉主家膜拜多有不便，于是又有人提议建祖师庙供奉。但因庙地觅寻不易，所费资金庞大，直至 2009 年底才玉成殿宇，并由祖师公起驾定名为“清兴宫”，举行入火安座大典。清兴宫建设资金、所用土地及出入道路，均由里社热心村民捐献，显示乡民对祖师坚定无比的信仰。

大仑村流传不少清兴宫清水祖师的神迹故事，仅举一例：五六十年前，有一位村民盖房子，在地基回填土的时候，不小心把“青竹符”填埋在土里。新屋落成后，一家人过得相当不安宁，因此请示清水祖师。清水祖师乩童拔出七星宝剑插入地里，众人顺着插剑处往下挖，发现可怕的“青竹符”，经处理干净后，这家人从此平安无事。除主奉清水祖师外，清兴宫还配祀济公禅师、文昌帝君、天上圣母、福德正神、玉皇三太子等神尊，每年决定一名炉主、二名副炉主和四名头家，轮值庙里一切事务及社区各种公益活动。

秀水乡安溪村玄德庙

福兴乡位于台湾彰化县西部，毗邻鹿港镇、秀水乡、埔盐乡、二林镇、芳苑乡。天色已晚，辞别清兴宫出来，我们准备拐到一家叫“鹅妈妈”的餐馆吃晚餐时，我发现餐馆正坐落于秀水乡安溪村彰水路段。秀水乡有个安溪村，而安溪村又有个玄德清水祖师庙，这是我来彰化之前所没有想到的，导游小庄连忙帮我联系了村里长庄幸福，让他赶过来介绍情况。

安溪村东临秀水村、花坛乡，西接鹤鸣村、安东村，北邻彰化市刺桐角，南邻庄雅村，面积 1.32 平方公里，住民大多是安溪移民及后裔。安溪村玄德庙坐落于安溪社区彰化路一段 692 巷 32 号，亦为安溪人倡建，但已成为全村人的共同信仰。玄德庙主祀清水祖师，源自安溪清水岩，“二百多年前，先民渡台时奉为保护神，世代传承。1990 年初建今庙”。[①] 庙里的楹联“祖溯安溪庙貌

① 清水岩志编纂委员会编：《清水岩志》，中国文化出版社，2011 年。

长新半路响，师传秀水神恩广被全台湾”“秀似安溪香火千秋玄德庙，水通福建庥蒙万世祖师公”等，嵌入的信息，揭示其与安溪祖地深厚的渊源。

康熙年间，有福建安溪县吴神祐从鹿港上岸后，最先来到这里垦荒，乾隆初又有安溪县林文礼、南安县梁隆和、梁光铁、梁光皆、晋江县梁维明、梁勇等人陆续来垦，至乾隆中期，再有平和县阮尊、广东澄海县马清云入垦。乾隆五十七年（1792），同安县陈武、陈举兄弟来垦，嘉庆年间又有安溪县白玉山来垦。为纪念第一位移民来自安溪，社区民众决定以安溪村（闽南话 An-ke）来命名这个地方，沿用至今。

早年迁台都是兄弟和族亲相伴而来，故安溪村各庄部落也都按照原乡姓氏来命名，沿用祖籍的郡望、堂号，标榜自己的渊源流派，如张厝、王厝、陈厝、林厝，意指张、王、陈、林各姓血缘聚落。旧厝内、新厝内，则是南安、晋江梁氏在安溪村开垦早期和如今的两处聚落，还有“半路响”“十四甲”“洋仔厝溪”等地名，也充满着浓浓的祖地原乡气息。

明清开始，福建大量向台湾移民，这些移民往往按照地缘关系聚居在一起，这和大陆聚族而居的情况显然不同。由于清朝政府的禁令和渡海的困难，移民不得不采取非法手段偷渡，很少人能携带家眷。“男多于女，有村庄数百人而无一眷口者”。[①] 这些单身汉都是通过同乡、同族的关系前往台湾谋生，“台人谓漳、泉曰唐山，称初至者曰唐山客。唐山客之来，或因乡党，或由亲朋，互相援引”。[②] 同乡的人聚居在一起，互相依赖，协力开发，“流寓者无期功强近之亲，同乡井如骨肉矣”。[③] “疾病相扶，死丧相

① 周仲瑄纂:《诸罗县志》卷九“风俗志”，台湾文献丛刊本。
② 连横著:《雅言》，台湾文献丛刊本。
③ 周仲瑄纂:《诸罗县志》，卷九“风俗志”，台湾文献丛刊本。

助，棺殓埋葬，邻里皆躬亲之。贫无归，则集众捐囊襄事，虽悭吝者亦畏讥议。”[①]同时，这些社会群体的成员还要互相保护，防御外来的侵扰，“朋比齐力而自护”。[②]

同一祖籍地的移民以信奉其祖籍特有神明为纽带，并以其庙宇为团结之象征，形成一股内聚力，结成较固定的群体，以应付早期开辟草莱的诸多困难。这些群体及其住地后来衍化成祖地同名村、同名聚落等，对台湾早期社会的形成产生重大影响。

“漳州人多奉祀开漳圣王；泉州三邑人多奉祀观音菩萨，漳人亦有信奉者；泉州同安人多奉祀保生大帝；泉州安溪人多信奉保仪大夫；泉州人信奉王爷；泉州安溪、永春县多奉祀清水祖师；漳州人信奉妈祖，泉人亦有信奉者；客家人信奉三山国王。”[③]如福兴乡大仑村清兴宫、秀水乡安溪村玄德庙，这些寺庙为安溪、永春移民渡海及早期垦殖精神之依赖，同时也被作为今天的社区中心，组织各种团体，赋予教育、慈善、娱乐等功能。

云林县虎尾镇安溪里

台湾学者陈正祥在《台湾地名之分析》中统计，如今台湾地名之中，以泉州为名者共有9个，其中5个都称为泉州厝；以同安为名者7个，其中4个称为同安村，3个称为同安厝；还有3个兴化寮，2个兴化村，2个安溪村，2个安溪厝，2个永春厝等等。福建、广东移民到了台湾新移居地后，总希望自己家族旺盛，事业兴隆，于是又诞生了“福兴”与“广兴”等地名，据统计，台

① 同上。
② 同上。
③ 林再复著：《闽南人》，台湾三民书局，1988年增订四版。

湾全省有 21 个福兴、3 个福隆，9 个广兴与 5 个广福。[①]

台湾安溪同名村远远不止陈正祥所统计的数目，还有大量以安溪祖籍地村镇里社原名来命名新居住地，和学校、桥梁、街道乃至于溪流的，如安溪寮、安溪里、安溪桥、安溪街、安溪小学，以及上文提及贯通台中的“大安溪”。

2019 年 8 月的一天，我接到台湾民俗摄影家王国明老师的电话，称他正在云林县虎尾镇安溪里拍摄图片及视频，蔡朝宗里长刚和他聊起我于 2014 年 9 月份去安溪里调查的情形。王国明长期给厦门日报社主办的《台海》杂志供稿，此行也是受厦门日报社委托，拍摄台湾清水岩分炉的图片及视频，用于安溪清水岩制作申报国家级海峡两岸交流基地专题片。而我和国务院研究室朱幼棣老师去虎尾镇安溪里调查的情景，虽然数年过去，依然历历在目。

云林县位于台湾中部，处于彰化与嘉义两县之间，东接南投县，西临台湾海峡，下辖 1 市 5 镇 14 乡。著名歌唱家邓丽君就是云林县褒忠乡田洋村人。明天启元年（1621），颜思齐、郑芝龙等率众由笨港登陆，安营扎寨，从事开垦。笨港即今云林北港和嘉义新港一带，当时为繁荣的货物吞吐港，号为“一府二笨”，云林县也因此成为台湾岛上汉人最早开垦的地方。

清康熙五十六年（1717），诸罗县在此设大丘田一堡（今虎尾、土库一带），因地形起伏如丘陵，故称为大仑脚。乾隆二十四年（1759），泉州人郭六才渡海至大仑脚开垦，筑五间草寮以居住，即最早的“五间厝”，故虎尾镇旧称五间厝，因日据时期设有糖厂而成为制糖中心，又称“糖都”，为云林县第二大乡镇市（次于斗六市），由颍川里、延平里、平和里、安溪里等 29 个里组成。

①《台湾文献》第 9 卷第 3 期。

里社的名称，显示移民祖籍地和血缘宗姓。

安溪里，也称安溪社区、安溪寮，由虎尾镇的庄头、五间厝仔、顶头庄仔、大厝内、顶竹园仔、过车路仔、叶家庄 7 个片区（相当于自然村）聚集而成，现有人口 2300 多人，其祖先全部是明朝末年，从安溪县长泰里田底乡（今安溪县参内乡参山村、田底村）渡海来台，拓荒繁衍，迄今已逾三百年。

为铭记祖籍地，安溪里的祖先们乃以安溪为迁移地的地名，数百年来都不曾易名，社区居民以林氏为大姓，其次是蔡姓，还有叶姓等。清朝时安溪寮属嘉义县土库支厅大坵田堡，日据时代为台南县虎尾郡虎尾街，台湾光复后实施地方自治，将第一至十邻合并为安溪里，今属于云林县虎尾镇管辖。

安溪县参内乡叶氏族谱记载，颜思齐、郑芝龙开辟台湾时，不少安溪人因闽南灾荒，生活困顿，便跟随他们的部队往台，或入伍担当部属，或落籍开垦拓荒，并在那里建家立业，繁衍生息，印证了台湾安溪里的说法。在堂兄弟或堂伯叔互相引援和乡亲结伴迁台者中，参内乡是一个比较突出的乡镇，清初至清中叶，仅参内黄氏二房族人往台者，即有近千人。

云林县农业发达，盛产水稻、甘薯、玉米、甘蔗、花生、薄荷、蒜头、花卉、蔬菜、木瓜、黄麻、芦笋等，大米产量居台湾省第三位，花生占台湾省一半，薄荷产量占台湾省 90% 强。安溪里以农为主，种植蒜头、花生、玉米、稻米，培育菜苗、花卉园艺，也种植火龙果等。社区中心周围的田畴种植花生，我们到访时，尚未收成，放眼望去，一派葱茏。事农之余，安溪里还生产毛巾等针织日用品，形成中小家庭式的传统产业，有虎尾镇“毛巾之乡”的称誉。

安溪里信奉天上圣母妈祖，而据笔者调查，其祖地安溪县参内乡一带并无妈祖信仰，供奉的是“医神”保生大帝、“雨神”清水祖师和关帝圣君、罗内境主（南宋抗元英雄谢枋得）等，之所以呈现不同，大概是安溪里祖先当年追随明郑，渡海东征台湾的原因吧。

安溪里的传统节日、婚丧喜庆都与安溪故土一样。以中元祭为例，最初只是居民们于农历七月十五中元节当天，以集体大祭拜的方式，聚集在街道旁，祭拜无人祭祀的孤魂野鬼，向鬼魂们示好，超度往生者，并祈求合家平安，生意兴隆。后来的中元祭，由安溪里扩展到整个虎尾镇，全镇划分成七个区域举行，每年从七月初一起，各区就开始搭建普度坛，设有拜亭和各种香案、供桌，以供民众祭拜。最近几年，安溪里乃至虎尾镇的中元祭排场越来越大，祭品也越来越丰富，成为地方上一大盛事，有“北基隆、南虎尾”之说。

“安溪各业人才多，日头耀光照咱家。士农工商拢及第，妈祖中军赛老伯。起庙历史立头个，大家欢喜平安兮……”这是《安溪里歌》，编词者为里长蔡朝忠。在安溪里，无论男女老幼都会吟唱这首“里歌”。我们到达的当天（2014 年 9 月 11 日），蔡里长指挥着安溪里的一帮乡亲，站在村口，高唱着“里歌”，欢迎我们的到来。歌声发自肺腑，曲调情真意切，听者动容动情。安溪里还设计里标，蔡朝忠详细介绍安溪里 LOGO 寓意，取“安”字象形，太阳是安字一点，太阳之下，两边有山，山间有溪流，喻“太阳光普照安溪山川，安溪男人如山峰阳刚帅气，女人似水流阴柔俊美”。

临别之前，蔡朝忠特别邀请我们一行，到设置于村口榕树下的里标合影以作纪念。这是一块镌刻着“吾爱安溪”四个大字的石头，石头边恰好是供奉天上圣母的庙宇。石头文字刚健有力，又充满温情，表达了世代安溪人勤劳拼搏、热爱家乡的情怀。

握手道别，乡情酽酽。虽分主客，其实一家。言谈之中，安溪里的乡亲们对祖地安溪充满向往，表示一定要组团回乡谒祖，亲身感受原乡好山好水，在祖祠敬上三炷香，告慰安溪里列位祖先……

颍川里泰安寺

离开安溪里，我们又来到颍川里顶湳 117 号泰安寺，拜谒庙里供奉的清水祖师。云林县主奉清水祖师的庙宇有保清宫、安泰寺、泰安寺、顺安堂、顺安宫、清天宫共六座，其中虎尾镇有两座，另一座是位于延平里中湳 19 号的安泰寺。

与福兴乡的清兴宫一样，颍川里的泰安寺亦不是由安溪人首先倡建，前者是永春人，后者是南安人。泰安寺位处颍川里，如前所述，“颍川里”命名沿用的郡望、堂号，标榜自己姓氏祖先，是从河南颍川迁徙至闽南、又从闽南迁台至虎尾顶湳的陈氏后裔。陈、林、黄、张、李、王、吴、刘、蔡、杨、许、郑、谢、郭、洪、邱、曾、廖、赖、徐[①]是台湾前 20 大姓。排在首位的陈姓，在台人数超过 200 万人，其于清康熙年间开基台中港，后迁苗栗，入嘉义，进台北，咸丰年间居彰化。颍川、汝南、下邳、广陵、东海为陈氏郡望，德星、德聚、绳武为堂号。云林虎尾镇颍川里（顶湳），是南安县颍川陈氏后裔的移民聚落，其郡望沿用祖地，在民居的门匾或门楼上，及族谱、宗祠里，标示得一清二楚，一望而知，这是中华宗亲家族一道最直观的文化景观。

泰安寺志载，南安县颍川陈氏第十九世育有三个男孩，三兄弟出生在贫困的家庭中，缺衣少食，无固定职业，后来都在

---

①《晋江文史资料选辑》第 8 辑“台湾百家姓”。

同一条船上当船工。有一天出海，三兄弟在海面上捡到一个大麻袋，回家打开一看，竟然是糖坊的栈单[①]，得到一大笔横财。三兄弟随后渡台到虎尾郡虎尾街顶湳，在顶湳买了数百甲农田，兴建糖铺（制糖工坊），三兄弟合力经营，糖业蒸蒸日上，成为一方富豪。

中日甲午（1894）战争爆发后，顶湳三兄弟率家眷回南安县祖家蓝园乡避难。战争结束后，三兄弟全家要回台湾时，听人说邻县安溪清水祖师十分灵验，随即到蓬莱清水岩参拜，祈求香火袋护身，幸得平安回到台湾。后来，三兄弟将香火袋拿出，和村里人商议建泰安寺供奉，并雕刻一尊清水祖师神像供民众奉拜。邻里中湳、下湳、土库下庄等三个庄头的信众，对清水祖师的灵响莫不仰慕，经商讨后与顶湳组成四股，四年一轮奉祀祖师，至今已有120多年。

每年农历正月初六清水祖师诞辰，泰安寺亦都举办酬神团拜、过炉巡庄、祈福活动，与虎尾德兴宫大仑脚（池府千岁）、兴中里北兴宫（玄天上帝）、下湳广云宫（张李莫千岁），土库顺天宫（天上圣母）等友宫、寺、殿、堂，进行常态化会香交流；加入台湾清水祖师文化交流协会，与宜兰县苏澳镇宝山寺（清水祖师），高雄市前金区万兴宫（清水祖师），彰化县秀水乡安溪村玄德庙（清水祖师），台北市艋舺清水岩、淡水清水岩、三峡清水岩等，开展联谊活动，于癸巳年（2013）六月廿六日回到安溪清水岩祖庙进香，带回清水祖师的佛珠和香灰。寺里现奉清水祖师正身一尊，副身二尊；池府千岁镇殿一尊，副身一尊；中坛元帅大太子、二太子、三太子及福安宫福德正神。这些神明信仰，也都出自闽南，显示移民不忘祖地之心。

① 货栈收受存货时开给货主的凭证，货主凭栈单向货栈提取托存货物。

第 8 章
清水祖师来看我

2010 年 12 月 4 日凌晨 5 时许，福建安溪清水岩香火缭绕，来自台湾省台南市四鲲鯓龙山寺等清水祖师分炉分庙的几十位代表，与安溪蓬莱当地信众一起静穆肃立，“一上香、再上香、三上香，敬茶……”随着司仪的一声号令，霎时钟磬齐鸣，鞭炮震天，安溪清水岩清水祖师金身，被请上精心装饰过的金辇大轿，在两岸大批信众的簇拥下，鸣金开道，启程赴台开始为期一个月的巡香活动。

时值初冬季节，风冷水凉。然而，前来恭迎清水祖师金身的台南市议员郭和元等人心里，却是按捺不住的激动，为着这一时刻的到来，他们筹备了很长时间，期间多次往来海峡两岸商讨细节事宜。手扶清水祖师的神轿，郭和元仿佛看到，清水祖师金身乘车到达厦门五通码头，乘船经“小三通”航道到金门，再从金门乘飞机抵达台南机场，停机坪上，全台 300 多座清水祖师分炉分庙代表和 20 多座金辇大轿，已准备好接驾仪式，恭迎安溪清水祖师这位被闽台民间视为“慈善助人的恩人”。

清水祖师金身巡台期间，我恰好随安溪虎邱镇洪恩岩管委会考察团在台考察民俗文化。[①] 清水祖师金身启程前一天即 12 月 3 日，我们一行七人从安溪出发，一路换乘汽车、轮船、飞机各种交通工具，当晚抵达台北。此番访问台湾，我们由北往南走，而清水祖师金身巡台则是由南往北行，首站抵达台南，先后在台南、高雄、彰化、台中、台北等地，九座安溪清水岩清水祖师的分炉分庙轮流驻驿，[②] 其中有建庙最早的台南四鲲鯓龙山寺，也有新落成不久的彰化福兴乡清兴宫。本次清水祖师游台巡安活动，台湾方面还组织媒体记者进行专案采访报道，推出“清水祖师来看我”的口号，希望借由此次“清水祖师文化季”交流活动，告诉两岸人士“清水祖师行善精神”就是“台湾精神”。[③]

台南四鲲鯓龙山寺

12 月 4 日至 7 日，“清水祖师文化季”首站活动，在台南市四鲲鯓龙山寺展开。四鲲鯓位于台南市南区西南方郊区之边陲地带，东与盐埕为邻，南接喜树，西为台湾海峡，北为安平渔光里，是开台古地七个鲲鯓岛屿中，迄今尚且保存有鲲鯓地名者，一个民风强悍的渔村部落。居民大多以养殖牡蛎、虱目鱼和近海捕捞

---

① 安溪洪恩岩奉祀显应祖师，分炉自安溪湖头泰山岩，泰山岩显应祖师即台南市四鲲鯓龙山寺二祖师。

② 即台南市四鲲鯓龙山寺、台南县归仁乡崁仔头清水宫、彰化县二林镇新兴宫、彰化县福兴乡大仑村清兴宫、台中县龙井乡龙井岩、台北县土城市顶埔里永福岩、台北市文山区景美万庆岩、台北县淡水镇淡水清水岩、高雄县阿莲乡荐善堂等九座。因为前文已介绍彰化县二林镇新兴宫、彰化县福兴乡大仑村清兴宫、台北县土城市顶埔里永福岩、台北市文山区景美万庆岩、台北县淡水镇淡水清水岩等五座，本章重点介绍其余四座清水祖师庙。

③ 2010 年 12 月活动结束后，主持本次活动的四鲲鯓龙山寺出版发行《清水祖师来看我》一书，介绍“清水祖师文化季”全程，以及重点轮流驻驿的九座台湾清水祖师分炉（见注②）。《清水祖师来看我》由台湾古都电台《希望花园》节目主持人刘采妮主编，台湾有关人士王金平、许添才等先后作序。

为业，据1975年台湾地方文史资料所载，其居民姓氏主要有陈、林、黄、吴、蔡、邱、江、李、叶等二十几姓，其中以同安集美陈氏最多，约占居住人口的一半，自古就有“鲲鯓部落鲲鯓陈”之称。

地处四鲲鯓地区的龙山寺，始建于南明永历十六年（1662），虽名为龙山寺，但并非晋江安海龙山寺分香，亦非主祀观音菩萨，所奉清水祖师，系随郑成功来台，驻守台江屏障七鲲鯓古地的漳泉军士蔡姓者，携自泉州府安溪“鬼湖洞”，迄今已有350多年的历史。台南市市长许添才在《清水祖师来看我》中撰文作序指出，龙山寺庙史渊远，与鲲鯓地区的开拓史契合，相互并进，是“全台首建开基清水祖师庙”，深得地区居民一致信赖，为促进地方繁荣发展不遗余力，是鲲鯓地区居民最主要的信仰中心。序文中，许添才还指出，四鲲鯓龙山寺传承清水祖师佛诞时举行的“踏火”科仪，保留下全台寺庙最独特的文化景观。

鲲鯓一带流传的数则龙山寺传奇，大多与当地早期土地开发、资源争夺及居民职业、收成有关，是许添才文章的最好注脚。其一，传说曾经有几年海上出现巨大漩涡，卷向鲲鯓海岸，危害渔民出海，清水祖师指示用袈裟和草人抛向海面后，漩涡即平；其二，1920年，有一神祇“二镇王”看中龙山寺的七星坠地穴，前来夺庙，并且一度击败庙里的二祖师、三祖师，最后为清水祖师所败，后至南厂保安宫祀奉；其三，1948年，龙山寺翻修时，喜树人撒了九组渔网，最多只打到数十斤鱼，鲲鯓人七组渔网，每网网鱼数千斤，不但收得多，捐得也多。喜树人问其故，鲲鯓人答曰：“之前许愿，将所得十分之一献给祖师爷，以重建龙山寺。”喜树人后来也到龙山寺许愿，将比照鲲鯓人的做法献出十分之一的收入，于是获利也达到数千斤之多。

在主祀神明清水祖师佛诞日举办“踏火”（过火）活动，是四鲲鯓龙山寺最古老的传统，但这项活动何时传承至今，并没人清楚。一整天的活动会从初五晚间 8 点开始，一直持续到午夜子时才完成。先由法师主持大殿清坛、镇守寺庙四周安全的六营（龙山寺比一般庙宇多一营）兵将“放营”，接着晚间 10 点 45 分开始祝寿，正式团拜时间是从晚间 11 点 15 分开始，半小时后结束。初六上午 7 点半开始架设“平安桥”，而后过“平安桥”。在该寺“执法”已有 50 年之久的陈木源法师认为，以往古制是架设“樊江桥”，过桥前还设有“樊江关”，如今演变成为大众所接受的“平安桥”，主要是取意“过火保平安”“过火去霉气”。台湾佛光大学林坤和在他的四鲲鯓龙山寺“踏火”仪式研究中指出，许多民族把火视为圣洁的象征，认为它具有某种驱邪逐魔、消灾去污的能力。信仰上也多以“火”来感应或扩充神明的灵力。“过火”仪式，用来加强灵气和灵力，增添辟邪驱魔的神能。

“过桥”民众须静默渡桥，过桥后再“过油锅”，一旁有法师为过桥者驱魔改运去煞，结束后可领取“平安面”。正月初六晚上 8 点 30 分，在龙山寺前方空旷地上铺上南北向长方形炭火场，庙里的神明乘坐神轿领衔先“过火路”，信众紧随其后。寺方表示，该仪式是希望能带给过火者“浴火重生”，能在新的一年有新的开始，仪式结束后，举行神明安座，热闹的活动一直持续到午夜子时过后。

四鲲鯓龙山寺供奉安溪清水岩清水祖师、安溪湖头泰山岩显应二祖师和漳州平和三平寺三坪祖师，俗称大祖师、二祖师、三祖师，还配祀福德正神、注生娘娘、天上圣母、虎爷公、中坛元帅等神祇。据说庙里原本有两尊虎爷，被偷走一尊，保留在寺内的是年代最久的虎爷，已经有三百多年。陈木源说，虎爷很神奇，四五十年前，寺内经济拮据时，都靠虎爷出去“挣钱”养寺。虎爷每次出寺处理地方“事务”后，只会收取一元香油钱，即使这样，那个年代，虎爷也为龙山寺挣了很多香油钱，是龙山寺的"功臣"。除此之外，每年农历过年和祖师诞辰期间，虎爷都会在"踏火"现场坐镇，当天，一定会在庙埕搭建一座精美的平安桥，桥上插上三十六官将旗，桥下有炉火、桥顶坐镇清水祖师，桥旁则有一顶竹轿，轿身用茂盛的榕树叶子包裹，三百多年的虎爷就坐在其中。鲲鯓女儿家都不会错过一年一度的过平安桥除秽活动，她们把本来正月初二回娘家的日子，定在大祖师初六的佛诞日，龙山寺就是鲲鯓女儿家的娘家。

由于建庙历史悠久，庙里至今保存有大量历史文物：明宣德年间净香炉一只；南明永历十六年（1662）陈合成等所献"威镇东瀛"匾额一块；清嘉庆元年（1796）陈员所献"四鲲鯓祖师公"石香炉一只；清同治二年（1863）陈文义等所献"清水祖师"石香炉一只；1940 年陈生谢献"龙山寺"石香炉一只；日据时代三顶铜制祖师公佛帽等。其中，出自台湾南部传统建筑彩绘大师潘丽水、陈玉峰二人及其徒弟之手的"四大鬼王"彩绘门神，是全台湾寺庙中唯一以鬼王立于偏门担任门神的。

四鲲鯓龙山寺中门为佛教两大护法"哼哈二将"，而偏门"四大鬼王"分别为张、黄、苏、李四大将军，被清水祖师收服前是安溪张岩山的鬼魔，收服后在安溪清水岩清水法门担任四大护法，于四鲲鯓龙山寺则担任门神大将军。寺庙几经重修重建，二楼档案室保存着历次修葺时替换下的门板，虽历经风霜岁月洗礼，门板上的门神光彩依然，熠熠生辉，留在斗室里，只为述说鲲鯓人代代传承的信赖。

高雄阿莲荐善堂

据四鲲鯓龙山寺档案记载，1946 年，台南鲲鯓与湖内乡叶厝甲的巡香队入境高雄县阿莲乡时，适逢阿莲乡有“应公”发乱危害地方。清水祖师以青竹符破其地理，阿莲乡36位富人此后便迎请四鲲鯓清水祖师到荐善堂奉祀，是为高雄阿莲荐善堂清水祖师的源起。

阿莲荐善堂管理人林国栋则认为，“出战”的祖师爷来自叶厝甲清水寺[①]，降魔卫道的故事发生在1927年。我们访问荐善堂时，他坐在院里的大树下，将清水祖师这个“私事变公事”的感应传奇娓娓道来：

很早以前，在阿莲庄“茄苳脚”桥的东南畔，时常有一群土匪打家劫舍，欺压善良，不久却被登陆台湾的日军杀害，成了无嗣鬼魂。鬼魂得地理之阴后，日益壮大，其中五位首脑自称为“五王爷”，率一帮鬼魂，为所欲为，危害乡里。荐善堂信徒林土城的祖父林安深受其害，无故癫痫病缠身，药石无效。有人提议说，湖内乡叶厝甲清水寺有一尊神明叫清水祖师，非常灵验，时常为人解除苦难并医治各种疾病。于是林安的儿子林为同前往叶厝甲清水寺，拜求清水祖师为其父治病。数日之后，清水祖师乩童叶塭应邀前来阿莲。在祖师降驾出坛为林安治病过程中，“五王爷”不断前来骚扰并提出斗法的挑衅。祖师不忍众生再遭荼毒，答应与之对战，并约定出战时日。决战之日，祖师请来天兵天将和叶厝甲代天府游、江千岁神兵助阵，用大中小三颗烤热的铁球，将“五王爷”的魔兵魔将打得溃不成军。此役之后，阿莲庄从此平安无恙。

① 叶厝甲清水寺，亦称叶厝甲清水宫，位于湖内乡叶厝村清水街25号，居民以叶姓为主，祖籍福建省同安县积善里充龙社俭德堂。据叶清文“叶厝甲清水寺沿革”载，本清水寺代天府在1947年，经本境信徒叶牵、叶知两位先生及善男信女等筹建，奉祀清水祖师和游、江千岁。叶厝甲原纯叶姓居住，后迁来许多外姓，寺庙主委由叶清文改为黄谅。叶厝甲清水寺至今保存着当年来自四鲲鯓的祖师令和七星剑，显示其与龙山寺的关系。

原是林安一人被一群恶鬼作害，因而恳求清水祖师前来为其治病，到最后演变成降服魔道、安宁社区的一段故事。这段斗法传奇，清水祖师将“私事变公事”，普佑众生，阿莲庄民众从此对清水祖师感念不已，在荐善堂塑像增奉，诚心礼拜。而为感念游、江千岁当年助战的恩德，每逢其千秋寿诞的日子，阿莲庄百姓都会组团前往叶厝甲代天府拜祭。

荐善堂始建于1934年，原为一厅二房土夯厝，南天主宰文衡圣帝为荐善堂的主席，孚佑帝君吕祖师为副主席，清水祖师为主坛。1962年拆除重建，为现在的第一殿“荐善堂”及西厢；1990年，开始兴建第二殿“金华宝殿”，1995年竣工，供奉金母娘娘；1994年兴建第三殿“霄明宫”，供奉玉皇大帝、三宝佛等。并有龙凤双阁、东西两厢、东西山门一座，占地广阔，规模宏大，信众遍布全台。

荐善堂建筑风格有别于一般庙宇，堂前石柱柱头风格西化，堂里没有藻井雕刻，而是穹顶代替藻井，穹顶所彩绘的壁画是封神榜的故事，也没有木构的神龛，是以水洗磨石的佛台框以玻璃罩。墙壁、地板，甚至神龛四面都是水洗磨石，壁面饰以花草动物的图案。依荐善堂庙规，进各殿朝拜，均须脱鞋，穿着袜子或光着脚板在寺院行走，安静得连呼吸都要屏住，愈加庄严肃穆。

辜厝村崁仔头清水宫

荐善堂所在的阿莲乡，位于高雄县北，北隔二仁溪与台南县归仁乡、关庙乡为界。台南归仁乡早期是平埔族的垦地，明郑时期，曾在此设立书院，取“天下归仁焉”之义，称为“归仁里”，战后改设台南县归仁乡至今。

位于归仁乡辜厝村的崁仔头清水宫，也是2010年安溪清水岩清水祖师金身巡台的一站，其创建于1942年，主祀清水祖师，配祀田都元帅、中坛元帅、虎爷公和武营将军。“崁仔”，闽南话的意思是石头台阶，“崁仔头”就是石阶顶。辜厝村村民说，清水宫祖师爷的药签最灵验，凡得重病者或疑难杂症者，总会向祖师爷祈求，以掷筊杯所得药签抓中药煎服用，痊愈者无数，清水宫因而声名远扬。

崁仔头是辜厝村一个自然角落，因地势较高，故以“崁仔头”称之，全庄均是谢姓同宗，异姓者也大都有姻亲关系。崁仔头一位老者介绍，其谢姓先祖，原籍河南省，宋初中原动荡，谢氏一族为免受侵害，走避至闽南泉州一带，迄今已千年。谢氏先祖南迁至福建泉州，约有八百年后，嫡派又陆续迁至金门、澎湖。190年前，谢氏两兄弟从澎湖渡海入垦台湾，行至归仁崁仔头落脚，从此落地生根，瓜瓞绵绵。谢氏子孙，秉性忠厚，耕读传家，士农工商，各守本分。春耕秋收、婚丧喜庆，同心协力，和乐融融。

清水宫本是崁仔人的信仰中心，关于崁仔头清水祖师的由来，闽南童谣所唱“土地公，白目眉，没人请，自己来”，也是对祖师公“唐山过台湾”，充满温情、最贴切的描述。相传百余年前，泉州安溪有一位擅长于补缀（鼎、锅、雨伞等日用品）的工匠，渡黑水沟至台湾讨生活。工匠渡台时，随带家中奉祀的祖师爷，抵达台南城后，溯溪入归仁，感于崁仔头民风淳朴，于是应邀居留下来。由于手艺精湛，又由于同籍情分，安溪工匠深得崁仔头乡民信赖，不多时，便与崁仔头庄人同桌而食，同檐而居，俨然一家人。而其随身所带的守护神“祖师爷”，也被庄人奉祀在谢氏族堂，共享馨香。后来，崁仔头庄人集资兴建了一间简易庙坛，以供奉工匠随带的清水祖师，1980年原址重建，一楼用作辜厝村办公场所，二楼为清水宫，成为全村人的共同信仰。

一方水土一方神，清水宫清水祖师灵验故事人人传颂，其“粉面”宋江阵同样闻名远近。每年农历正月初六清水祖师诞辰，崁仔头庄人都要装扮三十六人制的“粉面”脸谱阵头参与游行狂欢。脸谱取材自《水浒传》梁山泊一百单八将，但为什么没有一百零八人的规模？担任清水宫第二代宋江阵斧头的达叔说，这是因为宋江阵老教练认为一百零八人为不祥之阵，梁山泊一百零八条好汉最终都死于非命，民间相信死于非命者终成厉鬼，若是组成一百零八人的阵头，必会出事，故而还是以三十六人为人物造型最为普遍。

清水宫的粉面宋江阵传袭有多久了？达叔说，第一代宋江阵的成员王金抛已经百岁高龄了，还有第二代、第三代、第四代，年龄从 18 岁到 80 多岁都有，代代传承，为目前全台湾之极少数。请教达叔，谁为宋江阵的成员“粉面”？达叔说，第一代、第二代的成员都有人会“打面”，“打面”非常耗时，最多的需要一小时以上，所以出阵前一个晚上，宋江阵的成员都要先住进清水宫，以便好好“打面”。至于脸谱从何而来，是随心所欲，还是有临摹范本？达叔说，是历代成员小心翼翼保护下来的，拿出泛黄一本，果然是老旧古朴，翻开其中一张脸谱，背后竟然写着“昭和六年”（1931）……

台中龙井区龙泉岩

中台湾奉祀清水祖师的庙宇，主要有龙井乡龙泉岩、清水镇新兴宫和东势镇济安宫等。参与此次“台湾清水祖师文化季”轮流驻驿的分炉是龙井乡龙泉岩。龙井乡位于台中市西南部，2010 年底，因台中县市合并而改制为台中市龙井区。龙井区得名于庄内的“龙目井”，取首尾二字而称为“龙井”。龙目井为此区境内之古迹，《彰化县志》中载："龙目井，泉清味甘，涌起尺许，如喷玉花。井旁二石，状似龙目，故名。里人环井居，竹篱茅舍亦饶幽致。"龙目井位于龙泉里龙新路龙目井巷，相传该井的泉水涌自一棵老樟的树根中，汉人开拓台湾时，就已经发现了它。如今，老樟已经枯萎，仅剩下三棵老榕，屹立在龙目井边。而龙泉岩就建在龙目井的上方位置，站在井旁向上仰望，岩殿在"高处眼亮"，飞檐翘角，金碧辉煌。

龙泉岩始建于1922年，2002年规划重建，2007年举行庆成谢土祈安大典。第十三任主任委员陈永讽回忆，他从1980年开始接手主委一职，主持龙泉岩重建。重建共分四期工程，依序皆委托龙井乡公所上网公开竞标，每次均有五家以上公司参与竞标，结果四期工程均为紫云居营造股份有限公司竞得，保证整个重建工程的连续性和整体性，不影响工期，不推诿责任，施工进展格外顺利，此为神绩之一。

神绩之二，动土前，清水祖师降示，构筑宝穴（地宫）时，需要埋藏七个古龙银钱币。经向祖师公请示，古币须到丰源市购买，但市场这么大，岂非大海捞针？出发当天，先向祖师上香请求指示，结果在第一家商店，丰源妈祖庙西南侧的一家小银楼，就买到店里仅剩的七个古龙银钱币。

神绩之三，重建工程即将告竣，庙方开始筹措庆成祈安大典的经费，尚缺新台币260万元。鉴于重建龙泉岩时村民已乐捐很多，为不增加村民负担，原本要将本村土地庙历年结余的300多万元挪用，但掷神筊请示祖师公时，祖师公反对动支和募收丁钱。结果庆典圆满结束后，重建含购买与兴建金炉用地及庆典全部，共支出新台币59567400元，尚结余486000余元。2007年12月25日举行龙泉岩圆醮大典，为重建工程划上美丽的句点。

在龙泉岩调查期间，笔者幸会彰化埔盐慈清岩（奉清水祖师）

信士陈慧如，听她讲述一个神奇的感应故事。2002 年秋天的一个夜晚，睡梦中的信士被慈清岩祖师带到一个不具名的古刹并告知，此地乃为慈清岩祖庙，要其备办果品敬拜；一年之后，祖师再次托梦于她，古刹位于福建省南安市，已焚毁一百余年，要求慈清岩信士寻迹重建。于是，2004 年 9 月，陈慧如等六位信士踏上寻找古刹之旅。然南安实为陌生之地，因此委托安溪清水岩主僧和南安当地人士代为寻访，终于在省新镇西埔村鹅角楼，找到梦中清水祖师带领走过的山岭，但环顾四周，尽是梯田和茂密草丛，哪有寺庙？一番寻觅，信士们终于在一棵无花果树旁发现一个石雕莲花座，附近又散落着若干应属于庙宇的石磨、石臼、石香炉等构件。经慈清岩清水祖师确认后，台湾信士开始购地开挖，终于在 2 米深处土层发现寺庙原来的石基，以及石香炉、石将军、比丘用洗菜槽、力士等。考古专家证实，所出土的文物分别是唐朝、明朝年间的寺庙遗存。据《泉州府志》记载，原庙名资福院，始建于南唐时期（937），开山寺僧见黑蛇入洞，由洞中取得一古剑，献于闽南王，闽南王于是赐名“龙泉院”。元朝，资福院被朝廷立为官庙，为军队南下时休息之驿站，据传，时僧众云集，为闽南知名的佛教丛林。

2007 年，经由台湾慈清岩众信士出资，于原址重建的部岩功德院中殿和前殿举行“入火”仪式。中殿主祀清水祖师元祖、二祖师、三祖师，其中三祖师手持法器为文判笔，有别于一般清水祖师多以打坐为外相，为部岩功德院之特色。在南安当地人士的共同努力下，不久，中殿祖师殿后的三宝殿，亦竣工庆成，奉释迦牟尼佛、药师佛和阿弥陀佛。朝代更替，古刹没入荒野，祖师托梦，信缘东渡，两岸齐心协力，古刹辉映。部岩功德院的传奇，在两岸清水祖师信众间，传为佳话。

陈慧如拥有数家自己的工商企业，平时工作十分繁忙，但凡有清水祖师的活动，她都会抽出时间全程参与。2011 年 1 月 2 日，清水祖师金身巡台结束台湾行程，返回大陆后，又专程到南安部岩功德院进行巡香，最后才回到安溪祖庭。至此，为期一个月（2010 年 12 月 4 日—2011 年 1 月 3 日）的两岸民俗文化交流活动——“清水祖师来看我”圆满落幕。

第9章
台中“人民调解员”

台中市是台湾省中部经济、文化与交通中心。这里曾是台湾政治权力中心，清朝时为台湾首府，日本侵占台湾后在此设州厅，素有“文化城”之誉，雾峰林家花园、摘星山庄、大甲镇澜宫等古迹名闻遐迩。

大甲镇澜宫是台湾妈祖信仰的最重要庙宇之一，其绕境进香活动已历百年。每年农历三月妈祖诞辰期间，来自台湾各地的十多万信徒都会组成声势浩大的进香队伍，以镇澜宫为出发点，在八天七夜中徒步来回大甲与新港奉天宫，跨越中部沿海四县市(台中、彰化、云林、嘉义)，经过21个乡镇，80多座庙宇，行程330公里。热闹的场景令人叹为观止，俗称“三月疯妈祖”，被探索频道（Discovery Channel）评为世界三大宗教盛事之一。

两次到镇澜宫、龙泉岩访问期间，我都向庙方求证台中清水祖师信仰的分布情况，但所获知的信息不尽如人意。史载台中安溪籍的族群不少，为何少见清水祖师庙？大甲区地方志专家张庆宗亦曾针对此问题，对区域内安溪籍聚落展开调查，后又将调查范围扩大至台中市海岸线清水、梧栖、沙鹿、龙井等地。[①] 调查

① 张庆宗:《台湾安溪籍聚落与清水祖师信仰调查——以台中市为例》，刘家军、谢庆云主编:《清水祖师文化研究》，厦门大学出版社，2013年。

中，张庆宗发现安溪籍族群的清水祖师信仰的确存在，只因未有出刊庙志、未有挖掘整理、宣传介绍少，被深藏而不为人所知。

大甲、大安、清水、梧栖、沙鹿、龙井为台中市由北而南的乡镇，六个乡镇中有：大甲岷山里林姓（祖籍安溪，具体乡镇不详）、大安区永安里白姓（祖籍安溪龙门镇榜头村）、清水桥头、北宁、田寮里王姓（祖籍安溪魁斗镇蓬州村）、清水区田寮里廖姓（祖籍安溪尚卿乡）、梧栖区大庄里颜姓（祖籍安溪，具体乡镇不详）、沙鹿三鹿里颜姓（祖籍安溪，具体乡镇不详）、龙井区龙泉里陈姓（祖籍安溪，具体乡镇不详）、龙井区中和里陈姓（祖籍安溪官桥镇虞宗村）八个安溪籍聚落。这些聚落中，清水祖师信仰常见于庄民私家厅堂，同时公建有龙泉岩、慈法岩[①]等庙宇，主奉清水祖师；建有紫云岩（主祀观音佛祖）、浩天宫（主祀天上圣母）、保安宫（主祀地藏王菩萨）、朝兴宫（主祀天上圣母）、保安宫（主祀保生大帝），[②]在庙里附祀清水祖师。

慈法岩·龙泉岩·紫云岩

慈法岩位于清水镇高西里田中央，这是中台湾一个典型的农业自然村落，全部居民均为卓沛派下，祖籍南安县翔云镇云山村。村里的长者卓永昌介绍，祖先是从唐山南安云山村渡海来台，先居大肚山上。至卓沛时，迁居高美田中央。另一房兄弟居邻近高美海口庄。卓永昌为卓沛派下第六世，以一代 25 年推算，推论卓沛约在乾隆末年，从大肚山上迁居本地。随身携带的八寸清水祖师神像早先供奉在住家公厅，以后又增祀观音佛祖。1923 年再增

① 址在清水区高西里高美路 721 巷 31 之 4 号。

② 址依次在：清水区鳌峰里大街路 206 号，梧栖镇大庄里，梧栖镇临海路 36 号，沙鹿区洛泉里和平街 18 号，沙鹿区三鹿里保顺 1 街 98 号。

祀妈祖，后又增祀金府王爷、太子爷、池府王爷等。2003年慈法岩建成后，这尊从原乡携带而来的清水祖师便迎入庙供奉，成为主神，并作寺庙登记。不仅慈法岩供奉清水祖师，高西里聚落中的卓家，也有多户人家供奉清水祖师神像或设立清水祖师牌位。

南安县翔云镇与安溪县城厢镇、龙门镇毗邻，笔者曾多次走访翔云镇（清溪厚安谢氏始祖谢大帽葬于祥云镇黄田村，山亦称大帽山）。村民告知，翔云镇内主奉清水祖师的庙宇有多座，黄田村就有一座“龙泉岩”。早年翔云人往泉州，都是取道黄田村，到安溪县城后，再乘船或走路到泉州出海，所以翔云人虽属南安管辖，但因地缘关系，与安溪的互动更为频繁，理所当然祭祀清水祖师，并随翔云人外迁的足迹，带到台湾，供奉至今。

另一座主奉清水祖师的龙井区龙泉里龙泉岩，2007年新庙完竣后，成为台中市清水祖师大庙。2010年“台湾清水祖师文化季”活动期间，安溪清水岩清水祖师金身曾驻驾该庙四天三夜，显示当地信众对清水祖师的无比敬仰。

据龙泉岩碑铭记载，庙宇系奉祀由大陆分灵渡台之清水祖师……本岩老祖师渡台至今，已二百年历史。并于清朝两度回唐山进香。初抵台，由陈氏先民轮流供祀，因其神灵显赫，善男信女与日俱增。1922年，由村民集资于彰化县志所载八景之一“龙井观泉”之龙目井福地，建龙井岩奉祀。……1988年起，连续三年，由主任委员陈宗焕等率团回安溪清水岩祖殿谒祖进香。

据《龙泉岩清水祖师略传》，“本岩老祖师渡台至今已有一百八十余年历史”。[①] 推论时间，约为清嘉庆十年（1805）。这个时间与龙目井开发时间相吻合，该地本为安溪籍陈姓聚落地，清水祖师为陈新添家族的信仰神。后来各地陈姓也陆续聚居于此。

①《龙泉岩清水祖师略传》，陈孟鹰，1991年。

1922年由附近居民集资首建龙泉岩，之后又改建扩建多次。

清水区的市街，主要为晋江籍蔡姓、南安籍杨姓、安溪籍王姓三大家族的聚落。清朝、日据时代，以晋江籍蔡姓最有势力，地方信仰中心为紫云岩，以供奉晋江安海龙山寺观世音菩萨为主。安溪籍王姓虽不是当地最大族群，却也是当地大族，故而紫云岩亦附祀清水祖师，至于这尊八寸高的清水祖师神尊从何而来，何时开始供奉，庙方无人有答案。可能是原为桥头里或田寮里的安溪籍民所供奉，日据时期的"皇民化运动"① 开始后，被乡民转移至紫云岩内保护至今。桥头里、北宁里一带的王姓聚落，播迁自安溪县魁斗镇蓬州村，台湾慈济功德会创办人证严上人、台湾"最高行政法院院长"王甲乙等均是王氏聚落后裔名人。田寮里大姓则为廖姓，祖先来自安溪县尚卿乡，但调查中并未发现廖姓村落庙有供奉清水祖师。

龙井区中和里、三德里陈姓，祖籍安溪县官桥镇虞宗村，是当地最大族群，来台第二代为陈国受家族。村庙以广泽尊王、张府圣君（法主公）为主神，此二神亦是安溪县的普遍信仰，传播很广，但当地陈姓家族却大多不知其为原乡神明。虽然陈姓为安溪籍，但村庙也并未供奉清水祖师。

清水祖师"燮理阴阳"

受大甲镇澜宫的影响，妈祖为台中民间第一主神，信众分布

---

① 1936年起，日本政府在台湾强力推行"皇民化运动"，政策包括：禁止歌仔戏、布袋戏演出，禁说闽南话，废止报纸的汉文栏目，推展日本姓名运动，强制参拜神社及禁止过旧历年习俗等，企图去除台湾本土文化。宗教方面更是一大浩劫，家中不准拜神明，须剖切与烧毁，但容忍一乡镇一寺庙为原则。台湾许多神明、庙宇因此遭受浩劫而消失。

特别广、人数特别多。奉化里白氏（祖籍安溪龙门镇榜头村）、朝阳里林氏（祖籍安溪）、文武里廖氏（祖籍安溪）、武曲里颜氏（祖籍安溪蓝田乡乌土村）、日南里林氏（祖籍安溪官桥镇新春村）等，都是大甲区安溪籍聚落，这些聚落安溪籍人口非常多，但村落神明主要是镇澜宫妈祖和福德正神、王爷等，未见清水祖师神像，民间访问，均称对清水祖师不太熟悉。

由于台中移民乡村仍是同姓同族聚落居多，村庙神明往往受强势族群所左右，庙宇之间难免会发生矛盾。此时清水祖师便出面从中调和，充当“人民调解员”，化解龃龉，和谐各方，团结区域，于今社会更显得重要与伟大。

梧栖镇浩天宫创建于乾隆三年（1738），为梧栖五十三庄主庙，信仰范围跨梧栖、龙井、沙鹿，主神为天上圣母，附祀清水祖师，每年都会举行盛大的绕境活动。梧栖大庄安溪籍颜姓居多，建庙时出钱出力，颇有发言权。龙泉岩陈永讽介绍，昔日大庄妈祖到北港朝天宫进香时须涉水过大肚溪。大肚溪畔的“涂葛窟王爷”很凶，屡次索要过路费。文质女神妈祖不好意思缠斗当地男神，信众与进香人员心里很不舒服。后来特地到龙泉岩请清水祖师前来坐驾，让每年进香顺利渡过大肚溪。此后，浩天宫增祀清水祖师。

梧栖浩天宫泉州籍居多，大肚镇万兴宫漳州籍居多，大庄妈祖与大肚妈祖分属两边，每年农历四月起，都会各自举行迎妈祖绕境的活动。“大肚五十三庄”绕境游行从 4 月 1 日起到 4 月 2 日止，一天一村庄，游行中许多武术、狮阵随神轿游行，气势喧腾。而中和里、三德里等“大庄五十三庄”泉州籍聚落，亦定在 4 月 15 日至 17 日，轮庄迎梧栖大庄妈祖。两支“迎妈”队伍此时隔河对峙，互相比拼，“火药味”甚浓。追溯台湾历史，清中叶台北艋舺“顶下郊拼”漳、泉械斗后，各地漳、泉移民聚落都是壁垒分明，梧栖、大肚双方也暗自加强联庄防卫。虽然今人几乎已无漳、泉概念，但双方迎妈祖时间仍是相叠合，深知历史，颇有较劲意味。此时，又是清水祖师从中调解，双方才平息纷争，使社区归于安然。

2013年11月，福建省原省长、原国家商业部部长胡平在为《清水祖师文化研究》[①]一书所作的序[②]中说，从时间上看，清水祖师离我们渐行渐远了，但其价值却与世界越来越贴近，其文化内涵在于“为民办事”“舍利取义”“和谐为贵”“心诚则灵”“人心所向”。其中，“和谐为贵”是世界性的课题。包括人与自然的和谐、人与社会的和谐、人与人的和谐和内心的和谐，这是祖师文化对我们的重要启示。而今天，清水祖师这种“调和鼎鼐”“燮理阴阳”，深具移民聚落在地文化特色的精彩故事，依然经常在中台湾“上演”，一并记录之，供后人研究。

① 刘家军、谢庆云主编：《清水祖师文化研究》，厦门大学出版社，2013年。

② 胡平：《清水祖师文化是世界性的》，载上书。

第10章
清水祖师“回娘家”

明末清初，清水祖师随闽南移民传入台湾后，各地纷纷塑像立庙，分炉建寺，争相崇奉，逐渐形成台湾民间约定俗成的信仰习俗，这些信仰习俗主要有祭祀类和卜签类。

每年农历正月初六清水祖师诞辰前后，各地祖师庙都会依照祖地的方式，举办庄重热烈的祭祀朝拜和迎春绕境（巡境）活动，以此寄托驱邪镇魔、风调雨顺、里社和平、国泰民安的祝愿。期间，社区民众都会准备丰盛的祭品敬拜清水祖师，表达崇敬之心。迎春绕境活动通常有卜期、选首人、接头、乞火（请火）、踏火、过香、供斋、做牙等程序，绕境路线则恪守古例，数百年不轻易改变。同时，强调文化创新，将文创活动与民间庙会有机结合，推出工艺展览、特色小吃、街头艺术等民俗文化市集，展现民间信俗文化的蓬勃生命力。

卜签类主要有抽签问卜和结佛缘等，抽签问卜属于占卜范畴，清水祖师的卜签分为事签和药签两种，灵签有五十种，诗文皆为五言绝句，每支签诗都有一个历史典故，诗中蕴含哲理启迪，隐喻暗示，颇富辩证，可作多种解释。乡民有谋望之事祈求清水祖师赐福，谓之“结佛缘”，须诣庙焚香朝拜，以示虔诚。灵应如响，还要择日拜谢。

别开生面的祖师信俗活动，历经千百年历史沉淀，呈现愈加深厚的文化内涵，涉及音乐、舞蹈、绘画、戏曲等诸多艺术门类，如，祖师春巡中，民间喜闻乐见的艺阁、狮队、马队、龙队、宋江阵等文艺阵头表演等。闽台民间赋予清水祖师庄重神秘的色彩，推动形成精彩独特的清水祖师信俗文化。清水祖师信俗来源于实践，贴近大众生活，体现闽台民众对生死、对自然、对未来的淳朴态度，既有作为信仰文化精神力量的一面，又包括社会、经济、文化等人类活动内容。

随着经济社会的发展，民间活动日益频繁，清水祖师信俗影响不断扩大，已发展为闽南、台湾与东南亚一带的强势地方神明信仰，形成一个超过一亿人口的清水祖师信俗文化圈。特别在台湾，影响力仅次于妈祖，成为闽台民间信仰的主旋律。2011 年，“民间信俗（清水祖师信俗）”列入第三批国家级非物质文化遗产保护名录，基于历史文化研究和交流合作的需要，台湾清水祖师文化交流协会应运而生。

台湾清水祖师文化交流协会

2010 年“清水祖师金身游台巡香”活动后，致力推动“清水祖师文化季”的台南四鲲鯓龙山寺主委吴志祥，深感全台清水祖师信众的热情与虔诚，及清水祖师对海内外信众的影响力，马上与首席顾问陈水湖及参与举办活动的 12 家台湾宫庙代表商讨，决定成立台湾清水祖师文化交流协会，希望借由协会，研究各庙宇有关清水祖师来台之历史沿革；增进不同庙宇及会员间之联谊，发挥互助合作精神；兴办公益活动、文化慈善事业；促进台湾及大陆与全球各地有关清水祖师文化之交流与推广。经过精心筹备，2011 年 11 月 19 日，台湾清水祖师文化交流协会正式成立，创会团体会员有 19 家宫庙，理事长由吴志祥担任。

在第一届、第二届理事长吴志祥，第三届理事长陈吉森，第四届理事长陈文雄及会员宫庙的努力下，台湾清水祖师文化交流协会由初创时期的 19 家宫庙，发展到 2018 年底的 40 家，遍布全台。并与福建南安部岩功德院、厦门翔安区清泉岩、新加坡蓬莱寺、马来西亚云顶清水岩、印尼丹绒加赫祖师庙、泰国曼谷顺兴宫清水祖师庙等友宫进行交流，光大清水祖师“慈悲为怀”文化善念，增进台湾同胞、华侨华人的“华夏民族意识”，激发清水祖师信众对同根、同族、同源文化信仰的认同和传承。

台湾清水祖师文化交流协会成立后，每年定期召开一次会员大会，两次理监事会议，会员宫庙之间不定期参访交流。2015 年，经会员宫庙讨论后，协会决议至安溪清水岩祖庭恭请一尊清水祖师金身来台，随每届理事长“移驾”至其所代表的宫庙。遵照决议，是年 10 月 11 日，第三届理事长陈吉森率众到安溪清水岩祖庭进香，隆重迎请一尊清水祖师金身回台，“移驾”各理事长所代表的宫庙供奉至今。

第二届世界清水祖师文化节

2017 年 12 月 1 日至 2 日，台湾清水祖师文化交流协会、台南四鲲鯓龙山寺及安溪清水岩驻台办事处联合主办第二届世界清水祖师文化节。本届文化节，除了台湾各大清水祖师庙与会外，包括福建闽南泉州、厦门、漳州，香港、澳门，还有来自新加坡、马来西亚、印尼、泰国等国，奉祀清水祖师的庙宇代表，各地福建会馆、社团，以及台湾文化、经济、社科等各界人士数百人参加，盛况空前。欢迎晚宴上，吴志祥理事长表示，三年前（2014），在福建安溪举办的首届清水祖师文化节，将全球华人信仰清水祖师庙宇串联起来，三年来，大家往来密切，建立了友谊，两岸也有多次互访，促进文化交流，冀望借由清水祖师信仰，各地文化互访交流、情谊永续。泰国福建会馆理事长张建禄率泰国代表团与会，并将一面镌刻“弘扬清水祖师精神，推进中华文化繁荣”的纪念盾牌赠予协会，以资永志。

12 月 2 日上午，第二届世界清水祖师文化节学术研讨会，在台南生活美学馆登场。厦门大学副教授刘家军、台湾“中研院”副研究员叶春荣、台湾成功大学历史系博士沈琮胜、高雄大学讲师翁炯庆等专家学者，和安溪清水祖师文化研究会张晓斌、厦门翔安清泉岩寺理事长洪世界、台中龙井岩主委陈文雄、高雄阿莲荐善堂吕文三、四鲲鯓龙山寺顾问陈建都等人，发表主旨演讲，介绍各自研究成果，希望人们更加了解清水祖师文化。

“中研院”民族学研究所叶春荣以《故乡神的认同：以清水祖师为例》进行专题演讲。他介绍，从上世纪 60 年代开始，美国人类学家开始到台湾从事田野工作，那时来台的美国人类学家主要出自斯坦福和康奈尔两所大学。斯坦福大学的学者集中在台北的三峡、树林一带，大约就是三峡清水祖师庙的信仰范围；而康奈尔大学的学者则分散在台湾中南部，譬如彰化埔盐、台南四鲲鯓。除了研究地点南北不同，两校研究方式也不同，但巧合的地方，就是共同的清水祖师信仰。可见其深厚的民间土壤。

成功大学历史研究所博士沈琮胜则以《佛教视野下的清水祖师思想与实践》进行报告。沈琮胜指出，民间信仰习俗认为清水祖师是道教神明，但由文献得知他是佛教出家僧人。普足禅师圆寂后，地方信众感念他的德行装立清水祖师佛像，供奉于安溪清水岩，信仰文化香火于今延绵不断。清水祖师佛像外观造型，启示着大众以“慈悲喜舍”之四无量心，面对顺、逆境生活，如何身心灵适应。清水祖师的佛像出家法相诠释着发菩提心利益众生，五佛宝冠五佛灌顶启发众生智慧的作用，时时精进、专心一念、开悟智慧，达到平静心灵、健康随心满愿，佛教的思想理论与力行善事实践，达到“教观总持”之菩萨行的修持境界，圆满修持菩萨行的最高境界。

高雄大学通识教育中心翁炯庆以《清水祖师在台湾民间信仰文化的历史变迁：以签诗文化为例》进行专题报告。他指出，在民间信仰的场域中，所谓“祈求吉庆、纳福进财”，是常民进庙求神拜佛的夙愿。常见的“抽灵签、卜圣卦”则是常民祈求神佛的媒介方式，是常民与神佛之间的沟通。考察清水祖师文化在台湾的历史变迁，可以发现，清水祖师，早已深植人们的记忆，清水祖师签谱，能够保存和延续到今天，有如天理昭昭，更有如祖师的感应。清水祖师签谱，除了诸多文人展现文学造诣并注入新的“活水”，更能显现清水祖师生前铺桥造路、祛病驱凶的善举表现。深信清水祖师跨越千年的善念，永远深植信众的内心，一直传承世代。

四鲲鯓龙山寺是一座有着三百多年历史的古老庙宇，其深厚的文化内涵是从土地所衍生的，当中又隐含着重要的台湾开发史、发展史，将龙山寺研究与地方历史研究相结合，可让大家了解四鲲鯓社区的历史是与府城、台湾历史的发展脉络息息相关的。龙山寺顾问陈建都在“四鲲鯓清水祖师信仰文化研究”的专题报告中表示，作为台湾清水祖师文化交流协会的创会宫庙和永久会址，龙山寺将致力于与祖庙的互动，从一座社区型的庙宇，转而成为两岸清水祖师信仰文化交流的桥梁，共同弘扬清水祖师“行善”的精神，除了民间信仰文化的交流，还将迈向学术研究的交流。

到安溪祖庭谒祖叙缘

基于第二届世界清水祖师文化节学术研讨会确立的理念，在第三届理事长陈吉森、第四届理事长陈文雄的带领下，台湾清水祖师文化交流协会一方面发展壮大会员宫庙队伍，开展会员单位之间的参访交流，一方面联合会员宫庙，到安溪清水岩祖庭谒祖叙缘，掀开台湾清水祖师文化传播交流的新篇章。2018 年 9 月 14 日至 17 日，邀集 20 家会员宫庙 416 人前往安溪清水岩谒祖进香。安溪清水岩特意制作“谒祖叙缘”牌匾，赠予参加活动的台湾 20 个分炉分庙。此次进香，台湾分炉分庙还到南安部岩功德院、厦门翔安清泉岩寺、金门小径镜山岩、金门古区太文岩寺进行互访，参香祈福交流。

台湾清水祖师“回娘家”轰动了海峡两岸。中共中央台湾工作办公室、国务院台湾事务办公室官方网站对外发布消息称，本次谒祖叙缘交流是继 2014 年第一届世界清水祖师文化节，2016 年第八届海峡论坛·“千年清水祖师”两岸信众叙缘交流会，2017 年第二届清水祖师文化节之后的又一次民俗文化交流盛会，活动的举办，“将深化海峡两岸民俗文化同根同源的认识，进一步增强两岸信众的感情和友情”。安溪清水岩是台湾各地清水祖师庙的祖庭，从 2010 年在台湾设立安溪清水岩驻台办事处，到 2011 年台湾成立清水祖师文化交流协会，安台清水祖师文化交流至此搭建了有效的载体平台，并步入常态化交流轨道。

2019 年 9 月台湾考察期间，陈文雄理事长向我们透露，协会将组织人员到安溪考察，将祖庙每年正月期间举行的清水祖师“迎春绕境”整套民俗仪式，完整复制到台湾，以此联结会员宫庙和社区之间的联谊，增进两岸民间的情感，将清水祖师文化永久传承下去。对此，我们满怀期待。

第 11 章

高雄“私佛”变“公佛”

根据台湾相关机构 2016 年的统计，全台主祀清水祖师的宫庙主要集中在台北、台南、高雄和屏东等地。仅这四个地区的清水祖师庙，加总就有数百间，其中高雄居前三甲，主要分布在新兴区、冈山区、大树区、凤山区、内门区、旗山区、美浓区、大小区、左营区、田寮区、梓官区、仁武区、永安区、湖内区、燕巢区、茄萣区、楠梓区、鼓山区、前金区，计有百余座。考其主要原因，台湾《华人文化研究》主编吴毓星认为，亦是与郑成功当时来台所带领的大量安溪人有关。[①] 清水祖师是安溪人的主神，凡是安溪人足迹所至，安溪清水祖师庙也就建立起来，而且越建越多。

高雄位于台湾本岛西南部，由原高雄“直辖市”与台湾省高雄县于 2010 年 12 月 25 日合并而来。按顺时针方向，与台南市、嘉义县、南投县、花莲县、台东县、屏东县等县市相邻。相对于台北，高雄是一座生活节奏相对较慢的城市。同时，高雄也是一座受日本文化影响较为深刻的城市，其文化是在开埠后，由传统

① 吴毓星：《从台湾清水祖师的传播看台北的艋舺清水岩》，转引自谢庆云、刘家军主编《清水润生——第八届海峡论坛清水祖师文化论集》，厦门大学出版社，2016 年。

文化与传入影响高雄的欧美文化和日本文化融合逐步形成而兼容的产物。

近代以来，随着工商文明和西方文化的引入，使得高雄有别于台湾其他地方的文化，在饮食、音乐、艺术、民俗等方面独具特色，具有开放包容又自成一体的风格。尽管如此，高雄传统文化的根脉依然是闽南文化，特别是民俗、信仰等，几乎都是从闽南传入的，带有浓厚的闽地文化色彩。《台湾通志》记载，有年代可考（1647—1661）的台湾最早的两座清水祖师庙，其中一座清福寺，就位于高雄市楠梓区，另一座是彰化县二林镇的新兴宫祖师庙。由于最早传入，加之相邻县市台南、嘉义、屏东的影响，清水祖师庙在高雄各区遍地开花，并且大多冠名“清水宫”“清水寺”“清水祠”“清水庙”，道出闽台清水祖师信仰的源和流的密切关系。

高雄祖师庙与庄社聚居有关

1991 年 9 月至 1992 年 10 月，台湾“中研院”民族研究所林美容教授曾在高雄县，围绕该地清水祖师庙的香火缘起类型、祭祀圈的层次和祭典活动的特色，进行一项田野调查。

调查发现，高雄县的很多清水祖师庙与台南县关仔岭碧云寺有密切的关联。再者，高雄县的清水祖师庙主要以村庙性质居多，多数为地方民众的祖先从原乡或外地所请至当地奉祀，而地方人群多具有族性特征，因此清水祖师由同姓氏人群共同祭祀的情况非常明显。也因为大多为村庙，其祭祀活动多以神明圣诞为主，进香活动也很普遍，建醮活动则较少。①

① 林美容著：《高雄县民间信仰》，高雄县政府，1997 年。

一般而言，台湾北部的清水祖师信仰以祖籍安溪的住民崇奉居多，故清水祖师在这里被称为“安溪佛”。在高雄，虽然信众依然以泉州籍居多，但漳州籍民亦相当程度崇奉清水祖师，所谓清水祖师之谓“安溪佛”的说法并不适应于高雄。林美容的调查显示，高雄县的十九间清水祖师庙（实际远远不止），分布在十一个乡镇（高雄“市县”合并后称“区”），这些乡镇，祖籍以泉州籍占多数的有湖内乡、路竹乡、永安乡、梓官乡、大树乡等五个，共有八间清水祖师庙。其中，梓官赤崁清水宫由祖籍安溪的刘姓祖先自安溪迎来。祖籍以漳州籍占多数的乡镇有冈山乡、田寮乡、大社乡、燕巢乡、仁武乡、林园乡六个，这六个乡镇共有十一间清水祖师庙，反而比泉州籍占优势的移民区还要多。由此又可知，清水祖师信仰在安溪形成后，迅速在泉州市和漳州市所属的各县区进行传播。

高雄主祀清水祖师的庙宇，起先大多为族姓“私佛”，即当年同族一起渡海迁台发展时，会“私奉”从原乡携来的神明香火，待经过一段时间后，由于神明的灵验吸引其他庄民的信仰，信仰人群不断壮大，渐而建庙“公奉”，此时庙宇也就顺理成章地成为该庄的信仰中心。

田寮乡鹿埔清安宫，主祀清水祖师，系刘姓祖先三百多年前随郑成功从大陆携带来台，本来只有刘家祭祀，后来因为灵验无比，才扩大为庄内居民卜炉主轮流供奉，每年正月十三搭建圣坛作戏热闹。

大树乡大坪顶三清亭，主祀清水祖师，副祀谢安王、玄天上帝、天水圣母、观音佛祖、三奶夫人等。主神清水祖师是黄姓祖先自祖籍地福建漳州府南靖县带来，原在大坪顶黄姓公厅供奉，颇为灵验，居民之地理、择日、取名、婚嫁等事，都来庙里问询占卦。未建庙之前，全庄的信仰中心即在黄姓公厅。谢安王与玄天上帝是谢姓先祖带来，谢姓在台南开基，原有兄弟七人，其中一人考上秀才，二人移居龙目井山顶，自台南将谢安王、玄天上帝和祖先公妈牌请来这里祭拜，谢姓祖籍是泉州安溪宝树堂，三奶夫人则是蔡姓祖先带来。

燕巢乡凤山厝清水寺，主神清水祖师原为“私佛”，系乾隆年间由钟俊自福建泉州府南安县二八都石坑内请来台，钟姓最早定居在高雄楠梓乡，后移居至凤山厝，1936年由信众建公厝，成为“公佛”。

仁武乡仁武福清宫，明郑成功屯兵于此时所建，是仁武乡境内历史最悠久、最具代表性的庙宇。庙前有戏台、市场，文武村、仁武村均在此办公，同时文武、仁武小区理事会、长寿俱乐部、童子军团、妈妈教室皆在庙里活动。主祀清水祖师，金身是陈姓祖先从祖籍泉州府安溪县带来，原放在祖厅奉祀，因对地方有灵验，庄民决意奉作主神。康熙二十八年（1689），村人共同出资翻建福清宫。福清宫原奉福德正神，翻建后迎请清水祖师入祀，成为主神。清同治四年（1865），福清宫信士自高雄县梓富乡蚵仔寮启程，架舢板往返台海到安溪清水岩谒祖。

上述四间庙宇的香火缘起说明，高雄清水祖师信仰起先以族姓“私佛”居多，后来随着移民不断增加，人口的繁衍，聚落内的一姓为主，开始发展成几个“优势”姓氏聚族而居，这也是“私奉”变“公奉”的现实土壤。同时，从族姓和庄头的发展，亦可隐约发现先民垦殖的足迹。

永安乡竹仔港文兴宫、冈山乡湾里碧云宫、冈山乡为随清水寺、冈山乡白米清水寺、仁武乡五块厝善德宫、梓官乡赤崁清进宫等五间寺庙，则都分灵和再分灵自关仔岭碧云寺。碧云寺在台南县白河镇，相传开山和尚为应祥法师，曾请“正二妈”（观音菩萨）落脚于该寺。后，有人奉应祥法师之令，迎请“正二妈”至竹仔港文兴宫成为清水三祖师。此后人们都相信关仔岭的碧云寺亦有奉祀清水祖师。

此外，还有大社乡保舍甲清福寺、仁武乡横山福德宫、仁武乡赤山仔清水宫三间清水祖师庙，都只知创建年代，至于金身或是香火何时传入、从何而来，当地方志均无记述，耆老也茫然无知，唯有庙里不灭的香火在述说着古老的传说。这，又是当地突破祖籍地藩篱的信仰认同。

林美容的研究表明，高雄主祀清水祖师的庙宇，若从信仰范围和信仰人群分析，属角落（角头）庙性质的大概有八间，属庄头庙性质的有 11 间，角落庙以单一姓氏为主，庄头庙以几个主要姓氏为主，大庙性质的（乡镇范围内共奉）清水祖师庙比较少见，更遑论跨乡镇、市县的区域性信仰中心。

高雄地区的清水祖师庙，相比处于工商业发达的台北地区，整体规模偏小，这与高雄传统庄社同族聚居的现象有关。尽管如此，这些庙宇依然保持轮庄奉祀的传统，其祭典活动有神明诞辰庆典、赏兵、乞龟、刈香和进香、巡境、建醮等，说明清水祖师信仰的强大感召力。

除了叶厝甲清水寺是在农历十一月十六日为清水祖师祝寿祭典外，高雄地区其他清水祖师庙都是在正月初六日举行千秋祭典。祖师诞辰时，社区会请布袋戏谢神，有时也会请歌仔戏。祭典费用以收丁口钱为主，村民乐捐为辅。高雄主祀清水祖师的宫庙，大多配祀保生大帝或王爷，于是在清水祖师诞辰或是其他神明诞辰时，庙里都会举行赏兵（犒赏兵马）的活动，其中有些是以诞辰庆典仪式结束日期来举行，也有一些固定是在农历每月的十六日来举行。民间认为龟乃灵兽，可以带来福气予人们，故庙宇常常会举办乞龟活动，乞龟又称“卜龟”，日期都在正月十五元宵节晚上，庙方准备的“龟”，有风片龟、面粉酥龟、蛋糕龟等，通常大龟王多是以米包堆砌而成的米龟，较高贵的则用黄金铸造的金龟。刈香有三种，第一种是刈庙香，通常是到祖庙进香或是到有名的大庙进香，如冈山白米清水寺回关仔岭碧云寺进香，湖内叶厝甲到台北淡水清水祖师庙进香；第二种是刈水香，在经由神明的指示下，去高雄的海边请水兵，意在壮大保护村庄的水军；第三种是刈山香，虽说是去山里，实际上是前往山区的溪流边，仪式与请水兵相同，目的也是补充兵力。刈香队伍回庄后，还要绕境一周，除了有分派兵马、安营扎寨之意，还有驱邪避害、保护庄头的任务。建醮牵涉财力和信众多寡，多与庙宇落成时间相当，这是台湾南部较为特殊的习惯。把庙宇的庆成与祈安的醮典一同举行，不但达到建醮的目的，也节省许多人力物力。

万兴宫社区的融合与认同

前金万兴宫，又称前金庙，俗称前金祖师庙，是高雄行政文教区前金区最负盛名的庙宇，建庙迄今，约 270 年，主奉闽南安溪高僧清水祖师，配祀天上圣母、池府千岁，同祀注生娘娘、福德正神。主体建筑地面四层，地下一层，坐西朝东，背倚爱河、前接朝阳，旭日东升，晨曦藉天井楼阁跃入殿内，琉金闪烁、烟影舞弄，蔚为奇观。文物馆里现存大明宣德年制之铜净炉两座，光绪七年、十一年制之石香炉各一座，殊为珍贵。

以万兴宫为中心，前金移民屯聚成部落，林投围、赵厝、徐厝、社内、田寮仔，是高雄较早拓垦之区域。这些移民都是明郑时期和康熙二十二年（1683）施琅平定台湾后渡海迁台的，尤以安溪人为最。其至打狗（今之高雄）者，则沿运河（今爱河）两岸筑舍以居，或渔或牧或农，或盐或沙，日以繁衍生息，渐成部落村庄。

清乾隆十二年（1747），部落庄民感于草莽初辟，胼手胝足、举步维艰，兼以人烟稀少、瘟疫横行，乃倡议砌砖结石成庙，奉祀“三官大帝”保平安，斯为万兴宫造庙之滥觞。至嘉庆初期，环绕在万兴宫旧址的移民聚落，计有社内（社东里、社西里、长生里一半、复元里）、林投围（今林投里、国民里、后金里）、田寮仔（今田寮里、长生里一半、文东里、文西里）等部落，庄民们团结协作，村社泰安。斯时，田寮仔黄氏，于宅内祀有其第三代先民由安溪迎奉来台的清水祖师、关帝圣君等神尊；社内某氏，家中亦奉祀池府千岁；林投围部落庄民，奉祀天水圣母。遂商议共同醵资，兴建庙宇、增建殿堂，将清水祖师（代表田寮仔）、天上圣母（代表林投围）、池府千岁（代表社内）一起供奉于新建庙宇，庙名曰“前金万兴宫”。

清道光、咸丰年间，万兴宫先后两次修缮，并得到嘉庆皇帝的赐名。光绪六年（1880），知县张浚主持重修，设施臻于完备。抗战末期，庙梁遭白蚁严重蛀蚀，雨则滴漏，破损不堪，庄民始议“依原式样、采抽梁换栋之法”修建。1945年，地方士绅率先输财出力，日夜劝募、筹措工事。昔时村民生活尚苦，醵资确属不易，幸在祖师庇佑、地方通力合作下，历经三载有余，于1947年修缮工程竣事。自此祖师神迹屡现，救人无数，遐迩颂扬，香火益发隆盛。

上世纪70年代，因祖师盛德，庄民随愿所求、感赐如言，兼之人口遽增，原旧庙宇狭隘，已不能容纳日益激增之香客，遂佥议将旧庙拆除，重建新庙宇，并于1973年11月动工。其时，万兴宫资金拮据，欲以绵力独撑华构，诚非想象可及。经请示祖师圣意，师曰：“可！无虑！”于是，万家信徒乃众志一心，克己输财，祖师亦显化慈心，普降悲愿，或驱邪拯溺，或施方济苦。炉下信众为祖师神威感动，无不率先捐输、勠力劝募。一座庄严无比的宫殿式庙宇终于 1975 年 10 月屹立在信众眼前，扩建工程于焉竣事。1976 年 1 月 11 日举行安座大典，1979 年 1 月 26 日举行庆成。

其后，万兴宫又于 2002 年进行整饰，整饰工法采用“沥粉线作法”，搭配华南与华北式彩绘，运图精致，笔触灵活，色彩鲜丽，金碧辉煌。2014 年起，一楼重新设计装潢为文教中心，同时增建牌楼，延请彩绘大师图龙在宫前阶梯绘制一幅 3D 艺术龙、在广场雕塑张、黄、苏、李四尊清水祖师护法，推动庙务与文创结合，将宫庙公园化，为千年民间信仰文化做出新的诠释。

万兴宫发展历程，具体诠释林美容教授关于高雄清水祖师“私佛”变“公佛”的调查结论，而且，从庙宇不断增加、壮大的神明“队伍”，亦可反证移民社区不断“融合认同”的过程。在此之中，清水祖师功莫大焉。

三则感应故事

在前金区调查，采集到万兴宫清水祖师不少感应传奇故事，辑录三则如下：

其一：清末民初，田寮仔黄家第九代子嗣黄铜，携带其第三代祖先由安溪奉请来台的清水祖师老祖金身，取道金门经厦门回安溪谒祖参香。于厦门偏僻小径，黄氏为山贼所掳充作马夫，老祖金身则被遗弃在一座凉亭上。斯时，高雄市三块厝庙（今三凤宫）的庙方人员碰巧经过该凉亭，认出亭内神尊乃万兴宫清水祖师，乃迎回庙中供奉。

黄氏既陷贼窝，苦思不得脱困。某夜，梦见一耄耋老者示其脱身之法，醒后依法行事，最终赁船回台。黄氏抵台后，详陈遇难经过及脱身之策，众庄民无不啧啧称奇，皆信耄耋老者必是清水祖师显化。

老祖金身为三块厝庙迎回奉祀，田寮仔庄民得知后意欲索回，但三块厝庙不肯。几番交涉，决议由三块厝庙依据老祖金身复塑一尊，合并摆供桌上，择期由万兴宫择一迎回，至于是否老祖本尊，全凭天意。择期将至前夕，是夜，祖师托梦于万兴宫主事者，曰："汝初进庙门，若见金身右嘴角有颗痣者即是。"翌日，主事者始跨进三块厝庙庙门，凝神睇视，朦胧中恍见二尊毫无轩轾的老祖金身之一右嘴角有颗痣，当下指选确定。询之三块厝庙庙方人员，果真老祖本尊，迨众人贴近金身时，一只苍蝇由神尊右嘴角飞扬而逝，痣迹亦杳然无踪。

其二：某次，老祖金身被信徒请至家中供奉，一段时间后，却迟迟未见该信徒恭送祖师回驾，经查亦不知何人。事隔三月，乃扶銮轿请示圣意。銮轿起乩后，沿着昔日通往凤山之旧路，朝林德官方向直奔，直至一栋三层楼前戛然而止，且銮轿前杆倏地凭空突起，众知有异。经询问主人，方知其子数月前娶亲时，曾恭请祖师驻宅祈福，婚后其子被征召服役，入役前却忘记家里人所奉请祖师来自何处，以致耽误迄今。众人闻之，释然之余，亦叹服祖师显应之功。

其三：祖师驻世时，施方医疾，活人无数。坐逝后，宗门药签屡建奇效。1971 年，高雄市某电台陈姓董事长，素为痼疾所困，遍访名医百般投药，无奈沉疴依旧，生春无期，众医师皆叮嘱其夫人准备后事。事为万兴宫一信徒知悉，乃劝其夫人至庙宇求助祖师公救拔，以济医事之穷。

陈夫人屡闻祖师盛德，但欲其家属委身试方，殊非易事。在群医无策、其先生弥留之际，始抱姑且一试之心求助祖师公。祖师嘱其以庙里天上圣母所佩戴之珍珠练加水煮沸服之。当坛务人员欲将珍珠练交予其时，陈夫人倏地缩手，询之，曰："此珍珠练所费匪赀，以水沸之，万一崩裂，作何处理。”坛务人员乃语之曰：“既是祖师公谕示，当无事。”既服之、再服之，陈董事长数年之顽疾，竟霍然而愈。陈夫人感激祖师之德泽，膜拜益诚，虔敬益笃。

第12章
东岸“开觉路”

宜兰位于台湾东北部，东临太平洋，为台湾省唯一漳州籍住民占多数的县份。这是个多山的地区，山的环抱使兰阳平原形如畚箕，在东北季风的吹拂下，宜兰尽揽雨水湿气，故人称“竹风兰雨”。

宜兰原称噶玛兰，[①] 乾隆五十三年（1788），往来内地与噶玛兰贸易的漳州人吴沙受地方官之命，防堵林爽文的余党。之后台湾知府杨廷理力助吴沙垦殖噶玛兰，吴沙与平埔族人相善，施医施药，平埔族人感戴，情愿分地付垦，不久漳泉粤各籍流民闻风而至。由于吴沙之开发宜兰，使万顷沃壤变成良田，而闽粤移民纷至，他们结庐以居以食，对宜兰的开拓贡献巨大。姚莹《东槎纪略》记载：“兰民三籍，漳居十之七八，泉仅十分之二，粤人不及十分之一。”因此，宜兰人口的祖籍结构以漳人为主，大部分土地都被漳人所据，造成兰地三籍移民关系紧张，时有争执，乃至于械斗，唯漳人势众，每战辄胜。分类械斗亦促使清廷在行政上

---

① 明末以来，该地定居着一群自称噶玛兰的平埔族人，相继入侵的西班牙人、荷兰人及拓殖的汉人，便以其族名为地名，称之为噶玛兰。清嘉庆十五年（1810）置噶玛兰厅。光绪元年（1875），噶玛兰厅改制，首任知县马桂芳将噶玛兰改称宜兰，宜字系助语词，宜兰即兰地之意。

作若干的改变，如噶玛兰不用漳、泉兵等。盖统治者为避免分类械斗在军中发生。[①] 部分闽籍、粤籍移民因此离开宜兰，一路往南发展，开发花莲、台东。

留在宜兰的泉籍移民逐渐聚居苏澳，[②] 苏澳在宜兰的东南方，是台湾重要的近海及远洋渔业港口。其濒临太平洋，是著名的苏花公路及台湾铁路管理局北回线起点，也是蒋渭水高速公路的终点，是往台湾东部的重要通道。在北回铁路通车之前，苏澳是联系北部地区与花东地区的交通辐辏。由于当时苏花公路许多路段为单线双向管制通车，往来花莲耗时甚繁。因此，位于中继点的苏澳，便成为重要的休息站，许多商家、旅馆开设于苏澳车站一带，方便往花莲、台东方向的旅客中途休息，第二天继续剩下的旅程。

兰地清水三寺

擅长航海和经商的泉籍移民在苏澳“长袖善舞”，稳扎稳打，宝山寺位于苏澳镇中原路25号新市场边，是泉州人在苏澳创建的第二座庙宇，1978年改成今貌。据李汝和《台湾省通志》记载，该寺创建于清同治元年（1862），系由台北三峡长福岩分派而来，主祀清水祖师，附祀三平祖师、显应祖师等，并奉早年开拓苏澳的泉籍“四结苏澳先贤神位”。清水祖师神像据传由刘灯的祖

① 据（清台湾知府）方传燧《请兰营改制文》载：“兰地民三籍，漳最多，泉、粤人少。漳、泉兵不可用也。请悉用上府兵，以免分类械斗之隙。”陈淑均著：《噶玛兰厅志》卷四（下）“武备兵制附考”。

②《苏澳镇开拓史略》（苏澳晋安宫编）记载：苏澳古称港口、东港，内陆腹地称施八坑。相传，清嘉庆二十五年（1820）间，有泉州人氏苏士尾者，自溪洲堡率乡勇四十四人至此垦荒，后人为纪念先贤苏氏辟地劳绩，以其姓与港湾“澳”地，合称“苏澳”。

先（三峡成福人，俗名阿冠）拜请至苏澳苏西里奉祀，开始由附近八户泉籍信众轮流奉祀，后搭建草寮以奉，庙址原在华中市场尾端，期间历经四次改扩建。殿分三层，其下为民居，二楼正殿，三楼大雄宝殿，二楼、三楼皆为三间起构筑，石作、木作精雕细刻，屋顶属北式，状极精致。庙宇最具特色的是楹联，均为当地文化名人创作，嵌入"宝山""清水"，并有撰者、书者、献者署款，如"宝地降甘霖，不尽恩膏黎庶沐；山门开觉路，无边圣道祖师传""清静为怀救世救人追佛祖，水雾作伴一心一德慕禅师"等。

宝山寺主附祀神明众多，但举办庆贺圣诞的只有三位祖师：昭应祖师正月初六，三平祖师六月初六，显应祖师九月十九。据宝山寺管委会介绍，每年宜兰县府都会祭祀吴沙，纪念其开拓苏澳之功，是日，必延请宝山寺里的先贤（牌位）合祀，宝山寺之悠久历史于此可鉴。

兰地奉祀清水祖师的庙宇除宝山寺外，还有光明寺和永安寺。《清水岩志》（2011）所载宜兰县"普济寺"（重健里，清道光二十年 [1840] 建），所祀并非清水祖师，系境内唯一供奉普庵祖师（民间称"普王公"）的庙宇，旧庙已经拆除，新庙迁建于宜兰市吉祥路 62 号。

光明寺是兰地唯一一间加入台湾清水祖师文化交流协会的庙宇，地处西门路 91 号，现有建筑为 1970 年重建。光明寺之缘起，溯源应为清嘉庆二十五年（1820），时间点吻合泉籍人氏苏士尾首拓苏澳，先民自内地携清水祖师香火抵台，辗转移居至兰地"新厝仔"（今宜兰市光大里）。主任委员林明信介绍，移民初群聚相依，以"敬神会"（祭祀公业）形式奉祀祖师，后于 1970 年倡议兴建殿宇，迄今五十年，规模初具。镇殿中龛祀清水祖师九尊（最大者高三尺余，中者一尺六，余小尊者七数），并有济公禅师、太子爷、帝爷公（玄天上帝）等神尊，神案为兰地著名艺匠阿土师的杰作，墙壁彩绘则属兰地彩绘世家曾金松之作，皆工艺精湛，令人赞叹。

永安寺地处五结乡季新村新店路99号，始建于清咸丰十一年（1861），据传原为商贾大户林瓜家中“私佛”。林氏从事船舶航运，每次出海都随带祖师香火，蒙祖师护佑，乃能屡险如夷，清嘉庆二十五年（1820）携祖师金身奉祀台疆。迨至清咸丰十一年（1861）大显威灵，灭绝虫灾，当地交老、裘仁、林乌三人感恩其赐，乃献地建寺，名“三佛宫”。1927年，乡民林大目久病不愈，药石罔效，祷祝祖师，方获无恙，林氏感怀，遂筹资重建。第二年，木作寺院以成，香火愈加鼎盛。1946年易“三佛宫”之名为“永安寺”至今。兰地东临太平洋，每年台风暴雨不断，至1970年永安寺已颓，信众乃于1972年动工重建，此即为今永安庙貌。永安寺后增奉三平祖师，兼祀土地神、黑面神祇，龛中泥塑八仙及其坐骑，亦是兰地艺匠之作，皆华丽风尚，缤纷炫目，殿中楹联嵌入“清水”“永安”，均光耀之词、美赞之句。

屏东“九块厝”

上文谈到，安溪人播迁台湾，足迹所履，拓垦之地，大多为闽粤其他县属移民视为畏途的山坡地，如台北木栅山区等，东部地区如花莲、台东，其势虽若安溪原乡，却少有人移入。究竟是什么原因？

台东的开拓，大致分为两个阶段：光绪以前民间的自动移垦和光绪年间及以后清廷官方的政策拓垦。林再复《闽南人》载：“道光年间，即有闽南人入垦莲乡吴全城和奉乡大庄，结果后者成功，而前者因‘番害’剧烈弃地而去。咸丰初期，台北剑潭之士闽南人黄阿凤率众入垦莲乡，开拓擢其黎溪畔和加礼宛之原野，亦因‘番害’日剧而退往咸石阁和新城等地。光绪初期，北路开通，清军入驻台东地区，垦民复至，始重建十六股庄。清廷开山抚番，开拓北、中、南三路，又设招垦局募集闽粤移民前来东部开垦，官方并予种种资助，但成效甚微，弃地而去者极多。”[①] 简单地说，因为阿美、卑南、鲁凯等原住民的“抵制”，早期渡台的闽南人并没能在花莲、台东拓垦成功，形成聚落。1926 年，花莲安溪籍人口有 2300 人，占当地汉族人口的 13.5%，[②] 台东更少，因而花莲、台东地区的清水祖师分炉并不多，目前可查到的资料，仅有花莲清水岩（主工里 14 邻民国路 21 号，1954 年建）一座，台东县则不见于方志、族谱等记载。东与台东县毗连的屏东县则有 12 座。

屏东县位于台湾的最南端，北部和东北部为高雄、台东两县所环抱，东临太平洋，南面巴士海峡，西临台湾海峡，辖屏东市及潮州、东港、恒春 3 个镇和 29 个乡。屏东的恒春地区早期隶属凤山县，故某些土地开发甚早。清领台湾后，闽粤移民入垦逐渐增加。同治、光绪之际，外患日极，而恒春一带是日军登陆之所，故沈葆桢极为重视此一带的拓垦。政策鼓励之下，勤劳的安溪人闻风而至。据日据时代台湾总督府于 1928 年的调查，恒春地区闽南人约占当地汉族人口的 77.08%，而其中尤以安溪籍为最。

屏东的寺庙数量仅次于台南县，为全台湾第二，其中有佛教寺院 158 间、道教 928 间、天主教 65 间、基督教堂 187 间，还有 1 间理教的庙，呈现多元族群的文化样貌。12 座清水祖师分炉分别是：东港镇下廍里下廍路 135 号建安宫、万丹乡田厝村宝田

---

① 林再复著：《闽南人》，第五章“闽南人在台湾的拓垦”，台湾三民书局，1988 年增订四版。

② 同上书，第三章“闽南——台湾人的根”，表三—2。

路 508 号清水寺、万丹乡香社村下社路 2 号清水寺、万丹乡厦北村普庵宫、九如乡九明村崁仔顶 8 巷 8–10 号清水佛寺、九如乡大坵村水尾路 11 号清水大佛寺、九如乡福德祠、南州乡七块村浮隆宫、崁顶乡力社村旧店路 61 号北院庙、林边乡永乐村荣农路 5 巷 40 号佛山寺、盐埔乡彭厝村清云街 9 号清云寺、里巷乡塔楼村祖师庙。庙宇所在的社区，多见安溪籍移民，清水祖师最初为安溪人所膜拜，后来扩大为社区共同信仰。

闽粤移民合力拓垦屏东，屏东亦可见粤移民信仰。以九如乡为例，最初是来自广东的九户人家在此垦荒定居，故名为“九块厝”，日据时代曾设九块庄役场，直到 1946 年改设九块区，属屏东市管辖，1950 年行政区域调整而独立设乡，因“九块”有四分五裂之意，1954 年，地方士绅共同商议，取“三多九如”之意，改名为“九如乡”。

九如有座三山国王庙，兴建于清乾隆三十九年（1774），至今有二百多年历史，为全台三山国王庙之首建。据文献资料，台湾的“三山国王”以屏东县九如乡九块厝的三山国王庙历史最为悠久，早期由广东客家人奉祀，如今成为全社区的信仰所在，见证屏东平原的开发历史。而且拥有“十三庄”结盟的庙宇地位，是九块厝小区地缘关系最重要的标志和象征，它见证了九如的开发，更是乡民的精神寄托。三山国王庙中的大王爷与麟洛乡姑娘“人神联姻”的传奇，二百多年来在两乡流传，每年农历正月十六日，“王爷”“奶奶”都要“回娘家”，这是屏北地区独有的民俗文化活动，世代在乡间举行。

第 13 章
燕南山上的圣贤

台湾有绿岛、兰屿、澎湖、马祖和金门等五大外岛，虽然都是台湾当局实际管辖区域，但金门、马祖与台湾澎湖并不是一回事。从地理位置上讲，前者离大陆近，属于福建离岛，后者则与大陆隔一道台湾海峡；而在海峡两岸各自的行政区划中，都把金门、马祖划入福建省，把澎湖划到台湾省。

五大外岛除了阳光、沙滩、海浪、仙人掌等自然景观，它们各自拥有独特奥妙的地形景观、风土民情及历史文化，如兰屿的达悟文化、澎湖的玄武岩地形、金门的洋楼与传统聚落、马祖的闽东建筑等，让人随时都能发现美和找到欢乐。就目前掌握的信息而言，绿岛、兰屿、马祖均不见清水祖师的分炉，澎湖列岛和金门呢？

安溪人移居澎湖始于明代

南明永历十五年（1661）正月，郑成功亲率以泉州人为主的闽南人大军，自金门料罗湾东征，军次澎湖，抵鹿耳门（台南市），驱逐荷兰殖民者，开发台湾南部。这条东征路线证实，随迁金门和澎湖的闽南人以泉州人为主，又因为同安与金门隔海相望之关系，故金门的同安人占多数，而澎湖的同安人又大部分来自金门。[①] 澎湖旧称平湖，因港外海涛澎湃，港内水静如湖而得名。极东是查母屿，极西是花屿，极南是七美屿，极北为目斗屿；与白沙岛、西屿岛呈环状连接，三岛中间就是澎湖湾。

宋代，澎湖正式纳入中国版图。宋赵汝适撰《诸蕃志》载："泉有海岛曰澎湖，隶属晋江县。"元朝设立巡检司。明天启二年（1622）荷兰人占领澎湖，后以荷兰舰队退出澎湖群岛为条件，承认荷兰的台湾岛主权，明朝重新获得澎湖。清代，先后设置巡检司、通判。日据时期，设澎湖岛厅，1897 年改称澎湖厅。二战时期设立澎湖县，并将县治设于马公镇。澎湖县辖马公市、西屿乡、望安乡、七美乡、白沙乡、湖西乡等 1 市 5 乡，世居人口中以泉州人最多。据 1926 年台湾汉族人口调查数据，澎湖县有泉州籍人口 5.82 万人，占当时澎湖汉族总人口的 86.1%。[②]

马公镇位于澎湖列岛西部，明建妈祖宫，清建马公市，澎湖厅置于此。马公妈祖庙建于明万历二十一年（1593），为台澎地区最早的妈祖庙，清康熙二十三年（1684）妈祖被清廷加封"天后"，庙亦改为天后宫。马公市的文化古迹除天后宫外，还有两座清水祖师庙，即铁线里 7 邻 5 号的祖师庙（清康熙年间建）和西文里 34 号的祖师宫（清雍正七年 [1729] 建），当地人习惯将这两座祖师庙合称为澎湖祖师庙，并且结成联谊组织。

澎湖乃泉州移民开台的首站或中转站，安溪人移居澎湖最早始于明代。清光绪年间编修的《安溪儒林林氏族谱》[③] 载："林谦亭，任澎湖副将，迄今四百余年，传世十有六。"至清康熙七年

① 白长川：《为茶叶寻根——谈安溪与台湾人和华侨的血缘关系》，载于《台北文献》（直）字第 65 期。

② 林再复著：《闽南人》，第三章"闽南——台湾人的根"，表三—2。

③ 清光绪二年（1876）重修本，七册。

（1668），安溪县来苏里（今湖头镇）林孺任千总职，驻延平。康熙二十二年（1683），随施琅进军台湾，率先攻克海坛、金门等岛，又拿下澎湖 36 个岛屿，并向施琅献收抚台湾的策略，被施琅采用。时林孺军中有不少安溪人，台湾平定后，他们被允许携家带口居留澎湖、金门和台南等地拓垦。1926 年，澎湖有安溪籍人 11900 人，占澎湖汉族人口的 17.6%。[①] 这便是当地清水祖师庙之缘起。

据林豪《澎湖厅志》卷二载："澎湖祖师庙在厅治东三里许，祀清水祖师，以其能治病也。康熙年间建，乾隆二十九年（1764）重修。"《澎湖厅志》又载："康熙间有僧自泉州清水岩到此，不言其名，为人治病有神效，不取药资，酬以钱米亦不受，去后里人思之，立庙祀。"清水祖师作为安溪移民的保护神，分灵于澎湖建庙，每年正月初六为祖师诞辰日，香火鼎盛。2016 年 12 月，澎湖县马公市、湖西乡、白沙乡 12 个村（里）组织村（里）长一行 18 人，到泉州参访。此行参访团也前往安溪，与安溪清水岩达成泉澎清水祖师宫庙互访交流的计划，凸显了"泉澎一家亲"乡谊。

安溪彭内的"算命师"

清水祖师香火向台湾传播的时间和轨迹，与安溪人向外移民的路线基本重合，时间从明郑时代开始，到清初施琅平台后达到高峰。郑成功、施琅队伍中有无数的安溪人，他们到达台湾以后，把清水祖师信仰也带到台湾，故而清水祖师分炉遍及台湾岛内。到了 18 世纪，安溪人向外移民又达到另一波高峰，不过这次目的地是南洋群岛，清水祖师信仰跟随安溪人的步伐，陆续在印尼、

① 林再复著：《闽南人》，第三章"闽南——台湾人的根"，表三—2。

马来西亚、缅甸、越南等东南亚各国扎根。

金门虽是台湾的外岛，但与厦门、泉州隔海相望，两岸“小三通”后，从厦门五缘湾码头乘渡轮只要半个小时就可抵达，人员往来便利。可是，就目前所知，在金门岛上的260多座庙宇中，主奉清水祖师的庙宇，只有金湖镇小径村镜山岩、烈屿乡上歧村清水祖师庙（清康熙年间建）和金城镇古区村太文岩寺（明末改建）三座；附奉清水祖师的，有金沙镇后浦头汶凤殿、西园栖稳堂、烈屿乡湖井头李府将军庙三处。相对于遍及台岛的清水祖师香火，金门的比例可谓很少。究其原因，大概与金门早期移民中较少安溪人有关。

根据金门各姓氏族谱记载，金门目前各姓氏祖先的入垦时间，最早是在宋末元初之际，接着是明初设金门千户所之后，而各姓氏移民的原居地，都是沿海各府县，以晋江、同安、南安为主。这也是金门各寺庙较为普遍奉祀妈祖、保生大帝和广泽尊王的原因。《安溪姓氏志》[①]和安溪各宗姓族谱，几乎不见有安溪人迁居金门的记录。

烈屿上歧祖师庙所奉祀的清水祖师，据传是早年一位为人抽签卜卦的林阿伯随身携带的一尊神像，这位林阿伯自称来自安溪彭内（安溪清水岩所在地）。神像在林阿伯来到上歧后多次显灵，后经乩童起乩，指示这是清水祖师“圣意”，谓欲在此处落户，信众于是雕塑金身，建庙供奉，就是今天的上歧清水祖师庙。

湖井头李府将军庙的清水祖师，据传也是来自安溪彭内，与烈屿上歧清水祖师庙一样，都和抽签卜卦“走江湖”的人有相当密切的关系。安溪清水岩所在地蓬莱镇，早年确有不少乡民从事算命职业，他们游走在闽南一带，甚至出洋到港澳台、东南亚，

① 凌文斌主编：《安溪姓氏志》，方志出版社，2006年。

为人卜卦算命兼施风水地理之术。这些人出门之时，都会随带清水祖师佛像，用以彰显其所做工作与神明的关系，所用签谱也是由清水祖师十二句咒语演化成的五十首专签，为遇到人生瓶颈或生活困境的人们“指点迷津”“开示运程”，林阿伯就是这群“流动算命师”中的一员。

小径镜山岩始建于清乾隆年间，最近的一次重修是1986年，庙中保存着一只刻有“光绪玖年葭月吉日”“镜山岩清水祖师”之字的香炉。大门楹联嵌入“镜山”：“镜现身压邪成妙果，山炼丹英显娑婆心”。据传该庙原址在小径与中兰之间的太武山麓，后因年久颓圮而在小径村郊兰湖之畔现址重建，奉清水祖师为境主，并奉保生大帝、广泽尊王、六姓府、朱王爷、邱王爷、福德正神等。为什么选址兰湖之畔？庙方介绍，因清水祖师“祈雨灵验”，建在收集雨水的人工湖兰湖边，可以“一举两得”。[①]

燕南书院暨太文岩寺

我访问镜山岩的日子是2019年8月4日，2014年9月15日金门之行，探访的则是古区村太文岩寺，这座规模、式样为目前金门之最，与燕南书院合一的“庙学”建筑。

燕南书院暨太文岩寺坐落在金城镇燕南山（太文山）上，整体建筑有前后两殿，前为山门，中门额“燕南书院”匾，左右两门是“太文岩寺”匾，进门后为正殿太文岩寺，供奉清水祖师神像；后殿主祀朱子，左右庑廊为书院课堂，是一座典雅精致的“旧式新建筑”。“旧式”是指它采用传统的闽南建筑风格，“新建

① 黄振良编著的《金门寺庙教堂名录》（2009）将镜山岩登记为道教，登记字号：金县寺总登920007号。

筑”是指在原建筑倾圮，燕南书院“莫详其迹”、太文岩寺“今废”的情况下，挖掘整理重建，力图重现历史原貌的文化新景观。在台湾科技大学“金门燕南书院暨太文岩寺调查研究”成果的基础上，2008年，金门县启动重建工程，2012年12月，举行竣工庆典仪式。

金门古称“浯洲”“仙洲”，简称“浯”，五代时起即被划为泉州属地，辖于同安县。历史上金门曾有四大书院，分别为建于南宋的燕南书院、元代的金山书院和浯洲书院、清代的浯江书院。[①]其中，燕南书院与朱熹有着直接的联系。

朱熹（1130—1200），祖籍徽州婺源（现属江西），生于福建尤溪，一生著述鸿富，为宋代理学的集大成者和代表人物，中国历史上最负盛名的思想家、教育家之一。朱熹十九岁进士及第后，于绍兴二十一年（1151）被授左迪功郎、泉州同安县主簿，绍兴二十三年（1153）秋赴任，直至绍兴二十七年（1157）期满离开，前后有五年。任内，朱熹“以教养为先务”，积极兴办县学，并在民间创办书院。也正是在同安任上，朱熹曾渡海前往属同安治下的金门，视察和讲学，并建燕南书院，金门由此文教鼎盛，成为人文毓秀之地，有“海滨邹鲁”之誉。

而燕南书院曾经的所在地太文山，明末曾建有一座太文岩寺，其前殿奉祀清水祖师。《金门志·丛祠》载：“太文岩寺在所城（指金门千户所城，明代设立）北半里，与太武岩遥对。祀清水真人，有祈多验。明时建，今废。”清朝重修太文岩寺时，前殿依然奉祀清水祖师，后殿辟为燕南书院。1950年，因地势险要，太文岩寺遭国民党驻军拆毁，用以构筑工事，直至2008年

①《安溪姓氏志》（凌文斌主编）载：清道光年间（1821—1850），安溪虎邱金榜人、解元林文斗任台湾府学教授、金门浯江书院山长（后居泉州城），有族人随外迁泉州、台湾等地和印尼、马来西亚等国。

重启燕南书院暨太文岩寺工程。寺院建成后，依旧例，仍以前殿为寺庙，后殿为书院，成为合寺庙与书院为一体、空间共享的书院寺庙。①

在燕南书院暨太文岩寺参观时，我想得最多的问题是，当年清水祖师因何被供奉在这里，是烈屿上歧清水祖师庙的分炉，还是湖井头李府将军庙奉祀的清水祖师的分身？是曾任浯江书院山长、安溪人林文斗的倡议，抑或是当年泉州府移民随带来的香火，后供奉在几度兴废、终得重建的太文岩寺？

古区村村名之由来，系因宋代此地就有燕南书院，乃“古文教之区”，所以取名古区。从金城镇到燕南山（太文山），要经过一大片茂密的树林，而古区村就坐落在树林山坳之间，宛若世外桃源一般。古区又有古坵、古丘之名，是一个单姓聚落，村民都姓陈，明代金门地图即显示此村名，说明早于此前，陈氏家族已在这里繁衍。1954 年“金门炮战”发生后，古区村几近全毁，现在的民居小洋楼，则是炮战停歇后的重建“产物”。

对于陈氏家族在太文山麓开基的时间，《银浯古区陈氏族谱》并无记载，但以其第八世陈昌文于天启年间登进士第的时间往前推算，该族在此开基应是明代初期。明洪武二十年（1387），江夏侯周德兴置金门千户所城，形势“固若金汤，雄镇海门”，故名金门。此后，金门域内安定，闽南沿海移民到此居住者众。陈氏家族应是此时移居燕南山麓。至于陈氏肇基祖的祖籍是何处，陈氏族谱也没有给出答案，唯从台湾“内政部”地名调查资料中找到如下介绍：“陈氏开基始祖为明初陈必性，时因慕浯州燕南书院鼎

---

① 当然，兴建于宋代、至明代已经倾圮的燕南书院，在明代修建太文岩寺时，有可能二者已经结合在一起了，因为，书院、寺庙共享公共空间本就是闽南一种文化传统，如同安梵天寺后进的文公书院等，甚或于许多名人故居、宗祠祖厝都兼做村塾学堂之用，如同安明侍郎蔡复故宅亦作双溪书院。

盛之文风，乃自泉州迁来浯州，居此古文教之区，故聚落之名为‘古区’。”

陈姓为安溪县人口超过10万的两大宗姓之一，唐五代时陈氏肇安，经过千年发展，目前在各乡镇都形成一些比较集中的聚居地，主要的族系有十二支。明代以后，安溪陈氏各支系均有人陆续迁居县外及海外各地，金门古区陈氏是否为安溪陈氏，目前尚无法确定，但从安溪籍移民奉祀清水祖师的传统看，可能性极大。

朱熹于宋绍兴二十三年（1153）至绍兴二十七年（1157）间，到金门岛创立燕南书院，之后离开同安回到武夷山，继续研读，著书立说，成为中国最伟大的哲学家、思想家、教育家之一，为历代统治者和民众所追崇和膜拜。而一生慈悲为怀、利人济世的普足禅师，于宋建中靖国元年（1101）圆寂，此后南宋隆兴二年至嘉定三年（1164—1210）四十多年间，先后四次获得朝廷封号，神迹显赫，香火遍于八闽。清水祖师之大爱精神，必定穿越海洋影响至金门，并可能先在民间中奉祀，直到明代太文岩寺建成后，就正式移入庙宇中供奉至今。

复建后的燕南书院暨太文岩寺，体现金门人重视教化和重振先人遗风的文化秉性，已为金门最重要的文化景观之一。庙与学的结合，有助于利用庙中的人文内涵，来促进学的发展；而学的深化，又将促成庙的精神意义进一步挖掘。庙学这一特定的场所，既是我们祭祀圣人之处，也是学子效品励学、文人切磋学问、修身养道及典藏文物之所。倘中国城乡，遍布燕南书院暨太文岩寺这种“旧式新建筑”，该有多好！

站在燕南书院暨太文岩寺山门眺望，对岸烟波浩渺处，是朱子的故乡，也是清水祖师的故乡。生前，他们没有时空交集，以作思想和灵魂上的交流；[①]殁后，他们同处金门燕南山上，源源不断给予人们以人格和精神的力量。我们相信，形骸终要化灭，陵谷也会变异，但这两位圣贤，他们所给予世界的光明、力量与爱，将永远存在。

① 根据民国版《安溪县志》的记载，朱熹任同安主簿时，多次到安溪按事（办理公务），标题“清溪八景”，创作《过安溪道中》《留安溪三日按事未竟》《安溪书事》三首诗，“点化”安溪文明，安溪县衙照墙前留有“先儒过化”碑。相传朱熹在安溪仙苑题有“仙苑”二字，后沉于溪中，时放豪光，取起后，存于县城考亭书院（今废）中；登临安溪清水岩，瞻仰清水祖师，题写“佛国”二字，此碑如今还镌树于前往清水岩必经之路彭格村的公路边。“仙苑”“佛国”两方题字虽无款识，但从书写风格看，应是朱熹早期的手迹。

第四篇

南洋法雨

第 1 章

安溪人开发新加坡

第二次世界大战以后，“东南亚”这个词，逐渐被用来说明中国和印度半岛间的亚洲大陆及其附近的群岛，包括菲律宾、印度尼西亚、新加坡、马来西亚、泰国、缅甸、越南、柬埔寨、老挝等国家。这些国家亦即我们广义所称的“南洋”。狭义的“南洋”则特指菲律宾、印尼、马来西亚、新加坡、缅甸等国。

地处热带地区的南洋，由于具有相当好的移民条件，“农林矿产资源丰富，适于农工商业发展；殖民国为建设殖民地，需要木工、石工、铁工等各种技工，土人不能胜任，而华侨勤俭耐劳，长于经营；华侨习惯海上航行，且具有冒险的精神和高度的理想”，[①] 因此吸引中国闽粤两省居民，在明清以后大量前往垦殖或经商。这些移往南洋的闽粤移民落地生根，世代繁衍，但其仍长期保持与祖居国的联系，心系桑梓，时刻关注和支持家乡的发展，捐办公益事业，兴学育才，修桥造路，赈灾济贫，吾人称之为“华侨”。[②] 华侨中的闽侨，则以泉州、漳州所属的各县居民为

---

① 林再复著：《闽南人》，台北三民书局，1987 年。

② 第二次世界大战前的海外华人普遍具有双重国籍，因此，“华侨”和“华人”的概念是相同的。第二次世界大战后，海外华人普遍加入外国国籍，西人把华侨、华人或华族统称为“海外华人”，本文采用这种说法。

主，各县侨民分居各国的比重又有所不同，如晋江人常居菲律宾，安溪人则以印尼、马来西亚、新加坡为徙居地。

明清以后，安溪人开始向外移殖，外移地区分国内和海外两方面：国内之地域，为福建厦门、尤溪、福安、福鼎、武夷山，江西三清山，浙江平阳、温州等地。移居海外者，则为台湾地区和日本、菲律宾、新加坡、马来西亚、印尼、缅甸等地，其中移居台湾者最多，播衍至今有近 300 万人，其次为南洋地区，超过 100 万人。[①]《安溪华侨志》载，兴一里福竹林乡（今尚卿乡福林村）吴西溥，明弘治十八年（1505）生，长男吴文英往日本经商无回；崇善里河内乡（今金谷乡河山村）郑国仰，明嘉靖四十五年（1566）生，往菲律宾谋生，死葬在吕宋。厦门大学教授庄为玑据安溪蓬莱的宗姓族谱分析，安溪人移居南洋超过四百年历史，其先到菲律宾，而后新加坡、马来西亚、缅甸，最后才到达印度尼西亚的。

闽侨移往南洋的动机不一而足，但“经济困难”“社会动荡”是其最主要原因。光绪年间，清政府腐败无能，国家衰落至极，战火绵延不息，安溪僻居内地，山多地少，粮食欠缺，实业不兴，无数青年人为生活所迫，远渡重洋。安溪人所遇之天灾人祸，在闽南居第一位，因而远涉重洋谋生者亦较他县人多。一曲催人泪下的《过番歌》，道尽闽侨移民的种种心酸。更不幸者，被诱骗卖充“猪仔”，驱送至荷属东印度，在橡胶园、胡椒园、锡矿等终身劳役，生不得与亲人通音讯，死后更无人知其踪迹，惨绝人寰，比比皆是。

烟波浩渺，潮汐变幻，惊涛骇浪，九死一生，然而为生存计，

---

① 庄惠泉：《安溪居民向外移植经过》，载于雪兰莪安溪会馆编：《雪兰莪安溪会馆成立六十周年纪念暨大厦落成开幕典礼特刊》，1989 年。

闽侨别无选择，他们寄希望于祖籍地所崇信的神明——清水祖师、保生大帝、妈祖、观音菩萨……往往在临行前到祖庙祭拜，祈求庇佑或恭请其神像、香火袋伴其出行。一路奔波跋涉，抵达南洋安顿后，首先将神像供奉起来，朝夕祭拜，等待站稳脚跟后，又合力在聚居地建庙专门供奉，是为南洋闽侨传统民间信仰的缘起。寺庙是华人在南洋最早建立的社会组织之一，从建庙那时起，华人便开始在个人及群体两个不同的层面，开展民间信仰活动。如今，华人民间信仰活动已成为东南亚文化景观的重要组成部分，族群共同参与民间信仰仪式，大大增强了华人的群体认同和团结。

安溪人开发一半乡村区

新加坡位于马来半岛的南端，包括新加坡岛和附近的 50 多个岛屿，扼太平洋与印度洋的咽喉，有长堤与马来西亚的柔佛州相连。曾经是英属马来亚政治、经济和文化中心的新加坡，直到 1965 年 8 月 9 日，才脱离马来西亚，成立了共和国。与新加坡一样，文莱也曾属马来西亚的版图，但其直至 1984 年才取得完全独立。由于马来西亚、新加坡和文莱地处东西方交通的要道，中国和这三个国家很早就有交通和贸易往来，并建立了外交关系。

历代的正史和其他古籍，关于这三个国家的记载最早、最丰富、最翔实，有的学者曾考证，中国和马来半岛发生关系，早在公元前 13 至公元前 12 世纪便已开始。[①] 世界航海史上的盛事——郑和七次下西洋，就是以马六甲作为中转站和贮存货物、钱粮的仓库重地。中国的丝绸、瓷器、茶叶、金银、铁铜制品，远销今

① 董彦堂：《中国古代文化的认识》，载于台北大陆杂志社编：《大陆杂志》，第三卷第 1、2 期（1951 年 7 月）。

天的新加坡、文莱和马来西亚的13个州，换回了当地的香料、象牙、玳瑁等名贵产品，促进了双方的经济发展、文化交流。

泉州作为宋元中国的世界海洋商贸中心，晋江、德化、安溪所产的瓷器，安溪所产的铁器、茶叶等，源源不断地通过“海上丝绸之路”，输往东亚、南亚、西亚各国和非洲东海岸。1973年，泉州湾后渚港发掘出一艘宋代古船，出土的文物十分丰富，其中数量最多的是香料，重达4700余斤，并发现原来系在货物上的木牌签96件，还有铜钱504枚。这是一艘宋末元初从南洋回航的“香料船”，帆船沉没的时间基本认定是在景炎二年（1277），而关于沉船的主人则没有定论。庄为玑教授认为是蒲寿庚家族的私船，也有专家认为是管理宋宗室的南外宗正司所有。

马来西亚、新加坡和文莱三国，与中国海洋贸易有关的考古发现，更是不胜枚举。韩槐准《南洋遗留的中国古外销陶瓷》记载，南洋地区所出土的不少陶瓷文物，其产地为安溪珠塔、福昌、科名、翰苑、扶地、草北、贞洋、溪山、进德等窑。坦桑尼亚出土的中国青花瓷圈点纹碗（现藏牛津东方艺术博物馆），泰国和马来西亚沙捞越也大量出土这种碗，它的造型、釉色、纹饰题材，以及底部的结构，与安溪福昌窑生产的产品完全一致。[①] 除瓷器畅销国外，安溪的制陶瓷技术也随着安溪人的出国而传播到侨居国，今新加坡、越南等国的陶瓷厂，不少是安溪龙涓福昌、举溪及蓬莱籍华裔所开办，他们世代传承制瓷工艺并以此为生。[②]

英人统治新加坡前，岛上居民仅有马来人和华人，1819年英人占领新加坡、1824年开为自由港后，马来亚半岛的华侨与马来人纷纷移殖，开垦农田，经营商业。新加坡初开港时，马来人多

① 韩槐准著：《南洋遗留的中国古外销陶瓷》，新加坡青年书局，1950年。
② 谢文哲著：《香火：闽南文化札记》，北京联合出版公司，2018年。

于华人，华人约占人口数的三分之一。由于华人天性勤劳，英人认为欲迅速发展新加坡，非仰仗华人不可，于是广事招徕，华人增加迅速，人口反较马来人为多，占四分之三，为东南亚华人占大多数的唯一地区。马来人业农，华人以经商为主，早期新加坡有专供华商开店经营的中国街，有专供华侨居住的中国村。华侨中闽籍居多，根据1947年的统计，闽籍居第一，有28.9万人，占华侨总人口的39.6%。1957年新加坡母语调查结果显示，讲福建话（闽南语）的华侨占30%，较第二位的潮州话多出13%。其中，又以安溪人、南安人为最。

鸦片战争前，安溪人直接到南洋谋生者并不多，亦以由台湾转徙者为多，从安溪到台湾，再从台湾到南洋诸岛。道光年间（1821—1850），安溪蓬莱刘祖禁往新加坡，柯聚傅卒于新加坡，刘清芳被作为“契约劳工”卖往南洋。[①]鸦片战争后，厦门开辟为通商口岸，闽南各县开始以帆船乘风破浪向南洋谋求发展，安溪人加入其中。咸丰三年（1853），安溪崇善里彭格乡（今蓬莱镇彭格村）陈圣响应太平天国起义失败后，其本人及一同起兵者数百人纷纷逃亡南洋，陈圣往新加坡，余人或往马来西亚、印尼等地。安溪人大规模下南洋，亦自此始。抗战前，安溪移民新加坡估计有两万多人，抗战开始，国内发生抓壮丁惨剧，更多安溪青壮年逃亡新加坡。

安溪人移居新加坡，最早是因为英人开发新加坡需要大量“契约劳工”，到达新加坡后，先居住在乡村区，主要从事农耕，开垦山芭，种植粮食、蔬菜、水果、棕榈、椰子，饲养禽畜等，有的则从事食品加工和小手工业、小五金业、小商贸等，胼手胝足，白手起家。可以说，自1911年起，至1965年新加坡建国自

① 陈克振主编：《安溪华侨志》，厦门大学出版社，1994年。

治前半个世纪，是新加坡乡村区拓殖的繁荣期，而这半个世纪的开发重任，多由来自安溪、南安的青年农民所挑起。

新加坡《联合早报》1987 年 7 月 31 日曾以整版的篇幅，发表了该报大特写组的文章《安溪人对新加坡乡村区开发的贡献》，充分肯定安溪人开发新加坡乡村区的功绩："在这场征服大自然、改变新加坡面貌的大进军中，安溪人做出巨大的贡献，来自穷乡僻壤的安溪农民，以自己勤劳的双手和坚忍的意志，不仅撒下了果菜种子，而且传播了中华文化，历史不会湮没，安溪人在新加坡的事迹永远值得缅怀。"这篇文章的其中一节《开发全岛一半耕地》记述："安溪人在战前散居新加坡乡村范围极为广阔，我们可以说，新加坡一半园丘土地，是由安溪农民流血汗翻开掘垦的，想到今日新加坡许多新镇组屋区原来的乡村区，是当年由安溪籍的前辈用血汗开辟的事实，我们要向他们致以无限的敬意。"

安溪人最早开发的陈牛廊，今为谦福路的老山头，那里的园丘是安溪人在十九世纪末期开垦的，住民 80% 以上是安溪人。在兀兰 17—20 公里处的油地村，20 世纪初还是一片荒山，祖籍安溪龙门的林金铁、林镇论兄弟及林氏乡亲前往开芭种黄梨。汤申路上段 6.5 公里至 11 公里地段两旁，是安溪人集中居住的地方，早期也是一片荒山，由安溪人披荆斩棘将荒山开垦为园丘。祖籍安溪蓬莱的林致东率先在 19 世纪末来到乌桥进行垦殖，跟随他的脚步，蓬莱林氏乡亲也相约来到乌桥一带拓殖发展，祖籍安溪龙门榜头的白姓乡亲则集中开发后港淡宾尼士路 11 至 19.5 公里的洛阳村。①

① 陈克振主编：《安溪华侨志》。

安溪人的影响不止茶业

随着新加坡经济发展，乡村区逐步消失，取而代之组屋高楼，淳朴忠厚、勤谨坚忍的安溪人，分布在新加坡的各个角落，从事社会百业，辛勤经营与奋斗，其成就令人感到骄傲，影响力举足轻重。

茶业。早在清代就有安溪人到新加坡经销茶叶，清咸丰年间（1851—1862），新康里罗岩乡（今虎邱乡罗岩村）林宏德创制“金泰茶”，由新加坡“荣泰号”总经销。光绪三十一年（1905），新康里上林东乡（今虎邱乡林东村）高铭壬、高铭胞兄弟在新加坡创办高铭发茶庄，为新加坡安溪最早的茶号。以后又有不少安溪人在新加坡开办茶行，其中较为知名的有颜惠芸的源崇美茶庄、白心正的白三春茶庄、高云平的高建发茶庄、林本道的林和泰茶庄、张瑞金的张馨美茶庄等。到 1927 年，安溪人在新加坡创办的茶庄茶行共有 16 家，成为新加坡茶界主力。1928 年 6 月 23 日，在林和泰、东兴栈、张馨美、源崇美等商号的发起和组织下，“星洲茶商公会”[①] 在新加坡正式成立。成立之初，星洲茶商公会有林和泰、高芳圃、张馨美、金龙泰、高铭发、高建发、林金泰、源崇美等25家会员茶庄，其中安溪籍16家。公会正总理林本道（林和泰茶庄），副总理翁朴诚（东兴栈茶庄），财政员张瑞金（张馨美茶庄），查账员魏清正（茂苑茶庄），庶务员颜受足（源崇美茶庄），议员 12 人（家）。当时安溪会馆已经成立并拥有会址，由于茶商公会主要发起人有几位身兼安溪会馆职务，25 家会员茶庄中有 16 家是安溪人，所以便租借安溪会馆二楼两间屋室作为茶商公

---

① 1979 年 2 月 14 日，改会名为“新加坡茶叶出入口商公会”（简称“新加坡茶商公会”），沿用至今。当年 4 月 20 日，新会名获得新加坡当局批准使用，以后每年 4 月 20 日为茶商公会周年纪念日。

会办公地点，以节约经费开支。[①]

建筑地产。安溪人最早经营建筑业的是蓬莱人林拱河，20世纪30年代，他率先创办林河建筑公司。50年代，安溪人又创办陈锦发、全裕、胡德泰、建春等4家建筑公司，60年代，创办源美、陈树禄等11家建筑公司。祖籍安溪官桥善坛的钟铭选创办的侨益行，是安溪人较早从事新加坡地产业的商行，后发展为侨益行私人有限公司和新侨置业私人有限公司，经营建筑工程和房地产，成为安溪人在新加坡最大的建筑房地产公司。60年代以后，安溪人经营的建筑地产业又有新的成就，新加坡各种高楼大厦、私人住宅区及公共组屋，不少是由安溪人承建的，此时建筑地产公司已达68家。

五金配件。因为建筑地产的“裙带”关系，安溪人同样在五金配件业“长袖善舞”。安溪人在新加坡经营五金配件，早年都是从上门收购废物、旧货做起，以后逐渐发展为旧五金商、小五金商、新五金商、大五金商。最早的五金店是柯全信于1910年创办的柯鸿记，以后柯进来的协隆记、柯贤树的隆安记、蔡烈柳的陞源号、柯秋水和柯隆美的隆成号等相继开办。这些安溪人大多来自蓬莱，彼此是宗亲关系，互相提携，可见早期下南洋都是一部分先民先远涉重洋谋生，等站稳脚跟后，再邀约兄弟、宗亲前往，而后至者因有前者的支持，抵步后则可迅速就业，基本生活可以无虑。新加坡的五金行业中，安溪人占有重要地位。1936年成立的新加坡五金公会，60家会员中，安溪人占15家，1945年会员增到97家，安溪人增至33家，上世纪70年代末，安溪人经营总数达到180多家，成为新加坡五金业的主力军。首任会长柯进来，

① 有关新加坡茶商公会及安溪茶商在新加坡的经营情况，详见《安溪人打下南洋一片天》，谢文哲著：《香火：闽南文化札记》，北京联合出版公司，2018年。

三、五、六届会长柯进来、柯贤树，二、四、五、六届副会长也是安溪人，以后历届负责人，多数也是安溪人担任。有“新加坡五金巨子”之称的柯进来，1916 年移居新加坡，数年后创办协隆记，专营五金制品、建筑材料。抗战期间虽被日军洗劫数十万元，但战后复业并迅速发展，1947 年改制为公司后，凡欧美各国五金器材、建筑材料、轮船机件等高端产品，均采办销售，被称为钢铁业巨商。

食品加工。20 世纪 40 年代，新加坡安溪人经营水面和薄饼皮的有 40 多家，占经营总数的三分之一，其中由蓬莱唐姓乡亲经营的就有 10 多家。唐水锭在清光绪年间就从事水面和薄饼皮经营，他的族亲在店里学艺后即自行发展。湖头许棟开设许泉春面厂 60 多年，由他传艺的南兴面厂和叶和成面厂，后来都成为新加坡大面厂。在新加坡经营粿条面的以安溪人为多，这些面厂开始为家庭作坊，后来都发展成自动化生产商。安溪华侨还擅长经营肉干、肉脯。50 年代，新加坡经营此业的 100 多家中，安溪人占 60%，其中经营肉干时间最长、规模最大、商号最老的是官桥人林金河、林水源兄弟联手创立的老福源。另一家是蓬莱人张瑞意、瑞玉、瑞庆三兄弟的美珍香，其产品质量上乘，驰名国内外。此外，还有安溪人经营酱油、糖果、冷冻食品，也都是行业翘楚。

交通运输。安溪人早在上世纪 20 年代前就从事交通运输，当时新加坡陆地运输靠牛车，由安溪人为主进行经营，集中在陈牛廊、双乳山、河水山三个点。至 1922 年安溪人林凤仪创办林肆安公司，1929 年张亚能创办荣源公司，两公司率先经营罗厘运输车（即货车）。随着城市的开发和贸易的发展，经营运输业的安溪人不断增加，由罗厘运输发展到箱运拖车运输，其中有傅新春兄弟经营的傅长春工程私人有限公司、白火煅经营的白长春运输私人有限公司等10多家。此外，机械拖车、木材运输、校车运输等业务，也都掌握在安溪人手中。航运方面，祖籍蓬莱温泉的唐连良是新加坡早期航运界有影响的人物，他创办的泉安船务公司，在新加坡鼎鼎有名。其弟唐裕协助经营，在印尼、香港建立联营机构，后独立创办敦那士（私人）有限公司，主营印尼与新加坡之间的航运业务，并担任新加坡船务公会主席，成为新加坡“船王”、印尼“航运巨子”，鼎盛时期拥有一支200多万吨位的船队。唐裕精通中、印两种语言，曾用个人影响力为促进中新友谊、中印恢复邦交做出卓越贡献，被誉为“民间大使”。历任新加坡中华总商会董事、新加坡福建会馆董事、新加坡安溪会馆主席、香港安溪同乡会名誉会长和国际儒学联合会理事长等社团要职，是“世界安溪乡亲联谊会”的创会会长。

汇兑金融。安溪人不少经营汇兑业，经办华侨汇款业务。上世纪30年代以前，经营汇兑业务的有林庆年的林金泰，林本道兄弟的林和泰，高铭壬的高铭发共8家。30年代后有林树彦的侨通行等3家，1946年后又有钟铭选的侨益行等3家，共14家。早期以林金泰号为著名，后期则以侨通行最为著名，该行在马来西亚、印尼及中国香港设分行，并扩展到上海、福州、厦门等地。安溪人经营银行业的，有陈锦章任董事长的工商银行。1953年，陈锦章发起创办工商银行，成为安溪人在新加坡创办的第一家银行，也是新加坡珊顿道第一家银行。该行后来不断发展，共设有15家分行，5家金融公司，1家保险公司，还在日本、中国香港设有办事处。

民信业。在新加坡的金融体系中，早于银行业的是民信业。民信业就是经营侨批的生意。侨批是海外华人与家乡亲人来往“银信合一”的书信，横跨清末、民国与中华人民共和国三个时代，侨批、侨汇与民信业关系密切。新加坡民信业的领袖是祖籍安溪官桥镇赤岭村的林树彦，他所经营的侨通行，业务遍及中国、新、马和印尼等处，有25间分行。战后初期，他联合闽、潮、琼各帮民信界领袖，发起组织南洋汇业总会，并以会长的身份，向本坡外汇统制官及中国政府提出交涉，要求取消在当年（1946）所颁布的《侨汇自由兑换限制令》，获得成功，在稳定汇率及中南通汇上，为业者及华社做出贡献，值得一书。

安溪人除经营上述工商业外，还从事文化、教育、科技、医疗卫生、体育、艺术、慈善等社会各业，均聪明智慧，诚信经营，奋力苦干，有所建树。他们合建庙宇，供奉家乡神明，庙名沿用家乡的名称，所奉神明及仪式，也依家乡惯例。每座神庙都建有宽敞的戏台，这些戏台在平时即成为启蒙教育的塾馆，台下则成为办公室。裕廊安溪城隍庙的戏台，是怀南学校的前身。曾任怀南学校董事长的白春晖先生，在新加坡安溪会馆50周年特刊（1972）所撰《邑人对新加坡教育的贡献》一文，对安溪人协助发展乡村区教育，有很感人的叙述："各村区最初之教育，即设于神庙前之戏台，由一位教师，教导二三十名学生之改良私塾。所谓改良私塾，即教授三字经与四书外，还兼授新式学校之课本。"上世纪30年代，安溪会馆领袖林庆年、庄惠泉等，经常深入各乡村区，鼓励各区戏台私塾合办小学，于是各乡村学校纷纷设立。经费不足部分，安溪会馆四处募捐补助。

据安溪会馆30周年纪念特刊（1952）收载的《邑侨教育概况》一文，安溪会馆在战前与战后出资出力支持的乡村学校，达22间之多。安溪人创办华校的数量是祖居地各县之首。1917年，庄希泉和夫人余佩皋、弟弟庄惠泉及张永福等创办南洋女校，余佩皋任校长，该校后为南洋女中。1929年，林庆年提倡华校应以华语进行教学，于是华语教学在新加坡及马来西亚广泛推行。1950年英殖民当局提出将华校每年二学期改为三学期，庄惠泉在中华总商会支持下极力反对，斗争取得胜利。1953 年陈六使发起创办南洋大学，安溪同乡大力支持，柯进来为建设主任，林拱河、庄惠泉为理事。1954 年，安溪会馆为 15 所乡村学校举办联合游艺大会，募集教育基金，各报社为大会出版特刊，此事轰动新加坡。1954 年创办新加坡手势聋哑学校，安溪人出钱出力，庄惠泉任董事，林庆年任董事长。安溪会馆及安溪人竭尽全力为新加坡文教事业发展的付出，为各界人士所敬佩。

新加坡安溪会馆成立于 1922 年，以“敬恭桑梓”“服务人群”为创会宗旨，是新加坡安溪人的公益性组织。会馆初址在新加坡福建马车街 30 号，是一栋三层楼房。1957 年，安溪会馆大厦搬迁至市中心大坡新桥路牛车水区重建，1959 年 9 月竣工，次年落成剪彩。近百年来，安溪会馆在敦睦乡谊、慈善公益、经济发展、社会进步等方面，薪火相传，功不可没。更有施明德、高铭壬、林庆年、庄惠泉、唐裕等一批杰出乡贤，心怀桑梓，勇敢进取，值得我们永远铭记。

第 2 章

祖师敲打安溪人的良心

在以前安溪农村，由于交通不便，信息闭塞，村民只知道他们所熟悉的神灵，仰仗这些神灵，来满足他们的全部社会心理需要。出洋前夕，安溪人都要去清水岩祭拜清水祖师，以求得指引和一路平安。对于 19 世纪和 20 世纪的安溪移民来说，清水祖师就是他们的精神支柱和道德支撑，能够保佑他们一路平安。又因为清水祖师极富仁爱之心，所以村民相信法力高超的清水祖师，有求必应，一定会帮助自己解决人生大大小小的困难，同时赐予其幸福与康宁。

信仰系统的再造与共享

安溪人跋山涉水抵达新加坡后，在异国他乡，先是宗乡、亲戚和安溪会馆提供暂时的栖息之所，并帮助他们找到谋生之道。新加坡茶商公会开创之初，为节省开支，又因为公会安溪人居多，便租借安溪会馆二间屋室作为办公场所，白天处理公会事务，晚上允许会员介绍后到南洋的亲朋借宿落脚，期限为三天。我在缅甸安溪会馆、马来西亚雪兰莪安溪会馆、马六甲安溪公会、柔佛州安溪公会调查时看到，扣除公会基本办公场所，楼阁的大部分空间都被隔断成若干小单间，用来“收留”初到的宗乡。当年的这些小单间如今都已拆除，但墙壁上的隔痕依在，是安溪人不绝如缕垦荒南洋的见证。

住所和职业暂时有了着落，但内心的恐慌和不安依然绕之不去，只有相伴在身边的家乡神明，尤其是清水祖师（香火袋、神像等）才能给予安全感。所以各乡各姓安妥后，都将随带的家乡神明，亦在此间供奉起来，并且以家乡宫庙的名称，命名此间的宫庙。信奉清水祖师，内心是笃定踏实的，因为这是属于全体安溪人的神灵。19 世纪至 20 世纪上半期，寺庙经常举办各种民俗活动，庆神明圣诞，演戏宴客，给移民的日常苦力生活，提供了些许精神抚慰。这些民俗活动同时也是移民们进行社交、沟通信息、联络乡谊和建立社会关系网络的平台。清水祖师是一位被神化了的历史人物，由于他的和尚身份而被人们崇奉为佛，同时代表一种民间信仰系统，被身处异国他乡的安溪人所拥护。它提供了一种宇宙观和世界观，安溪人融入其中又对其进行“文化再造”，以适应南洋社会的需要。

1950 年，移居新加坡的安溪人骤增至十万人，其中一部分人来自蓬莱。随着新加坡安溪移民的不断增多，先后出现两个满足该群体需求的社会组织，一是安溪会馆，一是蓬莱寺。会馆、寺庙之外，还有各种行会组织，如新加坡茶商公会、新加坡五金公会，以及各种综合性社团，如新加坡中华总商会、新加坡宗乡会馆联合总会等，把各地华人聚合到一起，使华人兴办的各种事业（如华文学校、华人医院、华文报纸等）有了行为主体。安溪会馆成立于 1922 年，拥有独立的馆址安溪大厦，从安溪人中招收成员，并对所有会员开放；供奉清水祖师，并写入《新加坡安溪会馆章程》，每年正月初六都要举办祖师圣诞庆祝活动，为安溪人提供社会互动的空间和平台。

蓬莱寺，创建于1951年，寺里所奉清水祖师由安溪乡人林春生于二战前迎来，聘请印保法师为住持。1954年林本种、刘发超、林拱河、柯秋水等四位乡贤发起倡议，出资重建，得到20多位乡贤的响应，大家出钱出力，1955年建成蓬莱寺，1979年注册为非营业性有限公司。1985年，因城市改扩建需要，蓬莱寺被城市重建局征用，政府为该寺重建提供了几处土地以供选择。蓬莱寺管委会通过竞标，获得一处2万平方英尺（约合1858平方米）的庙址，租期35年，租金27万新币。

由于相同原因，一些其他小寺庙也被征用，要求另迁新址重建，城市重建局同样提供几处土地，要求需要搬迁的寺庙选择新址，参加竞标。此时中亭庙、明山宫首先提出，要将自己纳入蓬莱寺之中，理由是两寺的香客多来自安溪，同样信奉清水祖师。由于确实没有更多的土地提供给迁址的寺庙，所以政府也鼓励寺庙之间“共享”场所。这些寺庙虽然供奉的神明不同，但都奉祀清水祖师，所以“共享”是可行的：一，通过合并资源，他们更容易在土地竞标中获得成功；二，几个寺庙整合后，“共享”一块土地，也使安溪人与其他华人，在与基督教组织的竞争中，更容易获得成功；三，几个寺庙合并，聚合更多财力，可以建一座更大的寺庙，所以各方都同意合并方案，并商议新寺落成后沿用“蓬莱寺”的名称。

在城市规划建设期间，泽志堂、普安堂、水口堂、祥福堂（亭）等四家来自安溪的寺院，听说蓬莱寺、中亭庙、明山宫的“联合计划”，也决定加入，他们紧急面见重建蓬莱寺的“联合委员会”。经商讨后，这四家庙宇亦被接纳加入蓬莱寺的“联合委员会”，于是，蓬莱寺成为了由七个寺院联合组成的共同体，土地、资金、资源归七方共有。1986年，蓬莱寺募资委员会成立，成员来自七个成员寺院，代表着安溪的九个宗族，分别是林、柯、李、张、廖、刘、温、谢、陈。经过努力，新蓬莱寺于1989年动工修建，1991年竣工，耗资170万新币。新建的蓬莱寺由七个寺庙共同管理，每个寺庙都有一个管理组，负责自己的神明事务，蓬莱寺的管理组，负责寺院的维修。寺内主神是清水祖师，安放在主殿中央，由各庙共同供奉。主神后分别安放来自七个寺庙的神明，上面写有原寺庙的名字。蓬莱寺对所有人开放，特别是向祖籍安溪的人开放。[①]

蓬莱寺每年都要为清水祖师和寺里的其他神明，举办几次集体祭拜活动。清水祖师的诞辰是正月初六，每年的公祭活动都是从庆祝清水祖师圣诞开始的，这也是新加坡安溪人一年之中最重要的民俗活动。每年的清水祖师庆诞仪式，由上一年通过掷筊杯决定的炉主、副炉主和秘书长、财务主管等负责组织实施。当年庆诞仪式最后，又采用掷筊杯的方式，决定下一年公祭活动的负责人。安溪籍各家各户、安溪人创办的各公司、商号，都可以参加上述推举活动。

其他神明的庆诞活动，由各姓宗亲会分别组织，也都吸引各姓宗亲前来祭拜。炉主、副炉主等的推举办法，与蓬莱寺祭拜清水祖师相同，但仅局限本庙的成员参与，不像清水祖师是所有人都有权利参与。至于地位，后来纳入的神明地位相当，但都低于清水祖师。他们各代表着安溪县的一个区，具有各自地域的特征，

---

① 除安溪会馆、蓬莱寺供奉清水祖师外，新加坡供奉清水祖师的庙宇还有金兰庙（道光十年建，是新加坡最早的清水祖师庙，由74位义结金兰的福建人为主倡建，故名。庙内现存的《金兰庙碑》详细记载当年创建金兰庙的陈治生、杨清海、许荣海等74人的名字和捐款数额）、安溪傅氏所建之镇南庙（清末民初建）、谦福路陈牛廊的天公宫、南安翔云黄田王氏所建的聚圣庙和韭菜芭城隍庙等。韭菜芭城隍庙为安溪城隍庙分炉，主奉清溪显佑伯主，清水祖师为附奉，但与城隍一样都居正殿正中。同时，新加坡阆苑岩也被合并到韭菜芭城隍庙中，所奉祖师公、杏春真仙、玄天上帝、池府大人一并收奉其中。

为各自宗姓“服务”，因此各宗姓每月都固定会有一天，相约聚集蓬莱寺，商议、决定宗族内相关事项。而蓬莱寺因为供奉安溪人的共同保护神清水祖师，对外则代表着一种共同、集体的意识，它的香客同属一个大的社会群体，由七个不同的社会小群体构成。基于地缘（安溪）和乡谊（同乡）建立起来的蓬莱寺，已不仅仅限于宗族内和宗族间的互动，而是早期新加坡不同社会群体进行互动的社会空间。由此拓展、构建起的社会网络，为年长者提供联络联谊机会，为年轻人提供相互认识和了解的机会，有助于拓展关系，结交生意伙伴，强化了安溪人扎根新加坡的社会基础。

蓬莱寺每年举办的民俗活动，吸引越来越多的安溪人参与。新加坡访谈时，一位柯姓老者对我说，清水祖师保佑安溪人也提醒安溪人，不要忘了自己是谁，来自何处。清水祖师敲打着安溪人的良心，提醒着他们在南洋安居乐业的同时，不要忘了自己的老家。因此，上世纪 70 年代以后，新加坡安溪人对宗族和祖籍地的认同感空前高涨，回乡谒祖，翻建祖屋、宫庙，参与重修族谱，到清水岩祭拜和捐办公益事业者络绎不绝。

祖乡的集体记忆与“道义经济”

上世纪 70 年代末，当改革开放的思潮激荡中国人的思想后，安溪侨乡开始通过放宽对民间信仰活动的限制，来争取海外安溪人对当地的捐赠和投资。安溪政府首先同意海外华侨出资重修清水岩，并辟为旅游景点，以吸引更多的海外华人前来参观。1979 年，新加坡安溪人李月、柯长源（柯镇安）、柯丰庆、柯宝国、柯隆美等，联名从海外致信安溪县侨联，呼吁“整修岩寺，保护文物古迹”，并热心捐资，对岩宇进行全面整修。嗣后，1979 年 3 月，将清水祖师正身迎上岩寺供奉。1980 年夏，在开辟山下通往清水岩的公路时，马来西亚华侨林遵笑捐资支持铺设沙石路面。此后，殿宇主体建筑和钟鼓楼、檀越祠、观音阁陆续修缮、改建，资金也都来自南洋华侨及信众的捐款。

与安溪侨乡的情况相同，海外侨亲中的年长者对神明更为笃信，也更积极地参加这些活动，故而上世纪80年代以后，中国政府允许举办迎请清水祖师春巡绕境活动后，新加坡等地的安溪华侨便成群结队返乡参加这些活动。对他们而言，在原乡参加清水祖师庆诞仪式，意义非同寻常，不仅仅是对清水祖师随身护佑的感恩，更是对世居祖辈的怀念，还可以满足各种现世的需求。他们相信，离清水祖师越近，祈愿听得越清，所以对祖地政府和宗乡的各种号召，踊跃其中。不仅出资修复和扩建清水岩，还出资翻修祖祠、宫庙，修订族谱，参与到侨乡的第一轮基础设施建设中。①

新加坡华人对祖乡的资助，始于早期移民定期给老家亲属的汇款。据估计，20世纪30年代，每年从南洋寄回福建的侨汇，相当如今的5亿至7亿元人民币，其中，每年寄到福建永春、惠安、安溪、同安等县的侨汇，相当1000多万元人民币。这些侨汇多是通过厦门和福州，转寄至内陆山区的。1938年，海外华人寄给安溪的汇款相当360万元人民币，这些汇款多是邮寄来的，而不是如前述通过港口转寄的，还有一部分是通过当年回乡的华人捎带来的。30年代的侨汇是最多的，此后，因为战争的原因，逐渐减少。战争结束后，侨汇又逐渐增多，仅来自新加坡的汇款，

① 除了清水岩和各宗姓祖祠得到资助翻修外，海外侨亲各自祖籍地的宫庙也获得支持得以重建或翻修。这些宫庙所供奉的神明有保生大帝、玄天上帝、法主公、关公、董公真人、广泽尊王、天后圣母、伽蓝尊王、三府王爷等，在早期新加坡也都有分炉分庙。见《新加坡安溪会馆钻禧纪念特刊》(1922—1982)。

在1954年高达150万元人民币，到1960年降至100万元人民币。[①]

1978年中国实行改革开放前后，寄回安溪的侨汇又开始增多：1976年为353万元人民币，之后几年逐年增长，1983年达到新高，为700万元人民币。这以后，侨汇又开始大幅下降，1984年为540万元人民币，1990年减少至210万元人民币。[②] 上世纪70年代后期至80年代上半期，大部分侨汇主要被用于补贴老家亲属生活消费和翻修祖屋、宫庙。以蓬莱镇为例，有了侨汇的支持，农村石头房、砖瓦房代替之前的土木房，点缀其间的祖祠、宫庙也翻修一新，闽南式大厝规模宏大，宫殿式建筑美轮美奂。这些烙刻时代印记、建筑质量良好的房子，至今仍掩映在乡村田野中、山岭间，蔚为侨乡一道特色风景。

为什么祖屋、宫庙如此重要，需要翻修？在地安溪人认为这是祖先创业的见证，必须世代保存下去，任由其破败、坍塌，“无颜面对祖先”。新加坡安溪人则认为，祖屋、宫庙是原乡文化之载体，是寄托其怀乡情感的空间，翻修祖屋、宫庙事关中国人的孝道，是饮水思源的表现，同样也是光宗耀祖的事情。翻修祖屋也有感情上的原因，许多侨亲下南洋前曾在祖屋生活过，对祖屋有感情，因此有些华侨虽然在新加坡生活并不尽如意，一接到家乡的求助信函，还是省吃俭用、鼎力支持。

上世纪80年代以后，安溪侨乡兴起一股重修族谱的热潮。参与翻修祖屋、宫庙之后，新加坡华人对重修族谱也颇感兴趣，因为族谱记载着宗族成员的成功、财富与社会贡献等，参与族谱重修，不仅可以回报家乡，还可将身居海外的后代纳入宗族，确保宗族的延续。香港大学社会学系教授柯群英曾回到自己的祖乡蓬

---

① 柯群英著：《重建祖乡：新加坡华人在中国》，香港大学出版社，2013年。

② 陈克振主编：《安溪华侨志》。

莱镇进行调查，在她的访谈调查中，有 85% 的柯氏村民积极看待新加坡华人的宗族地位，“既然他们（新加坡柯氏宗亲）承认我们（也就是所有柯氏宗亲）的祖先是在安溪，那么他们也应该被纳入族谱”。87% 的村民支持将海外安溪人载入族谱的做法，“这样做的话，年轻一代就知道安溪是他们的祖乡，他们是安溪的后代，这里有他们的根”。[①] 当然，被纳入族谱，视为宗族的一部分，也使在新加坡的柯氏宗亲对族谱重修担负一定的社会义务，为此，他们承担了修订柯氏族谱所需的大部分资金（大约为 7 万元人民币）。

回乡参加清水祖师庆诞仪式，参与翻建祖屋、重修族谱等宗族事宜，新加坡安溪人与祖地的联系愈加紧密，而此时正处中国改革开放初期，各地大力发展基础设施建设，海外华人热情高涨，纷纷捐资帮助家乡修桥造路、建造医院、学校，赈灾敬老，投资办实业等。[②] 这一阶段也正是新加坡推行全球化战略，经济高速增长的时期，新加坡安溪人经营着大部分工商企业，事业成功，相对富有，使得他们能以慷慨大度的姿态对待祖籍地。通过修缮祖屋、修路、造桥，建立医院与学校，海外安溪人有力促进安溪经济的发展，改变了贫穷落后的状况。

新加坡安溪人为什么会觉得有义务帮助家乡的建设和发展？诚如访谈中那位柯姓老者所言，“清水祖师敲打着安溪人的良心”，这种将海外华人与祖乡连接在一起的“道义经济”的建立，与他们对祖乡的态度、理解和认同息息相关，这是由他们的集体记忆清水祖师和他们的道德责任感所塑造的。正是这些观念引领他们重返原乡，并帮助故乡的建设和发展。这些身上流着中国人血液

---

① 柯群英著：《重建祖乡：新加坡华人在中国》。
②《安溪华侨志》(1994)，第四章“华侨的贡献”。

的安溪人，秉持闽南人刻苦耐劳、冒险犯难的传统精神，在新加坡，乃至东南亚地区，世界各地，辛勤地经营与奋斗，热心服务社会，荣获新加坡总统公共服务星章B.B.M、公共服务奖章P.B.M等不计其数，其成就令人感到骄傲。

第 3 章
秋水长源映溪山

2017 年 8 月到新加坡调查时，有幸遇到一位银丝苍苍但精神矍铄的老者，话匣子刚一打开，他那口熟悉的安溪腔，和蔼亲切，谈到兴起时，老者还会忘我地用家乡话吟唱古韵文，真情流露，神采飞扬。这位老者不是别人，正是新加坡安溪会馆名誉主席、独自经营新加坡五金行业隆成老字号数十年的柯长源。柯长源的中国名字叫柯镇安，在安溪蓬莱，乡亲们说起柯镇安对家乡几十年的帮助，莫不肃然起敬。

从“开店门扫地”的学徒做起

今年（2020）已 83 岁高龄的柯长源是已故新加坡著名乡贤柯秋水的四子，他深受父亲的影响，勤奋经营隆成号，事业有成，在父亲辞世后接力他的慈善事业，行善足迹遍布家乡安溪和新加坡各处，受惠者众多。柯长源自诩是个“拿锄头的粗人”，移民新加坡后，他从学徒做起，每天一早都会准时到店里开店门扫地，1959 年接手隆成号至今，柯长源苦干拼搏，将父亲柯秋水一手创立的基业发扬光大。如今本该清闲度日、颐养天年，然而，秉承父亲乐善好施、慷慨解囊的精神，柯长源依然关心家乡及各地的慈善事业，只要力所能及，总是鼎力支持。

柯秋水 1907 年出生于安溪县崇善里蓬莱乡的魁头村，父亲叫柯大胜，母亲叫陈省，柯家世代务农，由于家里耕地少，土地又贫瘠，加上时局动荡，纵使辛勤耕耘，一家人的生活还是十分困苦。柯秋水五六岁时，父亲决定和乡亲一起出外谋生，谁知这一去却从此与家人失去联系。陈省强忍着失去丈夫的悲痛，一手将两个儿子柯秋水及弟弟柯章何拉扯大。1930 年，为给自己找条生路，柯秋水辞别母亲和妻子刘玉，与几位乡亲历尽千辛万苦来到新加坡。船一靠岸，到了码头，等了好几个小时，终于有一位乡亲来接他们。在大坡豆腐街的“苦力间”（苦力住的宿舍）安顿下来后，柯秋水开始了挨家挨户收购旧货的生涯。尽管以汗水、体力和耐力只能赚取微薄的收入，然而乐天知命的柯秋水却从不叫苦叫累，因为每天有收入，和以前在家乡的生活比起来好多了。

1933 年，柯秋水和来自魁斗乡奇观村的陈创、宗亲柯登山合股创立隆成号，经营旧货生意，几年后，陈创因利润微薄退股，柯登山因要回老家定居而把股权交由儿子柯隆美打理，这样，隆成号的业务就由柯秋水与柯隆美一起经营。勤奋刻苦的柯秋水、柯隆美继续埋头苦干，隆成号终于赚到钱了。1934 年，柯秋水把在家乡的妻子刘玉接到了新加坡，母亲则因年事已高，不习惯他乡的生活，依然与弟弟柯章何留在安溪。进入上世纪 30 年代末期，柯秋水开始和新加坡的旧军备买卖商做生意，一直到 50 年代朝鲜战争爆发后才停止，为隆成号带来了不少收入。50 年代，战后新加坡市区的重建，加上乡村地区也大规模发展起来，对于柴油机及配件的需求大增。柯秋水看准商机，将生意由旧货买卖转向柴油机配件采购、供应。1951 年，隆成号开始代理日本产的五金机械零件，1975 年，隆成号注册为隆成（1975）私人有限公司后，增加代理美国产的机械轴承和日本产的柴油机业务。

1935 年，英殖民政府突然颁布一项法令，规定所有旧五金店买卖时都要开出按顺序号的收货单和发货单，还必须注明向谁购买，卖给谁。政府此举是要借机向旧五金商征税。消息一传开来，许多旧五金商为之发愁：当时的旧五金店都是家庭作坊式的商店，大多没有设账簿。由于利润不高，加上很多旧五金商都不识字，又请不起记账员，一时求助无门。当时的中华总商会五金业仅有柯进来的协隆记加入，加上入会费用高昂，普通的旧五金商根本难以应付，又无法请托中华总商会前往交涉。危急之时，柯进来、柯贤树、柯秋水、张三品等五金商发起组织了新加坡五金公会。五金公会于 1935 年 12 月 1 日成立后，立即与政府交涉，终于获得政府准许暂缓执行此前颁布的法令，一直到自治邦政府 1959 年成立后才规定必须设立连续号码的账簿以备查。五金公会这个壮举，在当时来说犹如及时雨，挽救了许多旧五金商的生计。

五金公会成立后，柯秋水的隆成号就加入公会，其本人在五金公会服务 34 年，一直到 1977 年去世为止，可谓把一生中将近一半的岁月奉献给五金公会。五金公会筹建会所，柯秋水捐资数额列所有捐款者第二。提起过去的新加坡五金公会，现在的新加坡五金机械公会，后人怎会忘记发起人之一的柯秋水先贤，为这个社团付出的汗水与努力？其长子柯丰庆担任五金公会要职多年，四子柯长源也在 1978 年开始加入五金公会，一直勤勉服务至今。

在柯秋水五金事业开始渐入佳境后，柯秋水被南洋柯氏宗亲推举为南洋柯氏公会发起人之一，柯氏公会 1954 年成立后，柯秋水担任正财政的职位长达 23 年，所捐款额为所有宗亲最多者。加入新加坡安溪会馆后，先后担任副财政、互助部主任、常务委员、永久常务委员等要职 20 年，1959 年前后为会馆建设安溪大厦捐资 6500 元新币，又想方设法募集大量资金，化解会馆新大厦面临的财务危机。1950 年，经宗祖叔柯进来引荐，加入怡和轩和中华总商会，积极参与社团活动，成为新加坡华人商界的精英。

新加坡早期乡村地区的很多华文学校都是安溪人创办或支持的，大家出钱出力，使学校能持续发展，造福莘莘学子。上世纪50年代初，柯秋水即成为新加坡崇文学校的董事，和其他董事等一起出钱出力。除长期资助崇文学校，他也是南钟学校、培明学校的长期资助人。陈六使创办新加坡第一所华文大学南洋大学[①]时，柯进来是建筑主任，经柯进来引荐，柯秋水也成为南洋大学会员，之后陆续给南洋大学捐款。

1968年，柯秋水将在隆成号所占的一半股份分给了五个儿子，长子丰庆、次子镇国、三子镇业、五子国金各有自己的事业，只有四子长源（镇安）专注隆成号的业务，后来四位兄弟的股份都转到他的名下。在柯秋水的苦心经营下，隆成号终于成为新加坡五金业的佼佼者，也为柯家孩子各自创业提供了稳固的基础，因此，隆成号可说是柯家日后家族兴旺，柯氏父子回馈社会的源头活水。

一辈子为家乡做好事

将近50年的光景，和当时许多成功的华侨一样，柯秋水虽然身在新加坡，却始终心系故里。和其他华侨不同的是，自从弟弟在他“过番”后的两年和母亲在抗战时期过世后，除却妻子刘玉的娘家，柯秋水在家乡可谓没有什么亲人了。然而，这并没有削弱他对家乡的热爱和对远房亲人的关怀。柯秋水对家乡的爱，最初体现在他对远房亲人进行经济资助，经常寄侨汇帮助他们渡过

---

① 这是迄今为止在中国大陆、台湾和港澳以外地区曾经存在过的唯一一所华文大学，校址在裕廊西云南园，今新加坡南洋理工大学校址。

难关。1947年，柯秋水捐资帮助魁头村第七次编修柯氏族谱，这次编修将海外各地的柯氏子孙后裔补录进来，成为魁头族人追本溯源的一份珍贵史料。

过去，只要一下雨，魁头通往彭墟的那条小溪就会淹水，路人过往十分危险。柯秋水牵挂于心，四处联络，1951年，由隆安记的柯贤树、隆成号的柯隆美、柯秋水捐资建设的蓬莱第一座水泥桥——彭墟桥正式动工，1953年竣工通车，极大方便了乡亲出行。

上世纪50年代，蓬莱镇的行政区域并不算小，人口将近6万人，但镇上却没有一家医院，有人得病了，得到20公里外的县城就医。1956年，蓬莱籍侨亲柯进来、林拱河、柯秋水、柯隆美、陈日定等五位乡贤联合发起，又发动刘发钳、柯文琴、唐道依、林梧桐等侨亲，捐资124400元港币，创办蓬莱华侨医院（现蓬莱卫生院）。蓬莱华侨医院的建设，让蓬莱镇的乡民能够就近得到医疗照顾。1973年，柯贤树、柯秋水、李月、唐道依、刘吉、林庄等，又捐资建成医院职工宿舍，改善医院条件。

柯秋水之后，柯长源坚守父业数十年，推动隆成号成功转型为隆成（1975）私人有限公司，并成为自己独家经营的公司（1996），随着儿子女儿的加入，公司开始进入第三代经营时代。帮助照看公司业务之余，柯长源想得最多、做得最多的，是饮水思源，继往开来，重拾父亲曾经走过的路，更加积极地投身于慈善公益事业。自1974年起，柯长源（在中国的名字叫柯镇安）就每年汇款回乡，资助魁头村穷困乡亲，由最初的19户到现在的52户，从不间断。上世纪90年代以来，每年为60岁以上老人发放敬老金。1989年，与柯隆美、柯中秋、柯其香、柯宝国等筹集资金150万元，设立“蓬莱魁头柯氏老人度岁基金”，二十多年来受惠老人超过600人。

在父亲的影响下，柯长源的家乡观念极强，他并非柯家嫡传（出生地参内乡，原姓黄，是柯秋水养子），但对柯氏宗亲爱护有加，对柯氏的先祖，也非常崇仰。1989 年，柯隆美、柯中秋、柯长源带头捐资重建魁头柯氏祖宇，海内外宗亲纷纷响应。1990 年，倡议重建曾祖父母、祖父母和父母三代故居霞寮堂，得到兄弟姐妹的支持，落成后，每次返梓，他必到霞寮堂上香祭拜，追思缅怀祖辈特别是父母的养育之恩。1994 年回乡主持魁头柯氏第八次修谱，1997 年完谱祝丁。2002 年，柯长源参与捐资重建魁头顶厅祖宇，2006 年，又捐资参与魁头大、长、中厅祖宇及美厅祖宇重建，这些祖宇分别竣工后，美轮美奂，金碧辉煌。

上世纪 50 年代初，柯秋水和乡亲们曾合力建设蓬莱华侨医院，柯长源在父亲去世后，继续资助医院门诊综合楼建设及购置康复理疗器械。1989 年，与柯隆美、柯万钟捐资加固彭墟桥，2010 年捐资帮蓬莱镇建设彭墟新桥。1978 年至 1987 年，在征得安溪进来学校（现安溪第十五小学）校主柯进来的同意后，不辞辛劳，捐资并发动侨亲捐款，翻建学校西楼 16 间教室。2010 年，柯长源与兄长丰庆、镇业、侄儿启发捐资建设进来学校“秋水楼”，2014 年，柯长源成立进来学校“柯秋水教育基金会”并不断充实基金。

进来学校的 16 间教室完成后，柯长源又知悉安溪八中需要增建新的教学楼，从此开始在安溪八中长达数十年的奉献之举。1981 年柯长源与宗亲柯隆美商议后，率先捐建新教学楼“美安楼”20 间教室。在他的影响下，新加坡柯氏宗亲掀起回乡捐资办学的热潮，先后建起安溪八中敬业楼、敬诚楼。1995 年，柯长源发动侨亲共同出资助建思源楼，寄寓“饮水思源”之意。1996 年，又发动侨亲出资助建育贤楼。1997 年，捐资设立安溪八中“柯秋水奖教奖学金”。2009 年起更名为“柯秋水教育基金会”。

1998 年，捐资助建毓秀楼及厨房。2006 年，出资倡建 400 米标准运动场。2008 年，与妻子陈丽云捐资重建美安楼，同年又出资捐建新教学楼。2010 年，捐建学校校标，并命名为“不屈不挠”，亲自撰写《校标铭》。2012 年，与兄长柯镇业、侄儿柯启发，共同捐建秋水广场……物质社会，做好事难，做一辈子好事更难，更为难能可贵的是，柯氏父子并非大商人、暴发户，他们的每一分钱都是劳心劳力得来的，但对于慈善事业却是一掷千金，其无私奉献精神天地留芳。

以赤子之心追随祖师的脚步

战前新加坡汤申路上段有几个旧乡村，如海南山、红毛丹格、九条桥等，大多是安溪人开发与聚居的村落。上世纪四十年代末，安溪乡人林春生移民时，随带清水祖师的香火于此间供奉，初创时庙宇简陋寒碜。1954 年，林本种、刘发超、林拱河、柯秋水等热心先辈发起重建，得到安溪人的响应，大家出钱出力，一年后蓬莱寺竣工。柯秋水回忆，1954 年重建时，他曾多次陪父亲到工地了解工程进展，期间父亲都会与他说起当初出门时，在家乡清水岩向清水祖师许下的心愿。蓬莱寺落成后，柯秋水经常携柯家老小到蓬莱寺进香，捐献香火钱，感谢清水祖师保佑柯家平安。

1930 年，年轻又彷徨无助的柯秋水正为是否要“过番”而烦恼时，马上想到去清水岩给清水祖师上香，祈求祖师以灵签明示。经清水祖师的灵签指示，柯秋水毅然决定下南洋，而此后的生活确实改善了很多，也渐渐富裕起来。因此他心存感激，并发愿只要清水岩有需要，一定竭尽全力去奉献，以报答祖师当年指点迷津的恩泽。1975 年，年久失修的清水岩因为木制结构开始出现虫蛀，亟须进行整修。柯秋水听说后，非常着急，不顾已近七十高龄，四处奔走倡议，带头出资。他联合侨亲李月等一起出资，将中殿的地板由原来的木板改建为水泥板，四根木柱换成石柱，改建中殿的过水间，还将三殿的木地板铺设成水泥地板，从此解决岩宇结构上的安全问题。

1985 年，新加坡蓬莱寺因城市发展而搬迁，柯长源秉承父志，热心参与其中，并陆续捐助不少款项。2017 年我到新加坡调查时，年事已高的柯长源亲自开车引路，带我们到蓬莱寺参观，彼时蓬莱寺正在进行新一轮整修，在大殿内描金画凤的是当地马来人。在寺边临时搭起的帐篷里吃午饭、喝午茶，说起蓬莱寺的历史和发展，老人如数家珍，神采飞扬。在新加坡，维持一间庙宇生存非常不易，各种费用非常庞大，因此多年来，他延续父亲的习惯，坚持每月定期到蓬莱寺上香，捐香油钱，并就庙宇整修、地契租约续期、庆诞仪式组织等，与诸位理事交流探讨。不计较个人得失的柯长源一心为公，深得蓬莱寺理事和信众敬仰。蓬莱寺能屹立新加坡近 70 年，为安溪邑人提供一个慰藉心灵和凝聚乡谊的场所，柯秋水等发起先贤和柯长源等后辈乡贤功不可没。

而对于家乡清水岩，柯长源和父亲一样，同样倾注深情，无私付出。1981 年，在与宗亲柯宝国一起捐资重修第三殿的同时，柯长源又出资重修清水岩的清代比丘墓。1984 年回乡，到清水岩上香的途中，柯长源发现近 3 公里长的山路只有一个破败的亭子可以避雨时，他马上和马来西亚林遵笑乡亲商议，决定捐资重建半岭亭，1986 年半岭亭重修落成，整饬一新。2013 年，又捐资参与弘法广场清水祖师坐像建设。

在访谈、调查和阅读资料的过程中，我深深为柯秋水、柯长源父子的种种善举所感动，他们出身贫寒、奋斗拼搏的故事，他们薪火相传、接力慈善的事迹，与陈嘉庚等先贤的经历何其相似，都是华侨爱国爱乡伟大情操的展现。这也是我身为安邑后人，忠实记录侨贤柯秋水、柯长源父子一生德行的原因。[①]

古人在评论人生的价值时，常以“三不朽”为准则。所谓三不朽，即立德、立功、立言，立德即建立自己的品德，立功即付出自己的力量来贡献社会，但在立功之前要先立德，因为没有良好品德，建立的功业只会祸害社会。立言即以亲身经历印证这个做人的道理后，以笔墨写下心得，让后人借鉴。从这个意义上说，柯秋水、柯长源乡贤一生所付出的志业，当可为立德和立功的典范。

柯氏父子带着简朴的梦想，从清水祖师修行的地方出发，梅花经霜，钢骨历劫，最后又像那股滋润万物的清泉，溯回原乡，绽放芳香，福泽乡里。与其说是清水祖师敲打着安溪人的良心，不如说安溪人在清水祖师精神的感召下，以赤子初心，追随清水祖师的脚步，推己及人，至情至义，将行善大爱的精神播撒人间。

① 相关素材来源：《新加坡安溪会馆金禧纪念特刊》（1922—1972）、《新加坡安溪会馆钻禧纪念特刊》（1922—1982）和《秋水长铭》（胡建弟著，水木作坊出版社，2017）。

第4章

大马“安溪军团”

马来西亚国土被南中国海分隔成加里曼丹岛北部（东马）和马来半岛（西马）两部分。全国有13个州和3个联邦直辖区，国土面积33万平方公里，2019年人口3260万人，其中以福建人、广东人、海南人为主的华裔人口占22.8%，约743万人，是马来西亚的第二大族裔。

马来半岛的开发得益于闽南人

马来西亚（马来半岛）曾为英殖民地，英殖民地统治下的马来西亚（马来半岛）和新加坡的华侨史是一个整体。曾经同是英殖民地的沙捞越和沙巴后来也成为马来西亚的一部分（东马）。新加坡后来虽然脱离马来西亚，但籍贯一样的两国华人仍密切相关。在马来西亚，闽籍华侨少于粤籍，居第二位，但若以讲闽南话的人群来计，则闽南籍在马来西亚和新加坡，始终占首位，1921年为32.3%，1931年为31.6%，1947年为31.6%。[①]《福建省志·华侨志》载，1957年，占华人人口比例为40.59%的闽南人，是马

① 吴凤斌主编：《东南亚华侨通史》，福建人民出版社，1994年。

来西亚华人最大的地缘群体。此后，占比有所下降，至上世纪 80 年代，闽南人在马来西亚各大地区所占华人人口比例分别为：马来半岛 36.47%，沙捞越 13.9%，沙巴 16%。[①]

马六甲州是马来西亚 13 个联邦州之一，位于马来半岛西边，与森美兰州和柔佛州毗连。唐代开始，马六甲海峡成为东西方交通孔道，明代郑和率领船队七下西洋，其中五次驻节马六甲，将中国丝绸、茶叶、瓷器等产品和先进的生产技术带到这里，使马六甲成为繁荣一时的贸易中心。因地理位置优越，马六甲州是闽南人最早进入马来半岛的地区，也是马来半岛经济最早发达的地区。1673 年，漳州籍华人甲必丹[②]郑芳阳和李君常在这里创建奉祀观音的青云亭，同时作为甲必丹的办公场所，这也是华人以信仰为纽带在马来半岛成立的地缘性社团的早期雏形。17 至 19 世纪的十名马六甲甲必丹全部为闽南籍，并且大部分是漳泉商人。后来有部分漳泉商人移居新加坡，因而马六甲和新加坡两地的华人社会曾经共有同一批领袖。19 世纪的马六甲和新加坡华人，福建籍不仅人数压倒其他各籍，而且财富也是最雄厚的，而此间的福建籍乃是以“操厦门语音系的漳州府、泉州府和永春府的福建人为代表”。[③]

马来半岛资源的开发和新加坡转口贸易港的形成，得益于闽南人的努力。19 世纪下半叶马来半岛锡矿业的发展，与闽商的进取有莫大关系。该世纪的最后 25 年，马来亚的锡矿业差不多为闽南人所垄断，而“实物贷款制即华侨锡矿业的主要经营资金的

---

① 福建省地方志编纂委员会编：《福建省志·华侨志》，福建人民出版社，1992 年。

② 华人甲必丹或简称甲必丹（荷兰语音译，本意为首领），是葡萄牙和荷兰在其殖民地印度尼西亚、马来西亚所推行的侨领制度，即任命前来经商、谋生或定居的华侨领袖，以协助殖民政府处理侨民事务。

③（新加坡）林孝胜著：《新加坡华社与华商》，新加坡亚洲研究学会，1995 年。

最终来源，是海峡殖民地的货款头家”。“通常的做法是将商品、信贷和销售互相捆绑在一起。采矿者所需的商品（食品和制造品）被作为货款预付给矿上，以后生产出来的锡运给商人作为偿还。”①另一方面，大批作为契约华工的闽南人闻风而至，成为马来半岛锡矿场的劳力，出现锡矿业与移民人数互证的局面。

马来半岛另一重要产品橡胶，同样得益于闽南人的作用。橡胶不是东南亚的原产，闽南人参与了该地区最初橡胶的试种。来自山区的安溪人到达马来亚后，利用当地大量的山地资源，开垦橡胶园，经营橡胶业，获利甚丰。光绪三十年（1904），长坑乡的官光厚南渡马来亚，先当矿工，继而垦殖橡胶园，在雪兰莪州拥有1000多亩的橡胶园。进入上世纪70年代以后，安溪人经营的橡胶业又有较大发展，祖籍城厢镇中标村的温成利出生于马来西亚，在雪兰莪州经营的橡胶园达1万多亩，并开办橡胶厂及福利橡胶制品、星马联合橡胶等100多家公司企业。蓬莱镇人郑永远在柔佛州居銮种植橡胶和油棕4500亩，刘治国、白成根等人经营多家橡胶公司。蓬莱镇人林梧桐购置经营棕园2800英亩，可可园1200英亩，并开办棕油厂。虎邱镇人林木荣担任董事主席的甘文丁企业有限公司，收购了马化集团拥有的13万多亩橡胶园和数家橡胶厂、棕油厂。

安溪移民与清水祖师

清嘉庆年间，安溪开始有人前往马来亚沙巴州纳闽谋生，鸦片战争以后至辛亥革命期间，安溪移民马来半岛的人数更多。咸丰三年（1853），崇善里彭格乡（今蓬莱镇彭格村）农民陈圣，与

---

① 林远辉、张应龙著：《新加坡马来西亚华侨史》，广东高等教育出版社，1991年。

在坊里虞都乡（今凤城镇吾都村）陈羡兰策划反清，响应太平天国运动，率领农民攻入县城。后遭清军围剿，起义失败，陈圣即与参加者及亲属数百人逃亡马来西亚、新加坡、印尼等地。马来西亚槟城有一座蛇庙，该庙在光绪六年（1880）重修的碑文记载，蛇庙兴建已有数十年历史，所奉清水祖师，是安溪人从清水岩分灵至槟城的。

民国时期，国内军阀混战，安溪民军兴起，战祸连绵不断，乡人为避战乱，纷纷逃往国外谋生。民国十一年（1922），民军叶定国率兵经过龙门榜头村时，遭到白姓乡亲的阻抗，叶定国放火烧毁榜头白姓乡亲的房子，开枪打死白姓乡民，致使许多白姓乡亲流离失所，不得已逃往马来西亚、印尼各地谋生。依仁里莲兜美乡（今官桥镇莲兜美村）林昔、妻子黄春、儿子林文良，新康里仙境寨乡（今虎邱镇仙景村）林角夫妻及儿子林旦，也都是在民国初期举家南渡马来亚谋生的。

20 世纪三四十年代，安溪土匪猖獗，在此期间下南洋的乡民为数众多。民国二十二年（1933），新康里仙境寨乡（今虎邱镇仙景村）林文枝被土匪绑票并遭受毒打，赎出治愈伤后，只好离别妻儿南渡马来亚。民国二十三年（1934），新康里卓源乡（今虎邱镇竹园村）周连枝年仅十四岁，其父母眼看匪患猖獗，难保性命，遂举家十口移居马来亚。同年，崇善里大墘乡（今蓬莱镇联中村）的林景聪年仅 12 岁，为避匪乱挥泪告别父母随乡亲到马来亚谋生。

早期安溪人出洋不外乎贩洋经商（如经销茶叶）、灾荒兵祸驱使、寻求经济出路、躲避政治迫害、逃避抓丁派款几种原因。当国外资源开发对劳动力有了迫切需求时，安溪人也同其他县份的福建人一样，以契约华工的身份出国。[①] 1852 年 2 月，美国轮船运载华工从厦门往旧金山，航程中，华工暴动，打死船长、水手，控制船只，返航到琉球登陆。后来，美英军舰追捕，华工死亡 147 人，其中安溪籍有 7 人。这是殖民者对契约华工犯下的滔天罪行。当然，本地区地狭人稠，谋生困难，是与上述诸因素交织在一起的出国动因。在安溪人出国的历史脉络中，有高峰也有低谷，最大的移民潮自鸦片战争以后的大约一百年持续不断，这与此间的历史背景密切相关。

安溪人移居马来西亚，分布在 13 个州和 3 个直辖区，均设有安溪会馆，而以雪兰莪、柔佛、马六甲、沙巴、槟城、吡叻等 6 个州为多，其中尤以雪兰莪州为最多，比较集中居住在马来西亚首都吉隆坡。1981 年，雪隆安溪会馆发动各州安溪会馆，筹建马来西亚安溪会馆联合会（安溪总会），1986 年获当局批准成立。安溪总会有 16 个属会，会员 1 万多人。1987 年召开第一届理事会，首任会长林梧桐。马来西亚安溪总会与雪隆安溪会馆合为一处办公。[②] 各州安溪会馆，除雪隆安溪会馆在商业大厦内、政府不允许外，马六甲州、吡叻州、柔佛州均在会馆内设置清水祖师佛龛。余者州属会员，都是去会馆外的清水祖师庙朝拜。此外，马来西亚的安溪人还成立许多家族宗亲会组织，以地域姓氏的身

① 历史上自备旅费出洋或由亲友牵引出洋的自由华工虽有不少，但绝大多数的华工出洋是借垫或赊欠旅费同时签订劳动若干年的合同作为报偿，这就是契约华工。契约华工制产生于 17 世纪荷、英等西方殖民者东来后对中国劳动力的掠夺。契约华工以到东南亚地区的人数最多，时间也最长。闽南地处沿海，因此成为契约华工主要来源地之一。当地族谱对此也有相关记载。《安溪科洋黄松柏、黄金土家谱》载：“诗睨，字基视，生咸丰辛亥年（1851），被卖猪仔去外洋，卒在外，有去无回。”

② 雪兰莪安溪会馆原购置吉隆坡吉灵街 58 号全座为馆所，1976 年林梧桐继任主席后，新购置吉隆坡安邦路 167 号 6 层店楼马华大厦为新会所，1980 年迁入大厦办公，原馆所出售充作会馆经费。

份参加宗亲联谊活动，如：安溪洋内阳山叶氏家族会、安溪芸美仙景李氏家族会、安溪蓬莱林氏家族会、安溪蓬莱刘氏宗亲会等。

在雪兰莪州、吉隆坡居住的安溪人，早年开矿、经商的居多。移居柔佛州的安溪人早年则以橡胶、油棕种植居多。槟城州早称槟榔屿，是安溪人较早移居的州，1919 年就成立安溪会馆。在马六甲州的安溪人，多数来自蓬莱、湖头、龙门、金谷、尚卿、长坑等地。在沙巴州的安溪人，主要集中居住在纳闽及斗亚兰。厦门码头旧有“纳闽槟榔与仰光”三个地名连在一起称呼的口头语，可见厦门与三地早有船只来往。早在 1800 年以前，就有安溪人到纳闽的煤炭山当劳工，足见 18 世纪时，邑人已自菲律宾南下纳闽，至 20 世纪初已有同乡三四千人，并成立有会馆组织。纳闽一带的祖师庙，本就不少，如碧南堂等。斗亚兰是十九世纪末由安溪人赵德茅、赵德王兄弟率安溪金谷乡亲及当地人披荆斩棘开发出来的。“斗亚兰”为闽南话“到也难”的谐音，由于居民以安溪金谷移民为主，有数万人，故斗亚兰又被称为“小金谷”，该地至今仍有以赵德王命名的一条街。还有一座 1962 年才新建起来的腾南堂，供奉的是广泽尊王和清水祖师，既联系侨亲感情，互济互助，又信奉家乡主神，提醒不忘故祖。

闽商“安溪军团”

前文谈到，19 世纪下半叶马来半岛锡矿业的发展，与闽商的进取有莫大关系。这些闽商中有为数不少的安溪人。道光年间，有不少安溪人到雪兰莪州开发锡矿，蓬莱魁美人刘祖禁虽不是矿工大军第一人，但却是开垦立业、声誉卓著第一人。由于当时没有机械，刘祖禁采用人工挖地窖或挖人工湖方式取矿，并置帆船将矿品运往印尼、新加坡等地。如是经营数十载后，刘祖禁的矿场规模由小到大，工人从几十人发展到几千人。事业有成后，刘祖禁往返家乡几十次，捐资修建魁美义渡，修桥造路，独捐清水祖师春巡绕境的金饰辇轿，光绪间又捐资将清水岩寺全座油漆一新。

从事矿业经营的还有蓬莱人刘治国、长坑人官光厚等。刘治国1908年往马来亚谋生，在马来亚加入同盟会，负责加影支部工作，积极捐募资金，支持辛亥革命。民国十一年（1922），回乡捐资创办蓬莱魁美学校，兴建新校舍，并负责全部办学经费。民国二十四年（1935），安溪发生特大洪灾，刘治国极力筹资，赈济家乡灾民。抗战期间，响应“南侨筹赈总会”的号召，组织雪兰莪筹赈会，筹款支持祖国抗战。官光厚1904年南渡马来亚，孙中山在东南亚宣传民主革命时，官光厚加入同盟会，并捐赠巨款支持革命，章太炎曾手书“见义勇为”横匾相赠。民国十四年（1925）王祝三南渡募款建剑斗东山桥，光厚出资支持，并倡议在家乡创办中学，带头捐献四万元，又募捐十多万元，于民国二十六年（1937）在长坑创办安溪第一所中学崇德中学。翌年，又捐资在家乡创办崇阿小学。为长远计，官光厚还在厦门鹭江道担水巷，购置三层楼房13幢计39间，作为崇德中学永久校产，提取租金作为学校经费。黄炎培嘉其义举，以“天助自助者，彼长我长之”的对联相赠。

民国时期，祖籍安溪蓬莱的陈陞祺先后开办永丰矿业、陞祺实业、隆嘉惠云石、福利成等多家公司，并创办云石（大理石）工厂和雪兰莪彭森矿务公司，主营矿业。陈陞祺的祖父为清代侨居马来亚的矿工，后成为矿主，是大马锡矿开拓者之一。父亲陈文晟继承父业经营采矿业，经过数十年奋斗，拥有17个矿场，还经营沙泵矿场，开采大理石，是马来西亚有名的矿业家。虎邱镇仙景村人林木荣，1941年随父亲林金实往马来亚谋生，先是经营小杂货店，后到怡保和万锡矿场当职员。1962 年起经营锡矿，迅速发展，1968 年与儿子林天杰合力创办林木荣父子有限公司、荣昌实业有限公司等数十家企业，均自任董事主席，主营锡矿、石油、建筑、地产、进出口贸易、投资、酒店等，是马来西亚著名的矿业家、实业家。林天杰出生于吉隆坡，美国旧金山州立大学毕业后回国从商，曾成功收购马来西亚最大执政党马华创办的马化 28.9% 的股权，成为该集团的控股者，创造了一个“蛇吞大象”的商战传奇，令马来西亚工商界震惊。1989 年 9 月林天杰接手集团后，进行一系列改革，使马化拥有 61 家公司、资产达 140 亿美元，一跃成为马来西亚第二大财团。

矿业之外，安溪人在马来西亚建筑业、五金业、木材业、旅游业、食品业和茶业等行业，也颇有作为，屡创传奇。马来西亚安溪总会秘书长许福来告诉我，目前由大马安溪籍人创办的企业，在马来西亚当地上市的就有四十多家，形成令人瞩目的闽商“安溪军团”现象。

蓬莱人林北斗创办的林北斗建筑公司，承建政府早期许多庞大工程，如皇家空军基地、吉灵丹新皇宫等。沈忠源创办的沈地明建筑公司，专门承建巨大的高压电缆工程，成为电缆工程承包巨商。林梧桐经营的建发建筑工程公司，在吉隆坡承建公路、矿井、地下水道、水坝、铁矿、大桥、水电站等，均获得成功，后成立建发实业有限公司，为马来西亚最大的建筑公司之一。值得海内外安溪人骄傲的是，20 世纪 60 年代开始，林梧桐还在彭亨州和雪兰莪州之间的乌鲁加里山，启动建设此后闻名世界的旅游胜地——云顶高原。经过数十年辛勤经营，云顶高原已成为拥有客房数最多的世界第一大酒店和世界第一大广场，世界最大的综合性高原度假娱乐城。在开发云顶的过程中，林梧桐还在乌鲁加里山半山腰仿照家乡清水岩的规制，建成一座清水祖师庙，并专程从家乡蓬莱“请”回一尊清水祖师神像，供奉在庙的大殿。如今，云顶清水祖师庙已成为云顶一个热门旅游点。林梧桐之后，次子林国泰将家族业务拓展到海外，其经营的丽星邮轮是亚太地区唯一的邮轮公司，全球第三大邮轮公司，航线遍及全球。2002年，林梧桐将云顶有限公司及名胜世界有限公司总裁兼执行长的职位交给林国泰，他说：“我很乐意让国泰这个能干、深谋远虑、具有自己风格的企业家，继续把我一生的事业发扬光大，我相信他会证明自己是我出色的接班人。”2003 年 12 月，林国泰再次接任林梧桐的职位，担任云顶集团董事主席、总裁兼首席执行员，并任名胜世界有限公司董事主席、总裁兼首席执行员。

2017 年 9 月到马来西亚采访时，我曾专程到祖籍官桥镇新春村的林木生、林福山父子家中拜访，并参观其位于云顶高原山麓的房地产项目“云顶翠苑”。林木生是第二代侨胞，1931 年出生于马来西亚双溪威，先后创办林木生建筑控股、林木生建筑机构、林木生实业、新华发展等数家公司，均任董事主席。上世纪 80 年代，儿子林福山从英国威尔斯大学毕业后回国，跟随父亲林木生开始从商生涯。1992 年，父子俩将众多家族企业重组为林木生集团，并正式进入地产行业，推进住宅工业化在马来西亚的发展，经过三十多年的努力，林木生集团已成为马来西亚地产大亨。林福山热心宗亲社团事业，担任马来西亚安溪会馆联合会（安溪总会）现任会长后，他以公司名义，捐资赞助历届全球闽南语演唱比赛、马来西亚青少年冬令营等安溪会馆活动，与父亲一道捐建家乡道路、祖祠、学校等。同时，致力于马中商贸合作，1993 年在广东珠海投资建成珠海国际赛车场，成为中国首个永久性赛车用地。中国提出推进“一带一路”倡议后，林木生集团积极响应，升级改造赛车场，使之成为马来西亚推动“一带一路”倡议战略实施的一个范本和在中国的一个展示窗口。

五金业是安溪人经营人数较多的行业，开始大都是规模较小的旧五金和小五金店，以后逐渐扩大成新五金和大五金公司。官桥镇莲美村人林生枝，少年时往马来西亚与父亲团聚，经营五金业，先后创办安裕五金、安裕贸易、安信钢铁等公司，形成以钢铁业、五金业、建材业为主，其他行业共同发展的新格局，其中钢铁公司是马来西亚十大钢铁公司之一。企业重组后，成立家族控股的安裕机构集团有限公司，集团旗下的“安裕资源”于1996年在吉隆坡股票交易所上市。林生枝从1976年起开始担任雪隆安溪会馆福利主任、副主席、署理主席、主席职务，后又任马来西亚安溪会馆联合会（安溪总会）第二任会长（首任林梧桐）。在他精心组织下，1999年11月，第四届世界安溪乡亲联谊大会在马来西亚云顶高原成功举办，时任马来西亚副首相巴达威出席并主持开幕式。林生枝开朗乐观，乡情浓厚，对家乡学校、道路、医院等公益乐捐无数，到其家中拜访时，他执意留我们吃饭，席间频频举杯献歌，闽南语小情歌《一支小雨伞》《牵手做阵行》唱得深情动人，完全不像一位八十多岁的老者！

陈金火祖籍尚卿乡中山村，是吉隆坡安溪籍巨商陈唱的儿子，与胞弟陈月火继承父业并发扬光大。1940年至1948年，陈金火、陈月火一起创办陈唱有限公司，十几年专供马来亚联邦军团、国防部及警察野战部队粮食，又成为全国军警医院的粮食承包商。1957年，陈金火与其弟创立陈唱父子汽车有限公司，率先将日本汽车带入马来西亚和新加坡市场，开创马来西亚汽车市场及工艺的新纪元。陈金火对家乡怀有深厚感情，改革开放以来，他多次回乡探亲，捐资支持尚卿中山小学、幼儿园建设，创设“陈金火教育基金”，捐建尚卿乡侨联。1998年底，陈金火获悉安溪县准备在城郊美法村创办一所中学后，捐资兴建两幢教学楼和一幢综合楼。为表彰他捐资办学，安溪县政府将这所学校命名为“金火中学”。金火中学建成后，陈金火一直关注其发展，2014 年，又捐建金火中学陈唱教学楼。2015 年安溪县根据教育发展需要，在县城又筹建一所高级中学，年过九旬的陈金火又决定捐资兴建校舍，并回乡参加奠基仪式，如今这所金火高级中学已建成投入使用。

马中友谊使者

在马来西亚“安溪军团”中，还有一位显得特别：他情系马中关系，默默耕耘，发起成立马来西亚中国人民友好协会，亲任秘书长，牵线搭桥，举办一系列致力于深化马中友谊的文化经济合作交流活动，促进马中关系的发展，受到两国领导人的高度赞誉，江泽民、胡锦涛、习近平等中国国家领导人先后接见他，这个人就是陈凯希。陈凯希祖籍安溪金谷镇洋中村，1937 年出生于马来西亚柔佛州居銮，幼年随父母奔波逃难，抗战胜利后，父亲遭英殖民当局拘捕并驱逐出境，母亲只好随夫带着七个子女回到中国，留下陈凯希姐弟三人在海外。为了生存，年仅 12 岁的陈凯希只好一边当学徒、做杂工，一边在姐姐的帮助下完成学业。陈凯希从商后，起先出任英丰行经理。1974 年中马建交后，马来西亚掀起一股中国热，中国商品大受欢迎，陈凯希即和友人创办专销中国商品的海鸥公司，专营北京同仁堂乌鸡白凤丸等中成药、绍兴花雕酒和福建乌龙茶等中国特产，在中国创办多家合资企业，获得巨大成功。1993 年 6 月，海鸥进军直销行业，仅两年时间，就登上大马十大直销排行榜，1996 年 10 月，海鸥挂牌上市，成为吉隆坡股市第一家中药酒保健品公司。目前，海鸥集团已拥有 20 多家子公司、10 多家连营商号、60 多个门市店，业务扩展到新加坡、泰国、中国大陆及香港、台湾等地，中国商品占 85%

以上。

吉隆坡唯一一个茶城"星光大马茶城"，即是由海鸥集团开发经营的，虽然规模不大，却是"海外唯一"。亦是在这里，我偶遇到茶城的缔造者，陈凯希的儿子、海鸥集团执行董事经理陈景岗。因从小在华文学校念书，陈景岗的普通话十分流利，因此读完中学后他没有选择留学欧美，而是在1995年考取了北京大学，攻读国际经济专业。大学期间，陈景岗利用假期，跑遍中国所有茶叶主产区，对中国各大茶类有很深的认知。大学毕业回到马来西亚后，陈景岗开始帮助父亲打理海鸥集团，超过200个的中国中成药、药酒、饮料酒和茶叶品牌齐聚海鸥，集团的营收基本保持两位数增长。2016年2月，陈景岗从陈凯希手中接过权力之棒，出任海鸥集团执行董事经理，这位商业巨子，除了在马来西亚享誉广泛，更蜚声国际茶界，他一手缔造了普洱茶"大马仓"，使马来西亚一跃成为云南普洱茶仅次于香港的第二大海外市场。交谈中，陈景岗对未来充满信心："一方面发挥资金优势，继续囤积中国优质名酒和名茶，完善'大马仓'的增值效应；另一方面，要对接'一带一路'的战略，极力推广中国文化，实现以商养文，以文促商。"

陈凯希经商不忘公益，几十年来不间断义捐教育、慈善、文化团体等。2017年10月，陈凯希带着家族成员回到安溪金谷祖地，本人捐资100万元，其弟陈浩天捐资50万元，用于建设东溪中学郁亭图书馆。1992年马中友协成立后，陈凯希热情接待中国歌舞团、民族艺术团、相声团、杂技团等中国文化团体出访演出。1993年，陈凯希随时任马来西亚首相马哈蒂尔访华，与中马友协签订一项合作谅解备忘录，促进了中马关系的发展。在海鸥公司一个安静的角落，悬挂着一块"嘉庚精神"的牌匾，这是马来西亚中华总商会授予陈凯希的。谈到这个荣誉时，陈景岗颇为父亲感到自豪：“我父亲一生中获得荣誉无数，‘嘉庚精神’是他最聊以安慰的。作为一名华人企业家，他对中国传统文化的传承发扬，不是空洞地说‘我爱国’，而是实干，是流淌在血液里的。”

安溪人出自穷乡僻壤，地贫人瘦，却天性乐观，智圆行方，无论迁徙到哪，都能融入当地，随遇而安，勤奋打拼，创造奇迹，为居住国的发展进步做出卓越贡献。更为可贵的是，他们虽人行千里，远隔重洋，始终不泯生命祖根“华”的印记，牢记家乡就在安溪，热心捐资，造福桑梓。今天，这一束华夏之光，已绽放在东南亚浩瀚的大花园，照射在21世纪海上新丝路上。

第5章

槟城蛇庙和云顶清水岩

马来西亚13个州的安溪会馆、公会，都奉清水祖师。一般在会馆的楼宇顶层设置精致神龛，便于乡亲参加会馆活动时祭拜，如马六甲安溪会馆蓬莱殿、柔佛州居銮安溪公会蓬莱殿、安顺吡叻安溪会馆蓬莱殿等。南天宫（吉隆坡安邦）、龙山庙（斗亚兰，1979年）、碧南堂（亚比市）、腾南堂（沙巴州，1964年）、大普公坛祖师庙（槟城）等，则是单独建在安溪人密集居住的社区。在会馆的组织下，这些祖师庙（殿）分别选出年度“正炉主”，通过在祖师神尊前掷茭杯方式决定，实行一年一轮换，具体负责祖师诞辰庆典和日常祭拜等庙宇内部事务。

本文重点介绍槟城蛇庙和云顶高原清水岩。

蛇庙祖师以伏蛇闻名

蛇庙的匾额为“青云岩”，位于马来西亚最具文艺范、有“印度洋绿宝石”“东方硅谷”之称的槟城，是槟城十大名胜之一，距离槟城国际机场只有3公里。

一般认为，青云岩始建于清道光三十年（1850），正殿供奉分炉于安溪清水岩的清水祖师，左右殿和后殿分别奉祀天上圣母、关圣帝君、福德正神。神奇的是，该庙建成后，经常有大批青蛇来到庙中，白天静卧不动，任人膜拜，到了夜晚，才抛开斯文的姿态，狼吞虎咽，把神龛前的供品一扫而空。据说一条蛇每天最多可吞食 70 个鸡蛋。而在清水祖师诞辰日，正月初六日前后的七天中，蛇的数量会突然增多，这些生长于热带的蛇往往具有较强的毒性，但不知何故却驯良地蜷伏在庙中，长者一米多，小者如蚯蚓，盘伏于神龛、香案、烛台、花瓶、梁柱上，状极恐怖，惧蛇如我者看得心惊肉跳，但其却从不伤人。

当地信众认为这是清水祖师法力所致，以致信众越来越多，因人们习惯将蛇尊为青龙，故该庙又称为青龙庙，俗称蛇庙。传说此庙十分灵验，普通人、僧人、求医者一旦为它们提供庇护，谁就会得到蛇神的报答。因此，每年不但有很多华人，当地马来人、印度人等也经常在青蛇出动的时节，到蛇庙参观，祭拜清水祖师。庙里用马来语和汉语书写的警告牌，提醒信众和游客不要忘记蛇性，不要随意触摸，以免发生意外，不过庙宇兴建至今，从没发生人被蛇咬伤的事件。遗憾的是，受该地区城市化进程加快等因素的影响，蛇庙蛇的数量也在不断地减少。

庄慧泉在《安溪居民向外移殖经过》① 中说，“蛇庙供奉的即我安邑清水岩的清水祖师，祖师以伏蛇、开井、求雨、祛邪，名闻遐迩。槟城之蛇庙，即于一百年前，由我安邑乡人，自清水岩分灵至槟城立庙供奉。1880 年重修之碑记云：该庙是时已建立数十年，则距今已百多年。足见是时邑人已到槟城。”根据蛇庙这方重修碑记，始建时间尚不够准确，可能更早。至于由何人将清水祖师“分引”自槟城，当地有两种说法：一说是，一位安溪陈姓华侨移居槟城时，从家乡清水岩随带香火而来的；另一说是，一

①《新加坡安溪会馆金禧纪念特刊》（1922—1972）。

名中国和尚带了一尊清水祖师的圣像来到槟城，当时槟城人民正遭受疾病的困扰，而这名和尚以清水祖师的圣名行医，医好了许多人，于是他的美名不胫而走，传遍了槟城，于是建庙将清水祖师奉祀其中。又说，蛇庙清水祖师是宋末抗元英雄陈昭应的法号，晚年隐居福建安溪为僧，1109 年卒于清水岩，乡人立庙祀之。这种说法时间矛盾，与史实有较大出入。

古代越族分布地域广泛，人口甚多，支系繁杂，所崇拜的图腾丰富多彩，其中闽越和台湾远古居民主要崇拜蛇图腾。《说文》云："闽，东南越，蛇种。"《太平御览》卷一百七十《江南道上・福州》亦云："闽州，越地，即古东瓯，今建州亦其地，皆蛇种。"可见，闽越崇拜蛇图腾，奉蛇为祖先，认为自己是蛇的后裔。考古发现也证实闽越族以蛇作为图腾崇拜。槟城蛇庙是否也是当地崇蛇观念的一种表现？祖师驯服蛇，庙宇又以供品向蛇进奉，其暗示耐人寻味。至于青蛇大规模集结在庙中，又不伤人，当地人和信徒们都说蛇被佛祖感化，其实是蛇被香火长期熏陶，变得迟滞，只能靠供食为生，完全丧失了野外生存的能力，从生物学角度来看，这是一种退化现象。

早在一百多年前，安溪人就南来马来西亚拓荒。当时，许多安溪人散居在北马各地，1919 年，为联络乡谊及为乡亲谋福利，来自槟城、怡保、打巴、太平等地的安溪乡亲发起组织，并在先贤们的组织下，成立槟城安溪会馆。槟城安溪会馆是马来西亚成立时间最早、规模和影响最大的安溪同乡联谊社团之一，2019 年举行一百周年庆典大会，世界各地的安溪会馆均组团到会祝贺，祖地安溪县政府也专门派出庆贺团。中国驻槟城总领事鲁世巍、槟城首席部长曹观友等当地政要应邀参加大会，并先后致辞，高度评价安溪人为槟城从英殖民地到马来西亚重要海港城市所作的突出贡献。槟城安溪会馆几经变迁，成立之初在槟城南华医院街

82 号，1964 年购置海墘新路 212 号新建大厦为会所，1965 年迁入办公，因邻楼倒塌殃及会所，后又筹资购置中路 201 号楼房为新会所至今。现任会馆主席拿督廖正兴。

东南亚高原避暑胜地

在马来西亚，云顶指的是云顶高原，而云顶高原又并非地理学上专指的高原山区地势，而是特指著名的旅游胜地云顶度假村，这里拥有世界上最大的酒店、主题公园和举世闻名的博彩娱乐业（马来西亚唯一的合法赌场）。云顶高原位于马来西亚彭亨州和雪兰莪州交界，海拔 1800 米的乌鲁加里山上，由安溪人林梧桐历经千辛万苦创建。

很多人来到云顶，通常都会直奔山顶的博彩和游乐场，有“小试一手”的想法，而实际上，在云顶的半山腰，还有一座典型的中国风格的寺庙，同样值得去逛一逛，当你腻烦了娱乐场所里的声色犬马，这座寺庙便是清心静气的好去处。这座寺庙就是云顶清水岩，供奉林梧桐的家乡安溪蓬莱清水祖师，也是由林梧桐亲自设计，施工时亲自监督，最后还亲自从安溪带回一尊清水祖师的神像，安装在庙的大殿。林梧桐是云顶高原的创始人，他被大家誉为马来西亚的“世界赌王”，你可以在云顶清水岩看见林梧桐的等身铜像，以及他发愿建设这座寺庙的相关介绍。

在雪兰莪安溪会馆青年秘书林资源的带领下，我们从吉隆坡市区出发，大约一个小时的车程就来到云顶。丹斯里林国泰出差，委托一位副总裁接待我们，带领我们参观林梧桐纪念馆和云顶酒店、第一大酒店，还有购物商场、电影院和云星剧场等。云顶素有“南方蒙地卡罗”之誉，不仅是马来西亚最大、最著名的娱乐中心，更是东南亚最大的高原避暑地。这里有获得吉尼斯世界纪录的“世界最大的酒店”，酒店总共有一万多间客房，假如每天住一个房间，也要十年才能住完全部房间。还有超过数百家零售商店和餐厅，有多到令人眼花缭乱的娱乐设施。马来西亚的大型颁奖活动及本地或国外明星的演唱会，大部分都是在云星剧场举行。

云顶年温度不高于 25℃，并且很少会低于 14℃，四季如春，对终年皆夏的马来西亚而言，确是一处避暑胜地。林梧桐当年（1963）在金马崙承建高原水力发电水坝工程时一个夜晚的突发奇想，就是建造一处高原度假胜地。[①] 如今在云顶，白天，游湖览胜、漫步山林，或打球、或骑马、或游泳，领略自然风光；夜晚，去有朝气活力的酒吧、的士高，或是前往云星剧院观赏国际表演、比赛或歌星演唱会。人们唯一感叹的，就是在云顶的时光总是转瞬即逝，而云顶上的欢乐却令人昼思夜想，难以忘怀。我们到达时，浓雾尚未完全散去，站在酒店最高处透过窗户往外看，整个云顶高原，云雾缭绕，如入仙境，若隐若现，云顶这个名字再准确不过了。相信林梧桐一定是最先站在云顶山峰上，享受这种云海仙境美妙感觉的第一个人。

云顶度假区由林梧桐 1963 年一个晚上的妙想而来，至 1964 年选址于乌鲁加里山，并于 1964 年、1970 年先后获得彭亨州和雪兰莪州共 14800 亩地。从 1965 年开始施工，历经四年时间完成从云顶森芭山脚到乌鲁加里山顶的公路。直至云顶高原首家高原酒店 1971 年正式成立。从创始人最初看到的一个市场需求点，到云顶现在这样一个世界级、综合性旅游度假胜地，其中汇聚了多少的人力、物力、财力？

---

① 林梧桐著：《我的自传》，2004 年。

祖师显灵指引云顶开发

在崇山峻岭施工建设云顶，不仅难度高，危险性也大。林梧桐在其《我的自传》中详细回忆自己在开发云顶时，遇到的六次差点丧命的意外事件，而每次都能逢凶化吉，梦想终于成真，“我要感谢清水祖师的庇护，让我平安地把云顶发展起来”。关于乌苏加里半山腰清水祖师庙的由来，《我的自传》中也作了详细交代，满足许多人的好奇心，“一方面是依照发展蓝图为云顶高原增添一个旅游景点；另一方面也是为了了结心愿，实现我早年在开发云顶时所许下的一个诺言”。1966 年，当云顶公路建到如今清水祖师庙庙址的某个晚上，林梧桐在一个山洞里过夜，酣睡中梦见清水祖师对他说，这座大山你尽管去发展，以后会前途无量。醒来后，林梧桐对开发云顶的信心更足，当时暗许诺言，如果发展云顶的计划能够成功，一定要在那个地点建庙供奉清水祖师，以表达对祖师显灵指引的谢意。

诚如清水祖师的预言，云顶发展顺利，很快建成并迅速成为一个世界级的旅游胜地。而林梧桐为了实现自己当初许下的诺言，即拨出一块 28 英亩的土地，并捐出 100 万马币，开始兴建清水祖师庙。第一阶段建庙工程始于 1976 年，历时三年完成，1979 年举行清水祖师进殿仪式剪彩。第二阶段扩建工程，包括增建一座九层高的万佛塔、一座雄伟的佛像及壁雕等，于 1988 年动工，1993 年竣工。前后历时 18 年，耗资超过 1000 万马币的清水祖师庙终于告竣，并于 1994 年 3 月 29 日邀请马来西亚交通部长林良实为祖师庙主持开幕仪式，出席观礼的有马来西亚各界贤达、工商俊彦，盛况空前。

林梧桐不仅是个敏锐的商人，亦是个崇高的慈善家。多年来，他通过自己的公司，慷慨解囊，为家乡的文化教育和马来西亚的慈善事业做出了巨大贡献，其中包括在安溪建设梧桐中学、梧桐体育馆和在云顶祖师庙建设一所福利中心。为了纪念他的善举，这所福利中心已命名为林梧桐堂。林梧桐在福建安溪蓬莱出生，1937 年 20 岁时离开家乡，到马来西亚追求梦想寻找财富，之后在马来西亚落地生根，但他从来未忘记简朴的同乡及幼时即结缘的清水祖师。云顶的地势，龙盘虎踞，气势磅礴，四周浓密的原始热带雨林环抱，气候清凉，这和安溪清水岩非常相似。筹建云顶祖师庙时，林梧桐集合许多安溪同乡，组织清水岩建庙社，[①] 同时，他身兼策划师、设计师、建筑师、承包商和督工的工作，硬是在悬崖峭壁上建起一座巍峨峻拔、蔚为大观的清水祖师庙，吸引全世界各地，尤其是马来西亚、新加坡、印尼、泰国及中国的信众慕名远道而来膜拜。

云顶祖师庙主殿供奉的清水祖师，坐南朝北。林梧桐当年亲赴安溪蓬莱，恭迎祖师分炉供奉其上。清水祖师神座后方是一块天然的大岩石，岩缝中圣泉潺潺而流，称为“龙泉水”。祖师庙的主要进口旁，有一座九层高的万佛塔，内设有一万盏平安灯，供各方善信祈求平安。祖师殿之上是天坛广场，广场有如来殿和祖师殿相连。在广场可仰望高立的如来佛像和观世音菩萨像，还可欣赏到表现中国民间传说故事主题，如八仙下棋、十八罗汉、西游记等惟妙惟肖的石雕景致。每年正月初六清水祖师诞辰日期间，云顶祖师庙都会举办一系列民间民俗活动，以弘扬清水祖师的慈善精神，及马来西亚丰富多彩的中华文化。

云顶祖师庙堪称工程杰作，其宁静的环境和清新的空气，使游人香客心旷神怡，流连忘返。在云顶清水祖师庙逗留，触目所

① 云顶清水祖师庙属 1966 年按照社团法令组成的非营利机构“清水岩建庙社”所有。第一期工程耗资超过 125 万马币，除林梧桐慨捐庙址 28 英亩并同时捐献马币 100 万之外，清水岩建庙社全体理事亦四处奔波募捐。

见皆是“安溪”“蓬莱”“清水祖师”等熟悉的字眼，感到非常亲切。虔诚地为清水祖师奉上一炷香，再回想起天坛广场林梧桐等身雕像后镌刻的那句话：“上天赋我们思考、说话和行动的能力，只要好好运用这些能力，有甚么不能成功”，心中一下子充满了力量。

林国泰在《文化遗产清水岩庙》中写道：“家父建造云顶高原胜地时，他的目标并不只是制造游乐园的欢乐和刺激，还包括了要捕捉山岭的脉搏和神韵。他的愿景是与时俱进，热切追求时新，但依旧把根牢牢地扎在传统里。”这山的脉搏和神韵，就蕴藏在身边这座表现华人文化传统与生活方式的庙宇中，它真正是一个值得所有华族自豪的文化遗产。

第 6 章

伊江漫传故园声

上世纪 30 年代，安溪县金谷镇东溪村曾诞生过闽南第一个也是唯一一个苏维埃政权——安（溪）南（安）永（春）德（化）苏维埃政府。在安南永德苏维埃政府旧址（几间平房）的对面斜坡下，矗立着一座建筑面积达 400 平方米的西式建筑，在四周的闽南民居围拥下显得有些格格不入。楼阁坐西南朝东北，楼基立于池塘之上，池塘中砌立八根石柱托起池亭。楼顶镌刻着“逸楼”两个白底红字，由晚清进士曾振仲题写，仿佛告诉外人楼宇主人不平凡的身世。这就是《延安颂》词作者莫耶的故居，莫耶出生后到投身革命之前一直生活在这栋楼里。

莫耶的祖父，也就是“逸楼”的主人叫陈纲尚，字盛杉，号纪南，是一位旅缅华侨。19 世纪后期，陈纲尚跟随安溪人的移民步伐来到缅甸。在缅期间，拥有一手好手艺的陈纲尚从事土木建筑业，他勤劳肯干，聪明机智，几年下来，颇有积蓄。1899 年仰光庆福宫重修时，其负责工程施工，因技艺精湛，颇受闽侨嘉许。陈纲尚娶缅女马尔树为妻，生下四个儿子。1907 年，因时局变化，挣了大钱的陈纲尚带着一家子回国返乡定居，在东溪修祖祠玉溪堂，筑逸楼，办学堂，兴公益，捐纳功名“清廷诰受三品衔武义都尉”。陈纲尚的次子陈铮即莫耶的父亲，曾创立闽南民军武装，叱咤风云，追随过孙中山，救过蒋介石，成为一名乱世英雄。从小生活在殷实富足之家的莫耶，也没有按照父亲设定的道路走下去，而是冲破封建家庭的束缚，在抗战爆发后，毅然奔赴延安，在革命的熔炉中成长为一位“真正的战士”。1938 年，由莫耶作词、郑律成作曲的《延安颂》传遍大江南北，成为一曲激发抗日爱国热情的战歌，至今传唱不衰。

在逸楼参观时，我更感兴趣的是，当年陈纲尚参与重修的庆福宫，是否依然保存？这座宫庙建筑为什么兴建？与缅甸华侨之间，又发生哪些故事？据说陈纲尚当年在缅甸时，曾买下别人堆放在海边的一堆杉木，不曾想，地面上的杉木运完了地下还有，而且越挖越多。原来是杉木因堆放时间久了，大部分陷入淤泥，而买卖双方都不知情，陈纲尚因此发了大财。有人说，陈纲尚字“盛杉”，命中注定要发这笔“杉财”。早年移民缅甸的安溪人大多从事何种职业？陈纲尚因杉木发财的传闻靠谱吗？

缅甸移民以闽粤两省为多

缅甸西南临安达曼海，西北与印度和孟加拉国为邻，东南接泰国与老挝，东北靠中国，是一个以农业为主的国家，从事农业的人口超过 60%，农产品有稻米、小麦、棉花、甘蔗等。2005 年，缅甸政府将首都从最大城市仰光迁至内比都。

元朝时，缅甸成为中国的藩属国（即向中国进贡的外国）。清朝前期曾多次派兵出征缅甸。双方议和后，缅甸派使节朝贡清朝，表示臣服中国。1824 年起，觊觎已久的英国开始发动侵缅战争，期间，清政府提出交涉。1885 年 12 月英军派兵攻占缅甸首府曼德勒，俘虏缅甸国王锡袍及王后，宣布将上缅甸并入英属印度，完成它对整个缅甸的吞并。英国吞并缅甸后，1886 年 7 月中英双方在北京签订《缅甸条款》，清政府承认英国在缅甸的特权，英国则同意缅甸每届十年“循例”向中国“呈进方物”。清政府虽然达到了使英国“勿阻朝贡”的谈判要求，但实际上清朝与缅甸的宗藩关系已不复存在。

缅甸与中国毗邻，两国共同边界2171公里，自古以来，两国人民就组成商队，进行物物交换的商贸活动。曾经因为国界不明确，云南与八莫间的陆上贸易，导致了“山地中国人”季节性地移居缅甸。13世纪以后，有很多滇商到缅甸开采玉石，并移居缅甸。明清以后，因为中缅“宗藩”关系和贸易往来，中国人移民缅甸达到高峰。早期移民，以云南为多，19世纪英人占领沿海地区后，中国移民多来自海道，或由泰国、新加坡、马来西亚转来，以闽粤两省为多。据民国三十六年（1947）侨务委员会统计，为36万人，实际当不止此数。地区之分布，50%在仰光伊洛瓦底江三角洲地区，15%在顿逊地区，9%在中部。他们的职业，经商者约居半数，其他为木工、皮匠、铁匠等手工业，并有少数种植稻谷、蔬菜等，故缅甸各城市均有华侨商店。在顿逊地区以开矿者为多。如以省籍统计，滇籍侨胞多经营土木业与宝石业，闽籍侨胞多经营米业、出入口及土产，粤侨多经营木业、酒楼等，在各行各业中，几乎无一不有我侨之事业。①目前，缅甸拥有华人约110万人，为东南亚华人最多的国家，以闽南人为主的闽籍华侨、华人约占40%，大多居住在仰光及沿海地区。安溪人林坚于道光年间到缅甸，并在仰光开设“协振号”商行。②

最早移殖缅甸的安溪人，据庄为玑在安溪蓬莱的族谱调查，

---

① 林泗水：《中缅关系与交通简史》，载于《旅缅安溪会馆四十二周年纪念特刊》（1962）。

② 郑炳山主编：《在缅甸的泉州乡亲》，中国广播电视出版社，2002年。

应是清光绪年间（1876）的刘添伟，“生咸丰丙辰年，卒民国庚申年。往仰光，经营获资财，归梓数次，依例捐纳功名，兼请父母诰封。置田业建住屋，凡修桥造路，无不捐题”。其后，刘祖拔，“生咸丰庚申年，往仰光坡（1880）任重大之经营，谋宏远之规模，不数年获巨资，建置良田，高筑大厦，至于修桥造路，重修祖宇兴义学，情形是和刘添伟一样的”。柯孝珪，“十五岁（1889）出洋，先到仰光。出国原因是清朝废止科举制度，无法求名，只好求利。他的姐姐都在仰光做米粉的生意，牵引他过洋”。据此，庄为玑分析，“安溪华侨在辛亥革命以前出国的，有政治原因，如科举制度废止，求名转而求利；经济原因，如家庭经济困难，自佣或牵引去做华工或小贩的；社会原因，是亲牵亲，邻牵邻，互相帮助而出洋”。①

旅缅安溪乡贤陈锺清则认为，白天注是最早到缅甸的邑侨，他比蓬莱刘添伟要早二十多年。陈锺清在《旅缅安溪会馆四十二周年纪念特刊》中撰文说：“白天注系依仁里榜头乡坑内人，他的长媳林庆娘尚健在，于1961年已活92岁了。据她说，老公公（白天注）于20多岁时到缅甸来，56岁逝世。若到现在已130岁了。依照年龄推算，他是在1832年（道光十二年）出生。”到缅甸后，白天注与缅女结婚，生有六子，六子都先后遣回家乡结婚，并在家乡建造房屋。白天注住在雅赛羌，“当年可能没有安溪人住在仰光，白天注同乡寻觅人事关系，而到雅赛羌落户定居”，“后来榜头白姓同乡到缅甸来，多数集于雅赛羌、宫漂、亚塘一带，经营工商业，有些人比白天注同乡全盛时期，更为发达”。②

庄为玑和陈锺清的研究表明，从清道光年间起，安溪人开始

①《缅甸安溪华侨历史研究》，载于《旅缅安溪会馆四十二周年纪念特刊》（1962）。

②《旅缅安溪会馆四十二周年纪念特刊》（1962）。

陆续移居缅甸，移民原因既有政治方面的，也有经济方面的，移民方式则以亲属、同乡的牵引帮助为主。莫耶的祖父陈纲尚到缅甸发杉财，娶缅女，返乡修祖屋、筑逸楼，捐功名、办公益的故事，正是刘添伟、刘祖拔、白天注等安溪人的翻版。至 20 世纪 60 年代，安溪人移居缅甸已达数万人，大多散居在仰光伊洛瓦底江近海三角洲地带的铁路交通线上，如勃生、秉实洛、雅赛羌、兴宝培、勃固、宋砌、宋割、良礼蓖、毛淡棉等地，从事米粟业、土产等。异国他乡，旅缅安溪先贤互相提携，抱团发展，于 1920 年商议成立会馆组织，其历史比新加坡会馆还要早三年，值得由衷敬佩。

侨社增辉清水善邻

缅甸闽侨同乡团体以泉州五邑（晋江、安溪、惠安、同安、南安）同乡会成立最早，创建于光绪三十年（1904）。后来永春和德化籍的同乡也要求加入，乃改称温陵会馆。战后该会馆逐渐停止活动。20 世纪最初 20 年，泉州各县纷纷脱离温陵会馆，创立以县邑为组织单位并自置会所的同乡会，其中以安溪籍为最先。安溪会馆创办于 1920 年，1923 年建成会所安溪大厦。1919 年冬，仰光安溪乡贤汇聚于黄华庆的致益号，酝酿成立同乡组织。安溪乡亲经过商议，决定以筹建清水祖师庙的名义，向当地政府申请立案，获批后先筑馆舍，并推举黄华庆、施明德、林金瓯等 18 位同乡为创办发起人。首次认捐，即得到陈得胜等 30 多位同乡响应，并发函缅属各地同乡，号召捐输。1920 年 2 月，成立旅缅安溪会馆筹委会，致益号为临时办事处，推选陈良粮等 18 位同乡为仰光募捐董事，刘文性等 18 位同乡为勃生募捐董事，分头筹款，最终募集 6 万余盾缅币，开始在仰光市南勃陶街 54 号开工建设会馆大厦。

安溪会馆为五层楼房，1920年冬奠基，1923年秋竣工，并举行落成典礼，为当时旅缅县邑最雄伟的会所。会馆庆典期间，专门聘请国内京剧名班到仰光演出，连续十多天娱宾，南勃陶大街车水马龙，为仰光一时之盛。仰光各地侨团代表、缅甸各埠同乡应邀莅会，赠送“侨社增辉”“敬恭桑梓”“永敦梓谊”“光泽南邦”“造福乡侨”等近百方贺匾，挂满会馆一至五楼墙壁。为纪念这一历史性庆典，执事同乡还在报章征集以“安”“溪”二字为冠首的楹联，邀请江左名儒管振民先生评选，时缅甸华人名流宿学悉数参加，应征作品众多。经组织评定后，取前三名在报纸上公布：第一联“安危桑梓系，溪壑钓游怀”；第二联“安乐勿耽，建树早成游子志；溪山无恙，退休便是养生方”；第三联“安步登楼，让我完成王粲赋；溪头结网，与君同作武陵游”。时隔多年，历史档案散佚，获奖三联作者姓名未详，不免美中不足。

紧挨着安溪会馆大厦的两边四层楼，为致益号黄华庆同乡出资自建，得此衬托，会馆大厦更显雄伟，同时也使会馆顶层的活动面积扩大，建成的清水殿独秀于同排楼宇。站在清水殿外远眺，崇楼伊江（伊洛瓦底江）畔，仰光美妙的异国风光尽收眼底；清水殿内，精雕佛龛，塑奉清水祖师金身，作为会馆及安溪人的守护神，香火不替。佛龛两侧挂满“善邻”“亲仁”等贺匾，佛龛前整齐摆放着供同乡聚会、茶叙的桌椅。

每年正月初六日清水祖师诞辰，安溪会馆都会举行庆诞活动，所有入会同乡相约前来祭拜、联欢，忆及家山处，乡音浓浓，乡情酽酽。每逢会馆举行其他主题的聚会，参加者也必先集体到五楼为祖师上香，后再进行会务事宜。会馆40周年庆典前夕，同乡会以焕新清水殿庙貌为当务之急，对佛龛进行修缮上新。此次修缮，委托同乡名木匠廖双山精心设计，雕花饰锦，金碧辉煌，工程历时一年方告完竣。龛中佛像、香炉、烛台等物，由黄则山、张水法、林金比、林水仙、林振邦、谢挺秀等同乡捐献。

1960年9月，安溪会馆成立庆祝42周年纪念筹备委员会，确定1962年2月10日（阴历正月初六）清水祖师诞辰为庆祝时间，[①] 推举张彩云、刘金梓等17位同乡为委员，分头筹备。同时成立特刊编辑委员会，推聘刘汉宗、李云川、陈锺清等10位同乡为委员，着手进行编撰工作。编委会除登报约稿外，还广泛征集《安溪县志》《泉州府志》和《清水岩志》等乡土资料。经过专人历时两年的资料收集和精心编辑，1963年12月正式刊行的《旅缅安溪会馆四十二周年纪念特刊》，全书447页，17个栏目，凡百万余言，其寻源究本，详尽完备，成为同时代旅外安溪会馆编得最好的一本邑侨资料，被各会馆广泛转载和引述。"发刊主旨，除报告会务设施外，并阐述吾邑之史地文物及各地邑侨概况，仍介绍缅甸之山川"（理事长张彩云），内容丰富，广征赅举，如《邑侨志》《清水岩特辑》《李文贞公特辑》《安溪唐墓研究发掘报告》（庄为玑：1939）《民军风云录》等篇目，可补国内志乘因时局变迁、文献散佚之不足。

以《清水岩特辑》为例。明代以来，清水岩曾多次编纂《清水岩志》，最早的岩志编纂出版于明崇祯六年（1633），由县令许自表，绅士李日煜、李光龙、王正南等捐资雕刻，后因雕版坏，"仅存记与诗"。乾隆七年（1742），县令王植等捐资重修岩志（刻本无存）。乾隆二十六年（1761），僧亦茂等延请县令宋应麟重修岩志（刻本无存）。嘉庆十七年（1812），县令夏以槐再度重修岩志（失佚）。清道光三十年（1850），崇善里举人陈希

① 原为筹办安溪会馆四十周年纪念活动，但因会馆修缮及各项筹备工作未能如期完成，最终举办四十二周年纪念活动，时间为1962年11月25日。

实重修岩志（刻本无存）。光绪十四年（1888），泉郡人杨浚辑录岩志，编成《清水岩志略》（今存）。民国十五年（1926），陈家珍重修《清水岩志》，今存约二万字。1989年，刘坤贞等人整理旧岩志，增补祖师春巡等佛事活动内容，编入《泉州市文物志丛书》出版。一座岩寺，明末至20世纪80年代间，曾先后八次编修志书，从一个侧面说明清水祖师香火的旺盛。目前，国内现存年代较早、收录较全的《清水岩志》是1989年的版本。但与缅甸安溪会馆编录的《清水岩特辑》对照，该版本仍有很多沧海遗珠，留待史家今后进一步研究。因其珍贵无比，所以，即使特刊砖头般厚重，访问安溪会馆时，我还是执意装在行李箱中，带上飞机。

庆福宫与福山寺

由于民间信仰是早期华人精神生活的最主要部分，所以南洋早期的社会组织无一例外都是以寺庙的形式出现。早期闽侨到达缅甸后，同样是以民间聚会的方式，建立寺庙并以此开展宗乡联谊。又“由于海外华人社会缺乏士绅阶级，使商人得以垄断华人社会的领导”，[①] 控制寺庙的领袖大多是事业有成的商人。缅南华侨创建的庙宇中，以丹老的天后宫为最早，接着是仰光的广东观音古庙、勃生的三圣宫与仰光的庆福宫（福建观音亭），号称缅南的四大古庙。这四大古庙分别控制在以籍贯相聚的闽帮、粤帮商人手中。

丹老天后宫由经常航行于南洋各地的华侨船户捐资创建，船户中有粤籍，也有闽籍。如今宫内尚保存一口大钟，铸造时间为

① （澳大利亚）颜清湟著：《新马华人社会史》，中国华侨出版公司，1991年。

道光十七年（1837），如果这是丹老天后宫开光的时间，那么该宫迄今已有180多年的历史了。勃生三圣宫是一座由粤侨创建于咸丰五年（1855）的寺庙，内奉观音菩萨、天后元君与关圣帝，故称为“三圣宫”，与大乘佛教中的“西方三圣”无关。

仰光的广东观音古庙与庆福宫（福建观音亭）相隔一条街，和缅甸安溪会馆同处于拉塔区，这是旅缅粤侨各宗乡社团的最高领导机构，也称广东公司。英国人1852年占领仰光前，广东观音古庙就存在了，其于1831年创建，由仰光粤籍各姓氏会馆派代表组成。李西喜为主要创建人，1872年兼任大家长（1888年擢升为大总理）。广东公司以促进乡亲联谊与团结，管理公司财产，开展福利工作为宗旨，拥有观音古庙、坟场和房产，资金雄厚。其中，观音古庙不仅为仰光粤籍人士烧香拜佛、祭典之场所，也是粤籍人士联谊聚集的地方。1887年该庙重修时，闽侨各商号曾致送金漆雕花木对联一副，至今尚存。联云：“佛原作士，音亦能观，广锡洪恩隆粤峤；广济群生，功参列圣，咸沾渥泽颂闽帮。”1955年12月23日广东观音古庙再次重修庆成，庆福宫为保存古物及先贤手泽，乃将上述木对联，重新上漆箔金，落款改为“福建公司信托部”以贺之。由此可见粤侨与闽侨之间也广有联络。至20世纪90年代，广东观音古庙尚有惠州、高州、广州、肇庆等各馆代表67位。

庆福宫是仰光市内最大、最古老的妈祖庙，属于福建公司业产，也是缅甸仰光福建同乡会会址。许多闽籍老华侨闲暇时都喜欢来庆福宫，依次朝拜天上圣母、保生大帝、协天大帝后，坐在庙堂之中下棋消遣、喝茶聊天，讲故乡事。庆福宫于咸丰十一年（1861）奠基，于同治二年（1863）开光。庆福宫最初亦是由闽侨中的“四方船户”联合创建，时停泊于江岸的闽帮帆船，均踊跃捐助，捐款名单内就有36艘帆船。始建时，庆福宫是一座木构建筑，清光绪二十三年（1897）重建时，改成砖石结构，费时六年整。其后，1920年、1925年、1953年又先后重修过。砖石结构的庆福宫，以福建海澄霞阳社的庵庙为建造样本，雕梁画栋，石刻陶塑，有着很浓厚的闽南特色。值得一提的是，庆福宫的所有建材都是从福建用帆船运来的，没有“四方船户”的助力断然是无法做到的。

庆福宫里有一方镌刻于清同治二年（1863）的创建石碑，碑文附载捐款题名，颇具缅甸华侨史（航运史）研究价值。可惜的是，在碑文中，我没能找到莫耶的祖父陈纲尚的名字。如前文所述，陈纲尚应该是光绪二十三年（1897）重建时参与其间，而这次长达六年的重建，庙里并无镌刻碑文详细记载。1961年，庆福宫创立一百周年时，庆典筹委会在庙里又立了一块碑，由南阳堂代表叶雪樵撰写碑文，依据碑文可知，当年参与筹备百年庆典的福建各宗姓共有陈、李、叶、周、杨等23家，各家均派出代表，印证庆福宫又是缅甸福建同乡会的说法。150多年来，阅尽伊洛瓦底江畔沧桑的庆福宫，早已是仰光唐人街一个文化坐标，这里香火不断，佛音远扬。来此参拜的信众如今不仅有闽裔华人，还有客家裔、粤裔华人，甚至有缅甸当地的土族。庆福宫创建以来，除“亲挚”“攸关”同乡外，还广泛参与仰光公益活动，每年春节都会向当地老人赠送礼物和红包，像庙里观音座前那副楹联所描述的：“庆云景星，况法雨宏施，世界均沾幸福；观天测海，有祥光普照，人民尽待好音。”

福建公司除拥有福建观音亭庆福宫、福建公塚（有多处）等业产外，还在仰光市北郊外高解，置有寺产福山寺。福山寺又称祖师公庵，归庆福宫掌理，创建于同治十三年（1874）腊月，内奉清水祖师。据《旅缅安溪会馆四十二周年纪念特刊》“清水岩特辑”中的《仰光福山寺》一文记载，福山寺始建于清同治十三年甲戌十二月（1875年1月），历史悠久。高解初为农圃，华侨居是地者，多以种植蔬菜为业，首由菜农邱猪母捐献地皮，广约2英亩，杨永兴等乐捐7000余盾，构筑佛殿，开挖放生池，种花培木，渐成旅游胜地。每年农历正月初六日清水祖师诞辰，闽粤善男信女诣庙进香，祈灵卜愿，顶礼酬恩，络绎相续，其盛况仅次于仰光市内庆福宫观音佛诞。

高解福山寺归庆福宫福建公司信托部经营，战时略有损毁，于1954年12月重修。1959年11月起，福建公司又将寺内旷地规划为花园，鼓励闽侨题名捐建。仰光闽侨纷纷响应，捐钱在福山寺四周圈以围墙，内部增建亭台等，使楼阁拱峙，花木缤纷，“虽无灵山泉石烟霞之幽邃，颇具祖师庄严圣洁之典型”，“而祖师之神灵，亦将泽被遐方，光昭百世矣”。新编《清水岩志》（2011）记载，中国佛教协会会长赵朴初到缅甸，参观福山寺，曾题写“百福相藏严，千山钟神秀”的楹联，可惜的是，探访时我遍寻不到这副题字了。在福山寺调查时，我还看到，作为庙产之一的广场，已建成对外开放的固定戏台和室内篮球场，一群刚刚放学的学生正在这里打篮球，增建亭、台、楼、阁和花园的福山寺，已由福建人的私庙拓展为所有高解民众的公共活动空间。而寺里的清水祖师、观音菩萨（后增奉），过去是闽侨生存发展的精神信仰、福建社团团结奋斗的凝聚力所在，现在已成为他们与祖居国联系的纽带及中华文化传播的重要途径。

在缅安溪人的事业

据1987年侨情普查统计，祖籍安溪的缅甸华侨、华人总数有49511人，主要来自城厢、蓬莱、官桥、龙门等乡镇。移居缅甸的安溪人，开始多数居住在伊洛瓦底江三角洲一带及新旧铁路沿线，少数居住在仰光市，后来居住在仰光市的人逐渐增多，其余分布在勃生、亚独、宫漂、雅赛羌、宋砌、宋刈、勃固等 30 多个地区。[①]

从清朝咸丰年间到民国时期，安溪人来缅甸经营米谷加工（粮食业）、茶叶的为多，也有不少从事木工、泥水工等。华侨称“木工、打铁工与泥水工”为三行，在仰光开埠初期，操此业者多为闽侨，粤侨则矿工、打铁工居多。随着从业队伍的壮大，“三行”后来均成立相关行会组织，行会内有闽侨也有粤侨。缅甸盛产大米，安溪人利用当地特产资源，经营数十家大型米厂，如蓬莱人刘梧桐，民国期间在仰光经营米谷业，规模不断扩大，后与其七弟刘金梓扩建工厂，创建当地一流米厂，获利甚多。官桥人陈文喝，与其叔及乡亲在仰光开办东兴发米厂，后来又创办民生米厂，设备先进，效益显著。城厢人陈良粮，在秉实洛、宋砌各兴办一家规模米厂，由于擅长经营，成为当地富翁。金谷人陈盛耸，在彬文那创办大型米厂和油厂，生意兴隆。

缅甸的茶树是从中国移植来的。大约在明代崩龙族迁移入缅时，同时将云南的茶树移植缅甸。现在南坎瑞丽江流域至南山当边区一带崩龙族分布的地区，是缅甸著名的茶产区，茶商多为当地华侨。缅甸人喜爱喝茶，在英治时期，英人运入大批印度、锡兰茶叶、茶粉，使得缅甸茶叶无法发展。缅甸独立后，大力扩植茶树，如今市场上销售的已多是缅产茶叶了。

祖乡产茶并且嗜茶成习的闽侨、粤侨移民缅甸后，将家乡产的乌龙茶也带到了缅甸。擅长营销的安溪人甚至做起了茶叶买卖，虽然在缅甸经营茶叶的不多，但经营规模却不小。大坪人张彩云，1916 年赴缅甸种果，数年后回乡，1924 年重往缅甸时，随带安溪

---

① 陈克振主编：《安溪华侨志》，厦门大学出版社，1994 年。

茶叶数箱，以馈赠亲友，亲友品尝后，誉为珍品，竞相传报，欲购者不少。张彩云遂萌生在仰光经营茶叶的想法。经过考察，他发现仰光各埠茶商无一家与安溪茶乡有直接关系，皆委托代办。乃决定从家乡选办茶叶，随船往来，茶叶运抵仰光后，张彩云亲自往各埠推销，足迹遍及伊江三角洲及缅甸上下各地，经过几年时间，其经营的“白毛猴”等名茶誉满南邦。1931 年在仰光开设茶栈，次年在香港、厦门设分栈，还由其侄张锦团往武夷山购买炉岫岩等 10 多个茶圃，精制武夷岩茶，扩大经营规模。1938 年在仰光五十尺路开设张源美茶行，其子张树根继承家业，后在缅北内贡开办红茶厂。张树根不仅是一位商界名人，为了发展中缅贸易，1952 年，他曾作为缅甸政府贸易代表团的一员来华访问。1956 年，缅甸总理吴努来华访问，他以吴努私人秘书的身份，跟随吴努访问中国，受到毛泽东、周恩来等国家领导人的亲切接见。周恩来总理访问缅甸时，乘坐的是张树根的轿车。张氏父子事业有成后，不忘家乡，捐资兴学，修桥造路，其为增进中缅友谊所做的贡献永载史册。

张彩云、张树根以外，官桥人林腾辉，民国初期在厦门开茶庄运销海外，后到仰光在广东大街开办林辉记茶行。蓬莱人林世英，在仰光开办茶厂经营茶叶生意，并任福建茶行股东经理。

米谷业、茶行之外，今日在缅安溪乡亲已将事业拓展到各行各业。从早期小商小贩，到经商办企业，发展成富商，近年来已经涌现出一大批资金雄厚的企业家和财团。2015 年 9 月 8 日至 11 日，在缅甸安溪会馆承办第九届世界安溪乡亲联谊大会暨庆祝会馆成立 95 周年活动期间，林友金会长带我到副会长林清吉的工厂参观。缅甸华商商会副会长林清吉、林清宝兄弟祖籍安溪官桥，是当地编织袋生产、食用油加工、码头运输业大户。在参观他们一手创办的编织袋厂时，林氏兄弟告诉我，他们的这家企业每小时可生产 20 万个编织袋，在全国同类产品中，占有四分之三的市场份额，产品供不应求。由于经营得当，企业发展势头良好，林氏兄弟干脆把在国外留学的儿子都叫回来，培养成企业接班人。

第 7 章

滇缅路上的安溪人

“滇缅公路”“南侨总会”“南侨机工”是中国近代史册频频闪现的词语，词语的背后，隐藏着一个个壮怀激越、感动人心的故事，故事的不少主人公都是当年旅居东南亚的安溪人。民族大义面前，身处异国他乡的安溪人义无反顾，赴汤蹈火，书写忠贞，书写坚韧，这是海外赤子对祖国母亲的挚爱，是清水祖师大爱人间的篇章延续。此时不由得想起台北淡水祖师庙“落鼻祖师”在法军进犯时大显佛力却敌，护国佑民的故事。

滇缅公路，即中国云南省到缅甸的公路，起于昆明止于缅甸腊戍，全长 1146.1 公里，其中云南段长 959.4 公里，缅甸段 186.7 公里。公路于 1938 年开始修建，经过九个月的奋斗，竣工通车。通车后的滇缅公路与缅甸的中央铁路连接，可直接贯通缅甸原首都仰光港。修建期间，动用民工 15 万人，工程师 200 人，仅次于当时苏联援助公路——中苏公路的规模。滇缅公路原本是第二次世界大战期间，为了抢运中国国民政府在国外购买的和国际援助的战略物资而紧急修建的，随着日军进占越南，滇越铁路中断，滇缅公路竣工不久就成为中国与外部世界联系的唯一运输通道。

从滇缅公路 1938 年 12 月开始通车运输，至 1942 年 5 月日本侵占缅甸的三年半时间里，最繁忙的时候，在滇缅公路上通行的车辆多达3300余辆。运载的物资，主要有钨、锡、锑块、桐油及少量猪鬃等。正是由于这些农矿产品的不断输出，才使美国的援华物资源源不断地经滇缅公路运入中国。据不完全统计，整个抗战期间，滇缅公路进出汽车达1万多辆，共输入战略物资近50万吨，主要包括汽油、枪弹、轮胎、汽车、面粉及医疗器械、珍贵药品等。

滇缅公路沿线的地形地貌和地质条件十分复杂。曾为世界上许多工程专家预言需要三年时间才能完成的工程，中国人仅用九个月时间，就战胜了横断山系的高山大川，这是世界公路史上的奇迹。抗战初期，滇缅公路的抢筑和通车，对于日本军国主义者妄称“三个月内灭亡中国”，是一个有力的回击；对于中国国民是一个巨大的鼓舞；对于中国来说，滇缅公路则成了维系中国和东南亚两大战区的纽带，打破了日军的封锁战略，也为中国抗战的最后胜利奠定了有力的物资基础。因此，滇缅公路被誉为“抗战输血管”“抗战生命线”“西南补给大动脉”，这条中缅各族人民用血肉筑成的公路，成为抗战烽火中的国际通道。

安溪华侨与抗日救国运动

“九一八”事变后，旅居世界各地的华侨陆续建立各种抗日救亡团体，抗战期间全球华侨社团共有3900余个，其中专事抗日工作的就有900余个。而最著名的是1938年10月成立于新加坡的“南洋华侨筹赈祖国难民总会”（简称“南侨总会”），由爱国侨领陈嘉庚担任主席，荷属东印度（今印度尼西亚）侨领庄西言、菲律宾侨领李清泉为副主席。成立大会最后发表宣言，庄严指出：“中国之抗战，实为御侮而战，实为自卫而战，实为维护国家盟约而战，实为保障世界和平而战”，“愿我八百万同胞自今日起，充大精诚，固大团结，宏大力量”，“自励自勉，踊跃慷慨，贡献于国家”。[①]南侨总会成立后，海外华侨开始有了一个合法统一的筹款组织，成员大多数是地方侨领、商人及文教界人士，在南侨总会指导下，新加坡、马来西亚华侨的抗日救国运动更加轰轰烈烈开展起来。

华侨远在海外，从捐款、购债、侨汇等经济上直接捐输，是华侨抗日救国运动的主要形式。抗战期间，海外侨胞的捐献数量之巨，实在难以统计。据不完全统计，从1938年10月南侨总会成立到1941年12月，南洋各地华侨每月平均捐输抗战的款额达国币734万元。抗战期间，海外华侨还捐献飞机217架、汽车500辆、救护车千辆、坦克27辆、大米1万包、寒衣30万件、奎宁丸5000万粒等物资。

清末开始，安溪华侨积极支持辛亥革命。仅缅甸一地，加入同盟会的安溪华侨就有38名。1916年章太炎为革命赴马来西亚筹募军饷，马来西亚安溪人官光厚捐巨款支持，章太炎书赠“见义勇为”横匾。新加坡安溪归侨庄希泉受上海军政府委托，带募饷队赴南洋募捐，募集十万巨款支持辛亥革命。孙中山在海外筹募革命经费时，印尼安溪华侨陈丙丁捐募巨款支持，1915年荣获民国政府颁发爱国徽章一枚，此后继续捐输军饷，1917年又荣获军务院颁发二等共和奖章一枚，1924年获大元帅三等银质奖章一枚。[②]抗战爆发后，海外安溪籍华侨积极参与其中，捐款、筹款支持祖国抗战，陈锦章任新加坡万礼区抗日筹赈分会主任，胡绪哇任淡申区筹赈分会主任，发动侨胞捐资支持抗日。林庆年倡建平社剧团并任社长，领导剧团宣传抗日，在新加坡各地举行抗日

---

① 陈嘉庚著:《南侨回忆录》，新加坡怡和轩，1946年。

② 陈克振主编:《安溪华侨志》，厦门大学出版社，1994年。

义演，筹资支援祖国抗日。刘治国组织马来亚雪兰莪筹赈会，筹资支持抗日。缅甸安溪人刘梧桐任南侨筹赈总会仰光分会委员，发动捐资赠物支援祖国抗日，林金欧响应南侨总会号召，深入缅甸各阶层筹赈，倡议抵制日货……[①]东南亚沦陷后，海外安溪人又与居住国人民一起，开展可歌可泣的抗日救国运动，写下中国近代史上爱国爱乡的感人篇章。历史风沙漫漫，有几位安溪人值得世人铭记。

刘梧桐，安溪崇善里顶刘乡（今蓬莱镇联盟村）案山人，父亲刘汝霖是前清贡生，重视教育，生前创办案山书院。刘梧桐童年就读该书院，18 岁跟随乡亲赴缅甸谋生。抵达缅甸后，刘梧桐先在同乡店中任职，后与他人联合经营杂货店。1916 年筹资自营杂货店，兼营米粟业，不久置办碾米厂。经过多年打拼，刘梧桐成为仰光专营粮食的最大厂家之一，被称为“米王”。事业壮大后，1937 年，刘梧桐与其弟刘金梓返乡创办案山学校，捐资兴建新校舍，并独资支付办学经费，案山学校成为安溪早期创办的侨校之一。

在缅甸，刘梧桐则乐善好施，慷慨捐赠，他支持缅甸安溪会馆创建，热心为旅缅安溪乡亲服务，被推任缅甸安溪会馆第三届副理事长，后任理事长。“七七事变”爆发后，刘梧桐担任南侨总会仰光分会委员，参与筹建的缅甸华侨救灾总会于 1937 年 7 月 23 日成立，他除自己捐资赈济难民外，还以缅甸安溪会馆理事长的身份，积极发动乡亲筹款支援抗日，与祖国共患难。甚至在抗战最艰难的时候，刘梧桐、刘金梓兄弟一起说服安溪华侨，将缅甸安溪会馆大厦变卖，用所得全部购买救国公债，并无偿捐献给祖国。

---

① 陈克振主编：《安溪华侨志》，厦门大学出版社，1994 年。

1941年12月，太平洋战争爆发，马来亚（马来西亚联邦西部土地）多地沦陷。刘梧桐意识到缅甸离沦陷为时不远，他不愿辛苦打拼积累下的财产留给日本侵略者，决定运回祖国支援抗战。在安排好其弟刘金梓留居仰光维护业产事宜后，刘梧桐亲率30辆载满抗战物资的卡车沿滇缅路回国，不料驶至云南惠通桥被日机炸毁21辆卡车，随行的亲人刘祖聪也不幸惨遭炸死。回国后，刘梧桐开办侨生运输行和汽车修配厂，将实业所得用于支援抗战和维持案山学校办学。

1943年，当刘梧桐获悉有一批军火物资从美国运至广东韶关，无法运往抗日前线后，他冒着生命危险，辗转来到广东韶关，用11辆卡车接运从美国运来的卡宾枪和子弹，经江西、浙江、安徽至江苏一路，行程数千里，将枪支弹药运到苏北战区交给抗日军队。

刘梧桐回国期间，嘱咐其弟刘金梓继续支持抗日，刘金梓遵照他的嘱咐，暗中支持缅甸地下抗日军，为抗日军提供军需费用。后来刘金梓被日军抓去，遭受严刑拷打，但他坚贞不屈。释放之后，继续支持缅甸地下抗日军，直至抗战胜利。

1944年，刘梧桐从战时福建省会永安乘坐国民政府专机，到重庆参加庆功大会，接受国民政府奖赏给的36.5万元金币，这是地下军在缅甸活动期间他所提供的费用补偿。1945年抗战胜利后，刘梧桐回到厦门参与创办华侨船业公司，又令其侄刘祖毅到新加坡组建集华船务有限公司，自己又往缅甸组建船务有限公司，均任董事长。

1946年刘梧桐到香港，得知日本占领台湾期间，被征召当“炮灰”的台籍士兵，还有一万多人流落在湛江及海南，而时驻港联合国总署因船只不足无法遣返时，他即代联合国租船运载这些台籍士兵回家。刘梧桐早年在缅甸加入国民党，担任驻缅总支部常务监察，对抗日大计时有献策，战后国民政府要他担任参政员等要职，他力辞不就，只接受侨务委员一职。

一封对祖国的“告白书”

抗战爆发后，中国沿海门户尽被日寇控制，外国货物进入我国内地，只能靠香港和越南地区的两个入口。中国广东和越南相继失守后，香港积存的军需，只能经过仰光由滇缅公路运送回国内。滇缅公路因地处横断山系，地形复杂，地势险要，山路崎岖，必须要有熟练的机工才能胜任运输任务，但当时能驾驶车辆的司机都没有足够的经验。虽然国民政府已经在云南、贵州、广东等地招募 1000 多名机工，但远远不够实际需要。如果此时再去培训新机工，战局恐怕不允许。

中国政府把西南运输办事处移设在新加坡，名为“西南运输公司”，总机构办事处设立在昆明，主要负责人是宋子良。宋子良致电“南侨总会”主席陈嘉庚，希望能够代为招聘熟练运输的机工（司机和修车工），来滇缅公路及西南等省份服务，以解燃眉之急，机工的薪水、膳宿、衣服、医药都由政府供应。

1939 年 2 月 7 日，南侨总会发布公告《南洋华侨筹赈祖国难民总会通告（第六号）——征募汽车修机驶机人员回国服务》，并致函马来亚各属会，希望有专门技能的华侨青年向各处筹赈会或分支各会报名，报效祖国。在陈嘉庚和南侨总会的号召下，3192 名南洋热血青年第一时间响应，毅然抛弃海外安逸舒适的生活，分 15 批回国，奔赴烽火连天的抗日战场，在华侨史上写下气壮山河的篇章，他们就是著名的“南侨机工”。从 1939 年滇缅公路通车到 1942 年 5 月公路被切断为止，通过南洋机工运回的抗战物资近 50 万吨。

1939年2月18日，第一批回国服务的80名机工由安溪龙门人白清泉和傅瑞生率领，从新加坡乘船至越南海防，然后坐火车到昆明。接着，其余各批也陆续回国。[①]东南亚各国回国服务的机工分东西两线回国：吉隆坡以北地区由西线，即从槟榔屿出发经仰光入云南，共6批538人；吉隆坡以南地区的由东线，即从新加坡出发经越南至中国云南，共9批2654人，总计3192人。[②]南侨机工到达昆明后，先接受半年军事训练，然后被分配至各地从事运输等工作，但大部分留在云南，日夜奔跑在滇缅公路上。

1939年5月18日，一批准备出发的南侨机工在槟城集中，出发的队伍中特别引人注目的是两名女队员，其中一位叫白雪娇。白雪娇也是3192名南侨机工中，仅有的4名女性之一。

白雪娇（1914—2014），又名白雪樵，祖籍福建安溪，1914年出生于马来西亚，1936年入读厦门大学中文系，后回到马来西亚槟城当教师。1939年，在国家危难之际，她瞒着父母，应征南洋华侨机工，成为滇缅公路机工队的一员。

白雪娇出发前，写了一封家书，嘱咐同事在她出发后寄给父母。“家是我所恋的，双亲弟妹是我所爱的，但破碎的祖国，更是我所怀念热爱的。所以虽然几次的犹疑踌躇，到底我是怀着悲伤的情绪，含着辛酸的眼泪踏上征途了。”家书最终没有发出，却通过《光华日报》《南洋商报》等，感动了众多南洋华侨。其报效祖国的言行，激励无数青年共赴国难。

“这次去，纯为效劳祖国而去的……虽然我的力简直够不上沧海一粟，可是集天下的水滴汇成大洋。我希望我能在救亡的洪流

① 李永乐：《枪林弹雨路难行——机工工作实况》，《南洋·星洲联合晚报》1987年5月31日。

②《华侨回国参加实际工作》，蔡仁龙、郭梁编：《华侨抗日救国史料选辑》，中共福建省委党史工作委员会、中国华侨历史学会，1987年。

中，竭我一滴之微力。”“亲爱的双亲，此去虽然千山万水，安危莫卜。但是，以有用之躯，以有用之时间，消耗于安逸与无谓中，才更是令人哀惜不置的，尤其是在祖国危难时候，正是青年人奋发效力的时机。这时候，能亲眼看见祖国决死争斗以及新中国孕育的困难，自己能替祖国做点事，就觉得此生是不曾辜负了。”[①]这封八十多年前的对祖国的“告白书”，让今天的我们看到了昔日海外游子浓烈、真挚的家国情怀。

白雪娇等四位女机工回国后，都要求上前线抗战，后在邓颖超的建议下，白雪娇转到四川成都就读齐鲁大学，参加大学生抗日宣传队。抗战胜利后，她回到马来西亚，在华文大学当校长并参加当地的反殖民运动。1949 年新中国成立，白雪娇心情无比激动，她参考报纸资料做了一面五星红旗，在华文大学的上空升起。这是槟城上空升起的第一面五星红旗。然而，正是这个举动，被殖民当局认为其是中共嫌疑分子，将其禁闭关押一年多后遣送回中国。回国后白雪娇被安置在广州师范大学中文系工作，不久便被批准加入中国共产党。

白雪娇对于祖国的热爱是坚定不移的，不论何时何地，她心中始终不忘的是为祖国做贡献。她在回忆文章《祖国情思》中写道：“抗日的烽火燃烧起来了。我要与祖国患难与共。山河破碎，我的心也碎了。但我充满信心与希望，因为自古以来，多难兴邦。”从广州师范大学退休后，白雪娇便在广州安度晚年，2014 年病逝于广州。遵照她的遗嘱，不开追悼会，将骨灰撒在大海，她的灵魂则永远留在了祖国的怀抱里。

1919 年出生于安溪县龙门镇湖山村的沈承德也是一名南侨机工，但与白雪娇的经历不同。沈承德三岁时父亲就过世了，稍微

① 《第十届世界安溪乡亲联谊大会特刊》“海外乡亲文萃”，2017 年。

长大一点的时候，舅舅把他带到新加坡，他在当地成为一名司机。1938 年，当抗战运输线急需司机，陈嘉庚号召南侨青年回国助力时，沈承德毅然辞去工作，与 3000 名爱国华侨青年一起回国，投身到祖国抗战事业中。回国后，1939 年 8 月，经推荐，沈承德考入位于湖南武冈的黄埔军校二分校。1941 年，抗战战局进入相持阶段，前线战场急需大量士兵和军官，毕业后的沈承德没有赴滇缅运输线，而是投入到长沙会战中，不久他成了一名连长。他曾率领 100 多名士兵打了几场伏击战，缴获日军许多装备。后来，在抗日名将沈向奎的指挥下，沈承德又先后参加过数十次战斗，每次都是冲锋在前，与日军殊死搏斗。

滇缅路上还有一个安溪人的浪漫故事。主人公李飒，祖籍安溪，1939 年从马来亚应召回国，参加南侨机工，分配在“华侨先锋大队”[①] 当驾驶兵，每天驾驶车辆满载军火穿梭在滇缅公路上。1940 年的一天，李飒在滇缅公路云南龙陵县地段一个急转弯处不慎翻车，身负重伤，昏迷了过去。恰好被住在附近的傣族姑娘刘学义发现了，她孤身一人把受伤的李飒，从变形的驾驶室里搭救出来，又用自家的牛车把他送到医院急救。送进医院后，刘学义没有离开，而是留下来照料李飒，直到他完全康复。住院期间，李飒一直想找个机会，向这个热心仗义的傣族姑娘求婚，但又担心自己受伤后会留下后遗症，直到身体完全康复后，才终于开口。于是，1941 年 2 月 15 日，两人在芒市华侨先锋大队部举行婚礼。抗战结束后，李飒和刘学义一直定居云南，八十多岁时夫妻先后去世。

3000 多名南侨机工中，新加坡 907 人，马来西亚 1000 多人，其余为缅甸、越南、泰国、菲律宾等各埠，以安溪籍华侨在南洋

① 南侨机工于 1940 年组建的一支军事运输车队。

的人口数据，加入其中的一定不在少数。《安溪华侨志》载：“白清泉于1939年带南侨机工从新加坡回国服务。李玉悄、陈金顺等担任前线运输任务。”像白雪娇、沈承德、李飒、白清泉、李玉悄、陈金顺一样，担任南侨机工的华侨子弟大部分是广东和福建籍。这些人原本可以选择安逸的生活，在侨居地娶妻生子，继承祖辈奋斗多年的家业，经商从政，积累财富。而一旦报名回国，不但物质条件艰苦，还随时可能战死沙场，永远不能与父母再相聚。但是，为了拯救国家危难，他们毅然说服了亲友，挥泪告别父母长辈、新婚妻子、膝下儿女，带着机器设备踏上了抗日征程，奋战在滇缅公路上。

从历史记录来看，滇缅运输队的条件非常恶劣：缺少御寒的大衣、住宿的地方；各个运输站手续繁琐、进展缓慢；车辆不敷用，技术工人修理工具不够，车站也没有临时休息室；货运车辆损坏了停在山地里无人管理……有少数人忍受不了恶劣条件逃回南洋，但是大多数机工坚持了下来，与饥饿、疾病、死亡作顽强的斗争，确保西南大动脉的畅通。

滇缅公路由昆明直达缅甸腊戍，行程需要六至七天。沿途要翻越众多高山，穿过澜沧江、怒江等大河，经过烟瘴之地，毒蚊恶虫的袭击没有间断。加上国民党政府贪污腐化，管理不善，致使机工餐风宿露，缺医少药，生活十分艰辛。此外，日本轰炸机经常来攻击，随时有生命危险。为了避免被敌人发现，同时要突击运输大量的汽车和军用物资，大多时候滇缅公路上的运输司机都是开夜车。最考验技工驾驶技术的是贵州晴隆的“二十四道拐”。

3000多名南侨机工日夜不停地穿梭在滇缅公路上，冒着枪林弹雨和死亡威胁，为前线提供了源源不断的物资保障，同时也遭受了惨重的伤亡，有三分之一的机工牺牲在了中国，大多死于车祸、战火和疟疾。1100多公里的滇缅公路上，平均每一公里，就有一位南侨机工牺牲。他们用鲜血和生命诠释了炎黄子孙休戚与共、血浓于水的同胞情谊，为中国抗战胜利和世界反法西斯战争的胜利建立了不可磨灭的功勋。

在发挥了三年多的“抗战输血管”作用后，1942年5月，滇缅公路被日寇彻底切断。此时南洋沦陷，侨汇断绝，南侨机工无法返回侨居地。当年那批斗志昂扬回国效力的青年，除了在战场献出宝贵生命的1000多位外，有些机工无依无靠，贫病交加甚至沦为乞讨人员；有些机工被盟军选调去特种训练，到东南亚日占区做侦查工作，身处险境。一直到抗战胜利后，在陈嘉庚的交涉下，南侨机工终于获得每人200美元的经费，于1946年取道香港，返回南洋与家人团聚。

南侨机工外，抗战前至抗战期间，还有不少旅外乡亲回国，在安溪参加新民主主义革命，其中有的为革命事业而光荣牺牲，如叶文霸（参内乡参山村人，旅缅）、郭节（魁斗乡佛仔格村人，旅马）、刘由（金谷乡元口村人，旅新）、陈凤伍（海南省文昌县人，旅马）、黄英（海南省人，旅马）等，[①] 将鲜血洒在安溪的土地上。今日重温历史，这些被称为“华之魂，侨之光”的同胞，其命运令人唏嘘，其爱国精神令人肃然起敬。

① 陈克振主编:《安溪华侨志》，厦门大学出版社，1994年。

第 8 章

泰国华人第一庙

素有“黄袍佛国”之称的泰国，与中国的交往源远流长。早在汉武帝时期，中国海船就经过泰国的邑卢没（华富里）、谌离国（佛统），航往印度黄支国（康契普拉）的中国人移居泰国也由来已久，[①]移居的最主要原因当然还是贸易关系，移民的模式则以血缘、地缘为基础，按照中国社会的传统，先到者有责任帮助家庭（家族）成员移居以谋求更好的出路。于是乎，移居他乡异国的华侨自然就沿用祖籍地的社会组织形态，以血缘、地缘为纽带来构建居住地的人际关系网络。

暹罗（今泰国）素可泰王朝建立时，便成为中国的藩属，向中国进贡方物，并与中国维持良好的关系。中泰两国互赠礼物，形同贸易；中方允许泰方豁免缴税，使泰方有厚利可图，此时就有泉州海商前往贸易。南宋后期，泉州制瓷业大兴，泉属各县有不少人前往泰国传授制瓷技术。其后，又有更多的泉州工匠和商人移居泰国，在那里建造“福舶”，开采锡矿，并为泰国王室经营海上贸易。明清两代，泉州海商继续前往泰国贸易，由于泉州人

---

① 韩振华：《公元前二世纪至公元一世纪间中国与印度东南亚的海上交通》，载于《南洋问题文丛》（第一集），厦门大学南洋研究所编印。

多地少缺粮严重，而泰国中部地势平坦，土壤肥沃，水源充足，气候适合种多季稻，是世界上出口大米最多的国家，因而海商多往泰国贩粮。[①]

安溪人移民泰国始于明代，《安溪华侨志》载，崇祯元年（1628），依仁里田头乡（今安溪龙门镇寮山村）周文潮往暹罗，后死葬暹罗。清朝至民国期间，安溪人在泰国开设的茶店茶庄茶行达数十家，较为著名的有仕源号、玉阳春、瑞珍号、有记号、福记、鼎记、南星、清芳、恒泰、泉胜、阳春茶行、阳春栈、有记、谦记、炳记、集友、建丰等，经营者多来自西坪、龙门、虎邱等乡，多数居住在首府曼谷和南部港口城市。茶叶以外，在泰国的安溪人还经营米粟业、种植业（橡胶、胡椒等）、畜牧业、五金业、食品业和运输业等，是闽侨一支重要的经济力量。1930年，祖籍安溪龙门的白锡碧侨居泰国后，经营义和发、三九两间茶行数十年，还经营侨批业银信局和亚洲天然蜜公司，其本人曾担任泰国茶商公会理事长、泰国福建会馆监事长。

安溪是福建省旅居泰国华侨华人较多的县份。据 1987 年统计，祖籍安溪的泰国华侨华人有 12766 人，主要居住在曼谷、宋卡、陶公、北大年、攀牙、董里等地。

福建会馆的标志

与南洋其他地区一样，最初伴随着闽侨移居泰国的也是家乡的神明，定居后，移民着手创建许多地缘性组织，这些组织都是从寺庙开始的，他们联手建立起中国式的神庙宗祠，一方面供奉故乡的神灵，并求得神灵的庇护；一方面作为同宗同乡聚会、商

① 卓正明主编：《泉州市华侨志》，中国社会出版社，1996 年。

议的场所，谋求互相支援，以求得在异乡生存发展。清嘉庆年间，闽籍先贤在曼谷建哒叻仔顺兴宫，主奉来自安溪的清水祖师，这是福建会所的前身，也正是有了这个前身，才有后来更健全的福建会馆的创立（1911），正式成为当地的合法侨团。顺兴宫主奉清水祖师，与安溪人的势力及一位泉州人在福建会馆的威望有关，他就是苏廷芳，曾任福建会馆副理事长、理事长、名誉理事长达24年，被推举为会馆历史上四名永远名誉理事长之一。因为顺兴宫之故，泰国福建会馆分布于泰南的34个分会馆，多以供奉清水祖师作为标志，如果没有宫庙，则在分会馆内设一神龛供奉。祖籍闽南的华侨华人是福建会馆的主体，这样，清水祖师成为福建会馆的主祀神也就顺理成章了。

《泰国福建会馆七十周年纪念特刊》（1981）显示，早期到泰国的闽侨先贤在当时的京吞曾建有不少庙宇，但大多因为年代久远而倾圮不存，至今尚有据可查的仅有“五宫一亭”：哒叻仔顺兴宫、福莲宫、乌肚社新兴宫、三聘城门福兴宫、白桥本头妈宫、吞府观音亭。“五宫一亭”开始是福建会馆的庙产，为闽侨所有，但随着更多潮汕人移居泰国后势力扩张，目前仅有顺兴宫和福莲宫的管理权完全属于闽侨，其余则已权落潮属。这也从一个侧面反映神缘与地缘组织的交织，是早期泰国华侨社会族群角力、此消彼长的结果。

潮汕人移民泰国之所以占尽优势，有两大因素：一是曼谷与华南地区间的轮船通航，要以汕头为最早，大批潮汕人从这里上船到泰国去；二是18世纪末郑昭的厚爱引发的潮汕连锁性移民。郑昭的父亲郑镛，原籍广东澄海，移民暹罗后发迹；母亲是泰国人。郑昭在泰国建立吞武里（1767—1782）王朝期间，鼓励潮汕人大批涌入泰国，在湄南河东岸靠近今王城处，形成一个新的华人聚集区。郑昭死后所建立的王朝，为却克里，泰国的皇家贸易空前繁荣，华商参与其盛，大批移民接续涌入，在今日曼谷唐人街的核心地带，兴建了一个华人商业区。因而到了19世纪末，泰国华人已遍布各地，绝大部分华人来自广东与福建。至20世纪初，潮汕人已占绝对优势，占40%，其他如海南人18%，客家人16%，福建人16%，广府人9%。

当然，随着泰国华人进一步融入了泰国主流社会，华族文化与泰族文化的互相渗透影响，战后，包括神缘组织在内的各类泰华社团组织，已逐步完成从照顾同宗同乡到服务全社会的方向转变。福建会馆打破服务同宗同乡的局限，主动为居住国大社会服务，积极参与济贫救灾、修路筑桥、慈善捐赠等公益活动，福建会馆属下的顺兴宫所供奉的清水祖师，也为中泰善信所崇拜，特别是在每年九皇斋会期间热闹非凡，香火鼎盛。

曼谷顺兴宫

顺兴宫坐落于曼谷哒叻昭披耶河畔人称哒叻仔的地方，地址在曼谷市三攀塔翁区小市场后门牌758号。乘船在哒叻昭披耶河上，靠近顺兴宫地段时，远远就可看见“顺兴宫清水祖师”的中泰双语字牌，若是步行，从石龙军路直接拐入巷口一小段，建筑精美、古朴沧桑的顺兴宫就展现在眼前。这是一座融合历史、文化与宗教艺术的庙宇，虽穿越了漫长的时空隧道，由于定期修葺与管理得当，依然历久弥新，那精美的刻工，深厚的人文与艺术内涵，在泰国鳞次栉比的庙宇中，可说是独树一帜。庙中的雕刻作品非常多，不论楹联还是壁画，阴刻或浮雕等，每件作品都有其典故，雕梁画栋，点缀着花卉、鸟兽，龙吟虎啸，鸟语花香，四壁彩画，装点人物山水，缥缈浩瀚，栩栩如生，令人惊叹。

顺兴宫始建年代不详，由何人奉来也无记载，但根据清水祖师神像上方悬挂的“正法昌明”匾额所刻立匾时间“嘉庆甲子年（1804）”来推断，顺兴宫的始建时间当在此前，迄今已超过两百年了。宫庙正殿外有一道铁栅，栅门两旁有楹联：“顺三乘云开法界贝叶呈祥，兴九品莲花宝殿佛光普照”“清影清光白国长临于境上，水花水月红尘不到此溪中”，嵌入“顺兴”与“清水”。殿门两侧也有一对楹联：“顺流清水光披四表，兴起祖师赖及万世”，赞颂祖师万世流传的四表光辉。还有一对：“清风明月传蓬莱无边佳境，水绿山清绍帝里有自渊源”，说明顺兴宫与安溪清水岩的源流关系。

顺兴宫正殿内，清水祖师奉祀于正中，左侧配祀天后圣母，右侧配祀太子爷。左殿供奉玄天上帝，右殿供奉关圣帝君。庙里的布告板上，贴有一年中与神明有关的活动项目表，中泰双语对照。元宵、端午、中秋等中国传统佳节，财神、清水祖师、天公、观音、妈祖等神明圣诞，庙里都会举行活动，吸引社区华侨华人参与。顺兴宫的简介中，特别提到每年的九皇盛会。九皇斋节是泰国人极为重视的节日，为迎接九皇圣诞，此前泰国人会斋戒多日，盛会时间到了，会穿上白衣白裤和白鞋沿街抬神游行九天，游行队伍每年都会驻停顺兴宫，显示其在社区中的地位。

早期，闽侨都会聚集在顺兴宫朝拜祖师，讨论问题，沟通信息，福建公所、福建会馆①成立后，除了开展传统的会员福利工作外，更进一步创办学校，重修庙宇，建立山庄，如1914年设立培元学校，1925年重修闽山亭，闽山亭是闽侨何顺安等在曼谷是隆路创立的闽人华侨公墓。1941年重建福先宫，1960年重建福兴宫，并在佛统府购置一块土地，兴建福建山庄（闽籍华侨墓园，

① 泰国福建会馆创立于1911年，地址在曼谷巴吞注郎曼五路57号。

也建有清水祖师宫），在华侨慈善与教育事业发展上，做出卓越贡献。

祖师公祠与林姑娘

顺兴宫之外，泰国还有一座清水祖师庙鼎鼎有名，就是北大年的灵慈宫。北大年位于泰国南部东侧，明代开始形成华族社区，这里曾出土一方明代墓碑，上刻“皇明显妣淑勤陈氏墓，万历壬辰夏吉日立”，是当时华侨聚居点的重要历史遗存。《北大年纪年》记述，泉州人于明万历初年到北大年定居，在北大年及附近的宋卡任地方官。灵慈宫兴建时间正和这一历史状况契合，其建于明万历二年（1574），原名“祖师公祠”，是泉籍华侨随带而来的香火。当地传说，清水祖师早年“旅居”槟榔屿时，曾“破除当地土著以婴祭蛇暴俗”，隐约可见其与马来西亚“蛇庙”的隶属关系。但并没有文献记载加以证实。北大年祖师公祠原奉清水祖师，增奉林姑娘后，乃改名为灵慈宫，或作灵慈圣宫，可说是清水祖师与林姑娘并奉的庙宇，至于并奉的结果，既说明潮人势力的扩展，又说明闽文化的包容性。

林姑娘，名慈贞，广东潮州府惠来县（今潮州澄海县）人。哥哥林道乾，按清《潮州府志》等所记，林道乾青年时为潮州小吏，善机变，有智谋。因冲破海禁，海上走私贸易获利，为朝廷所不容，遂聚众反抗明朝官军。嘉靖四十五年（1566）三月，为潮州总兵俞大猷所败，遂退往台湾北港，在那里监造战船。期间，一度开往占城（今越南），旋复回潮州，与另一支海上武装队伍曾一本部互相声援，附者日众。万历元年（1573），总兵张元勋等合兵围剿，他率众突围，到达寮国（今柬埔寨），被寨王任命为把水使。明朝制置使刘尧诲闻其所在，乃传令搜捕，但其时他已潜回潮州，发掘往时埋藏的金银财宝，又招募百余名潮人，带往暹罗，改名为林悟梁，与暹王歃血为盟，但当局暗中派使者告知刘尧诲，刘要求与暹方合兵夹击。林道乾闻知，率部属逸去，定居在北大年港，助北大年王抵御外侮有功，被招为驸马，官封“海丞”，任掌管该港客长，该港遂被称为“道乾港”。因林道乾之故，其后潮汕人亦大量移民北大年。

林道乾之妹林慈贞，见母思儿归家心切，决意远涉重洋寻兄，发誓寻不着兄长回乡，愿客死异邦。她从澄海家乡出发，辛苦乘船渡海，至洛坤登岸，探得兄长下落，直航北大年，不料随行者有九人病故，遂葬于岸边，并植九棵松树纪念，即成今地名“九松”由来。终于找到林道乾，但林道乾坚决不回乡。几番苦劝无效后，她就在林道乾正在监建的一座清真寺旁自缢身亡。当地华侨为她的慈孝忠义所感动，安葬墓碑上书“明林氏姑娘神位”。后还在祖师公祠增祀，祠亦改名为灵慈宫，又称林姑娘庙，有“泰国华人第一圣庙”之誉。

灵慈宫增祀林姑娘后，香火尤盛，不但到来的旅人不断，甚至泰皇也亲临祭祀。1976 年 9 月 8 日泰皇蒲美蓬、皇后诗丽吉、公主诗琳通、殿下朱拉蓬等前往林姑娘庙，隆重祭拜并御赐题词。由于林姑娘广受民众膜拜，宫里也常制神牌供信徒佩戴。神牌通常为八角形，正面为清水祖师坐像，上有庙名灵慈宫，两旁各有吉祥、平安字样；背面为林姑娘头像，两旁有林府姑娘字样。清水祖师像和林姑娘像并存于一个神牌，显示庙宇并重奉祀两位神明的心态，正反两面的规格则区分奉祀对象的主次。当然，今天人们到庙宇来，主要是来祭拜林姑娘，但是宫里的楹联“清心静坐起死回生玄妙不一，水面流行救苦救难盖世无双”，则仍然刻印着人们对祖师的敬仰与怀念。

北大年春节后不久，当地有“林姑娘节”，人们抬着林姑娘神像的轿子，过火海，踏深水，这是北大年的年度盛会。北大年市是一个伊斯兰教徒聚集的地方，林姑娘受到热烈崇敬还说明一点，那就是他们缺乏像闽侨一样深厚的故乡情感，他们更为期许的是林姑娘那样的孝心、忠心，以及面对困难时勇往直前、毫不退缩的果敢。

1995 年，厦门大学人类学教授郭志超在马来半岛进行考察时，在半岛的北段即泰国的南部西侧普吉市，还发现一座供奉清水祖师的福元宫。普吉市西临安达曼海，是泰南锡矿主要开采点之一，因而大约在明后期，吸纳大批华工至此开采，后来的橡胶种植和加工加速普吉的开发。福元宫重建于 1874 年，匾额为中泰双语对照，装修时主基调为红色，红漆用量大，整体非常红艳，一如热带花卉的奔放。这也是泰国华侨兴建宫庙的主色调。到福元宫祭拜祖师的，除了华侨华人，还有当地暹罗人，庙里的一对楹联“保我黎民老少咸歌德化事千古，佑尔赤子夏夷竞祝馨香极万年”，十分贴切地描述了这种“夏夷竞祝”的情形，成为一道不同文化、相互融合的别致景观。

第9章

爪哇岛“伊甸园”

印度尼西亚华侨以福建籍的闽南人为最多，也最称殷富，他们主要居住在爪哇岛和苏门答腊一带。安溪县族谱记载，清乾隆中叶，安溪即有人移居印度尼西亚，龙涓仙景第十九世祖李宗渊前妻早逝，遗有二子，续弦后因家庭矛盾，出洋印尼爪哇，近20年后返梓探亲。光绪、宣统年间，安溪人出国掀起一轮小高潮，印尼安溪移民亦随之增多。移居印尼的安溪人，主要分布在爪哇岛东部的泗水、惹班，中部的日惹、三宝垄，西部的雅加达、加烈、井里汶，苏门答腊岛北部的棉兰、仙达，中部的占碑，南部的巨港、楠榜，加里曼丹岛的坤甸，苏拉西岛的望加锡等地，他们主要居住在城区、城郊的集镇。随着城市的扩张，昔日城郊的集镇现在也成为城市。据1987年侨情普查统计，居住在印尼的安溪籍华侨华人总人数达223020人，是安溪人移居海外人数最多的国家。[①]

在安溪人聚居的印尼首都雅加达，多数安溪人在市区经营商业、制造、金融业等，有的则住在郊区，开垦荒山，种植粮食，从事农业。龙涓仙景的李姓乡亲（三垵派和东溪派）聚居在加烈，

① 陈克振主编:《安溪华侨志》，厦门大学出版社，1994年。

人数超过5000人以上，开办数百家峇泽（传统蜡染服装）厂，经营纺织、布业等，加烈被龙涓仙景李氏称为第二故乡。东爪哇泗水一带，聚居着来自官桥镇山珍村的安溪人，总数达数千人。在惹班一带，聚居着来自龙门镇山头村的陈姓乡亲，人数也超过家乡人口的几倍。

移居印尼的闽南人在家乡已具有神佛信仰，他们通过崇敬和奉献，祈求神佛能降福予人，他们以恭谨的态度，遵守儒家礼教。移居海外后，闽侨普遍信奉佛教的观音菩萨，观音菩萨和道教的女神天上圣母——妈祖立于同等地位，航海业普遍供奉妈祖。此外，闽侨中的商人普遍供奉武圣关帝，因关帝兼任财神。关帝也是当年从家乡随带而去的，如前所叙的安溪人李宗渊，出洋时即随带乡中楼台庙关帝信仰，返梓前定做两口爪哇大铁钟带返叩谢。除了佛教、道教所崇奉的神祇外，印尼闽侨还奉特别属于他们的神祇，如三保公和大伯公。三保公是郑和，郑和下西洋后，许多闽侨私自闯关，移往东南亚各地，使原已有中国人的地方更加繁盛，而一些没有开垦的荒野也由新到的闽南移民开垦，他们正是今日东南亚各国华人肇基者。

大伯公在闽侨社会中，是最孚人望的神，在印尼，阴历正月十五左右，“大伯公”出游，鼓乐喧闹，善男信女摩肩接踵，途为之塞。“大伯公”如同闽台之“土地公”“福德正神”。早期到南洋的先驱们，曾遭受许多艰难困苦，后来人们为纪念这些拓荒英雄，乃予以人格化，称为“大伯公”，犹如家族中那些对晚辈关怀备至的长者，比“土地公”“福德正神”更亲切，对其顶礼膜拜，敬若神明。“大伯公”在南洋一带尚有不同的称呼，印尼、马来西亚一带称为“大伯公”，泰国、越南称为“木头公”，柬埔寨称为“土地神”。此外，印尼闽侨还崇拜自家乡带来的神祇——王爷，而且历久不衰，王爷在精神领域内享有代天巡狩、惩恶扬善的职权。

同时亦奉保生大帝、文昌帝君、城隍爷和清水祖师等。

印尼闽侨敬祖追宗，初时在家中，事业发达后参照家乡规制，置建宗祠祖屋，供奉祖先神牌，岁时重要节令，特别是清明、中秋、冬至、过年时，都会备办果品“三牲”致祭祖先，他们相信：祖先灵魂永不磨灭，左右着家族现在的祸福，崇拜祖先灵魂乃后代子孙的义务，同侍奉生之长者的孝道属于同一精神范畴，对祖先的崇拜，为维持家族伦理秩序之规范。

怡里兴水宫和司马威祖师庙

清光绪八年（1882），移居印尼的闽侨就建造了丹绒加乙祖师庙，供奉清水祖师，其时的炉主是刘清发。1970年，刘清发的后裔刘建茂移居雅加达，清水祖师由此分炉到雅加达，香火甚旺。刘建茂所建分炉，应是厦门大学郭志超教授《清水祖师崇拜在马来半岛》①一文中所指“雅加达丹绒加赫海滨祖师庙”，可惜笔者没有探访过。

苏门答腊岛处于海上丝绸之路要道，经济繁荣，明代郑和七下西洋，屡屡从苏门答腊海岸经过。当年，明成祖令郑和赠送给亚齐国王一座大钟，现仍陈列在亚齐博物馆里。全岛分为北苏门答腊、占碑、廖内、西苏门答腊、南苏门答腊、邦加—勿里洞、明古鲁和楠榜八省，还有亚齐半自治省。主要城市有巨港、棉兰和巴东。

兴水宫，位于苏门答腊岛最北端的半自治省亚齐怡里，清光绪丙戌至戊子年（1886—1888）间建，奉清水祖师。庙联“清风徐来，万物同沾化雨；水不扬波，四海共庆升平”“祖面曰师，屿

① 《清水岩志》，中国文化出版社，2011年。

岛英灵昭佛光；清莫如水，海邦黎庶仰神功”，嵌入“清水”“祖师”，祈祷祖师佛光佑护黎庶，风调雨顺，天下太平。

据兴水宫“怡里清水祖师公碑记”载：“思欲以报神光，奈独力难支，集众公举，谋及闽粤商贾之庶民，而筹创建新宫。众情踊跃，一旦而缘金普足，佥曰善哉斯举。遂择地于埠之东，卜云其吉，鸠工庀材，凡六月而庙成，一殿一亭，旁翼两庑，虽未尽其轮奂之美，亦足以庆其落成耳。从此庙貌维新，历千秋而不朽，声灵显著，阅万古而常兴，可谓人神均安。董事人黎妈标、杨振盛等于清光绪戊子年某月某日同敬立。”依据碑记可知，兴水宫择地怡里埠东，为闽粤移民合建，有殿有亭，两边并有廊房，围成一个内向空间的院落。庙堂虽不华丽，却颇具规模。清水祖师信仰已为粤侨所认可，建庙时踊跃捐资，由是，福建华侨和广东华侨就有了一个更加密切的共同文化基础。

兴水宫“怡里清水祖师公碑记”还载：“清水祖师者，道化于闽之稽山（此处有误），烟火分于莲之太溪。吾之航海经商，奉祀于怡里，其英灵赫濯，莫不彰显焉。每有祈求，如响斯应；或施以药饵，立起沉疴；或示以趋金，利获倍多。盖其福佑于吾人矣，厚矣。”华侨移民海外后，随着生活环境和条件的改变，谋求生存发展成为他们最急需解决的问题，因而向本埠清水祖师祈求的事项便也日渐增多。于是，清水祖师的“神职”也逐渐扩大，成为当地华侨无所不能的保护神。

亚齐司马威（也译作“司马委”）也建有一座清水祖师庙，庙中有一口古铜钟，钟上铭刻：司马委合埠沐恩弟子，宣统元年秋月吉旦敬奉。由此可知，该庙当建于清宣统元年（1909）或在此前。闽侨寺庙多由同一祖籍地的移民创建，“司马委合埠”闽侨联合建立的这座清水祖师庙，自然就成为当地闽侨地缘认同的一种象征。以此为纽带凝聚在一起的闽侨，进而组建同乡会、宗亲会等社团共同体，响应号召而加入其中的成员，在面对生活或工作困难时，便能够有所依靠，接受帮助，这是民间信仰对于东南亚华人社会的力量。

今天，到亚齐怡里兴水宫和司马威清水祖师庙朝拜的，除了闽侨外，还有印尼当地的土著民众，大家一起焚香膜拜，不分肤色，无论种族，说明民间信仰不仅能团结凝聚华侨华人，还能够融合异国文化，更加有利于华侨华人融入当地社会。

占碑福庆堂与海外“小安溪”

印尼著名的华文作家、女企业家廖彩珍 1949 年出生于东爪哇罗果占碑，她曾在《安溪人在东爪哇》[①] 一文中回忆，祖父祖母、外公外婆、爸爸妈妈、公公婆婆皆是安溪人。在 20 世纪的上半叶，罗果占碑与外南梦一带曾是东爪哇安溪人的“发祥地”，而泗水的翁加兰街、甘邦泽本街又是安溪人的“聚集地”，那里商店林立，车水马龙，南来北往，熙来攘往。

占碑是苏门答腊岛东南部城市，占碑省首府。因安溪人的关系，占碑建有福庆堂，堂中供奉清水祖师，也被称作清水祖师公庙。中龛楹联“福至上神明精通妙道，庆无边佛法参透禅机”，边龛楹联“清水渊源安溪发祥，祖师显赫华裔瞻仰”。福庆堂还奉玄天上帝、关圣大帝，每年正月初六日清水祖师、三月初三日玄天上帝、五月十三日关圣大帝神诞及正月十五日元宵节，八月十五日中秋节，庙宇均由上一年卜出的炉主组织庆诞，炉主清一色为李姓，祖籍安溪龙涓仙景。占碑显灵宫（登笔诺二十六支）奉杨六使，法主公宫（吧瑶实邻惹区法主公宫 Lingkar Timur II 路）奉

① 廖彩珍著:《松采集》，镜报文化企业有限公司，2018 年。

法主公，寿山亭奉“大伯公”，亦为闽南移民所建，神明庆诞时，均会“知会”福庆堂，邀请信众一同前往祝贺、联欢。

2018年9月24日是中秋节，福庆堂“清水祖师”公庙举行社区庆祝活动，上午朝拜佳节降临，中午犒赏内外神军饷、祭拜玄天上帝和观音菩萨等多位神明，祈求国泰民安、化灾解难、康宁永寿、丁财两旺。随后，是余兴节目，由巴淡岛男女歌手现唱，接着乡亲们聚餐，品尝具有占碑特色的中秋月饼。福庆堂庙主李鸿章、李荣、李志源和占碑李氏宗亲会主席李振海等数百位嘉宾和信众出席庆典。李鸿章代表庙宇致辞，他表示，占碑的华人传统文化很浓厚，中秋佳节是家人团圆的日子，我们也不忘神明，故祭拜感恩神明菩萨，华人要“居安思危”，有节日不要太嚣张，大摆场面，在寺庙度佳节是最好的选择。

巨港市是苏南省的省会，也是苏岛上的第二大都市（第一大是棉兰）、印尼第六大城市，也是苏南区陆路、铁路、航海、航空的交通大动脉，这里有国际航空机场，繁忙的航运码头，人口150万左右，其中华族占10%，华族中安溪籍9万人左右。巨港是唐代文献中称为“三佛齐或室利佛逝”的佛教圣国，三佛齐王朝曾向唐朝进贡，明朝郑和下西洋时也到过此地，那时期的巨港已是一个繁忙的贸易港口，西来的阿拉伯商人和南下的中国商人都在这里经商贸易，是海上丝绸之路一个重要的集散港口。

安溪人很早就相中此地，相约移民垦殖。在印尼的安溪人有一半以上居住在苏门答腊岛及其附属岛屿如民丹岛（廖内）、岜潭岛、望加丽岛，其中数量最多的在巨港，有海外“小安溪”之称。《苏南巨港安溪同乡会简史特刊》（2017）在回顾同乡会创办历程的文章中说，苏南省的安溪人在荷兰殖民地时期多数务农为业，印尼独立后有部分逐渐转为开店经商或经营小型家庭式手工业，如鱼饼、酱油、豆腐坊等。在巨港市下巨港区多为陈氏、唐氏、廖氏，在达埃区为叶氏、李氏，新山区有朱氏、黄氏等。因为群居的关系，安溪祖籍地的风俗和信仰便在社区保留下来，其中最突出的就是建庙宇和宗姓祠堂，以便祭祀传承。

2017 年 9 月 7 日我们到访印尼的首站就是巨港，巨港安溪同乡会辅导主席廖清池、现任主席叶汉友、秘书长黄永固等安溪乡贤，专门在巨港叶氏宗祠为我们举办规模盛大的招待晚宴，席间同乡会还邀请巨港著名歌手到场献唱。晚宴终了，主持人邀请我们访问团一行登台，与巨港乡亲们合唱《爱拼才会赢》，印尼乡亲能说会道、能歌善舞，对华文和安溪文化的熟悉了解，对闽南话、闽南歌的游刃有余，也是我初次领略到的。叶氏宗祠旁恰好有一座凤山岩，供奉三代祖师、观音菩萨、清水祖师等，也是巨港安溪人合力建成的。

2017 年元旦，适逢巨港九峰岩（奉三代祖师）乔迁五十周年，庆委会专门举办两天四场酬神大戏和千人宴，邀请中国大陆、台湾和新加坡等地信众参与，宴席上还邀请廖内省的歌星演唱流行歌曲。巨港市内庙宇林立，大部分传承从中国福建安溪、漳州一带的庙宇文化，这也造就了南洋地区特有的闽南风格之庙宇和庙会。在庙会中聚餐、看戏、凑热闹，除了联络乡谊相互问好外，最重要的是接续祖地文化，不忘根源！《巨港兴报》对此予以特刊报道，指出："巨港市祖籍福建省的后裔在印尼最集中和最多，凭着他们刻苦耐劳的精神和魄力，在这里生活了最少都有四五代，但从祖辈上传下来的祖训牢牢永固着，造就了他们今天的功业。"

棉兰（Medan），是苏门答腊岛第一大城市，北苏门答腊省省会，是仅次于雅加达的金融和商业中心，也是印尼橡胶、烟草、剑麻和棕油的最大出口港，进出口船舶吨位居印尼第四，仅次于雅加达、巨港和泗水。棉兰有座福临宫，其主神也是清水祖师，该宫为闽侨于1909年所建，1945年再添建后殿，规模扩展不小。据林道远1979年所撰《邑侨在印尼概况》[①]一文，棉兰及其所属仙达、民礼、直孟、亚沙汉等州县，依仁为多，新溪、光德次之，福临宫清水祖师应是龙门镇、城厢镇光德村的安溪人携至。林道远祖籍安溪龙门镇光孝村（旧属依仁里），曾在家乡任乡里长，后赴印尼经商，为人豁达，能诗能文，著有《流浪吟集》。

望加丽位于廖内省东部，是廖内省著名的华裔聚集区之一。这里的华裔都以闽南语交流，祖辈秉承的传统风俗还很浓厚，除了礼敬多数华人所供奉的神明，望加丽还特别尊崇清水祖师，这与他们先辈在祖籍地的信仰，以及多数家庭以海为生、靠海经营有关。

廖内望加丽福安宫奉祀清水祖师，该宫建于何时未知，但据宫中所存"浯江弟子郭沛拙叩谢"敬奉的"福安宫药签筒"，签筒上镌有"光绪拾捌年桐月吉旦"等字样，可知该宫最迟当建于1892年3月。这位自称"浯江弟子"的郭沛拙又会是哪里人呢？福建省内称"浯江"的地名有两处：一指源出闽侯县，东流至南屿汇入闽江的浯江溪流；一指漳浦县旧镇镇下辖的一个行政村，其因发源于赤土、长桥、湖西三乡交界处的浯江流经而得名。浯江村是浯江流域的中心，漳浦县首个清水祖师分香——赤湖镇后湖村赤水清水岩及赤湖镇赤水前坑龙山寺、湖西镇田仔埔靖埔庙，均处于浯江流域，[②]郭沛拙的祖籍地应该来自这个信仰圈。

闽侨对原乡神明的尊奉，既是他们在海外打拼的精神动力，也是他们保持与原乡精神联系的纽带。即便他们的后代模糊了这些历史记忆，但基于共同的神缘，有了这个纽带，就便有了再叙

---

①《泗水东爪哇安溪公会会刊》（2008）。

② 参见本书第二篇第9章"漳州三岩"。

乡情的基础。浯江弟子如此，霞顺弟子亦是如此。廖内的丹戎槟榔天后宫中，悬挂着一块“清水祖师”匾额，由“霞顺弟子平安叩谢”于“丙寅年孟冬（1926 年 10 月）”。可见清水祖师也是这些霞顺弟子的共同历史记忆，故而他们将清水祖师作为配祀，同时供奉在天后宫中。

爪哇岛祖师公神庙

新编《清水岩志》统计，清水祖师在印尼已知分炉有上述丹绒加乙祖师庙、雅加达丹绒加赫海滨祖师庙、亚齐怡里兴水宫、亚齐司马威清水祖师庙、占碑福庆堂、廖内望加丽福安宫、廖内丹戎槟榔天后宫、棉兰福临宫等八座，巨港凤山岩则是印尼之行新发现的。由于印尼安溪人分布甚广，有些安溪人因为离乡已有数代，甚至与家乡失去联系，所以肯定还有清水祖师分炉未被发现。

同事陈庚嘉上网一搜索，果然找到 2019 年 12 月 19 日印尼《国际日报》B6 版登载的一篇署名“雅加达谢来英”、题为《清水祖师公寺庙的历史及其前因后果》的文章。文章所记便是一座未被祖地发现的清水祖师庙，略述如下：

这座古老的、遐迩闻名的清水祖师公神庙，在爪哇岛西部离海边不远的万丹省（Banten）丹格朗县（Tanggerang）Mauk 镇区，12 月 1 日为其庆祝诞辰节日。神庙占地大约 9 公亩，建筑宏伟，是在 18 世纪建成的，被视为当地人的保护伞，曾经几番在此地创下奇迹。

据神庙保存的资料介绍，1883 年喀拉喀托火山爆发时曾引发海啸，淹埋了沿海的所有建筑物及田地，唯有这座离海边只有数尺之远并已挤满了当地灾民的神庙，没有被海水淹没，几百个生命因此得救。从此，它的声誉大响，香火缭绕。资料还详细记载被称为“圣人”的清水祖师“成道”及“成道”后的经历，以及如何跟随为避战乱、逃避抓捕，甚至参与反封建王朝被通缉而远去避难的安溪人，双双越洋过海，创造“永恒的历史佳话与事实”。

回顾人人皆知的“丹戎凯特（Tanjung Kait）清水祖师公神庙”建立过程后，谢来英接着写道：随着万千茶乡儿女远渡重洋，坐落在印尼各地的清水祖师亦成了我们心灵的皈依。而在上世纪60年代华文文化被专制政权严重摧残、严厉禁锢，上世纪70年代，各种对华族不公的条例频频而出，我们当时是靠山山崩，靠水水流，无依无靠。那时，是清水祖师神庙，为我们海外孤儿搭起了沟通华族乡情的桥梁，清水祖师成为联络同胞同族情感的重要纽带。它成为华人的集中地，尤其是在每月初一、十五月缺月圆之时，来自外地、外岛，四面八方，成千上万不计其数的善男信女、老幼香客，都会汇集到这能引发大家心灵共鸣的“伊甸园”。在清水祖师庙前后，甚至在海边，我们都毫无担忧地铺席歇息，夜空中那一轮皓月，清澈的光辉覆盖着我们疲惫的心，唯有在此地我们的灵魂再度被唤醒，这是华族对自由民生热烈的向往，并在祖师大慈大悲的庇佑下，共同度过自由欢乐、充满亲情的夜晚白昼……清水祖师在此地创造了极其宝贵的精神财富，显现了血浓于水的精彩的华人历史轨迹，为后人记下了浓墨重彩旳考证。

谢来英在文章最后说：“人生就是不断地叫你作出选择，但我深信，以慈悲为怀，神通广大的清水祖师，一定会理解我们并没有忘记祖宗。忘记意味着背叛，我们将用一生的虔诚来膜拜，来追寻祖宗的足迹。”很难想象，这样优美流畅的文笔，竟出自印尼这片异国土地上的华文作者之手，谨向谢来英对清水祖师满腔炽热之心，致以敬意！

第 10 章

海上马车夫

1988 年，台湾一位名不见经传的歌手推出了一首歌。谁也没料到，这首歌以后不但火遍台湾，还跟随着海峡的风，吹到了福建闽南，也吹进东南亚闽南人的心里。忘不了巨港安溪乡亲举行晚宴欢迎我们访问团一行时，邀请我们登台一起合唱这首歌的情景，那简单豪迈却直击人心的歌词，唱得全体乡亲心潮澎湃："三分天注定，七分靠打拼，爱拼才会赢……"靠着这股敢闯敢拼的劲儿，闽南人在东南亚及世界各地创造一个个奇迹。这是他们在当地立足并组成华人社会的基础。

福建海洋贸易由闽南人开篇

印尼闽籍华侨占多数，据 1930 年统计，闽籍华侨有 5.5 万人，约占全印尼华侨总人数的 46% 强，他们主要分布在爪哇和苏门答腊。[①] 印尼群岛拥有丰富的生物、农业、渔业、森林、矿产等自然资源，靠山面海的闽南人对开发这些资源，深思熟虑，目标精准，游刃有余，贡献巨大。史载：清顺治年间，福建同安人多离

---

① 李学民、黄昆章著：《印尼华侨史（古代至 1949）》，广东高等教育出版社，2005 年。

本地往葛喇巴贸易、种地，岁输丁票银五六金。[①]随着种植园的兴起，闽南人开始投资于甘蔗种植园，其中最具代表性的是爪哇三宝垄黄志信、黄仲涵父子（同安人）所经营的建源公司。1890年，该公司的甘蔗种植园面积就达100万亩，之后又以雄厚资金连续开办5家糖厂，连同其他闽南人种植供应的甘蔗原料，20世纪二三十年代，这5家糖厂的年产量合计为10.15万吨。1923年，由印尼华侨开办的糖厂有13家，占印尼蔗糖总产量的30%，而建源公司一家就占其中的57%。该公司在世界各地设有分行，仅伦敦分行1910—1915年间的年均蔗糖销售量就达14.5万吨。

印尼海域广阔，且有一个适合各种鱼类生长的热带气候，渔业资源丰富。清同治年间，同安人洪思返、洪思良等人到苏门答腊的巴眼亚比落户，捕捞海产，大批闽南乡亲闻风而至，加入其中，此地后来发展成东南亚著名的渔业中心。1907—1925年间，该地年平均鱼类产量3.4万吨，有超过1300艘渔船，人口发展到1.6万人，全部是华侨，并且以闽南人居多。住在印尼郊区、农村的安溪人，以种植粮食为主，他们多数开始是小业主，后有的发展成大业主。西坪人王金彩，上世纪50年代前往印尼，在楠榜开垦耕地52万亩，创办大型农场，种植木薯，开办木薯厂，加工生产木薯粉，日产量达100万吨。湖头镇人李尚大，上世纪50年代侨居印尼，先在苏门答腊岛购置5万公顷森林，不久又获得政府划拨西加里曼丹岛1.8万平方公里的森林开发权，成立印尼和声（木材）有限公司，从事木材砍伐、加工、出口等业务，拥有10多个伐木场，还有胶合板厂和造纸厂，生产大量林木产品销往印尼及世界各地，并在新加坡、加拿大等地设立和声公司分机构，成为印尼著名的木材出口商。[②]

---

① 吴凤斌主编：《东南亚华侨通史》，福建人民教育出版社，1994年。
② 陈克振主编：《安溪华侨志》，厦门大学出版社，1994年。

第一次世界大战使欧洲国家忙于战争无暇东顾，闽南人抓住空隙，进一步发展在印尼的事业。他们涉足更广，拓展的领域更宽，职业也由早年的以农、渔、手工业、小商贩为主，转变为以办工厂、办工商企业为主，至20世纪二三十年代，印尼的泉州籍华侨中出现了一批中产者和大企业家。其中较为著名的有："糖王"黄奕住（南安人），"咸鱼大王"永春人陈兴砚（永春人），经营咖啡出入口的吴河水（晋江人），经营食用油、碾米、皮革的黄怡瓶（南安人），经营胡椒、咖啡等土特产批发和零售的陈迴义、陈丙丁叔侄（安溪人），经营茶叶、白布、花裙厂、织布厂的李传别、李金水父子（安溪人），等等。

民国期间，安溪官桥人陈迴义、陈丙丁叔侄，在雅加达开设顺成美公司，经营胡椒、咖啡等土特产。龙涓人李传别、李金水父子，初东渡台湾，在淡水经营茶叶数年，后举家迁往印尼椰城，创办胜德茶栈，后发展为胜德栈有限公司，除经营茶叶外，还兼营日本三井白布，不久开办峇泽厂和东方织布厂，在巨港、占碑及马来西亚怡宝等地设分机构。受其影响和带动，龙涓仙景李姓乡亲在雅加达加烈开办数百家峇泽厂，占加烈峇泽厂的一半以上。龙门人施金城，与其兄施金钗、施金狮、施金琢，联手在苏门答腊仙达开办通发公司，经营当地土特产。官桥人廖根芳，与其子廖荣业在苏门答腊楠榜，经营丁香、香烟及土特产。

安溪是茶乡，安溪人从清代开始，就在印尼经营茶叶生意，并把家乡的茶种和乌龙茶制作技术带到印尼，开垦荒山，种植茶树，同时开办茶厂，将生产出来的毛茶进行精制加工，销往印尼各地。光绪年间，西坪尧阳王量、王称兄弟六人，从台湾购买茶叶运往印尼，分别在雅加达、泗水、井里汶等地开设珍春茶行，将茶叶行销世界各地。民国期间，经营茶叶的安溪人不断增多，规模较大的有王炳炎在雅加达开办的王梅记茶行，王长水在垅川开办的万征茶厂，王金彩在北加浪岸开办的东亚大型茶厂等。

为适应闽南人在印尼发展各业的需要，1906年，黄仲涵（同安人）率先在三宝垄创办第一家华资银行——黄仲涵银行，总行设在三宝垄，泗水设有分行。安溪人经营金融业的虽然为数不多，却取得较好效益。官桥人陈江苏，1934年侨居印尼后，开始经营其他行业，兼营银行，后来银行业务迅速发展，专注金融业，成立印尼宇宙集团，下设宇宙银行、诚一银行，并在香港设有分支机构。出生于印尼的金谷镇人陈松基，经营罗达玛斯集团，其涉足工业、金融业、保险业、信贷业等，成为印尼除汽车、水泥、制造业以外的最大工业集团。

勤劳聪明的闽南人、安溪人在各行各业起早摸黑，辛苦打拼，在异国他乡站稳脚跟，驰骋商界，为他们在东南亚创建早期华人社会奠定了坚实的经济基础。摇摇荡荡的海船，载着闽南人求生的欲望，最后竟也闯出一条路来。这条路就是闻名世界的“海上丝绸之路”。进入20世纪90年代后，东南亚的闽商达到巅峰时代，除了泰国是广东人占据优势，东南亚其他国家，均由闽商占领。难怪在著名经济学著作《贸易打造世界》一书中，作者彭慕兰与史蒂文、托皮克将“福建贸易网络”作为开篇第一章。

船就像海上的马车，哪个国家掌握了这架海上的马车，它就是海上马车夫，就占据海洋贸易的主导权。在整个17世纪，荷兰因其造船业之发达，成为世界上最强大的海上霸主。而在18世纪中叶至20世纪初，东南亚地区的“海上马车夫”则由闽南人担任，他们也许出生在闽南乡野农村，但都天然具备全球视野、世界眼光，在凶险未卜的航行中，虽然九死一生，历尽千辛万苦，但始终心中笃定，不惧诡谲风浪，无意之中孕育出闽南人独特的海洋性格。一代代的闽南人，在海峡两岸和东南亚三地之间来来往往，已然在“二十一世纪海上丝绸之路”上，创建一个庞大的闽商帝国。

华人社会的组织法则

与生俱来的地缘和血缘，维系着东南亚早期华人社会内部运行，于是，闽南人结成的同乡会、宗亲会、行业公会便成了所在地华人社会的组织架构。闽南人不仅创建属于自己的地缘性社团，而且对建立综合性社团做出了贡献。通过综合性社团，把各地缘性群体和各行各业的华人聚合到一起，并使华人社会兴办各种事业有了行为主体。1900 年，在陈金山（厦门人）等人的倡议下，印尼华人第一个综合性社团——巴城中华会馆组建，印尼各地华人群起效仿，最终形成各地都有中华会馆的局面。紧接着，1901 年，巴城中华会馆又创办第一所新式华文学校——巴城中华学校，之后，印尼各地闽南人纷纷响应，热心创办各种华文学校、华商学堂、华侨中学，一时间，学习华文的热潮在印尼群岛涌动。

1919 年，居住在雅加达郊区加烈的安溪龙涓李姓乡亲，联合创办醒民华文学校，并设立醒民公司，经销花裙染料，将经营所得作为办学经费。此后，西坪镇人王长水，捐资在日惹创办 3 所小学和 1 所中学，学生一度达 4000 多人，由他捐资办学的金额相当于 25 公斤黄金的价格。1949 年印尼《新报》曾以“捐资兴学，教师之友”为题作报道，赞誉王长水为“日惹的陈嘉庚”。王长水被推举为日惹省最大的社团组织大众社第二届主席，并荣获印尼苏丹和日惹省省长授予的勋章。泗水安溪公会也创办精华公学和夜校。李尚大在西加里曼丹首府坤甸捐资创办西加里曼丹大学。

在闽南人兴办的印尼数百所华文学校中，还有一位安溪人显得有点特别，他就是林辂存。1906 年，日惹成立第一所华文学校——日惹中华学堂，林辂存担任第一届校长。由于当时规定华文只可以在宗教场所内教授，所以，日惹中华学堂就设在位于市区的华人宫庙镇灵宫内。如今，这间香火旺盛的宫庙配殿，仍保留着当年中华学堂的相关历史资料。

林辂存何许人也？他是晚清爱国诗人林鹤年的四子。林鹤年是安溪芦田人，光绪八年（1882）考中举人，光绪十八年（1892）调任台湾，主政台湾茶叶、船务、铁路，一路擢升知府、道台。光绪二十年（1894）中日甲午战争爆发后，他率领台湾军民英勇抗击日本侵略者，光绪二十一年（1895）清政府战败后，他被迫举家内渡，定居于厦门怡园，在家乡芦田建有“七星坠地”八卦村。林辂存随父亲林鹤年从台湾回到福建后，便进入安溪文庙县学学习，光绪二十四年（1898）以优行增生参加经济特科考试。光绪皇帝宣布实行变法，推行新政后，林辂存上书条陈新政，被朝廷以郎中使用，派充总理各国事务衙门章京上行走。变法失败，林辂存被外放，改任道员，派到江苏补用，旋调广东。之后，林辂存回到福建，先后在安溪考亭、崇文等书院掌教多年，并将林鹤年在“七星坠地”四合院开办的私塾，改为兰圃学校，教授新课本。

不久，林辂存出国往东南亚和日本、美国等地游历，考察各国教育和实业，在日惹创办中华学堂并担任第一届校长。他还曾捐款资助孙中山先生的革命活动，辛亥革命后，林辂存被选为福建谘议局议员、资政院议员。中华民国成立后，1912 年 8 月，成立福建暨南局，林辂存任福建暨南局的首任总理。1913 年，第一届国会成立时，林辂存被选为国会议员，不久被选为立法院议员、众议院议员。担任日惹中华学堂校长期间，经历丰富的林辂存积极传播中华文化，为推动该地区的华文教育做出巨大贡献。

和海外很多由闽南人创建的宫庙一样，镇灵宫也崇祀多位闽南祖地神明，主祀关公，配祀孔子、老子、释迦牟尼、观世音、广泽尊王、福德正神、保生大帝等十五位神明。其中，广泽尊王、保生大帝的祖庭，也在福建安溪，分香遍布闽南本土和台湾、东南亚等地。这也充分说明，数百年前到日惹拓殖的闽南人中，有不少是安溪人，正是他们联手闯出一条“海上丝绸之路”并把家乡的香火携带到异乡，才慰藉无法驱遣的思乡情怀。闯荡大海的闽南人，内心是孤独的，但因为有家乡的神明相伴，他们才无畏无惧，劈波斩浪，勇往直前。

安溪人在印尼创办许多社团，比较著名的有泗水安溪公会、泗水安溪互助基金会，占碑安溪公会、占碑安溪福利基金会，巨港安溪公会，棉兰安溪旅苏同乡会，雅加达安溪福利基金会、印尼安溪同乡会等。这些社团按籍贯或宗姓组织起来，早期均依托宫庙，热心为所在地乡亲服务，提供抚孤恤贫等各种帮助，参与创办当地华校、华报，汇款赈济家乡灾民，投资和捐资在家乡发展教育、医院和公路交通事业。上世纪 50 年代，借着新中国成立的东风，在较为宽松的社会文化环境中，印尼华人社团有了较大发展，数量比以前多。椰城、泗水、井里汶、安斑兰、巨港、玛琅、日惹等地的华人社团，如中华总会、中华商会、福建会馆、大众社等，其社团主席、副主席，都由安溪人担任，一方面说明安溪人乐善好施，热心公益，一方面说明安溪人辛苦打拼，事业有成。

苏哈托时期对待华人的政策，是经济上既限制又利用，文化上则强制同化。1965 年，“九三零事件”事件发生，[①] 印尼政局变色，掀起一系列的排华浪潮，华人遭到严酷迫害，闽南人也难逃劫难。苏哈托政权全面封杀华文，包括封闭华人社团、华人报馆和华文学校以及禁止使用中文，都重创了华人社会及其赖以生存

① 1965 年 9 月 30 日，印尼的拉提夫上校和乌坦上校率领一批陆军军官，逮捕了 6 名军方将领，强迫苏加诺总统解散国会。时任印尼陆军战略后备部队司令的苏哈托浑水摸鱼，宣称这是一次“共产主义政变”，迅速平息了政变，并窃取了国家最高权力。这就是印尼历史上著名的“九三零事件”。“九三零事件”后，印尼军方挑拨当地原住民对华人的仇视，导致大量华人被杀。

的民族文化。廖彩珍撰文回忆："1966 年 4 月，政府标封了全国 667 所华校，我当时还在新华中学念高二，正是青春年华，追求知识的美梦被摧毁了，而那时的政局，风起云涌，大不稳定，尤其是在乡下。家父毅然在泗水安家，我也回到泗水住下来……1968 年初，我披上了嫁衣，相夫教子，庸庸碌碌地踏上我人生的旅程，从此很少再回到罗埠小镇。"被迫辍学的廖彩珍此后与丈夫施柏松一起创业，从事制造业、酒店业、剧院、地产开发，在印尼工商界颇有影响。事业有成的廖彩珍没有忘记这段辍学的历史，她创办新中三语学校、新中校友基金会、东爪哇华文教育统筹机构等，出资出力，为华文教育和华族文化奔走呼吁。廖彩珍祖籍安溪官桥镇上苑村，虽是第二代华人，但自幼受到良好的家庭教育和上一辈中华传统文化的熏陶，她自学成才，不仅是一位成功的企业家，还写得一手好文章，出版《松采集》两卷，又执事以信，待人以诚，是堪称典范的中华传统女性。

排华阻挡不了历史的潮流。此间华人利用政策的空隙顽强求生，仍然前进在崎岖不平的社会发展道路上。1966 年 4 月，印尼政府取缔华人社团，但根据 1967 年第 37 号法令，印尼籍华人可以组织宗教、慈善、医药等团体，所以先前的华人宗乡社团便以祭祀地方神明的宗教组织的名义出现。又由于政府鼓励建立以慈善福利、丧事互助为宗旨的基金会，华人更是成立了各种名称的基金会，如雅加达的安溪福利基金会。1989 年，李尚大与 16 位安溪乡贤创建了印尼自"九三零事件"以来的首个华人社团"安溪公会"，鉴于印尼政府相关条例的限制，只好用"印尼安溪福利基金会"进行登记注册。[①] 1966 年，占碑安溪公会停止活动后，坚持保留福利部，继续帮助公会乡亲办理丧事工作。泗水东爪哇

①《印尼安溪福利基金会成立二十五周年银禧纪念特刊》(2014)。

安溪公会复会后，于1979年9月在公证处注册，以丧事互助的名义成立“安溪互助基金会”。[①] 前辈先贤不畏艰险，推进乡谊之事的睿智和勇气，让我们由衷佩服。

身在异邦，孤苦无助，同乡、宗亲团体建立的目的，乃为敦一本之亲，联同宗之谊。1992年，印尼侨领李尚大到巨港、占碑等地拜访乡亲时得知，很多华人仍处于无国籍身份，马上联络林绍良等社会贤达，以印尼安溪福利基金会的名义向印尼政府提出交涉，并协助政府指派的工作小组，为巨港、占碑、西加里曼丹、西爪哇等地18万户无国籍的华裔进行调查登记工作，最终使他们免费获得国籍证。[②]

生死事大。华侨先辈对这个百年后的归宿问题，极为重视，所至之处，即先购买土地建立公塚、义塚，为同乡谋一块长眠吉地。1984年，泗水东爪哇安溪公会再次扩大理事会组织，同年7月开会，决议再购买义山一座，供经济贫困、家丁稀薄的安溪乡亲安葬先人，公会福利部则鼎力协办葬礼。之后，又积极响应侨贤孙乐铭、叶应琦的倡议，由华人华社联合集资3亿盾（其中安溪公会及安溪乡亲捐献1亿盾），建成一座为泗水全体华人服务的殡仪馆。[③] 占碑安溪公会、苏南巨港安溪同乡会，则连火葬场焚烧炉设施都替乡亲们考虑到，先后分别建成火葬场焚烧炉和火葬馆。华人通过会馆、公会及各种行会互相提携、互相援引的旧事，为印尼不可磨灭之史实。

闽南人在印尼各地创办许多华文报，并担任出版主要负责人，为印尼出版业做出不小的贡献。1909年，三宝垄出版了中爪哇最早的华文报《爪哇公报》，主编为苏渺公（海澄人）。1930年，黄

---

① 《水东爪哇安溪公会会刊》（2008）。

② 《印尼安溪福利基金会成立二十五周年银禧纪念特刊》（2014）。

③ 《泗水东爪哇安溪公会会刊》（2008）。

仲涵又在三宝垄创办《太阳报》。1939 年，张实中（南靖人）任泗水《大公商报》总编辑。安溪尚卿人黄联山，在雅加达创办《生活报》。抗战期间，龙门镇人林降祥，担任《南洋日报》社社长，开展抗日宣传。林降祥为印尼民族抗日大同盟领导成员之一，参加领导泗水华侨和印尼人民一起抗日。日军投降后，英、荷、印军队在泗水强行登陆，林降祥等领导印尼民族抗日大同盟，发动群众抵抗，罢工罢课罢市，取得斗争的胜利。抗战胜利后，安溪人曾希聪在棉兰筹办《民众报》并任记者，其后又担任《民主日报》编辑。安溪人陈开福曾任《大公商报》副董事长。这些华文报在苏哈托上台后均遭到禁止和查封，直到苏哈托下台后才复办复刊，出现转机。

目前，棉兰在地的华文报有《棉兰早报》《印广日报》两家，还有一家在本地印刷的全国性华文报纸《国际日报》。其中，《棉兰早报》的董事长陈明宗祖籍安溪。陈明宗的祖父在二十世纪初离开家乡安溪去了新加坡，之后又来到棉兰，在棉兰市与马达山之间的一个小镇上做土产生意，后来又兼营咖啡店。陈明宗的父亲是他的祖母怀孕后返乡在安溪出生的，之后又将其带回印尼。父亲于 1941 年结婚，祖父于 1944 年去世。陈氏一家后来迁到棉兰市区居住，陈明宗本人于 1945 年出生。1965 年“九三零事件”发生时，陈明宗就读的那所大学被查封了，他因此失学，转而做生意，如今的他已跨界钢铁、木材、玻璃等，拥有一系列工厂并形成各自拳头产品。在棉兰华人社会中，陈明宗的经济实力可谓名列前茅，但他总是保持低调，从不炫耀自己。《棉兰早报》董事长、北苏门答腊颍川堂宗亲会会长和省政府对外友好协会副主席的社会活动履历，使陈明宗眼界更加开阔，关注范围早已超越狭隘的地缘观念。只有像他这样具有宽阔胸怀的社区领袖，才能将闽南人的发展引入阳光大道。

如果说，地缘和血缘是构成印尼早期华人社会的两大组织法则，那么，学校、社团和报刊则是支撑起华人社会的三大支柱。为了延续中华民族文化的传统，负有教育下一代责任的华校成为闽南人共同关注的对象。华报则是他们传播思想和舆论的工具，同样得到他们的重视和关照。而饱经沧桑的华人社团组织，今日仍然活跃于东南亚社会经济舞台，与时俱进地调整着自身的结构与功能。此外，闽南家乡的关帝、土地公、清水祖师等神明信仰和生活习惯也跟随闽南人下南洋，而传播到东南亚各地，甚至影响了当地土著。闽南文化与东南亚文化的奇特结合，表现在社会生活各个领域，并创造了一种别具一格的混合型文化，自有其摇曳动人的风采。

从移民社会转变为定居社会，闽南人仍然会遇到文化调适的问题。可贵的是，革新善变的闽南人从不乏创新创造的精神，在从传统到现代的不可抗拒的历史潮流中，他们及其率领的华人社团始终围绕着文化调适这一轴心运转，从而在各种错综复杂的利益关系中求生存，求发展，并使中华文化薪火相传、永续发展。

清水祖师本传[①]

陈浩然[②]

祖师生于永春县小姑乡，陈其姓，普足其名也。幼出家于大云院，长结庵于高泰山，志甘槁薄，外厌繁华。闻大静山明禅师具圆满觉，遂往事之。道成业就，拜辞而还，师曰："尔营以种种方便，澹足一切。"因授以法衣而嘱之，曰："非值精严事，不可以衣此。"祖师还庵，用其师之言，迺（乃）劝造桥梁数十，以度往来。后移庵住麻章，为众请雨，如期皆应。元丰六年，清溪大旱，便村刘氏相与谋曰："麻章上人，道行精严，能感动天地。"比请而至，雨即露足，众情胥悦，咸有筑室请留之愿，乃于张岩山辟除菑翳，剪拂顽石，成屋数架，名之曰清水岩，延师居焉。以其年，造成通泉桥、谷口桥，又十年，造成汰口桥，砌洋中亭，靡费巨万，皆取于施者。汀、漳时人有灾难，皆往祷焉，至则获应。祖师始至，岩屋草创，凡三经营，乃稍完洁。岩东惟枣树一株，祖师乃多植竹木，迨今成荫。其徒弟杨道、周明，于岩隈累石为二窣堵，临崖距壑，非人力可措手，盖有阴相之者。刘氏有

① 根据岩志记载，本文写于宋政和三年十二月上澣（浣）日。唐宋官员行旬休，即在官九日，休息一日，休息日多行浣洗。上澣日指农历每月上旬的休息日。

② 时为清溪（安溪）邑令。

公锐者，久不茹荤，坚持梵行，祖师与之相悦。一日公锐至，辄嘱以后事，仍言“形骸外物，漆身无益”。说偈讫，端然坐逝，享年六十五岁，建中靖国元年五月十三日也（祖师公生于宋仁宗二十二年正月初六日，即庆历七年是也[①]）。时远近云集，瞻礼赞叹。越三日，神色不异，乡人乃运石甃塔，筑亭于岩后，刻木为像而事之。杨道落发为僧，奉承香火，信施不绝，雨旸有祷。迎奉塑像，最宜精诚斋戒，或慢易不虔，递有雷电迅击之异。岩旧有巨石当衢，往来患之，一夜转于道侧。妇女投宿者，岩前麻竹四裂，遂不敢入。分身应供，理形食羹，凡所祈求，无不响答。乃若禅履戒行，自得于真空寂灭之表，非世情所能测究者，不可得而言也。行实之详，得之薛八行，八行得之刘公锐。因考其言，参其事，信乎不诬也。谨镂板以写不朽之传。[②]

---

① 与前文“享年六十五岁”不符。推算，祖师应生于宋仁宗景祐四年（1037），卒于建中靖国元年（1101），方符享年65岁。

② 本传由邑令陈浩然撰文，贡士八行薛巘书于镂板上。

清水宝塔记[①]

余克济[②]

佛家以生死为幻梦，以形骸为外物，以真空寂灭为诣极之地，故其生也如云在天，其死也如冰在水，彼非恝然遗形骸，外生死。盖世间一切，譬如空花，真性湛然本虚。故大师生而神灵，幼而出家，长而得法于大静山。元丰六年，吾邑大旱，父老相率往桃源麻章山请焉，比至而雨沾足，父老乃结庵张岩以请留。自是诛茅薙草，岩栖穴处，十有九年，神光显赫，济人利物者，不可缕数。一旦世满足，呼其徒而语之曰："形骸外物，漆身何益。"言讫坐灭。今考行状，以"庆历七年"生，[③]其迁化乃建中靖国元年也。乡人葬之岩后，筑亭建塔，崇奉瞻礼，岁时惟谨。自师入涅槃百余年间，封号四至，独塔额之揭，此典犹缺。佥谋族议，咸以道传大静，了悟真空，为师禅履戒行之实，名与实孚，以是名塔，斯无愧矣。仅容妄论达摩西来，心印相授，寻枝摘叶，各有源委。惟大师得法大静山明禅师上人，自明禅师而上，宗支可考。

① 此碑同时为安溪县令陈宓书（陈宓为朱子弟子）。重修墓塔，两位县令联手撰、书《清水宝塔记》，是当时佛门的一项大事。

② 邑人，宁宗庆元五年（1200）进士，长泰县令。精《春秋》，有《春秋通解》。

③ 根据陈浩然《清水祖师本传》，普足享年65岁，应是宋景祐四年（1037）生。

意者真空寂灭，出于自得，千圣同符，不离此道，固有不待传灯录而后见者乎。假使师平生戒行，非卓然自得于真空之地，则沉沦生死，安能以形骸为外物？形骸之累未去，则有人我相较，又安能天地万物同其一理，生则慈云法雨，在世利民；死则遗波余润，沾被无穷哉。因真空之名并论，其所以为不朽者在乎此。若夫名氏爵里，则已具予碑铭行状，兹不复赘云。南宋嘉定四年（1211）十月一日。

清水寺兴造记

徐明叔[①]

大士以愿力全乎民命，衲子以愿力扶植宗风，念念相续，永不退转，宜佛教流行之远，众生皈依之深也。吾乡属邑蓝溪，号安乐国，民俗向善，岁事屡丰，以何因缘，获兹饶益？邑西北三十里，有蓬莱山清水寺，昭应广惠慈济善利大师道场在焉。师桃源陈氏，古佛现身，慈愍救世，始卓庵麻章山。元丰间，振赐来临，为民祷雨，甘泽随沛，父老筑室延留。灭度于今百六十余载，香火严奉，灵响益著，驱除灾眚，能弭寇暴，灵应殊异，事不绝书。隆兴初，肇锡显号，迨淳熙、嘉泰、嘉定，累膺令封，纶綍辉煌，光烛霄汉，但岩湫隘，曾未克构。其层峦叠壁千仞，扳崖缘磴，辇运孔艰，昔人营度，惮其难者屡矣。上人惠清，邑儒家子，道行坚确，远近敬信，四十年间，寓公延诎住是山三焉，独发弘誓，身率其徒，拔托精庐。庄严法界，谓敕书二三命，宜揭崇邃之藏，于是崇楼建焉；又为大觉世尊，宜临端严之座，于是广殿兴焉；又为应真五百楼，宜壮高夹之居，于是复阁创焉。楼成于宝庆丁亥（1227），殿成于绍定癸巳（1233），阁成景定壬

① 徐明叔，字仲晦，晋江（今福建泉州）人，宋理宗绍定五年（1232）进士，历通判漳州、知英德府、潮州，累官兵部侍郎。著《徐择斋文集》，已佚。《闽中理学渊源考》卷32有传。

戌（1262）。[①]规模皆壮丽宏深，而阁尤伟，金碧晃耀，龙象环绕，邑人瞻仰，骇未尝有。来谒余记，问费几何？曰："楼殿阁糜金千缗，阁倍之。"问费从出？曰："营造之初，储积茫然，役兴而施踵至，役竣而施随息，祖师愿力实相之也。"余应曰："祖师愿力固大矣，住山者，亦岂易能哉！今之缁流，藉工役之微，掩檀信之入，实私囊，鬻巨刹者众矣。孰能不以一铢自利，由壮至老，悉智毕力，成就兹事，若清师之用心乎！乡贤念其只手规创之勤，重为外魔侵扰之虑，请于仪曹，符移下郡，俾以法嗣，甲乙承袭，一灯常明，千载不坏，祖师得所附托矣！"敬笔之以谂来者。南宋景定四年（1263）四月吉日，朝散郎、主管成都府玉局观徐明叔记。

① 楼即释迦楼，殿即祖师殿，阁即观音阁。

致 谢

在本书写作的这段时期，特别是在我多年的调查中，慷慨地与我分享他们的故事、经历和体会的人，尽管他们中的大部分人已在本书中提及，但我依然要对他们的帮助，表示由衷的感谢。

另外，我还要感谢那些接受采访并为我提供各种材料的人，本书的大部分内容正是基于这些材料，没有这些材料，我肯定无法完成本书的写作。

感谢新旧两版《清水岩志》（1989、2011）和《闽台清水祖师文化研究文集》（1999）《清水祖师文化研究》（2013）《清水润生——第八届海峡论坛清水祖师文化论集》（2016）《清水祖师经典合集》（台湾，2013）等书的所有编撰者，是他们的劳动和智慧，启发我成就本书，他们对本书的贡献难以尽述。

我还要感谢数年调查中一路同行的师友、亲朋、同事，他们精心拍摄的图片、帮助整理的录音、认真收集的素材，使得我在工作中减少周折，节省时间，得心应手，我的同事刘伯怡长期协助、拍摄的大量图片，则直接在本书中使用。

机缘巧合，法国摄影家阎雷、中国画家李昆武、摄影家李玉祥应后浪公司之邀，曾先后到过安溪、访问过清水岩，并与我结下了深厚的友谊。他们创作的大量精彩作品，部分收入书中，为《天下清水》锦上添花。

感谢单位的领导、同事对我的宽容，不断支持我，期间分担原本属于我的部分工作，使我更加专注于本书的写作。我还要感谢那些也许此生只有一面之缘，有的至今未曾谋面，却无私为我提供过帮助的人，他们的付出使我常常“如有神助”。

在本书萌发想法、调查伊始、写作和出版全程中，后浪出版公司吴兴元一直启发我并提供大量帮助。孟凡礼对书稿进行认真细致的编辑，他对工作的执著与耐心，谦恭与坦率，很值得敬佩。台湾设计师陈威伸对闽台文化理解精到，再次出手为本书设计精美的封面。感谢后浪出版公司的其他同仁提供的专业支持，他们的努力确保了本书的顺利出版发行。

感谢张东晖、陈明森、刘志昂、郭华伟、雷戎、苏少民、傅伟明在本书审核过程中提供的帮助。感谢安溪县清水祖师慈善会和陈培源、柯海水对本书出版的大力支持。

再次感谢我的家人，我的父母，我的妻儿对我所从事“文字阶级”工作的理解和付出，他们的抚慰，使我不惮繁难，这部书归功于他们，最终也一定要呈献给他们。

特别要感谢著名人类学家王铭铭教授在百忙之中为书作序，对他多年来的教诲与提携，我永远铭感于心。

最后，特别要感谢清水祖师，没有祖师善与爱的千年布施，没有祖师的“暗中帮助”，也就没有本书的一切。而我尽一份绵薄之力，记述下区区的一小部分，深感实在是一件蒙福之事、快乐之事。

限于水平，书中肯定有不妥之处，恳请读者批评指正。一如既往，我会非常感激读者对我提出的批判和意见。

衷心期待年轻人翻阅这本书。

谢文哲

2021 年 3 月 26 日

出版后记

中国人常常被认为是一个缺乏宗教信仰的民族，中国传统社会遗留下来的民间信仰也常被认为是粗糙且简陋的，无法与世界上成熟的宗教相比较。相比于制度性、体系化的西方宗教，中国的民间信仰显得散乱而不成体系，甚至被视为一种迷信。其实不然。

我们眼前的一个例证是，发端于福建安溪的清水祖师信仰，其自宋代至今，绵延有上千年之久，展现出极强的生命力，不仅影响着闽南一方人的文化和生活，而且还突破地域的限制，朝着世界性的方向发展；如今，清水祖师及其开山祖殿安溪清水岩，已经成为重要的文化符号，成为连接海峡两岸以及东南亚闽南人族群的精神纽带。——我们不禁要发出跟著名社会学家杨庆堃（C. K. Yang）先生同样的疑问：在闽南人的生活和组织中，清水祖师信仰发挥了什么样的功能，从而奠定了它存在和发展的基础，而这些功能又是以怎样的结构形式实现的？（杨庆堃在《中国社会中的宗教》一书开篇提到："在中国社会生活和组织中，宗教发挥了什么样的功能，从而奠定了它存在和发展的基础，而这些功能是以怎样的结构形式实现的？"）

摆在读者面前的这部《天下清水》，正是对这一问题的回答。本书作者谢文哲先生用清新而又轻快的笔调，追溯清水祖师信仰的源与流，从历史和现实两种角度表现这一信仰的"活的"魅力。

谢文哲先生沿着清水祖师信仰的传播路径，从安溪出发，走遍闽南大地，再入金门、台岛，多次探访东南亚，在取得了诸多第一手资料的基础上，围绕清水信仰这个中心，完整呈现出闽南人走出故土、走向海洋、走向世界而最终又回馈乡土的全程。通过这个完整的信仰故事，我们发现，在闽南人全部的社会生活中，从婚姻家庭、生育繁衍，到宗族传承、秩序维护（政治的和道德的），再到经济生产（祈雨、筑路、修桥、农耕、商贸，等等）、医药健康、节庆娱乐……全都贯穿着清水祖师的身影，可以说，祖师信仰镶嵌在主流的世俗制度和整体的社会秩序之中，既安慰着这一社群人民的心灵，又维系着整体社会秩序的稳定，成为整个文化体系不可分割的一部分。

与杨庆堃先生得出的结论几乎异曲同工的是，在谢文哲先生的笔下，有着鲜明中华文明特色的清水祖师信仰，通过它所发挥的社会功能，表现出十分明显的分散而又嵌入式的特征。清水祖师信仰，虽然属于广义上的佛教系统，但这一信仰本身并非独立性的、制度性的，而毋宁是分散式的、嵌入式的，它以一身涵纳了多种多样的“功能”，同时也兼容了其他地方性的神明信仰。社会学鼻祖马克斯·韦伯曾从比较宗教学的视角出发，认为中国民间信仰只是“功能性神明的大杂烩”，然而我们从清水祖师身上看到，正是这种融汇了各种功能性的神明信仰，具有了更大的包容性甚至世界性，随着闽南人迁移的途程一路播撒，散叶开枝终成一棵根深叶茂的大树，成为名茶“安溪铁观音”之外的又一张闽南文化名片。

谢文哲先生曾经说，《天下清水》是一部闽南人的“生活传记”。“生活传记”这个词非常新颖，但也非常契合本书的主题。一种生活方式，能够历久传承而不断裂，甚至能够就此塑造出一部完整的“传记”，如果没有某种一定程度上超越世俗又不离于世俗的信仰所维系是不大可能的。清水祖师不是一个完全超越的彼岸信仰，也跟正统佛教的出世特征不同，它方方面面地融入在闽南人的日常生活中，其来源于世俗，也服务于世俗，既与正统的制度结构保持了一定距离，又通过它所发挥的功能融合到社会世俗制度中去，从而与百姓的日用伦常息息相关，并将它塑造的生活方式通过共同的崇拜仪式代代传承下来。

法国摄影家阎雷、中国画家李昆武、摄影家李玉祥应后浪公司之邀先后到过安溪清水岩，他们或拍照或作画，描绘清水岩在当地的情景和影响；安溪本土摄影家刘伯怡长期拍摄清水岩及其各地分香，他们的精彩作品一并收录进来，成为《天下清水》的重要部分。几位作者慷慨授权使用他们的作品，在此谨致谢忱！

最后，特别值得一提的是，本书的出版适逢安溪清水岩获批设立“海峡两岸交流基地”之际。套用一句用烂了的俗话，正可谓“天时、地利、人和”，这部完整的信仰与生活传记，对进一步提高清水祖师信仰的文化影响力，促进海峡两岸乃至东南亚“海上丝绸之路”沿线国家的文化交流无疑有着极为重要的意义。本书浓墨重彩讲述的清水祖师在台湾分香的那些篇章，正是海峡两岸血浓于水的文化渊源的明证。

后浪出版公司

2021 年 4 月